JAN BRANDT

STADT OHNE ENGEL

Wahre Geschichten aus Los Angeles

DUMONT

Inhalt

Ankunft im Paradies

Das Rauschen des Meeres unter mir, gewaltige Wellen, die gegen schroffe Felsen klatschen, das Rascheln der Palmblätter und Eukalyptuszweige, das durch die geöffneten Fenster, die vom Wind gebauschten Vorhänge in meinen Schlaf sickert. Etwas stökerig stehe ich auf und schaue auf das blendende Blau, auf die Bucht von Santa Monica, den weit ins Wasser hineinragenden Pier mit seiner Achterbahn und seinem Riesenrad, auf den Himmel dahinter, den Horizont, verschwommen im Morgendunst. Dann, als hätte ich den Traum, aus dem ich gerade erwacht zu sein glaube, noch nicht ganz abgeschüttelt, kippt das Bild, und in der Ferne lodern Flammen auf, und ich bin in einer Staubwolke gefangen und spüre nichts mehr.

Das war meine Vorstellung von einem Aufenthalt in der Villa Aurora, einer Künstlerresidenz in Pacific Palisades, einem schlossartigen Gebäude mit freiem Blick auf den Pazifik, dem Haus des vor den Nazis geflohenen Schriftstellers Lion Feuchtwanger und seiner Frau Marta. Drei Monate können Schriftsteller, Komponisten, Regisseure, Drehbuchautoren und bildende Künstler dort verbringen und arbeiten oder nichts tun. Dreimal hatte ich mich beworben, dreimal war ich abgelehnt worden. Aber die Geschichten von denen, die dort gewesen waren, hatten mich ermutigt, es wieder und wieder zu versuchen. Bei jeder Bewerbung verschob ich die Schauplätze meines seit Jahren in Arbeit befindlichen großen Amerikaromans, meines Auswandererromans, weiter nach Westen, von Newport über Kansas City nach Los Angeles – um das Aufnahmekriterium der Villa Aurora zu erfüllen, dass das Projekt etwas mit der Gegend zu tun haben müsse. Bei der vierten Bewerbung schrieb ich etwas von einem Mann, der nach dem

Zweiten Weltkrieg in Beverly Hills Chefkoch eines Restaurants wird, in dem Hollywoodstars ein- und ausgehen. Die Reichen und Schönen bewundern ihn für seine Kochkünste, und er steigt in die höchsten Kreise der Gesellschaft auf – bis ihn seine Vergangenheit einholt und er nach Ostfriesland zurückkehrt. Es ist die Geschichte eines Selfmademans, dessen Leben sich im Rückblick als Fiktion erweist, ein Hochstapler, der aus dem Loch, das er sich selbst gegraben hat, herausklettert – nur um festzustellen, dass es oben auch nicht heller ist als unten.

Auf die Frage im Bewerbungsformular *Bestehen Berührungspunkte in der künstlerischen Arbeit zur US-amerikanischen Kultur, falls ja, welche?* antwortete ich: »Der Roman ist eine Auseinandersetzung mit der deutsch-amerikanischen Geschichte, vor allem mit dem konservierten Deutschlandbild derjenigen, die im Dritten Reich aufgewachsen sind. Die Geschichte hat einen semiautobiografischen Hintergrund: Aus jeder Generation meiner Familie – außer der gegenwärtigen – ist seit 1865 ein Mitglied in die Vereinigten Staaten ausgewandert.«

Zu meiner Überraschung wurde ich genommen.

Auf dem Flug von Frankfurt nach Los Angeles sitze ich in einer Reihe ohne Fenster zwischen einer Frau mit Hidschab und einem pickligen jungen Mann mit Hornbrille, der die ganze Zeit auf einem Gameboy *Super Mario* spielt. Nach seinem Statistik-Studium in Harvard sei er vier Monate durch Europa gereist, sagt er, ohne vom Display aufzuschauen. »Immer um Deutschland herum. Meine Urgroßeltern sind im Holocaust ermordet worden, deshalb habe ich das Land nicht betreten.«

»Was ist mit dem Frankfurter Flughafen?«, frage ich. »Da bist du doch umgestiegen.«

»Der zählt nicht«, sagt er, mich immer noch nicht anschauend. »Das ist ein Transitraum.«

Irgendwann, da bin ich gerade eingeschlafen, stößt mich die Frau neben mir an, sie weint, zeigt auf ihren linken Arm, streicht über ihre linke Schulter.

Ich frage sie, was los ist, aber anstatt zu antworten, zeigt sie auf ihren linken Arm, streicht über ihre linke Schulter. Der Steward kommt, stellt die gleiche Frage, erhält die gleiche Antwort, geht weg, bittet über Lautsprecher nach jemandem, der Farsi spricht. Wie sich herausstellt, gibt es unter den 467 Passagieren der Boeing 747-8 einen persischen Arzt. Ich werde neben einen Inder mit einer auf den Unterarm tätowierten Swastika platziert. Als er erfährt, wo ich herkomme, sagt er, auf seinen Arm deutend: »Dann kennen Sie das Zeichen ja. Aber es ist ein Symbol für das Leben, nicht für den Tod.« Kurz vor der Landung sitze ich wieder neben dem Gameboy und der Iranerin. Ihr Zustand, das signalisiert sie mir mit ausgestrecktem Daumen, hat sich stabilisiert.

Eine Mitarbeiterin der Villa holt mich in einem weißen Van vom Flughafen ab. Das Erste, was mir auffällt, ist das Licht. Diese alles durchdringende Helligkeit. Wir umkurven das Theme Building, das wie ein Ufo in der Raumstation aussieht und mein Gefühl verstärkt, in einer anderen Welt zu sein, schwenken auf den Lincoln Boulevard ein und fahren durch Playa del Rey und Venice Richtung Norden. Links und rechts Taco-Läden und Tankstellen, Liquor Stores und Motels, über uns die Sonne und Billboards und der von Kabeln zerschnittene blaue Himmel.

Wir sprechen über die Fußballweltmeisterschaft und den Krieg in der Ukraine. Sie fragt nach Berlin – sie hat an der Freien Universität studiert, ist vor Jahren hierhergezogen –, und ich erzähle ihr von den Flüchtlingen in Kreuzberg, von ihrem Camp am Oranienplatz, von den Mahnwachen und der Besetzung der Gerhart-Hauptmann-Schule, ihrer Räumung durch die Polizei. »Seit einer Woche sind die Straßen da abgeriegelt«, sage ich. »Anwohner müssen sich ausweisen, um nach Hause zu kommen. In ihrem eigenen Kiez.«

»Das ist doch gar nichts«, sagt sie. »Die Polizei hier würde noch viel härter reagieren. Es gibt nur eine Übereinstimmung zwischen L. A. und Berlin. Beide Städte haben kein Zentrum.«

Als wir vom Santa Monica Boulevard kommend auf den Pacific Coast Highway einbiegen, denke ich, nein, das stimmt nicht, L. A. hat ein geheimes Zentrum, einen Ort, dem alle zustreben: das Meer.

Vor uns ragen Hügel auf. Häuser am Hang. Hinter einer Tankstelle schwenken wir auf den Sunset Boulevard ein und kurz darauf auf den Paseo Miramar, Serpentinen, die sich den Berg hochschlängeln. Die Villa ist von unten nicht zu sehen, erst als wir beim Garten parken und ich aus dem Auto steige, erkenne ich das Bild aus dem Internet wieder: die mediterrane Festung mit den weißen Wänden und roten Dachziegeln, davor zwei Palmen, die das Gebäude überragen. Neue Eindrücke, die ich nicht erwartet habe: das Plätschern eines Springbrunnens, der Duft frisch gemähten Grases. Der von unten heraufziehende Verkehrslärm, stärker als jede Brandung.

Die Mitarbeiterin führt mich durch den Hintereingang ins Büro, stellt mich Nina, der Praktikantin, vor und verabschiedet sich, sie wohne ein ganzes Stück entfernt und brauche um diese Uhrzeit Stunden nach Hause. »Was andernorts das Wetter ist«, sagt sie, »ist hier der Verkehr – Small-Talk-Dauerthema.«

Nina ist groß, größer als ich, einen halben Kopf, ihre langen dunkelblonden Haare sind zum Dutt hochgesteckt, unter ihrer halbtransparenten weißen Bluse zeichnet sich ein schwarzer BH ab, die schwarze Jeans sitzt so eng, dass ich mich frage, wie sie da hineingekommen ist. »Komm«, sagt sie. »Bevor du mich noch länger anstarrst, zeige ich dir mal dein Zimmer.« Wir gehen durch einen schmalen Gang und steigen eine Holztreppe in den zweiten Stock hinauf. Unter jedem unserer Schritte knarren die dunklen Dielen. Links ist mein Zimmer, »*Marta's Room*«, wie Nina sagt: mintgrün gestrichene Wände, großes Doppelbett, rustikales Sideboard, Schreibtisch, Badezimmer mit handbemalten Kacheln und ein begehbarer Kleiderschrank. Ich stelle meine Koffer hinein. »Von hier aus konnte man mal nach nebenan«, sagt sie und erzählt von der dünnen Trennwand, einer sogenannten Tapetentür, die es jetzt nicht mehr gibt. »In *Lion's Room*.«

»Und wer wohnt da?«, frage ich.

»Sergej. Ein russischer Komponist. Aber der ist noch nicht da. Außer dir ist niemand hier.« Im Internet habe ich gelesen, dass für die nächsten Monate neben Sergej und mir noch ein peruanischer Künstler, ein deutscher Dichter und dessen Frau – eine Zeichnerin – und eine vietnamesische Bloggerin in der Villa wohnen werden; die Einzige von uns, die im Exil leben muss, weil sie in ihrer Heimat politisch verfolgt wird.

Nina öffnet einen der weißen Einbauschränke und zieht eine blaue Tasche heraus. »Das ist wichtig«, sagt sie. »Das ist das *Earthquake Kit*, da ist alles drin, um drei Tage unter Trümmern zu überleben. Hast du überhaupt schon mal ein Erdbeben erlebt?«, fragt sie.

Ich schüttele den Kopf.

»Das letzte große Beben gab's hier 1994. 57 Tote. Fast 9 000 Verletzte. Das nächste könnte schlimmer sein. Was glaubst du, was man machen muss, um das zu überstehen?« Bevor ich antworten kann, stellt sie mir weitere Fragen: »Würdest du aus dem Haus rennen oder im Zimmer bleiben? Dich unters Bett legen oder in den Türrahmen stellen? An was denkst du zuerst, wenn du glaubst, sterben zu müssen? Und an was zuletzt?«

»Äh. Keine Ahnung.«

Anstatt irgendeine Erklärung abzugeben, zieht sie einen Ge-

genstand nach dem anderen aus der blauen Tasche heraus. Tetra Paks voller Wasser, eine Trillerpfeife, Leuchtstäbe, eine Atemmaske, eine Taschenlampe zum Kurbeln, Plastikhandschuhe, Pflaster, Taschentücher, ein Regenponcho, eine Rettungsdecke und Tabletten gegen nukleare Strahlung. »Aber die brauchst du nicht. Sollte das passieren, ist es eh zu spät.« Nina packt alles wieder ein und stellt die Tasche in den Schrank zurück. Dann treten wir wieder auf den Gang. »Hier wohne ich«, sagt sie und öffnet die Tür gegenüber. »Im Turmzimmer.« Es klingt größer und mondäner, als es ist, ein kleiner Raum mit runden Wänden und einem Fenster, das in den Innenhof hinausgeht. »Das einzige Zimmer im Haus ohne Meerblick.« Als sie die Tür wieder schließt, sagt sie: »Übrigens gibt es hier Geister. Aber die kommen nicht zu jedem. Das ist ein Privileg.«

»Aber zu dir schon?«

»Manchmal.«

Wir gehen weiter, an einer Büste von Marta vorbei, an Hanns Eislers Ledersofa, das er nach seiner Ausweisung zurücklassen musste, an einer auseinandergerollten hebräischen Schriftrolle hinter Glas – ein Auszug aus dem Buch Esther –, die als Inspiration für Feuchtwangers Roman *Die Jüdin von Toledo* diente, und gelangen ins Arbeitszimmer, ein großer heller Raum voller Bücherregale, ein Kamin auf der einen Seite, ein Balkon auf der anderen, ein Teewagen, ein weiteres Sofa ohne Geschichte und vier aneinandergestellte Armeeschreibtische mitten im Zimmer. »Hier hat er gesessen, jeden Tag von acht bis zwölf«, sagt Nina. »Er hat diktiert, und Hilde Waldo, seine Sekretärin, hat getippt, jede Fassung auf einem anderen Papier, rot, blau, grün, nur die letzte, die finale, die war weiß. Die Bibliothek umfasst insgesamt 30 000 Bücher, 22 000 sind noch hier, die anderen, die wertvollsten, in der Feuchtwanger Memorial Library an der University of Southern California. Was du hier siehst, ist seine dritte Biblio-

thek. Die erste wurde in Berlin von den Nazis beschlagnahmt, die
zweite musste er in Südfrankreich auf der Flucht zurücklassen.
Seine alte Sekretärin Lola Sernau konnte aber aus beiden einige
Exemplare retten und ihm hinterherschicken. Das da«, sie weist
auf ein Foto über den Regalen, »ist Thomas Mann, der wohnte
nicht weit von hier, am San Remo Drive. Nach jeder Lesung
im Haus durfte er als Erster sprechen. Es heißt, ursprünglich
habe er selbst hier einziehen wollen, das Anwesen sei ihm dann
aber zu klein gewesen, trotzdem nannte er die Villa ›ein wahres
Schloss am Meer‹. Brecht«, sie zeigt auf das Bild daneben, »und
Feuchtwanger waren sehr gut befreundet, schon in Deutschland.
Er kam immer von Santa Monica herauf, aber er hat's gehasst,
weil es auf dem Berg so leer war, damals standen die ganzen
Häuser noch nicht, niemand wollte hier wohnen. ›Pacific Pali-

sades existiert nicht‹, hat er mal gesagt, ›es gibt nur Bäume und Hügel. Wenn man krank wird, gibt es keinen Arzt; wenn man eine Apotheke braucht, findet man keine.‹ Und der«, sie zeigt auf ein weiteres Foto, ganz am Rand, »war der erste Stipendiat hier, 1995, Heiner Müller. Kurz danach war er tot.«

Der angrenzende Raum ist ganz von Fenstern umgeben und so klein, dass gerade mal ein Schreibtisch und ein Stuhl hineinpassen. »Das ist das Werfelzimmer«, sagt Nina. »Der hat hier nie gearbeitet, aber der Schreibtisch ist von ihm, aus seinem Haus in Beverly Hills.« Sie wendet sich zu mir um. »Werfel hat Kalifornien nicht überlebt. Ebenso wie Heinrich Mann, der war auch öfter hier, von dem gibt es kein Foto, und dessen Frau Nelly, die hat Schlaftabletten genommen. Die hatte aber auch Alkoholprobleme.«

»Ich nicht. Ich trinke nicht«, sage ich. »Dieses Jahr jedenfalls.«

»Warum?«

»Eine Wette von Silvester bis Silvester.«

»Um was?«

»Um nichts.«

»Mit wem?«

»Mit mir.«

»Gut«, sagt sie. »Dann kannst du ja immer fahren.«

»Ja«, sage ich. »Und schreiben.«

Sie zuckt mit den Schultern, als wolle sie sagen: »Mach, was du willst« und geht mir voran die Treppe runter.

Unten im Foyer hängen Schwarzweißfotos von Lion und Marta, Marta mit Stein, Marta im Kimono, Lion auf einem leeren Hügel, Lion mit Schildkröten. »Die sind immer abgehauen. Deswegen haben sie ihnen ihre Telefonnummer auf den Rücken geschrieben.« Im Salon, dem größten Raum des Hauses, steht ein schwarzer Blüthner-Flügel, in einer Nische befindet sich eine Orgel mit Spezialeffekttasten, neben denen die Worte *block, bell, auto, train, whistle, police* und *bird* stehen. Nina drückt auf eine nach der anderen, um sie mir vorzuführen, eine Klingel ertönt, ein Klacken, ein Hupen. »Das ist für die Stummfilme. Drüben, auf der anderen Seite«, sie zeigt auf die Wand gegenüber mit den weißen Paneelen, »ist der Pfeifenraum mit acht Pfeifenreihen und 34 Registern. Beim Silent Salon wird davor eine Leinwand herabgelassen. Dann werden hier Stummfilme gezeigt mit Buster Keaton und Charlie Chaplin, und von überall her kommen Gäste und bringen Essen und Trinken mit, und bevor es losgeht, picknicken sie im Garten.«

»Was für Gäste?«, frage ich.

»Filmemacher, Komponisten, Architekten, Mäzene, Journalistinnen, Kuratorinnen, Künstlerinnen. Bunt gemischt. Noch zu wenig Junge. Aber die alten Exilanten sterben ja langsam aus. Einer der letzten ist Walter Arlen, der ist schon über 90, den wirst du noch kennenlernen. Der kommt zu jeder Veranstaltung. Und hier«, sie führt mich am Kamin vorbei zu einem kleinen Raum, in dem auch überall Bücher stehen, »war Martas Arbeitszimmer, hier hat sie bis zum Schluss am meisten Zeit verbracht. Als Lion noch lebte, hat sie mal gesagt: ›Ich bin die Frau, die diesem Mann durchs Leben hilft.‹ Die hat alles für ihn gemacht. Würdest du einer Frau durchs Leben helfen? Auch wenn du weißt, dass sie dich betrügt?« Bevor ich antworten kann, sagt sie: »Du kannst überall arbeiten, oben bei dir, hier, draußen.«

Wir gehen durch den Salon auf die Terrasse, von wo aus man die ganze Bucht von Santa Monica überblicken kann. Über uns kreist ein Flugzeug mit einem Werbebanner, aber es ist zu weit weg, als dass man die Botschaft erkennen könnte.

»Die *LA Times* hat ab 1927 in ihrer Sonntagsbeilage ständig über neue Häuser berichtet. Das hier war ein *demonstration house* der *Times,* eine Mustervilla von Mark Daniels, im maurisch-spanischen Stil errichtet, und voller Luxus: eigene Orgel, eigener Filmprojektor, elektrisches Garagentor, Kühlschrank, Gasherd, Geschirrspüler, 14 Zimmer, sechs Badezimmer. Die Wände sind ziemlich dick und in Hohlbauweise gebaut, das ist eine natürliche Klimaanlage. Viele dieser Häuser sind später abgebrannt, weil in den Wänden immer mehr elektrische Leitungen verbaut wurden. Für Notfälle«, sie führt mich wieder ins Haus, durch den Salon, ins Foyer zurück, »gibt es hinter diesem Foto«, es zeigt Lion bei Liegestützen, »ein Paneel mit einem Schlüssel«, sie nimmt das Bild ab, und zum Vorschein kommt ein grauer, in die Wand eingelassener Kasten mit Knöpfen, LED-Anzeige, einem Schlüssel und einem Schlüsselschlitz, »bei Fehlalarm muss man den da reinstecken, auf *alarm silence, local silence* und *reset* drücken oder diese Nummer anrufen und sagen, was los ist. Hast du schon mal ein Feuer überlebt?«

»Nein«, sage ich. »Du?«

Nina schüttelt den Kopf und hängt das Bild zurück. »Was glaubst du, wie schnell all die Bücher brennen, so trocken, wie das hier ist? Meinst du, dass du es, wenn unter dir ein Feuer ausbricht, noch rausschaffst? Glaubst du, dass dich der Alarm rechtzeitig wecken wird? Und was ist deiner Ansicht nach schlimmer – zu ersticken oder zu verbrennen?«

Ich starre sie an, ohne ein Wort zu sagen, plötzlich spüre ich den langen Flug in jeder Faser meines Körpers. Als Nina im Nebenraum, dem Esszimmer, verschwindet, rufe ich ihr hinterher: »Bist du Pyromanin?« Aber sie ist schon weitergegangen, steht schon auf der Außentreppe, ich folge ihr durch den Garten zum Tor. »Dienstags kommen die Bettys. Das sind die Putzfrauen. Nur eine heißt Betty. Wer, wirst du merken. Dann müssen alle aus den Zimmern raus. Und am besten haust du dann gleich ganz ab. Weil die *Dirty Girls* dann auch hier sind, und die machen ziemlichen Lärm.«

»Die *Dirty Girls*?«

»Ja«, sagt sie. »Die Gärtner. Die heißen wirklich so. Die Firma jedenfalls. Hast du ein Auto?«

»Noch nicht.«

»Dann besorg dir eins. Ich brauch jemanden, der mich rumfährt. Ich hab zwar einen Führerschein, aber ich kann mir keinen Mietwagen leisten. Parken solltest du hier am Hang, nicht vorm Gashahn da drüben«, sie weist die Straße hoch, »und auch nicht vorm Briefkasten, aber immer mit eingeschlagenen Reifen, die müssen zur Bordsteinkante weisen, sonst zahlst du gleich ein paar hundert Dollar Strafe. Und sollte dich die Polizei mal anhalten: Hände aufs Lenkrad, nicht aussteigen, nicht abschnallen, nicht im Handschuhfach wühlen, keine unbedachten Bewegungen.«

»Findest du das nicht ein bisschen paranoid?«

Sie fängt an zu lachen. Dann hört sie damit auf und tippt mir mit dem Finger gegen die Brust. »Besser paranoid als tot. Und jetzt muss ich weiterarbeiten.«

Ich gehe in mein Zimmer, räume meine Sachen in den Schrank, lege mich aufs Bett und schlafe sofort ein.

Als ich morgens aufwache und aus dem Fenster schaue, ist es fast so, wie ich es mir vorgestellt habe, blauer Himmel, Blick über die Bucht bis zum Horizont. Nur dringt kein Meeresrauschen oder Blätterrascheln durch die geöffneten Fenster, sondern der Sound des Pacific Coast Highways. Und nichts liegt in Schutt und Asche. Noch nicht.

Beim Frühstück begegne ich Nina in der Küche. Sie sitzt am Tisch und blättert in der *LA Times*. »Hast du was von dem Erdbeben mitbekommen?«, fragt sie mit vollem Mund. Neben ihr liegen vier leere Muffin-Papierförmchen.

»Welches Erdbeben?«, frage ich, eine Hand am Kühlschrank.

»Hier in der Nähe. Wir warten hier ja alle auf *The Big One*. Auf das ganz große Ding, auf die große Katastrophe. Ist schon mehr als hundert Jahre überfällig. In diesem Jahr gab's schon fünf kleine Beben über 4,0. Das ist zuletzt 1994 passiert. Aber heute ist hier nur ein Dachziegel runtergefallen.«

Ich hole mein Smartphone hervor, recherchiere im Internet und erfahre beim Southern California Earthquake Data Center, dass es um 3:39:36 Uhr 90 Meilen östlich, in den Redlands, ein Erdbeben der Stärke 2,4 auf der Richterskala gegeben hat.

Später im Garten sehe ich die Schindel im Gras liegen, leuchtend rot, vollkommen intakt. Ich hebe sie auf, halte sie in Händen, drehe sie um, starre ungläubig auf das, was auf der Unterseite in den Ton geritzt geschrieben steht: »*REDLANDS*«.

Als ich damit ins Büro komme, will keiner das als böses Omen verstanden wissen, die Leiterin streckt mir die Hand entgegen, stellt sich vor und sagt: »Hallo erst mal. Herzlich willkommen!«

Und Nina sagt: »Und ich bin paranoid, oder was?«

Am Nachmittag lasse ich mich im Villa-Van zur Autovermietung nach Santa Monica fahren. Auf dem Parkplatz stehen ein weißer Chevrolet Suburban, ein roter Ford Mustang, ein schwarzer Dodge Charger, eine gelbe Corvette Stingray und ein blauer Mini. Ich entscheide mich für den Mini. Nina findet den Wagen zu klein, ist aber froh, zum Einkaufen nicht mehr den Berg hinunterlaufen zu müssen. Auf dem Weg ins *Village*, wie alle in der Villa das Zentrum von Pacific Palisades nennen, zeigt sie ständig auf irgendwelche Autos und sagt: »Mein Gott, das war Ben Affleck!«, »Matt Damon!« oder »Taylor Swift! Wusste gar nicht, dass die auch hier wohnt.« Bei den ersten Malen frage ich noch »wo?« und schaue ihrem Finger nach, dann wird mir klar, dass sie nur Aufmerksamkeit will.

Am nächsten Tag sehen wir uns im Goethe-Institut am Wilshire Boulevard das Spiel Deutschland gegen Frankreich an und auf dem Sunset Boulevard die Parade zum Unabhängigkeitstag.

Am Straßenrand alles voller Menschen, ganz in blau, weiß, rot gekleidet. Fallschirmspringer schweben vom Himmel und rufen: »Gott segne Amerika! Gott segne die Palisades! Und unsere Truppen, die für unsere Freiheit kämpfen!« Cowboys und Cowgirls ziehen an uns vorbei, eine Blaskapelle, Kamele, Cadillacs mit Lokalpolitikern, Dudelsack spielende Männer in Schottenröcken, Postkutschen, auf denen »*Wells, Fargo & Company*« steht, Kinder auf Fahrrädern, geschmückt in Nationalfarben, Flaggenschwenker, eine Hundestaffel, Clowns und Helden auf Segways, Mitglieder eines Baseballteams, eines Buchstabierclubs, eines Karatevereins. Die Polizei, die Feuerwehr – und ein Schwarzer mit Davidstern, kostümiert als Uncle Sam. Als ich ihn anspreche, ihn frage, ob ich ihn fotografieren darf, erklärt er, dass Gott mich geschickt habe. »HaShem, Adonai, Elohim.« Er nennt sich Mr. Patriot und glaubt an das amerikanische Volk, an die göttliche Vorsehung, den Frieden in unseren Herzen und den Globalen Frühling.

»Es gibt einen Grund, weshalb du hier bist«, sagt er. Ihm fehlen die Vorderzähne.

»Ja«, sage ich. »Ich habe ein Stipendium.«

»Nein, nein.« Er schüttelt den Kopf. »Du bist hier, weil du Teil der Lösung bist.«

»Ich dachte immer, ich wäre Teil des Problems.«

»Das auch.«

Nina und ich setzen uns vor Ralphs, einem Supermarkt, in den Schatten und essen Sandwiches. Wie sich herausstellt, wohnt sie in Berlin, aber ursprünglich stammt sie aus Mecklenburg-Vorpommern, geboren in Bützow, aufgewachsen in Lalendorf, zwischen Güstrow und Teterow. Sie hat auf einem Bauernhof in Island gearbeitet, als Ankleiderin im Disneyland Paris und Kunst in Braunschweig studiert. Im dritten Semester hat ihr ein Freund von der Villa erzählt, und jetzt, nach dem Studium, hat sie sich selbst davon überzeugen wollen, dass Hollywood existiert, dass das ein echter Ort ist mit echten Menschen.

»Und?«, frage ich.

»Es stimmt«, sagt sie.

»Nein, ich meine, und jetzt?«

»Was ist das denn für eine bescheuerte Frage?«

In der Nacht klopft es dreimal hintereinander gegen die Tür. Ich fahre aus dem Bett hoch, sage: »Herein!«, aber die Tür bleibt zu, niemand sagt etwas, das Holz, das knarren müsste, wenn sich jemand auf dem Flur bewegt, knarrt nicht. Dann: wieder das Klopfen. Wie Donnerschläge. Dann: ein Glühen vor dem Fenster, ein Feuerregen.

Am Abend kommt Sergej an. Dichte blonde Haare, blaue Augen, groß, aber gedrungen, den Kopf zwischen die Schultern gezogen. Er trägt ein langärmliges Shirt mit blauen Längsstreifen und weitem Ausschnitt. Hätte er eine weiße runde Mütze auf, würde ich ihn für einen Matrosen halten. Mit zwei Papiertüten von Vons steht er in der Küche. Als er an mir vorbeigeht, stößt er gegen den Tisch, den Stuhl, verstaut die Lebensmittel im Schrank und sagt etwas auf Russisch zu mir. Mehrmals bitte ich ihn, es zu wiederholen. Je öfter er es sagt, desto lauter wird er. Irgendwann merke ich, dass er die ganze Zeit Deutsch mit mir spricht. Er sagt: »Wirsprechenunsnoch« in einem Wort und poltert die Treppe hinauf in sein Zimmer.

In der Dämmerung mache ich eine Bergwanderung, den Paseo Miramar hoch, vorbei an Villen mit hohen Fenstern und hohen Hecken und Security-Schildern im Vorgarten, die Dan Aykroyd oder Hilary Swank gehören – und ganz oben, an der Nummer 865 vorbei, einer der größten Villen von allen, in der alljährlich die

Kandidatinnen von *Germany's Next Topmodel* wohnen, wie Nina mir vorhin noch voller Stolz erzählt hat. Dahinter, an der Stelle, an der die Bebauung aufhört, ist auch der Asphalt zu Ende, und es geht auf einem Sandweg in den Topanga State Park hinein: spärlich mit Büschen bewachsene Hügel und Täler.

Ein Schild warnt vor Pumas und Klapperschlangen. Ich denke an das, was Nina mir am Nachmittag gesagt hat, dass man sich, wenn man gebissen wird, nicht mehr bewegen soll, um Blutzirkulation zu vermeiden. Stattdessen soll man den Notruf wählen.

Ich habe kein Handy dabei.

Ein Mountainbiker rast an mir vorbei, eine Staubwolke hinter sich herziehend. Ich hetze dem Sonnenuntergang hinterher, sehe noch ein Glimmen hinter der Bergspitze. Als ich auf dem Gipfel stehe, umschwirrt von Fledermäusen, sehe ich auf der einen Seite einen letzten Strahl und Hügelketten bis zum Horizont und auf der anderen das Meer, Lichter und Wolken über L. A., die höchsten Hochhäuser schauen daraus hervor wie Inseln. Auf dem Rückweg: Sterne, Halbmond, Zikaden.

Traum: Ich rufe einen Freund an. Er heißt Donny und sieht aus wie John Goodman. Obwohl er unglaublich groß und fett ist, trägt er immer Anzüge, die ihm viel zu weit sind.

Er: »Worüber willst du mit mir reden?«

Ich: »Nur so.«

Er kommt vorbei, schwitzt, wir reden, trinken Bier aus Dosen, dann fahren wir in einem Lastenaufzug in den dunklen Himmel hinauf. Die Erde ist eine Grotte mit offenen Wohnebenen in den Wänden. In jedem Stockwerk beugen wir uns kurz heraus, dann ziehen wir die Köpfe wieder ein.

Oben angekommen, sagt er: »Pass auf dich auf, mach keine Dummheiten, was immer es ist, du kommst schon darüber hinweg«, und reicht mir eine Handvoll Metall.

Als er gegangen ist, trete ich ins Licht einer Laterne, um zu sehen, was er mir gegeben hat: Namensschilder von Freunden, die im Krieg gefallen sind.

Nachmittags in der Küche: Orangensaftpfützen auf dem Tisch, die Espressokanne ist übergelaufen, vor dem Herd liegt Kaffeepulver. Der Mülleimer ist voll. Der Kühlschrank steht offen und piept. Auf dem Boden: Fußspuren, die nach draußen führen. Handtuch und Badehose über der Balustrade. Sergej sitzt auf der Terrasse, die Haare nass, die Haut rot wie ein Feuerball. Neben ihm ein leeres Glas. In der einen Hand eine Tasse, in der anderen ein Smartphone. Als ich mich zu ihm setze, entschuldigt er sich für gestern Abend, er sei total müde gewesen, Jetlag.

Wir reden über Berlin. Er wohnt seit 20 Jahren in der Stadt. Während andere Technopartys feierten, ging er auf klassische Konzerte: Helmut Lachenmann im Podewil, Claudio Abbado in der Philharmonie, Morton Feldman und Bach im Konzerthaus. Außer Bach kenne ich keinen. Er spricht von »Echtzeitmusik«, dem »Splitter Orchester« und einem Club namens »Raumschiff Zitrone«. Ich bin vier Jahre nach ihm nach Berlin gezogen und spreche von »O-Ton Ute«, dem »Gebäckflötenorchester« und dem »Antje Øklesund«, offenbar gab es keine Überschneidungen, dabei wohnten wir zeitweise nur wenige Straßen voneinander entfernt.

Sergej ist 41 und stammt aus Moskau, hat dort am Konservatorium studiert, an der Musikhochschule in Dresden und an der Universität der Künste, seine Werke werden in der ganzen Welt gespielt, seine Oper *Franziskus* wurde am Bolschoi-Theater aufgeführt, er hat mehr als 3 000 Freunde bei Facebook. Hier will er an einem szenischen Stück für sechs Solisten arbeiten, das auf Michael Lentz' Roman *Pazifik Exil* basiert.

Ich spreche ihn auf den Krieg in der Ukraine an, auf die Annexion der Krim, und er sagt: »Meine Mutter wohnt da und einige Verwandte. Die Krim ist sehr rückständig, sehr arm, es gibt viel Kriminalität und Korruption und kaum Investitionen. Die Leute, die beim Referendum für eine Vereinigung mit Russland gestimmt haben, sehnen sich nach der Sowjetunion zurück, nach dem Archaischen, dem Imperialen, alter Macht und Größe.« Er holt mit dem Arm aus und stößt das Glas um. Es rollt bis zum Rand, bleibt an der Kante hängen. Sergej kümmert sich nicht darum. Stattdessen sagt er: »Das ist nicht nur ein russisches Problem.«

»Ja«, sage ich. »In Ungarn ist das ja auch so.«

»Bis vor ein paar Jahren war die Kultur in Russland sehr innovativ, sehr modern. Da gab es auch viel Unterstützung vom Staat. Seit Putin wieder Präsident ist, hat sich das geändert. Es gibt jetzt eine neue Kulturpolitik, die sich mehr auf traditionelle Werte beruft. Aber das Lustige ist, es gibt keine Künstler, die sich dafür hergeben. Im März wollte sich Putin mit berühmten Schriftstellern treffen, aber keiner mit ihm. Deswegen hat er sich dann mit Nachfahren von Dostojewski, Tolstoi und Puschkin getroffen.« Dann fängt er an zu lachen, ein eruptives Lachen, das durch seinen ganzen Körper geht, und verschüttet seinen Kaffee.

»Und wie ist die Stimmung im Land?«, frage ich, als erkundigte ich mich nach *meiner* Heimat und *meinen* Verwandten. Als wäre ganz Europa schon verloren.

So müssen die Exilanten vor 70 Jahren geredet haben.

»Ich komme gerade aus Moskau«, sagt Sergej. »Und das war merkwürdig. Auf Facebook und im Fernsehen nichts als Hysterie, und in der Stadt alles normal, sehr entspannt. Aber natürlich, niemand weiß, was passiert.« Er schaut aufs Meer, als läge da die Zukunft. Dann wendet er sich wieder mir zu. »Sag mal, fährst du nachher noch ins Village?«

»Ja, wieso?«

»Kannst du mich mitnehmen? Ich muss noch was einkaufen.«

»Klar.«

»Hab nämlich keinen Führerschein.«

Später, als wir zurück sind, sehe ich ihn im Salon über eine Partitur gebeugt am Flügel sitzen, Striche, Zahlen, winzige Punkte, eher ein Geheimcode oder ein Schaltplan als Noten. Zwischendurch spielt er ein Stück an, summt etwas, spricht etwas in einer ganz eigenen Sprache und macht sich Notizen. Anders als in der Küche, auf der Terrasse, im Auto ist er vollkommen bei der Sache. Konzentriert. Aufmerksam. In sich versunken. Er merkt gar nicht, dass ich hinter ihm stehe. Wie selbstverständlich gleiten die Finger der einen Hand über die Tasten, die der anderen übers Papier, eine fließende Bewegung. Keine Spur vom Grobmotorischen, das ihn im Alltag gegen Wände, Möbel, Gläser stoßen lässt, als ob die ihn umgebende Welt nur Beiwerk wäre, zu klein für seine Visionen.

Während Sergej unten im Salon am Blüthner immer wieder die gleiche Taste drückt, liege ich im Bett und lese Feuchtwanger, *Jud Süß, Exil,* die Biografie von Sternburg, alles durcheinander. Von seiner Zeit in München und Berlin, seiner Flucht nach Frankreich, seiner Reise nach Moskau, seiner Begegnung mit Stalin. Von seiner Frau und seinen Geliebten. Seinen Dramen und historischen Romanen. Seinem Erfolg im Ausland. Seinem Bücherwahn. In Südfrankreich wohnt er in dem Fischerdorf Sanary-sur-Mer, 50 Kilometer südlich von Marseille, direkt am Mittelmeer. Ein Traum, wenn die Nazis nicht wären. Als Jude und als Linker steht er auf deren Listen ganz oben. Sein Besitz in Deutschland ist konfisziert, das Konto gesperrt. Wie manch andere deutsche und österreichische Schriftsteller, die an der Riviera Schutz suchen – die Familie Mann, Bertolt Brecht, Ludwig Marcuse, Annette Kolb, Joseph Roth, Franz Werfel, Egon Erwin

Kisch etc. –, glaubt er, dass Hitler sich nicht lange an der Macht halten wird und, sollte das doch der Fall sein, nur die Volksfront, die Internationale, dem etwas entgegensetzen könne. Obwohl er nichts hat und sich komplett neu einrichten muss, schreibt er weiter, als wären ihm die Manuskripte, an denen er zuletzt in Berlin gearbeitet hat, nicht gewaltsam entrissen worden. Er lebt zurückgezogen mit seiner Frau auf einem Hügel, vollendet den zweiten Teil seiner *Josephus*-Trilogie und drei weitere Romane – *Die Geschwister Oppermann, Der falsche Nero* und *Exil* – sowie den Bericht über seine Fahrt in die Sowjetunion *Moskau 1937*. Anstatt sich um ein Visum für Amerika zu kümmern, hält er an seinem Tagesablauf fest. Schreiben. Schwimmen. Spazierengehen. Er verdrängt die Gefahr, macht weiter wie bisher, stoisch, unbeirrbar, das Geheimnis seines Erfolges. Nach dem Überfall der Wehrmacht auf Polen werden die Exilanten von den französischen Behörden aufgefordert, sich nach Les Milles zu begeben, in eine zum Sammellager umfunktionierte Ziegelei. Auf Intervention der Engländer wird Lion zunächst entlassen, wenige Monate später, nach dem Westfeldzug, wieder eingesperrt. Marta informiert den amerikanischen Vizekonsul in Marseille, US-Präsident Roosevelt, dem er Jahre zuvor in New York begegnet ist, setzt sich für seine Freilassung ein. Als Frau verkleidet flieht er zu Fuß über die Pyrenäen, mit dem Zug nach Lissabon. An Bord der Excalibur verlässt er Europa. Ein halbes Jahr später fliegt er von New York nach Los Angeles. Erst wohnen Marta und er bei einer seiner Geliebten, dann mieten sie sich ein eigenes Haus, dann entdeckt Marta die Villa in Pacific Palisades, heruntergekommen, seit Jahren leerstehend und günstig, für 9 000 Dollar – ein Lehrerjahresgehalt. Die Feuchtwangers richten sich ein. »Der Garten ist herrlich«, schreibt Lion einem Freund, »und alles in allem arbeitet es sich sehr gut in diesem neuen Haus.« Hanns Eisler spielt bei der Einweihung *Üb immer Treu und Redlichkeit*. Andere Exilanten siedeln sich in der Nähe an, Schriftsteller, Komponisten, Künstler, Regisseure, den wenigsten geht es so gut wie Feuchtwanger, dessen Werke verfilmt werden und in Buchclubs erscheinen – mit bis zu 600 000 Exemplaren. Ludwig Marcuse nennt ihn »Kaiser aller deutscher Emigranten, ganz besonders Schutzherr des Stammes der Schriftsteller«, und die Villa wird zum Zentrum eines Neuen Weimar. Während der Kriegszeit herrscht Ausgangssperre zwischen 20 Uhr abends und sechs Uhr morgens, aber kaum ist der Frieden da, blüht das Leben der Exilanten auf, sie laden sich zu Premieren, Lesungen und Diskussionsabenden ein, zweimal im Jahr im Arbeitszimmer und im Salon am Paseo Miramar. Während einige nach Deutschland zurückkehren, Thomas Mann, Bertolt Brecht, Ludwig Marcuse, Alfred Döblin und andere, wie Hanns Eisler, ausgewiesen werden, bleibt Feuchtwanger in Kalifornien – zu groß ist die Angst, dass man ihn aufgrund seiner Vorkriegshaltung zur Sowjetunion nicht mehr ins Land zurücklässt. Vom FBI wird er überwacht und verhört, vorm Haus parken Agenten. Er will nicht noch einmal alles verlieren. 1945 schreibt er an eine Freundin: »ich sitze seit vier jahren hier, habe das gebiet von los angeles auch nicht auf einen tag verlassen und jeden tag mindestens vier, häufig aber bis zu zehn stunden an meinem schreibtisch verbracht.« In den 18 Jahren seines amerikanischen Exils schreibt er sieben große Romane, drei Theaterstücke, mehrere Kurzgeschichten und Essays und einen ausführlichen Bericht seiner Lagerhaft in Frankreich. Lion stirbt 1958, Marta 1987, danach wandeln Freunde des Paares das Haus in eine Künstlerresidenz um, in ein lebendiges Museum des deutschsprachigen Exils.

So sehr mich Lion Feuchtwangers unerschütterliche Produktivität auch beeindruckt – als ich mich, davon angestachelt, selbst an den Schreibtisch setze, um an meinem Amerikaroman zu arbeiten, merke ich, wie schwer es mir fällt, auch nur einen Satz zu schreiben. Immer wieder fange ich an, immer wieder breche ich ab, immer wieder schweift mein Blick aus dem Fenster auf die Lichter der Stadt. Wie soll ich über einen Ort schreiben, den ich nicht kenne, an dem ich erst einmal – und das liegt mehr als 20 Jahre zurück – gewesen bin? Welche Menschen wohnen hier? Was sind ihre Geschichten? Wie reden sie? Wie leben sie? Mir fällt nichts ein. Das Paradies kann auch die Hölle sein.

Traum: Ich sitze mit zwei Mitbewohnern im Wohnzimmer, wir trinken Bier aus Dosen, spielen Computerspiele, der Fußboden besteht aus Matsch. Wir sprechen über einen, der seit Monaten verschwunden ist.

»Was denkst du?«, fragt mich der eine.

»Was soll ich denken?«, sage ich, ohne vom Bildschirm aufzuschauen.

»Was ist mit ihm passiert?«, fragt mich der andere.

»Was weiß ich?«

Sie meinen, dass ich ihn abgeschrieben habe, dass ich die Hoffnung aufgegeben habe, er würde lebend zurückkommen, und das finden sie merkwürdig. Sie meinen, dass ich etwas mit seinem Verschwinden zu tun haben müsse. Ich streite alles ab. Während wir so zusammensitzen und reden, wird der Boden immer schlammiger, sodass wir, wenn wir uns aus dem Kühlschrank neues Bier holen, kaum vorwärtskommen und bei jedem Schritt tiefer einsinken. Unter unseren Füßen knirscht es, als gingen wir auf Kies. Einer greift in den Schlick hinein und fischt einen braunen Brocken heraus, geht damit zur Spüle, hält ihn unter den Wasserhahn, dann ins Licht, dann mir vors Gesicht: ein abgebrochener Zahn, wie rausgeschlagen.

01.07.

Ghost Highway*

Dass die Wege der Freiheit / nicht für Menschen ohne
Motor gelten / merkt Marlene Mardella Pinnock, als
sie / auf Hosocken, eine Tasche in der Hand, / über den
Santa Monica Freeway geht. // Ihre Haut ist schwarz, ihre
Tasche weiß, / sie wohnt nicht weit entfernt, / zwischen
Trümmern und *trash*, / unter den Straßen der Stadt, /
an der La Brea Avenue. // Sie geht gelassen, / als ginge
sie spazieren, / auf dem Seitenstreifen / der Wagenwelt
entgegen. / Eine Geistergängerin, // die einen Geist
angeht: / Daniel L. Andrew, / ein Highway Patrolman, /
der sie zu Boden schickt. // Seine Haut ist weiß, seine
Hand schwarz, / die Finger sind vor Wut geballt, / als er
mit voller Wucht / auf ihr Gesicht eindrischt. // David
Diaz, der die Szene filmt / und den Film auf YouTube
stellt, / sagt, man hört es im Off: / *Oh, shit, stop, he's beating
her up,* / *why am I watching this?* // In seinem Bericht
schreibt Andrew dann, / sie hat mich den Teufel genannt. /
Pinnocks Anwältin, Caree Harper, / sagt, der Teufel ist er
nicht, / aber sicher ein naher Verwandter.

* Alle Kurztexte beziehen sich auf Meldungen aus der *LA Times* und verarbeiten Versatzstücke aus Artikeln, Tweets, YouTube-Videos, Fernsehsendungen etc., die zu den Ereignissen erschienen sind.

05.07.

The White Shark

Es ist der Tag / nach dem Unabhängigkeitstag, / der
in diesem Jahr / auf einen Freitag fällt. // Ein langes
blauweißrotes Wochenende. // Der Strand ist voll, /
voller als sonst. / Die See ist ruhig, / ruhiger als sonst. //
Trotzdem gleitet Lance Nelson übers Wasser, / er wartet, /
auf dem Brett / liegend, auf dem Bauch, / auf den
richtigen Moment, / die perfekte Welle, / die niemals
kommt. // Steven Robles, / ein Langstreckenschwimmer, /
ist kurz vor dem Ende, / seiner täglichen Tour, von
Hermosa / nach Manhattan Beach, als / ein weißer Hai, /
angelockt von einem Angler / auf der Kai- / zunge, / aus
der Tiefe / auftaucht / und ihm in die Brust beißt. / Er
schreit. / Und die, die seine Schreie hören, / schreien
auch. // Weiß! / Weiß! / Weiß! // Lance Nelson sagt
später: / Ich sah Blut durchs Wasser spritzen. / Es war
wie im Film. / Nur schlimmer. // Aber so schlimm wie im
Film / ist es dann doch nicht. / So schlimm wie im Film /
ist es in Wirklichkeit / nur ab / und zu. // Meist nehmen
die Geschichten ein gutes Ende / und werden darum
nie erzählt. / Werden sie es doch, / geraten sie / bald in
Vergessenheit / und liegen stumm und Toten gleich. //
Diese aber bleibt, / sie geht für lange Zeit / von Mund
zu Mund, / von Seit' zu Seit': // Sie handelt, / hier keine
Seltenheit, / von Helden. // Die *lifeguards* machen ihrem
Namen / alle Ehre, / sie tragen Steven Robles, / auf ein
Brett gebettet, / auf dem Rücken liegend, / aus dem Meer. //

Er wartet auf Nadel und Faden, / auf den Notarzt, / der
ihn zusammennäht / und dem zackigen Zahntattoo / des
Weißen Hais / seine Gestalt verrät. // Und als es so weit
ist, / sagt er: Was hab ich für ein Glück gehabt. // Nichts
ist ab. / Alles dran. / Und zu.

Die Auftragsdichterin

I

Am fünften Tag in Los Angeles habe ich ein Erweckungserlebnis. In jeder US-Stadt, in die ich reise, gehe ich in eine Kirche. Nicht weil ich gläubig wäre, sondern weil ich ein Gefühl für die Bewohner bekommen will, für ihren Umgang mit Fremden, ihre religiösen Rituale, ihre Vorstellung von Transzendenz. Früh morgens kurven Nina und ich in meinem blauen Mini Cooper die Serpentinen des Paseo Miramar hinunter, fahren den Pacific Coast Highway entlang und besuchen den Gottesdienst der First African Methodist Episcopal Church unterhalb des Santa Monica Freeway. Im Einklang mit dem Gospelchor vor mir auf der Bühne singe ich *I must tell Jesus* und *Praise The Lord* und spüre wie immer nichts, keine Erleuchtung, Einkehr, Erkenntnis.

Am Nachmittag aber sind wir auf dem Flohmarkt auf dem Parkplatz der Fairfax High School. Die Sonne brennt, die Luft flimmert, der Asphalt glüht. Unter aufgeheizten Plastikpavillons Mid-Century-Möbel, Schmuck, Schuhe, Kleider, Hot Pants, exotische Holzmasken, karierte Westernhemden, selbstgemalte Bilder, zerkratzte Schallplatten, zerlesene Taschenbücher für zehn Dollar das Stück. Viele Händler sprechen Spanisch, keiner lässt mit sich handeln. Im Food Court gibt es Tacos und Burger und Steaks. In einer Ecke: eine Jazz-Band, Keyboard, Schlagzeug, Kontrabass, alte Männer in Hawaiihemden. Über einem Stand mit Gothic-Nippes steht »*Zombie Research Society*«. Und inmitten all der Leute und Stände sitzt ein Mädchen mit Zahnspange, zurückgebundenen kastanienbraunen Haaren, aufgeknöpfter Bluse, schwarzem Top und weißgepunkteter Jeans. Sie sitzt an einem Klapptisch, über den sie eine helle Decke geworfen hat, vor ihr ein Schreibmaschinenkoffer mit der Aufschrift: *»the poem stop – name your subject, name your price.«* Die Menschen um uns herum beachten das Mädchen nicht. Das, was sie zu bieten hat, ist unsichtbar, noch nicht da, Zukunftsliteratur.

Nina und ich bleiben stehen, und ich sage: *»Friendship, five Dollar.«*

Mit ihren dunklen Augen sieht sie zu mir auf. »Normalerweise benutze ich die Schreibmaschine«, sagt sie, »aber ich habe kein Farbband mehr.« Sie reißt eine Seite aus einem Notizbuch, holt einen Kugelschreiber hervor und beginnt zu schreiben, ohne innezuhalten, ohne nachdenken zu müssen, ohne Zweifel.

Als sie fertig ist, liest sie es uns vor, so leise, dass wir uns zu ihr herabbeugen müssen: *»This sacred relationship is created / to connect to someone who can give. / And in our blackest nights, / we find the twinkling and singing stars above us / that light up the path / that will lead us to satisfaction and living.«*

Dann reicht sie mir das Blatt mit ihrer Unterschrift, ihren Initialen: *»Maia Zelkha MZ.«*

Und ich reiche ihr die Scheine.

»Die meisten Leute wollen Gedichte, die von Liebe handeln, von Glück, von Kindern, von der Sonne, vom Sommer«, sagt sie. Eins, das neben ihr liegt, das letzte, das sie mit der Schreibmaschine geschrieben hat, bevor das Farbband aufgebraucht war, heißt *»Summertime and Bubble Gum«.* Und in dem Moment meine ich, den Geruch von Sommer und Kaugummi, Hubba Bubba, Apfelgeschmack, wahrzunehmen, aber es ist nur eine Erinnerung an meine intensivsten Kaugummikindheitserlebnisse. Für Sekunden bin ich wie weggetreten, sie redet einfach weiter, von den Kunden, den Themen, dem Gewinn, dem Risiko. Heute, an ihrem ersten Tag, hat sie schon 20 Gedichte geschrieben und mehr als 100 Dollar verdient. Aber sie besteht nicht auf ihr Honorar, niemand muss etwas zahlen, wenn ihm das, was sie schreibt, nicht gefällt. So bleibt ihre Kunst rein, frei von finanziellen Erwägungen, unabhängig vom Geschmack der anderen.

Sie ist 14 Jahre alt.

Auf ihrem Unterarm, das sehe ich erst, als ich mich umwende, prangt ein Tattoo, ein Zitat, ein Song von Ice Cube: *Gangsta Rap Made Me Do It*, der mir auf dem Weg nach Hollywood, nach Los Feliz nicht mehr aus dem Kopf geht und den ich, während wir mit heruntergelassenen Fenstern und offenem Schiebedach die Melrose Avenue entlangfahren, im Geist übersetze: »Ihr beneidet den heißen Hexenmeister, Kriegskaiser, Vokalakrobaten / Aber ich muss meinen Reichtum nicht zeigen, um geile Bräute zu braten / Es geht nicht um Manier'n / Es geht um steile Wörter – und ums Transportier'n.«

Das ist ihr pyroklastisches Programm.

Am nächsten Sonntag werde ich mir *Master of Puppets* von Metallica auf den Arm tätowieren lassen, mich neben sie setzen und den »prose stop« eröffnen.

II

Das schreibe ich nach unserer ersten Begegnung in mein Notizbuch, berauscht von dem Erlebnis, eine sehr junge, sehr kompromisslose Dichterin kennengelernt zu haben. Und dann löse ich mein mir selbst gegebenes Versprechen doch nicht ein. Ich fahre zwar nach Venice Beach, laufe die Promenade entlang, an den Henna-Tattoo-Ständen vorbei, wirklich gewillt, mir auch so einen Spruch aufmalen zu lassen, erst einmal provisorisch, um zu testen, wie es aussieht. Aber als ich die Fotos sehe, die verschnörkelten esoterischen Beispiele, mit denen die Mehndi-Künstler für ihre Arbeit werben, denke ich: Das ist das Gegenteil von Heavy Metal oder Gangsta-Rap. Wenn, dann richtig. Keine verblassende Schrift. Nichts, was wieder weggeht. Nichts ohne Blut und Schmerzen. Worte für die Ewigkeit. Doch die Fotos und Motive vorm House of Ink sehen auch nicht besser aus, nur die Farben sind bunter, kräftiger, leuchtender.

Am Sonntag darauf sitzen Nina, Sergej und ich im San Fernando Valley, in einem Laden namens Pedalers Fork, eine Mischung aus Restaurant, Café und Fahrradgeschäft, und schauen auf der Terrasse das Endspiel der Fußballweltmeisterschaft, Deutschland gegen Argentinien. Insgesamt sind wir zu zehnt, einige tragen DFB-Trikots, andere Plastikblumenketten in Schwarz-Rot-Gold. Wir reagieren kaum auf das, was die Kellnerin fragt, bestellen Quinoa-Burger, Wild Mushroom Flatbreads, gerösteten Heilbutt – und ein Glas Wasser nach dem anderen. Es ist Mittag, 40 Grad im Schatten. Die amerikanischen Gäste betrachten uns kopfschüttelnd durch die Fenster der Komfortzone, den klimatisierten Innenraum. Als Mario Götze in der Nachspielzeit das entscheidende Tor schießt, kommen sie heraus und beglückwünschen uns, als hätten sie es von Anfang an gewusst: die Hände in den Hosentaschen, leicht vor- und zurückwippend, ohne jede Begeisterung.

Hinterher fahren wir über den Victory Boulevard, den Freeway 405, den Santa Monica Boulevard, die Fairfax Avenue durch dichten Verkehr und dichten Qualm – es riecht verbrannt – nach Downtown, aufs Dach des Ace Hotels. Gebaut 1927 als Theater der Produktionsgesellschaft United Artists im Stil des Art déco, die unteren Etagen reich verziert, die Spitze wie der Turm einer Kathedrale. Von 1989 bis 2011 war es tatsächlich eine Kathedrale. Anstatt für Filme warben die Werbetafeln in dieser Zeit für den Gottesdienst. Und vom Dach aus flimmerte *»Jesus Saves«* über die Innenstadt. Ein magischer, heiliger Ort, von dem es heißt, er habe die größte Sammlung von Bibeln in Privatbesitz beherbergt. Der neue Eigentümer ließ das Hochhaus komplett umgestalten. Auf dem Dach errichtete er eine Terrasse mit Pool, darunter 182 Hotelzimmer und im Erdgeschoss, im ehemaligen Kino, eine Konzerthalle, eine neue Rock 'n' Roll-Kirche für Gitarrengötter: Die erste Band, die dort nach der Wiedereröffnung vor einigen Monaten spielte, war, es hätte nicht passender sein können, Spiritualized.

Im 13. Stock steigen wir aus dem Fahrstuhl, liegen oben in der Abendsonne am Pool, betrachten abwechselnd die betrunkene halbnackte Meute im Wasser und den Rauch am Horizont: In den Hollywood Hills ist eine der größten Verchromungsfabriken des Landes in Brand geraten. Aber das erfahren wir erst später.

Nina stellt uns Fragen, auf die wir keine Antwort wissen: »Was war das höchste Gebäude, auf dem ihr je wart?« – »Träumt ihr auch manchmal vom Ertrinken?« – »Würdet ihr springen, wenn unter uns ein Feuer ausbräche? Oder würdet ihr in die Flammen hineinrennen?« Mit jeder Frage wird ihre Stimme lauter, als könnte sie uns dadurch zum Sprechen bringen, und irgendwann schnallen auch die Betrunkensten, dass wir Deutsche sind und schleudern uns alle Worte entgegen, von denen sie glauben, dass es deutsche sind: »Kraut«, »Pretzel«, »Sausages«, »Kotze«. Bei Letzterem sind wir uns nicht sicher, ob sie damit nicht Götze meinen und bloß den Umlaut nicht richtig aussprechen können, weil sie uns, wenn sie es sagen, ihre aufgestellten Daumen zeigen und danach so irre anfangen zu kreischen, als hätten sie selbst ein wichtiges Spiel gewonnen.

Und als es um uns herum dunkel wird und über und unter uns die Lichter angehen, muss ich an Maia denken, an die »funkelnden und singenden Sterne«, die uns den Weg zum Glück weisen.

Das, was sie macht, Gedichte gegen Geld zu verkaufen, ist nicht neu. Kunst und Kommerz hängen zusammen seit Anbeginn der Zeit. Mir begegnete das Phänomen zum ersten Mal 1995 im Studium, als ich im Unikino in Köln den Film *Before Sunrise* [1995] sah. Die durch Wien wandelnden Liebenden – ich schaue mir die Szene nach unserer Rückkehr zur Villa auf YouTube noch einmal an – kommen nach ihrem ersten Streit am Ufer der Donau an einem Mann im schwarzen Anzug vorbei, der rauchend, das weiße Hemd bis zum Brustansatz aufgeknöpft, auf einer Treppe sitzt und zu ihnen sagt: »Ich möchte euch ein Geschäft vorschlagen. Ich mein, ich will kein Geld, wisst's ihr? Ich will nur ein Wort. Ihr sagt mir ein Wort, ich nehm das Wort, und dann werd ich ein Gedicht schreiben, und das Wort gehört dazu. Wenn es euch gefällt, mein Gedicht, und ihr das Gefühl habt, es bereichert euer Leben irgendwie, dann bezahlt's ihr mir das, was es euch wert ist.« Das Wort, das sie ihm sagen, ist »Milkshake«, und was der Straßendichter daraus macht, bereichert das Leben der beide tatsächlich um etwas, das vorher nicht da war: ein Vers wie »caught in the current«, der ihren Beziehungsstatus auf den Punkt bringt, oder »I'll carry you, you'll carry me«, der ihren Gefühlen füreinander neue Impulse gibt.

Es ist schon spät, als ich Maias Namen auf Facebook eingebe und ihr eine Freundschaftsanfrage schicke, draußen vor den Fenstern, über der Bucht von Santa Monica geht schon die Sonne auf. Aber Maia akzeptiert sofort, als hätte sie neben ihrem Smartphone geschlafen, als hätte ich sie geweckt, als hätte sie nur darauf gewartet, mit mir in Kontakt treten zu können.

III

Ein paar Tage später erhalte ich eine Nachricht von ihr. Sie hat sich durch mein Facebook-Profil geklickt, mein Buchcover entdeckt und fragt mich, was mich beim Schreiben meines ersten Romans inspiriert habe.

Ich antworte ihr: »Das Leben. Der Wahnsinn, in einer Familie aufzuwachsen. Dieses unausweichliche Spannungsverhältnis zwischen Nähe und Distanz, dieses permanente Fremdheitsgefühl.« Und sie schreibt zurück: »Das klingt toll. Als ein Kind, das gerade selbst in einer großen, chaotischen Familie aufwächst, kann ich das, glaube ich, ganz gut nachvollziehen.« Und dann bekennt sie, zur Zeit an etwas Größerem, einem Roman, zu arbeiten. »Ich weiß noch nicht, wie die Geschichte ausgeht, ich weiß nur, dass sie von einem Engel handelt, der sich in die Frau verliebt, die er beschützen soll. Und weil er, um diese Liebe leben zu können, Mensch werden muss, muss er eine Entscheidung treffen: Entweder er streicht sie aus seinem Herzen und nimmt einen anderen Auftrag an, oder er folgt seinen Gefühlen und verliert seine Fähigkeiten, seine Macht, seine Unsterblichkeit. Wird selbst verwundbar und schutzbedürftig. Läuft Gefahr, alles, was ihm wichtig ist, wieder zu verlieren.« Die Grundstruktur einer tragischen Liebesgeschichte. Aber der Plot erinnert stark an *Der Himmel über Berlin* [1987] und *Stadt der Engel* [1998].

Wir tauschen uns über Schreibblockaden aus und darüber, wie man sie überwindet. Wir sprechen über ihre prägenden Leseerlebnisse – *Das Graveyard-Buch, Schiffbruch mit Tiger, Ruf der Wildnis, Just Kids* – und meine – *Der Zauberberg, Underworld, Schon tot, Das Haus* –, über Schriftsteller, die sie bewundert – Charles Bukowski, Maya Angelou, Robert Frost, Kurt Vonnegut – und solche, die ich bewundere – Joan Didion, Stephen King, Donna Tartt, Thomas Pynchon –, über Journale, Aufzeichnungen, Tagebücher, über das Verhältnis von Realität und Fiktion, die Bedeutung der Poesie, über Leichtigkeit und Vielschichtigkeit, über Präzision, Tempo, Konsistenz – über das, was ist; über das, was bleibt. Nie habe ich das Gefühl, dass wir nicht auf Augenhöhe sind, dass 25 Jahre zwischen uns liegen. Sie hat weniger gelesen, ist weniger gereist, hat weniger erlebt, wir könnten, was Weltsicht, Herkunft, Geschlecht und Sprache angeht, unterschiedlicher nicht sein. Und doch, in Bezug auf das Selbstverständnis als Schriftsteller, auf die Unbedingtheit, sind wir uns ähnlich.

Ich muss an die Gedichte denken, die ich als Teenager geschrieben habe, heimlich, ganz für mich allein, in meinem Zimmer oder im Hammrich. Wäre dort auf dem Deich jemand an mir vorbeigekommen und hätte ein Wort zu mir gesagt, damit ich Verse daraus mache, ein Wort wie »Liebe«, ich hätte geschrieben:

»Am Hafen gehen Schiffe ein und aus. / Umschlungen sitzen wir an festem Ort. / Schauen verträumt in die Welt hinaus, / Möchten, doch können nicht fort. // So bleibt uns nur der Augenblick, / In dem wir uns recht nahe sind. / Berühren uns zärtlich im Genick / Bevor die gemeine Zeit verrinnt. // Bald kommt der Tag der Trennung. / Einer wird ein Schiff besteigen. / Was bleibt, ist die Erinnerung. / Ein sanfter Schmerz und langes Leiden.«

Zu jedem Thema hätte ich etwas zu schreiben gewusst, aber alles wäre voller Unvermögen und Pathos gewesen, außen Schwulst und innen hohl, wie zum Beispiel in *Alkohol:* »Deine Beine werden schwer, / Deine Augen werden rot. / Dein Kopf wird leer, / Und du bist tot.«

Niemand hätte dafür etwas zahlen wollen.

Damals las ich alles von Hermann Hesse, schrieb Gedichte an den Mond und Oden an die Öde, weinte viel und verbrannte mein lyrisches Frühwerk hinterm Elternhaus im Garten. Dann verlegte ich mich auf Novellen; meine Sammlung wuchs mit jedem Jahr, ich schrieb zehn während des Zivildienstes und zehn während des Grundstudiums, aber ich erzählte niemandem davon, weil ich mit einem Zyklus, einem großen Novellen-Wurf, an die Öffentlichkeit treten wollte, eine zeitgenössische Version des *Decamerone*. Nach einem einjährigen Aufenthalt in London, wo ich mich mit 23 Jahren Kommilitonen gegenüber endlich als Schriftsteller geoutet hatte, war ich pleite und verzweifelt. Pleite, weil selbst das WG-Zimmer im Wohnheim 750 Mark gekostet hatte; verzweifelt, weil die Resonanz auf meine ersten Kurzgeschichten vernichtend gewesen war: »Das sind schlechte Kafka-Imitationen.« – »Du hast keine eigene Stimme.« – »Mich interessieren keine sprechenden Tauben.«

Als Konsequenz aus diesem doppelten Versagen tat ich das, was in den Neunzigern fast alle taten, die kein Geld hatten und irgendwas mit Medien machen wollten: Ich zog nach Berlin. Dort schrieb ich keine Gedichte mehr, sondern Reportagen, Kritiken, Kurzgeschichten, Romane. Die Romane brach ich nach 100, nach 200 Seiten ab, einen, den vielversprechendsten, über das Scheitern der New Economy, zeigte ich einem Freund, einem Lyriker, der gerade, völlig frei von wirtschaftlichen Erwägungen, an den Agenten, am Markt vorbei, einen ersten Gedichtband veröffentlicht hatte. Er brach die Lektüre schon nach den ersten beiden Kapiteln ab, rief mich an und sagte: »Ich verstehe dich nicht. Das hat doch nichts mit dir zu tun. Du bist doch gar nicht arbeitslos. So fühlst du doch gar nicht. Warum schreibst du nicht über das, was dich wirklich wütend macht? Warum schreibst du nicht über deine Herkunft, deine Familie, die Provinz?«

Und das tat ich.

Am Sonntag darauf bin ich wieder auf dem Flohmarkt an der Fairfax, diesmal allein. Wieder brennt die Sonne vom Himmel. Es sind die gleichen Stände mit den gleichen Sachen, aber jetzt, beim zweiten Mal, fallen mir neue Dinge auf: Hummelfiguren, Armeejacken, Kisten mit Familienfotos. Maia ist auch wieder da, sitzt an der derselben Stelle, am selbem Tisch. Trotzdem ist alles anders: Sie trägt ein hellblaues Sommerkleid mit pinken Blumen und türkisfarbene Flip-Flops. Ihr Haar fällt ihr über die Schultern, dichte Locken, die sich hinter ihrem Rücken verlieren. Vor ihr steht die Schreibmaschine, eine graue Smith Corona »Sterling« aus dem Jahr 1940. Das Schild auf dem Schreibmaschinenkoffer ist mit Wassermalfarben grundiert. Und der Spruch darauf lautet jetzt: *»the poem stop – custom poems by a costum price«.*

Eine Menge Leute stehen an. Menschen jeden Alters und jeder Hautfarbe warten geduldig darauf, an die Reihe zu kommen, endlich sagen zu können, was sie bewegt, was sie mit Maias Worten beschrieben wissen wollen. Maia lässt sich vom Andrang nicht aus der Ruhe bringen. Sie spricht mit jedem, schreibt jedem ein Gedicht, liest es jedem vor, so leise, dass die anderen es nicht verstehen können. Und sie überreicht jedem anschließend aus einer kleinen schwarzen Box eine Visitenkarte. Vor mir: eine ganz in schwarz gekleidete Frau, ein Asiate im Seidenhemd, ein Latino mit Baseballmütze, Tattoos und Portemonnaie-Kette, der sich ein Gedicht für seinen Freund Ron wünscht, ein Gedicht über die Grausamkeit der Liebe.

Als ich an der Reihe bin, sehe ich, dass ihr Tattoo verschwunden ist.

»Was ist passiert?«, frage ich, auf ihren Arm deutend. »Wo ist der Spruch hin?«

»Verblasst. Das war bloß Henna. Aber es hat seinen Zweck erfüllt.«

»Welchen Zweck?«

»Meine Eltern zu irritieren.«

»Und wie geht's dir sonst so?«, frage ich, näher an sie herantretend, hinter mir stehen neue Kunden an.

»Ich bin seit zwei Stunden hier. Anfangs war es etwas schleppend, aber jetzt läuft's.«

Und dann kommt eine Frau vorbei und fragt Maia, ob sie sich auch für Hochzeiten buchen lasse.

»Ja«, sagt Maia, »ich habe das noch nie gemacht, aber warum nicht?«

»Wunderbar. Und wie kann ich dich erreichen?«, fragt die Frau.

Maia gibt ihr eine Visitenkarte. Und mit der verschwindet sie im Gewühl des Flohmarkts.

Und dann sage ich Maia mein Thema des Tages: »*L. A. dreams.*«

Sie reißt eine Seite aus ihrem Notizbuch, zieht die Schreibmaschine zu sich heran, spannt das Blatt ein, fängt an zu tippen. Ein alter Mann fragt, da sie direkt unter dem Schild »*Restrooms downstairs*« sitzt, nach der Toilette; ein durch ihre Hammerschläge aufgeschreckter Hund kläfft sie an; ein Junge fragt: »Wie viel?« Aber Maia tippt weiter. »Wie viel du willst«, sagt sie, ohne aufzuschauen, ohne innezuhalten. Nach fünf Minuten ist sie fertig.

»Soll ich's dir vorlesen?«

»Bitte«, sage ich.

Und sie liest: »*In the city of suffering and prosper, / we find people / who are willing to give / all their heart and soul / to fit into the rhythm of cars rushing by / and blinking and singing city lights. // These are the people / who are most devoted / to their passions and dreams / that they envision awake and asleep … // And in this city, / they thrive off / the constant change and chaos around them, / and find their hunger satisfied / by the need to do, see, hear, / and touch. // These are not people, / but dreams themselves, / flying through all obstacles / and finding a way to understand / whatever might be jumbled / inside them.«*

Sie überreicht mir ihre Visitenkarte: eine weiße Schreibmaschine vor einem türkisen Hintergrund, sehr stilsicher, sehr geschmackvoll. Ich stecke sie ein, ohne sie umzudrehen. Auf dem Weg zum Auto lese ich mir ihr Gedicht noch einmal durch. Und der Euphorie, ausgelöst durch unsere erste Begegnung, folgt die Enttäuschung. Der Zauber des Anfangs ist weg, ausgelöscht von einem zweiten Eindruck, dem Wunsch nach Wiederholung des Außergewöhnlichen – was bekanntlich immer schiefgeht.

Sofort fallen mir die Ähnlichkeiten auf: ähnlicher Duktus, ähnlicher Ton, ähnliche Bilder, ähnliche Worte – am auffälligsten: *»twinkling and singing«* bei dem einen, *»blinking and singing«* bei dem anderen. Bevor ich einsteige, hole ich die Visitenkarte noch einmal hervor. Und diesmal drehe ich sie um: *»Maia Zelkha – poet, observer, insomniac«.*

Dichterin, Beobachterin, Schlaflose.

Beste Voraussetzungen für ein kurzes, aufregendes, legendäres Schriftstellerleben.

Ich bin versöhnt.

IV

In den folgenden Wochen mache ich, wenn ich sonntags mit Nina und Sergej auf dem Weg Richtung Osten bin – Nina will zu Amoeba Music und zum Museum of Death, Sergej zu den Häusern von Schönberg und Strawinsky –, immer einen Zwischenstopp auf dem Flohmarkt. Nachdem wir die drei Dollar Eintritt bezahlt haben, stellt Nina mir Fragen, auf die ich keine Antwort weiß: »Hast du nichts Besseres zu tun, als einem jungen Mädchen nachzustellen?« – »Glaubst du, das bringt dich irgendwie weiter? Oder sehnst du dich nach Ablenkung?« – »Ist das der Grund, weshalb du ständig durch die Stadt fährst, anstatt, nur als Beispiel jetzt, in der Villa an deinem Auswandererroman zu arbeiten – der eigentliche Grund deines Aufenthaltes?«

Sergej findet das auch seltsam. Er hat eine Tochter in Maias Alter, die in Kiew lebt. Er würde einiges dafür geben, sie öfter zu sehen, vor allem jetzt, da im Osten und Süden der Ukraine Krieg herrscht. »Aber du«, höre ich ihn ein paar Schritte hinter mir sagen, »du hast ja gar keine Tochter, du bildest dir höchstens eine ein.«

Ohne mich zu ihnen umzudrehen, erkläre ich, dass sie sich, wenn ihnen mein Verhalten nicht passt, ja auch einen anderen Fahrer suchen können. Und da sind sie still. Und ich lenke ihre Blicke auf selbstgemachte Seifen, Mineralien, Totenschädel aus Marmor, afrikanische Schnitzereien, handgewebte Teppiche, Buddha-Statuen, Brautkleider, Fotoapparate und Ferngläser, Standuhren, Klaviere, Kakteen.

Aber egal, wann wir kommen und wohin wir auf dem Flohmarkt auch gehen, Maia ist nicht da. Beim ersten Mal sind wir spät dran, und ich denke, dass ich mich womöglich mit der Zeit vertan habe, dass sie früher kommt und früher geht. Beim zweiten Mal sind wir schon mittags da – keine Maia. Beim dritten Mal laufe ich über den ganzen Parkplatz, weil ich hoffe, dass sie einfach bloß ihren Standort gewechselt hat, irgendwo weiter abseits sitzt – nichts.

Ich schreibe ihr eine Nachricht.

Und sie antwortet: »Ich hab's in den letzten Wochen nicht geschafft, weil die Schule wieder angefangen hat, ich bin jetzt auf einer neuen Schule, und ich war ziemlich beschäftigt.«

Da fällt mir wieder ein, was uns trennt.

Und dann, kurz vor meiner Abreise, begegne ich ihr doch noch einmal. Ich überlasse es nicht dem Zufall. Ich lade sie in die Villa ein, zu einem Kafka-Abend im Rahmen des Mutual Inspirations Festivals der tschechischen Botschaft. Die Idee des Festivals ist es, wechselseitige kulturelle Einflüsse darzustellen – über Nationen und Zeiten hinweg. Ein Anlass wie für uns gemacht. Außerdem will ich mit ihr ans Meer fahren, einen Tag mit ihr verbringen, sie kennenlernen. Und sie ist begeistert von der Idee, schreibt aber auch, dass sie zunächst ihren Vater um Erlaubnis fragen müsse.

Am Tag darauf schickt sie mir eine Absage, der Vater habe es leider verboten.

Ich bitte sie um seine Telefonnummer und rufe ihn an. Eine tiefe Stimme, ein Mann um die 50, wie ich vermute, freundlich fragt er mich, was ich von seiner Tochter wolle, was ich, ein Mann in meinem Alter, um die 40, von einem jungen Mädchen wie Maia wolle, wie ich auf die Idee komme, dass er sie einem Fremden anvertraue.

Ich spreche von ihrem Talent, von unserer literarischen Verbindung. »Ich wünschte, ich wäre damals, als ich in ihrem Alter war, so mutig und so reif gewesen wie sie jetzt«, sage ich. »Ich habe nicht das Gefühl, dass wir in künstlerischer Hinsicht so weit voneinander entfernt sind, wie es die Jahre vermuten lassen.«

Aber das lässt er nicht gelten. »Wenn es Ihnen nur um Literatur geht, können Sie ja auch zu uns nach Haus kommen, zum Abendessen.«

»Danke für die Einladung«, sage ich. »Aber das ist dann eine andere Geschichte. Und die will ich nicht erzählen.«

»Was wollen Sie denn erzählen?«

»Ich will von einer Reise erzählen, von unserer Reise, Maias und meiner.« Von Humbert Humbert und Dolores Haze und ihrer Moteltour durch die USA sage ich nichts. Das würde nur falsche Vorstellungen wecken. Um die dann richtigzustellen, müsste Ich erklären, dass sich der russische Exilant Nabokov mit *Lolita* die neue Welt gewissermaßen erschrieben hat und der Text viel eher eine amerikanische Seelenlandschaft abbildet als die sexuellen Fantasien eines alten Mannes, und das würde womöglich zu weit führen und am Ende doch nichts bringen. Stattdessen sage ich: »Wie wir uns auf dem Flohmarkt begegnen und auf der Autofahrt unterhalten, von der Fairfax zur Villa, von der Stadt zum Meer, ich brauche diese Bewegung.«

»Warum?«

»Ich habe das Gefühl, das ist sonst zu statisch. Und das passt nicht zu Los Angeles.« Ich höre sein Seufzen, meine, sein Kopfschütteln durchs Telefon zu sehen, bin schon kurz davor, meinen ursprünglichen Plan aufzugeben und mich auf seine Bedingungen einzulassen, da sagt er: »Was ist das überhaupt für eine ominöse Villa?«

Mit nachlassender Zuversicht erzähle ich ihm von Lion Feuchtwanger und den Nazis, von dessen Flucht über Frankreich und den Atlantik nach Amerika, ein Jude im Exil.

»Warum haben Sie das nicht gleich gesagt?«, sagt er mit wachsender Begeisterung. »Ich bin auch ein Jude im Exil! Meine Eltern stammen aus dem Irak, ich bin im Iran geboren und aufgewachsen und mit 18, während der Islamischen Revolution, in die USA geflohen.« Er gibt mir seine Erlaubnis, Maia mitzunehmen, bietet mir an, sie abends in der Villa abzuholen, und reicht das Telefon an seine Tochter weiter.

Ich frage Maia, ob sie am nächsten Sonntag wieder auf dem Flohmarkt sein werde, und sie sagt: »Vielleicht. Ich weiß noch nicht genau. Ich hab da eine Verabredung. Ich schick dir eine Nachricht.«

Zwei Tage später schreibt sie mir, dass sie da sein wird.

Wieder fahre ich zum Flohmarkt an der Fairfax, diesmal bin ich wieder allein unterwegs, Nina und Sergej sind in der Villa geblieben, obwohl ich einen neuen Mietwagen habe, einen, der nicht gleich voll ist, wenn man zu dritt drin sitzt, ein roter Ford Focus. Wieder fallen mir neue Stände auf – eine Quacksalberin namens Bodybutterlady, deren Salbe Heilung von trockener Haut, Akne, Ekzemen, Psoriasis und Rosacea verspricht; ein Barbier namens Pugilist Brand, der lautstark Bartöl und Pomade anpreist; ein Mann, der iCups verkauft, zwei mit einem Band verbundene Pappbecher – und wieder sitzt Maia im Food Court, umringt von Kunden. Sie trägt ein enges, schwarzblau gemustertes Kleid und eine Halskette mit bunten Perlen. Ihre Haare fallen ihr zu beiden Seiten über die Schultern, und in ihrem Gesicht erkenne ich etwas, was mir bisher entgangen ist, ein winziges Muttermal auf der linken Wange.

Eine Frau vor mir möchte ein Gedicht über das Dichten, eine andere über Dinosaurier.

Nachdem wir uns begrüßt haben, sage ich: »*Family, five dollar.*«

Sie reißt eine Seite aus ihrem Notizheft, spannt sie in ihre Schreibmaschine ein und fängt an zu tippen. Diesmal braucht sie länger, hält öfter inne. Als sie fertig ist, liest sie mir das Ergebnis vor, lauter und sicherer als bei den letzten Malen: »*In life and chaos, we constantly flee / pain and suffering / and mistakes made, / we say we are moving on away from / our pasts. / Yet our pasts are not just about / ourselves, / but who we came from / and why what came to be. // And these people who we come from / share our lives, our blood, / our sorrow, whenever we can / no longer hold the burden / of it all inside us. // We give it to them, piece by / piece, for our troubles are / theirs, and slowly yet / surely we can stand strong again / and help them lift their / burdens too.*«

Mir gefällt die Auflösung des Textes, die Wiederherstellung der Welt, auch wenn das Chaos bereits in ihrem letzten Gedicht an mich eine Rolle spielt. Aber diese Erkenntnis, dass wir mit unseren Großeltern, Eltern und Geschwistern nicht nur das Unglück teilen, sondern ihnen allen auch etwas von unserem Unglück abgeben und es dadurch erträglicher machen, diese wechselseitige Leidensverbindung und das gegenseitige Wiederaufrichten ist eine Erkenntnis, die ich in ihrem Alter nicht gehabt hätte – und selbst wenn, wäre ich nicht fähig gewesen, sie in Worte zu fassen.

Ich klappe ihren Tisch und ihren Stuhl zusammen, sie nimmt ihren Schreibmaschinenkoffer, nebeneinander her gehen wir über den Flohmarkt. Alle paar Meter wechselt sie den Koffer von der einen auf die andere Seite, von der einen in die andere Hand. Ich habe in der Rosewood Avenue, einer Seitenstraße, geparkt. Als wir am Auto ankommen, sind wir beide völlig fertig. Ich drehe die Klimaanlage auf, biete ihr Wasser an und aktiviere die Sprachmemo-App auf meinem Smartphone, dann fahren wir die Fairfax Avenue hinunter, Richtung Süden, Richtung Santa Monica Freeway.

»Warum hast du erst gedacht, du wärst heute nicht da?«, frage ich, während links die CBS-Studios und rechts die Currywurstbude von Kai Löbach an uns vorbeirauschen.

»Ach«, sagt sie und zupft ihr Kleid zurecht. »Ich sollte zu irgendeinem Familientreffen mitkommen wegen meiner Schwester. Sie ist seit einer Woche weg. Sie nimmt sich ein Jahr Auszeit, arbeitet in Wales auf einem Biobauernhof. Von dort reist sie weiter nach Frankreich, Italien, Israel. Sie ist wirklich toll: Sie kann ziemlich gut malen, spielt Klavier und Klarinette, hat sich selbst Bassspielen beigebracht und schreibt Essays, aber das sind alles bloß Hobbys für sie.«

»Was will sie denn mal machen?«

»Sie interessiert sich sehr für synthetische Biologie. Ich denke, sie will in der Forschung arbeiten.«

»Klingt, als wäre sie so was wie ein Vorbild für dich.«

»Wir sind Freundinnen. Bis vor Kurzem haben wir uns ein Zimmer geteilt.«

»Also musstet ihr euch gut verstehen.«

»Erst dachte ich, ich würde jetzt, wo sie weg ist, das Zimmer für mich alleine haben. Aber dann haben meine Eltern beschlossen, dass ich es mir mit meiner jüngeren Schwester teilen soll.«

Wir halten vor einer Ampel, vor uns ragt der mit Spiegelglas verkleidete Turm der Writers Guild of America auf, der Gewerkschaft für Drehbuchautoren, ein festungsartiges Gebäude, in dessen Scheiben wir uns selbst sehen. Ich bin schon oft daran vorbeigefahren, aber zum ersten Mal lese ich an der Fassade nicht »Writers Guild«, sondern »Writer's Guilt« – die Schuld des Schriftstellers, meine Schuld, mit einer Minderjährigen durch die Gegend zu fahren, nur um dieses Erlebnis für eine Geschichte auszuschlachten. Ein Hupen hinter mir reißt mich aus meinen Gedanken. »Kommst du«, frage ich, als wir über die 3rd Street gleiten, »aus einem religiösen Elternhaus?«

»Ich würde es nicht als religiös bezeichnen, eher als achtsam. Wir achten darauf, koscher zu essen, und wir feiern Sabbat. Anfangs war das nicht so, meine Eltern haben erst vor ein paar Jahren zum Glauben zurückgefunden.«

»Wie kam das?«

»Mein Vater ist zwar Nachkomme irakischer Juden. Zuhause bei ihm hat das aber keine große Rolle gespielt. In Boston, wo er Informatik studiert hat, hat er sich auch wenig mit Religion beschäftigt. Meine Mutter stammt aus Las Vegas, da hat sie für die ADL gearbeitet, die Anti-Diffamation League, eine jüdische Organisation. Und weil sich alle dort an die Regeln halten, musste sie das auch tun. Doch es kam nicht von innen. Mein Vater ging irgendwann in eine Synagoge, um herauszufinden, was es mit dem Judentum auf sich hat. Ich denke, ihm hat die Gemeinschaft gefallen, die Tradition, das Rituelle. Und so haben sie zur Religion gefunden, und uns haben sie so erzogen. Ich war damals sechs und kenne praktisch nichts anderes.«

»Was machen deine Eltern denn beruflich?«

»Meine Mutter arbeitet im Museum, als Kunstvermittlerin. Und mein Vater im IT-Bereich.«

»Haben dich deine Eltern beim Schreiben unterstützt, oder haben sie versucht, dich davon abzubringen?«

»Sie wissen erst seit Anfang des Sommers, dass ich das mache.«

»Hast du ihnen davon erzählt, oder wie lief das ab?«

»Nach der Schule bin ich mit Freunden in den Yosemite Nationalpark gefahren, das war sehr schön, diese überwältigende Natur. Und da hab ich mir sehr viele Notizen gemacht, und da gab es auch einige Schreibkurse, und als ich zurückkam, fühlte ich mich in dem, was ich machen will, bestärkt. Also hab ich meinen Eltern gezeigt, was ich geschrieben habe.«

»Und wer kam auf die Idee, einen ›Poem Stop‹ zu eröffnen?«

»Das war ich. Weißt du, wo der Amoeba Musikladen ist?«

»Ja«, sage ich. »Am Sunset.«

»Genau. Und da gegenüber findet jeden Sonntag ein Farmers' Market statt, und da habe ich Jacqueline Suskin kennengelernt. Sie betreibt da einen ›Poem Store‹. Und da kam ich auf die Idee, selbst einen Stand aufzumachen, nicht den gleichen, ihrer ist anders als meiner.«

»Inwiefern?«

»Sie erwartet mehr oder weniger, bezahlt zu werden, während ich auf Spendenbasis arbeite. Wer zahlt, der zahlt; wer nicht, nicht. Und unser Marketing ist anders. Und doch: Sie ist eine Art Mentorin für mich.«

Wir stehen an der Ecke Wilshire, rechts ist Johnie's Coffee Shop mit dem für den Googie-Stil charakteristischen Knickdach, links der ehemalige May-Store mit seiner gigantischen Goldsäule überm Eingangsportal, und ich spüre einen Anflug von Eifersucht, als wäre ich verliebt in sie und als hätte Maia mir eben gestanden, dass sie einen Freund hat. Ich wünschte, ich könnte das für sie sein, ein Mentor, ein Berater, ein professioneller Freund, einer, an den sie sich wenden kann, wenn sie beim Schreiben nicht weiterweiß, und ich lenke das Gespräch auf ein Terrain, in dem ich mich besser auskenne als mit Lyrik. »Du hast auf Facebook gepostet, du schreibst gerade auch wieder am Roman.«

»Ja, aber ich hab in den vergangenen Wochen kaum was geschafft. Trotzdem versuche ich, jeden Tag mindestens eine Stunde daran zu arbeiten. Ich würde den Text aber nicht als Roman bezeichnen. Es ist eine sehr deskriptive poetische Prosa.«

»Und was denkt dein Vater jetzt darüber, wo du den ganzen Sommer praktisch nichts anderes getan hast?«

»Wir geraten wegen einer Menge Dinge aneinander. Ich habe das Gefühl, sie wollen mich da in eine bestimmte Richtung drängen, und ich weiß noch gar nicht, wie es weitergeht. Ich will mir alle Möglichkeiten offenhalten. Manchmal flippen beide total aus, weil sie merken, dass ihre 14-jährige Tochter schreibt wie eine Schriftstellerin, weil alle möglichen Leute sie kontaktieren, weil sie zig Follower auf Instagram hat usw. Anfangs waren sie total enthusiastisch, das sind sie immer noch, aber sie hatten nie diese Kreativität, diesen Drang, das zu tun, was ich tue. Manchmal betreiben sie eine Art Mikromanagement, erzählen mir, wie ich meine Website einzurichten habe, welche Business Cards ich nehmen soll. Ich bin dankbar für ihren Input, sie sind meine größten Unterstützer, aber dann gibt es Momente, da geht mir das alles zu weit. Einerseits sagen sie: ›Mach, was du willst. Wenn du keine Lust mehr hast, auch gut.‹ Sie machen mir überhaupt keinen

Druck, das ist super. Ich glaube, sie wollen ihr Kind nicht scheitern sehen. Und bisher bin ich ja auch noch nicht gescheitert. Aber es wird Rückschläge geben, ich werde Absagen kriegen, und ich werde meinen eigenen Ansprüchen auch nicht immer gerecht werden. Dessen bin ich mir vollkommen bewusst.«

Ich bin verwundert, wie abgeklärt Maia spricht, und werfe ihr einen Blick zu, weil ich nicht glauben kann, dass jemand, der so jung ist, schon so erwachsen klingt. Womöglich ist es das, was ihren Reiz ausmacht: dieser unverbrauchte, unverstellte Geist, der nichts Naives an sich hat, sondern alle Möglichkeiten gleich mitdenkt – eine alte Frau im Körper eines Teenagers.

Wir passieren Little Ethiopia, rechts und links einstöckige Häuser mit gestreiften Markisen, Restaurants und Geschäfte, die Messob, Rahel, Rosalind oder Nyala heißen, und steuern auf den südlichen Teil der Fairfax zu, eine Wohngegend mit Apartmentblocks und Drugstores. »Sind deine Eltern denn stolz auf dich?«, frage ich, ohne die Straße aus den Augen zu verlieren.

»Ach, es ist fast schon ein bisschen peinlich, wie stolz sie auf mich sind. Egal, wer zu uns nach Haus kommt: Jedem erzählen sie von meinen Gedichten.«

»Das ist bei mir zu Hause auch so. Und dabei haben meine Eltern mein Buch noch nicht einmal gelesen. Sie fragen nur, ob ich davon leben kann.«

»Ja, meine Eltern fragen mich auch eher nach der Quantität als nach der Qualität. Und dann fragen sie mich, ob ich heute schon an meinem Roman gearbeitet habe. ›Noch nicht.‹ – ›Das solltest du aber. Mach es zu einer Routine.‹ Manchmal habe ich aber einfach keine Lust dazu. Ich will ein gutes Buch schreiben, auch wenn es mich Jahre kosten wird. Ich will alles geben und selbst dann noch stolz darauf sein können, wenn ich damit fertig bin.«

»Ich hab sieben Jahre für mein erstes Buch gebraucht – was aber auch daran lag, dass ich am Anfang keinen Plan hatte.«

»Das geht mir ganz genauso. Ich weiß überhaupt nicht, wohin die Reise geht.«

Die Fahrt auf dem Santa Monica Freeway geht schneller als gedacht. Es ist Sonntagnachmittag, normalerweise sind um diese Zeit alle zehn Spuren mit Pendlern und Strandurlaubern belegt. Auf dem grauen Band, das die ganze Stadt durchzieht, rollen wir der Sonne entgegen, über- oder unterqueren den National Boulevard, die Overland Avenue, den San Diego Freeway, den Bundy Drive und den Cloverfield Boulevard, bevor wir den Pacific Coast Highway erreichen und links von uns blau und unendlich weit das Meer aufscheint.

»Wo wohnst du eigentlich?«

»Beverly Hills. Wir sind vor einem Jahr von Las Vegas hergezogen. Meine Eltern wollten, dass wir hier zur Schule gehen.«

»Dann bist du die Hitze ja gewohnt.«

»Die Hitze hier ist drückend, in Las Vegas ist es trocken, das ist viel angenehmer. Aber da geht niemand nach draußen. Und der Farmers' Market da besteht nur aus drei Ständen.«

»Das muss eine große Veränderung für dich gewesen sein.«

»Ja, aber es war eine der besten Veränderungen meines Lebens. Ich hab Las Vegas so gehasst, als ich da noch gewohnt hab. Ich hasse es immer noch, und ich hasse es, wieder dorthin zu fahren. Es ist so langweilig und abgeschieden, und die Leute sind unfreundlich. Und es gibt so viele unsichtbare Grenzen. Das klingt jetzt vielleicht komisch angesichts der Temperaturen, aber in Las Vegas herrscht eine kühle Atmosphäre. In meiner Schule wurde ich zum Beispiel nie gefragt, ob wir nachmittags irgendwo noch ein bisschen abhängen wollen. Hier zu sein, fühlt sich wie ein Kulturschock an. Gleich an meinem ersten Tag fragten mich fünf Mädchen, ob wir nachher noch was unternehmen wollen.«

»Und wann hast du mit dem Schreiben angefangen?«

»Als ich in die sechste oder siebte Klasse kam, ist noch nicht so lange her. Ich hab immer schon gern gelesen. Ich bin eine manische Leserin, schaffe drei bis vier Bücher pro Woche. Vor allem in Las Vegas. Da hatte ich sehr viel Zeit, jetzt sind es weniger. Und als ich in die achte Klasse kam, hab ich zum ersten Mal ernsthaft darüber nachgedacht, Schriftstellerin zu werden.«

»Hast du deine Texte gleich jemandem gezeigt?«

»Nee, nie.«

»Aber jetzt machst du fast nichts anderes.«

»Ich weiß. Ich war immer schon überzeugt davon, dass ich ganz gut schreiben kann. Trotzdem war es mir am Anfang peinlich. Und auch jetzt ist es so, dass ich manche Texte nur für mich schreibe, Texte, die meine Gefühle ausdrücken, die sehr viel mit mir zu tun haben. Und dann gibt es eben die Texte, die ich für andere schreibe, und die haben fast gar nichts mit mir zu tun.«

Es ist bemerkenswert, wie klar sie das trennt. Ich habe erst als Journalist arbeiten müssen, um zu verstehen, dass es mir hilft, über und für andere zu schreiben, wenn ich über mich schreiben will, dass ich ein Gegenüber brauche und eine Aufgabe, die nichts mit mir zu tun hat, weil es meine Wahrnehmung für das Fremde schärft, für das mir ansonsten Unerklärbare, und weil aus dieser Differenz eine Spannung entsteht, ein Konflikt, der die Geschichten, die ich schreibe, vorantreibt. »Das ist ein gutes Training«, sage ich. »Um Distanz zu sich selbst zu gewinnen.«

»Ja. Ich muss mich auf Dinge einlassen, die ich nicht kenne, muss mich immer wieder ins Unbekannte vorwagen. Jedes Gedicht ist ein Abenteuer.«

»Wie ist es für dich, deine Gedichte wegzugeben?«

»Die Leute wollen ein Original, etwas Einzigartiges, das wissen sie zu schätzen. Jedes Gedicht ist zwar auch ein Teil von mir, aber es gibt mir ein gutes Gefühl zu wissen, dass dieser Teil von mir einen positiven Effekt auf das Leben anderer Menschen hat.«

V

Wir biegen vom Pacific Coast Highway auf den Sunset Boulevard und von dort auf den Paseo Miramar, fahren die Serpentinen hinauf, und dann sind wir da. Nachdem ich den Code eingegeben habe, schwingt das Hoftor vor uns zurück, und ich zeige Maia den Garten und die Villa. Jedes Mal, wenn ich von hinten aufs Haus zugehe, bin ich geblendet vom Weiß der Wände, es ist, als schaut man auf eine gleißend hell erleuchtete Leinwand, für Sekunden sieht man nichts mehr, dann treten andere Eindrücke umso stärker hervor: der Duft des frisch gemähten Grases, das Plätschern des Springbrunnens, das Rauschen der Eukalyptusbäume.

Umschwirrt von Kolibris blicken wir zu den Holzbalkonen hinauf, zu den flammend roten Dachziegeln und den beiden Palmen, deren Kronen weit in den blauen Himmel ragen. Wir steigen die Außentreppe hoch ins Esszimmer, das, da Tisch und Stühle von vollen Bücherregalen umgeben sind, genauso gut als Bibliothek durchgehen könnte, und gehen durch den Flur in den Salon, in dem schon Klappstühle für die Lesung aufgestellt sind. Ich zeige ihr das EXIT-Schild über der Tür, das Heiner Müller, der erste Stipendiat, mit weißem und grünem Klebeband zu EXIL umgeschrieben hat, die Stummfilmorgel mit den Spezialeffekten und die Echokammer mit den Pfeifen und Registern gegenüber. Im ersten Stock weise ich, als wäre ich Nina, die Besucher durchs Haus führt, auf die hebräische Schriftrolle an der Wand hin, auf Hanns Eislers braunes Ledersofa, auf die vier Armeeschreibtische in Lion Feuchtwangers Arbeitszimmer, auf die von Ratten angefressenen Buchrücken in den Regalen, auf Franz Werfels Schreibtisch im lichtdurchfluteten Turmzimmer, auf die vergilbten Fotos von Thomas Mann, Bertolt Brecht und Heiner Müller auf dem Kaminsims. Ich erzähle ihr von den deutschen

Schriftstellern, Komponisten und Regisseuren, die hier in Pacific Palisades und Santa Monica während der Nazizeit eine neue Heimat gefunden haben. Und sie sagt zu allem:»Toll«,»Cool«, »Wow« oder»Das ist so verrückt!« Von oben sehen wir, wie der Shuttlebus alle zehn Minuten neue Leute auf den Berg bringt, wie sich der Garten mit Menschen füllt, wie immer mehr Stimmen durchs Haus zu uns heraufschallen.

Als wir wieder nach unten gehen, haben die Gäste schon im Salon Platz genommen. Die Leiterin der Villa begrüßt die Anwesenden, insbesondere den tschechischen Generalkonsul, den deutschen Dichter, der kurze Erzählungen von Franz Kafka lesen wird, und eine Professorin für Vergleichende Literaturwissenschaft an der University of California. Die Professorin tritt ans Mikrofon und hält einen Einführungsvortrag über den Einfluss Kafkas auf die gegenwärtige Popkultur, auf Fernsehserien wie *Breaking Bad* und Computerspiele wie *Bad Mojo,* auf Haruki Murakamis Roman *Kafka am Strand,* auf YouTube-Videos und Google-Doodles und zitiert Kurzgeschichten ihrer Studenten, in denen die von alltäglichen kafkaesken Situationen berichten: wie sie vergeblich nach dem Prüfungsraum suchen; wie ihnen gesagt wird, sie hätten das ganze Semester über das Falsche gelernt; wie sie im Labyrinth des Universitätsgebäudes verlorengehen.

Dann tritt der deutsche Dichter ans Pult und liest Texte über Schildkröten, Mäuse, Käfer. Zwischendurch spielt er Geräusche vom Kassettenrekorder ab, während hinter ihm Ausschnitte aus Orson Welles' Film *Der Prozeß* über die Leinwand glimmen.

Hinterher stehen wir im Salon zusammen, und ich stelle ihm Maia vor. Und bei dieser Begegnung prallen zwei Welten aufeinander: das Zögern und Zweifeln, das ich von mir selbst nur allzu gut kenne, und die grundsätzliche Aufgeschlossenheit allem Neuen gegenüber, diese Euphorie darüber, dass jemand eine Idee hat und sie auch umsetzt, ganz gleich, ob sie etwas taugt oder nicht, das deutsche und das amerikanische Prinzip: Angst und Vorsicht und Skepsis vs. Mut und Wahn und Freiheit.

»Das ist Maia«, sage ich zu ihm. »Sie schreibt Gedichte.«

Und er sagt: »Nein, das tut sie nicht. Ich weiß nicht, was sie schreibt, aber gewiss keine Gedichte.«

»Ich würde mich selbst auch nicht als Dichterin bezeichnen«, sagt Maia.

»Als was würdest du dich denn bezeichnen?«, fragt er, die Hände in den Hosentaschen.

»Ich weiß nicht.«

»Vielleicht solltest du über einen neuen Begriff nachdenken. So viele Leute nennen sich Dichter, ohne welche zu sein. Jeder Teenager ist ein Dichter.«

»Es hängt ja nicht nur davon ab, was man schreibt oder wie man schreibt, sondern wie man die Welt sieht«, sagt Maia.

»Darüber habe ich gerade in einer Vorlesung gesprochen«, sagt der deutsche Dichter. »Über das Sehen und das Hören. Das ist nichts Selbstverständliches. Meist sieht und hört man nur das, was man sehen und hören soll. Aber lasst uns das Thema wechseln. Lasst uns über Mode oder Geografie sprechen – Themen, mit denen du dich besser auskennst.«

»Warum sagst du das?«, frage ich.

»Weil ich immer die Wahrheit sage.«

»Willst du ihr von der Lyrik abraten, weil man nicht davon leben kann?«

»Man kann nicht davon leben und nicht anständig davon sterben. Um Oscar Wilde zu zitieren: ›Die meisten Leute gehen bankrott, weil sie zu viel in die Prosa des Lebens investieren. Sich durch Poesie zu ruinieren, ist eine Ehre.‹«

»Das ist aber ein Widerspruch. Soll man jetzt für die Poesie sterben oder nicht?«, frage ich.

»Nicht, wenn man ein junges Mädchen ist.«

»Doch«, sagt Maia. »Gerade dann.«

Der deutsche Dichter verabschiedet sich, und Maia und ich gehen die Außentreppe hinab und setzen uns auf die Holzstühle in den Garten, blicken durch die Büsche auf den Pazifik, genießen die Ruhe, während sich die anderen oben in der Küche übers Buffet hermachen, und sprechen über ihre Eltern, ihre Geschwister, ihre Sehnsucht nach Einsamkeit und Zurückgezogenheit. Hinter uns plätschert der Springbrunnen, aus den Zimmern dringen gedämpft Stimmen zu uns herüber.

»Es ist sehr friedlich hier«, sagt sie. Und in dem Moment kommt Sergej zu uns, sein Kopf ist knallrot, als hätte er für Stunden in der Sonne gelegen, er setzt sich dazu, ohne etwas zu sagen, und Maia erzählt ihm, was sie mir schon auf der Fahrt erzählt hat, dass ihre kleine Schwester gerade in ihr Zimmer gezogen sei, mit ihrem ganzen Kram, und dass sie kein Problem mit vielen Sachen habe, solange es ihre eigenen seien: »Aber wenn alles überall rumfliegt, flippe ich aus.«

Und dabei sehe ich Sergej an, und Sergej wendet sich ab und schaut, als beträfe ihn das nicht, aufs Meer. »Ich war gerade am Strand«, sagt er, springt, als er die ersten Gäste die Treppe herunterkommen sieht, auf und fügt hinzu: »Und jetzt muss ich weiterarbeiten.«

»Du willst doch bloß den Leuten aus dem Weg gehen«, sage ich, aber da ist Sergej schon weg, und ich erkenne Walter Arlen, den ältesten Hausgast in einer Gruppe alter Hausgäste. Wie auf einer Bühne geht der eine auf der einen Seite ab, nimmt den Weg am Hoftor durchs Büro, und der andere tritt von der anderen Seite, von der Terrasse aus, auf uns zu. Walter Arlen ist ein kleiner Mann mit Brille, seine wenigen weißen Haare hat er über den Kopf gekämmt. Vor nicht allzu langer Zeit muss er noch größer und breiter gewesen sein, fülliger, denn Hemd und Hose wirken wie eine Nummer zu groß. Er stammt, ich weiß es aus dem Internet, aus Österreich, ist in Wien unter dem Namen Walter Aptowitzer geboren und im Kaufhaus Dichter, dem Geschäft seiner Großeltern, aufgewachsen. In allen Verkaufsräumen standen Lautsprecher, über die Musik vom Grammofon zu hören war, American Jazz und Wiener Walzer. Schon als Kind begann Walter, Klavierstunden zu nehmen und selbst zu komponieren. Mit 18, nach der Annexion seines Heimatlandes durch die Nazis, emigrierte er nach Chicago, arbeitete in einem Pelzgeschäft, in einem Rüstungsbetrieb, studierte in Los Angeles Komposition und schrieb Stücke und Lieder und mehr als 30 Jahre lang Musikkritiken für die *LA Times*.

»Sind Sie der Schriftsteller?«, fragt er und setzt sich, ohne eine Antwort abzuwarten, auf den gerade frei gewordenen Stuhl neben mich. Er hat ein paar Freunde mitgebracht, zwei Frauen und einen Mann, die sich um Maia scharen. »Wie ist Ihr werter Name?«, fragt er auf Deutsch mit Wiener Akzent, und ich sage es ihm und stelle ihm Maia vor. »Maia ist 14«, sage ich, »und Walter ist 94. Euch beide trennen 80 Jahre.«

»Wow«, sagt Maia. Und dann noch einmal: »Wow!«

»Wau! Wau!«, sagt Walter Arlen. »Ich bin doch kein Hund.« Und dann spricht er weiter mit mir auf Deutsch. Er fragt mich, woran ich arbeite.

Ich erzähle ihm von meinem Auswandererroman und frage ihn, weil ich nicht darüber reden will, wann er denn ausgewandert sei.

»Ausgewandert!«, sagt er aufgebracht. »Ich bin rausgeschmissen worden. Am 14. März 1939 habe ich Wien verlassen. Einen Tag, bevor mein Visum für die USA ausgelaufen wäre. Da war meine Großmutter noch am Leben. Die haben sie in Treblinka umgebracht, und meinen Cousin, den haben sie mit seiner Frau und seinen zwei Kindern zerschossen vor einem Massengrab. Mein Vater war in zwei Konzentrationslagern, zuerst in Dachau, dann in Buchenwald. Meine Mutter und mein Onkel haben Selbstmord begangen. Ich habe meine Familie und meine Heimat verloren.«

Maia bekommt von unserem Gespräch nichts mit, zu sehr ist sie mit Walters Freunden beschäftigt, mit ihren Fragen. Walter und ich schweigen eine Weile. Dann fragt er: »Ihr Buch, worum geht es da?«

»Um die Frage, ob man die Vergangenheit hinter sich lassen und noch einmal von vorn anfangen kann.«

»Ich bin schon so alt. Von Vergessen ist überhaupt keine Rede. Was passiert ist, ist über die Jahre ärger geworden. Man kann so etwas nicht, wie man in Wien sagt, verkiefeln. Und dass man sich damit abfinden soll: nicht zu machen. Bis zu einem gewissen Zeitpunkt habe ich das alles verdrängt, und dann kam die Zeit, Mitte der Neunziger, wo die Politiker von Wiedergutmachung gesprochen haben. Und dann habe ich begonnen, mich systematisch mit meiner Familiengeschichte zu beschäftigen, und dabei habe ich Sachen erfahren, die ich vorher nicht gewusst habe, wie das Warenhaus meines Vaters enteignet wurde, wer davon profitiert hat, wer nach unserer Flucht in unsere Wohnung gezogen ist. Wissen Sie, wie man das in Wien nennt? Eine Bagage. Man kann hier eine neue Heimat finden, aber den Ballast, den man mitgenommen hat, den wird man nicht los.«

Als er das sagt, muss ich an all die Exilanten denken, die hier zusammengekommen sind, an Lion Feuchtwanger und Thomas Mann, Franz Werfel und Bertolt Brecht, Arnold Schönberg und Hanns Eisler, Fritz Lang und Billy Wilder, die den Ballast, den sie mitgenommen haben, auch nicht mehr losgeworden sind. Und jetzt sitzen wir hier zusammen, am äußersten Ende der westlichen Welt, Exilanten und Nachkommen von Exilanten, Auswanderer und Nachkommen von Auswanderern, mehrere Generationen, ein ganzes Jahrhundert umspannend, jeder seinen eigenen Ballast hinter sich herziehend, aber keiner davon wiegt so schwer wie der von Walter Arlen.

Um kurz nach sieben, die Sonne ist untergegangen, senkt sich Dunkelheit übers Land. In den Häusern unter uns blitzen Lichter auf, und über uns, in den Bergen, fangen die Grillen an: das Zirpen der Nacht. »Es ist Zeit, zu gehen«, sagt eine der Frauen, die mit Walter gekommen sind.

»Die jungen Leute langweilen sich mit uns«, sagt die andere.

»Die wollen uns rausschmeißen.«

»Die Alten müssen weg!«, sagt Walter Arlen und macht eine wegwerfende Geste.

»Das kann man so nicht sagen«, sage ich. »Wir sind immer froh, wenn wir hier in der Villa Besuch haben.«

»Wirklich?«, sagt eine der Frauen. »Viele Künstler mögen das nicht.«

»Man sieht sie nicht, wenn man herkommt«, sagt Walter Arlen, halb zu seinen Freunden, halb zu uns. »Und auch nicht, wenn man geht.«

»Mich schon«, sage ich.

»Jetzt ja«, sagt er, erhebt sich und verabschiedet sich mit den Worten »wiedersehn«, »freut mich sehr«, und: »Melden Sie sich, wenn Sie noch etwas wissen wollen.«

»Mach ich«, sage ich, obwohl das nicht stimmt. Ich will nichts mehr wissen. Ich hab mich lang genug mit der Vergangenheit beschäftigt, mit meiner und mit der von anderen Leuten. In fünf Tagen geht mein Flug zurück nach Deutschland, und ich bin randvoll mit Gegenwart.

Kaum sind die Gäste verschwunden, besetzen Nina und Sergej die frei gewordenen Stühle, als hätten sie oben in ihren Zimmern nur darauf gewartet, endlich wieder ihre Plätze im Garten einnehmen zu können, ohne ein Verhör oder Kritik befürchten zu müssen.

Nina zündet eine Kerze an und stellt sie auf den Tisch, Sergej spielt mit seinen Flip-Flops, schleudert sie hoch und versucht, während sie einmal durch die Luft wirbeln, wieder in sie hineinzuschlüpfen, was ihm jedes Mal misslingt. Als setzte sie das Gespräch mit den Alten fort, sagt Maia: »Ich möchte nicht immer die gleichen Zeilen schreiben. Mir gefällt es, an das gleiche Thema noch einmal völlig anders heranzugehen. Und ich mag es, wenn Menschen mir Aufgaben stellen.«

»Sie wollen dich herausfordern«, sagt Nina.

»Manche versuchen auch, mich daran zu hindern, etwas zu schreiben. Sie sagen dann Sachen, zu denen mir nichts einfällt. Einer wollte, dass ich was über Churros schreibe.«

»Was ist das denn?«, frage ich.

»Ein spanisches Gebäck«, sagt Nina, mir zugewandt. »Extrem süß, extrem fettig, extrem lecker. In Öl frittiert und mit Zucker bestäubt.« Dann dreht sie sich zu Maia um. »Und? Was hast du geschrieben? ›Delicious, warm, makes you happy?‹«

»Ich weiß es nicht mehr.«

»Heute musstest du doch über Dinosaurier schreiben«, sage ich.

»So was wollen bestimmt die meisten«, sagt Sergej, ohne einen von uns anzuschauen, immer noch mit seinen Flip-Flops beschäftigt.

»Die meisten wollen Abschiedsgedichte«, sagt Maia. »Oder etwas über Liebe. Familie. Freunde.«

»Schaust du dir die Leute an, bevor du loslegst?«, fragt Nina.

»Na klar. Und das beeinflusst mich.«

»Und was machst du, wenn dich jemand bittet, etwas über dich selbst zu schreiben?«, fragt Sergej.

»Das kann ich nicht.«

»Ich überlege, welches Thema ich dir geben könnte«, sagt Nina.

»Wie wäre es mit Wahnsinn?«, sage ich.

»Ich möchte ein Thema, über das du noch nie geschrieben hast«, sagt Nina zu Maia und wendet sich dann mir zu. »Was fällt dir noch zu mir ein – abgesehen von Wahnsinn?«

»Deine Sucht nach Süßem«, sage ich. »Nach Süßigkeiten. Deine Zuckersucht.«

»Das ist nicht originell.«

»Dass du Fragen stellst, die niemand beantworten kann.«

»Ich bin ein Mysterium«, sagt Nina.

»Du bist eine Sphinx«, sage ich. »Eine negative Sphinx.«

»Als ich mir mein Tattoo hab stechen lassen, wollte ich tatsächlich erst eine Sphinx«, sagt Nina.

»Und dann hast du dich für eine Blume entschieden«, sage ich.

»Das ist keine Blume«, sagt Nina und zieht ihr T-Shirt bis zu den Brüsten hoch, »sondern ein Salzkristall.«

»Sieht wie eine Blume aus«, sage ich.

Und Nina sagt: »Du siehst wie eine Blume aus.«

»Deine Mutter sieht wie eine Blume aus«, sage ich.

Und weil Nina nichts darauf zu erwidern weiß, sagt sie zu Maia: »Hast du schon einmal über das Unbekannte geschrieben?«

»Nein.«

»Dann ist das mein Thema.«

Während Maia schreibt, erzählt Nina davon, was sie hier gern realisiert hätte, die Villa als Miniatur-Hüpfburg im Garten, einen Tischtennislyrikwettbewerb im Patio – eine Art Boxschach für Intellektuelle –, die Fassade des Hauses als Kulisse für ein Theaterstück. »Eines Tages«, sagt sie, »werde ich als Stipendiatin hierher zurückkehren und all das realisieren.«

Und ich sage: »Dann bewerbe ich mich für ein Praktikum.«

Und dann ist Maia fertig und präsentiert uns das Ergebnis. Ihre Stimme ist noch lauter und fester als zuletzt auf dem Flohmarkt, vielleicht liegt es aber auch an der Stille ringsum, am Fehlen der

Störgeräusche: »*The Unknown. It seems we humans often look into a dark abyss of chaos and confusion / an abyss above us and below us / and inside us, / all around. / And we fear the future, / and its prophecies that fate holds, we cringe away / and cower behind the others / who are brave enough / to take the first step. / Yet even the past / has been the future at some point / in time itself, / and life goes on, and on, and on / even if we take that first step and fall.*«

Das Gedicht kommt mir wie ein Kommentar auf die Begegnung mit dem deutschen Dichter vor, als hätte sie diese zum geflügelten Wort gewordene German Angst vor dem Unbekannten auch gespürt. Das Wir bezieht sie zwar auf die ganze Menschheit, aber mir scheint, als ob sie damit vor allem uns, die Deutschen, charakterisieren würde, diese kulturell kodierte Mentalität, vor allem Fremden erst einmal zusammenzuzucken und sich hinter andere zu ducken, die größer und stärker sind als wir selbst, hinter Menschen mit einem besseren Selbstbewusstsein, Menschen wie sie, Maia Zelkha, die all ihren Mut zusammennimmt, den ersten Schritt macht und sich an die Öffentlichkeit wagt, sich da hinsetzt vor aller Augen und schreibt und schreibt und schreibt, ein Gedicht nach dem anderen, auch auf die Gefahr hin, mit jedem aufs Neue zu scheitern.

Nina gibt ihr zehn Dollar, und als Maia das Geld einsteckt, klingelt ihr Handy. Ihr Vater ist dran und sagt, er warte im Wagen oben vor der Tür. Maia und ich verfrachten ihren Tisch, ihren Stuhl, ihre Schreibmaschine von einem Kofferraum in den anderen. Die Smith Corona »Sterling« ist so schwer, dass ich sie kaum mit einer Hand hochheben kann, und in dem Moment wird mir klar, warum Maia auf dem Flohmarkt beim Tragen des Kastens immerzu die Hände wechseln musste. Ich schlage die Klappe zu. Und als Maia einsteigt, unterhalte ich mich durchs offene Fenster mit ihrem Vater. Die Straßenlaterne erhellt die Hälfte des Wagens, sein Oberkörper und seine Arme sind perfekt ausgeleuchtet, aber

sein halbes Gesicht liegt im Schatten, verdeckt von der herunter-
geklappten Sonnenblende, ich kann nur seinen Mund sehen.

»Ich hoffe, sie hat sich gut benommen«, sagt er.

»Das hat sie.«

»Und Sie sich auch.«

»Das habe ich, Sir.«

»Wenn Sie das nächste Mal in der Stadt sind, müssen Sie uns
besuchen. Ich möchte, dass Sie mit uns essen, dass Sie die ganze
Familie kennenlernen. Ich bestehe darauf.«

»Danke.«

»Und Sie«, er zeigt mit dem Finger auf mich, »möchte ich natürlich auch kennenlernen. Sie müssen mir alles von sich erzählen, falls Sie vorhaben, mit Maia noch einmal auszugehen.«*

Ich verspreche es ihm, und er lässt die Scheibe hochfahren
und fährt los. Noch lange bleibe ich auf der Straße stehen, selbst
als die Rücklichter längst hinter der ersten Biegung verschwunden sind.

---

* Maia hat den ›Poem Stop‹ auf dem Flohmarkt noch ein Jahr lang regelmäßig
weitergeführt, bis sie in Beverly Hills von einem Auto angefahren wurde und
zwei Wochen im Krankenhaus lag. Mehrere Knochenbrüche im Bein, sechs
Hüftfrakturen, Gehirnerschütterung. Monatelang verbrachte sie im Rollstuhl.
Inzwischen ist sie wieder auf den Beinen. Als Auftragsdichterin lässt sie sich
fast nur noch für Events buchen, für Hochzeiten, Bar-Mizwas, Polterabende,
Geburtstage, Partys – zwei Stunden für 200 Dollar.
Sie ist Leiterin der Anarchie-AG an ihrer Schule. Dann sitzt sie mit 15 anderen Schülern während der Mittagspause auf dem Dach der Schule und disku-
tiert Fragen wie »Ist Ted Cruz der Zodiac-Killer?«, »Ist die NASA ein riesiger Schwindel?« oder »Erlaubt die Bibel Kannibalismus?« Zu Beginn jeder
Sitzung rufen sie laut »Anarchie!«, um vorbeilaufende Lehrer zu irritieren.
Mit Erfolg: Die Schulleitung hat ihnen verboten, den Namen Anarchie zu
verwenden, das decke sich nicht mit dem Bildungsauftrag der Schule. Jetzt
heißt die Anarchie-AG nur noch A-AG.
Zur Zeit arbeitet Maia an ihrem ersten Buch: ein Journal über ihr Leben seit
dem Unfall. Das schreibt sie aber nur für sich. »Ich möchte diese Erfahrung
im Gedächtnis festhalten«, teilt sie mir in einer E-Mail mit. »Um damit fertig
zu werden.«

23.07.

She Best Be Dead

Tom Greer, ein 80-jähriger Rentner, / kehrt am
Dienstagabend in sein Haus in Bixby Knolls zurück, / als
dieses gerade von einem Paar durchwühlt wird, / Andrea
Miller und Gus Adams. / Sie schlagen ihn, / stoßen ihn zu
Boden / und springen auf ihn drauf. / Dabei bricht er sich
das Schlüsselbein. // Während Miller weiter auf Greer
einprügelt, / öffnet Adams dessen Safe. / Aber die Tür
klemmt, / die scheiß Tür klemmt. // Der alte Mann nutzt
die Ablenkung, / steht auf und holt seinen Revolver, / eine
Smith & Wesson, Kaliber 22. / Als er auf sie schießt / und
sie verfehlt, / fliehen sie / durch die Garage, / den Garten /
in die Gasse / hinterm Haus. // Die Lady war nicht so
schnell wie der Mann, / sagt Greer später im Fernsehen. /
Er schießt ein zweites Mal. / Und trifft Miller in den
Rücken. // Sie geht zu Boden, / spürt die Schwere, / und
sucht, / da alle Möglichkeiten schwinden, / nach einem
Ausweg. / Sie sagt: Nicht schießen, ich bin schwanger. /
Ich bekomme ein Baby. // Und ich hab sie trotzdem
erschossen, / sagt Greer später im Fernsehen. / Und trifft
Miller in den Rücken. // Besser tot als lebendig, / sagt
Greer später im Fernsehen. / Das soll ihrem Komplizen
eine Lehre sein. // Die Obduktion ergibt, dass Millers
letzte Worte, / ihre einzige Waffe, / nicht der Wahrheit
entsprachen.

Das Mädchen von nebenan

Nina und ich fahren den Sunset Boulevard entlang Richtung Hollywood und können nicht aufhören, von Maia zu sprechen, von ihrer Energie, ihrer Entschlossenheit, ihrem Mut, sich da auf den Flohmarkt zu setzen und vor aller Augen ein Gedicht nach dem anderen zu schreiben. Wir sind auf der Suche nach einem Café, wollen uns irgendwo in den Schatten setzen und landen in Los Feliz, parken den Wagen vorm Skylight Bookstore, in dem Edan Lepucki zwei Tage später ihren ersten Roman präsentieren wird. Die Plakate für die Premiere hängen im Schaufenster, darunter stapeln sich Dutzende Exemplare von *California* – und daneben steht Dave Eggers' neuestes Werk: *Your Fathers, Where Are They? And the Prophets, Do They Live Forever?* Und als ich das sehe, schaue ich Nina an, und Nina schaut mich an – und fragt nichts. Stattdessen sagt sie:»Lass uns einfach weitergehen, okay? Ich bin zu müde für Fragen. Ich brauch Kaffee und Zucker.«

Neben dem Eingang liegt ein Obdachloser auf einer Isomatte, eine dicke Decke über sich, als wäre es minus und nicht plus 35 Grad. An der Ecke hockt ein anderer Obdachloser auf dem Bürgersteig, sieht, als wir an ihm vorbeigehen, zu uns hoch und schreit:»Fuck you!« Danach redet er weiter, als wären wir nicht da, als spräche er zu Geistern, in einem konstanten gereimten Singsang, der mich wieder an Ice Cube denken lässt, an *Gangsta Rap Made Me Do It*, an die Einflüsterungen, denen ich jeden Tag ausgesetzt bin, und an die Geister, zu denen ich, wenn ich allein bin, spreche, ohne die Lippen zu bewegen.

Nina und ich streunen herum, stehen vor Ampeln, warten auf Grün, brauchen Minuten, bis wir die Straßen überqueren können. An einem unscheinbaren Holzhaus hängt ein Schild, dessen Botschaft sich womöglich an all diejenigen richtet, die hierherziehen und sich selbst verwirklichen wollen: »Arbeite für Gerechtigkeit, Wahrheit und Liebe. Es geht nicht ums Ego.« Ein paar Straßen weiter wirbt eine Reklame für das alte Hollywood, »*The Return of the Classic Hollywood Living*«, Wohnungen im Stil der 1920er-Jahre: »raffinierte Renovierung, Holzfußböden, hohe Decken, gekacheltes Bad, Hauswirtschaftsraum in der Garage«. Feuerwehrwagen rasen an uns vorbei, die Sirenen voll aufgedreht. Wir schauen in Restaurants und Cafés hinein, aber die Musik treibt uns gleich wieder hinaus. Wir wollen schon aufgeben, schon zurückfahren, uns auf den Rasen hinter der Villa legen, da sehen wir das HOME auf der Hillhurst Avenue, ein von zwei gigantischen Fici überschattetes Café mit Garten, ein Ort, der uns wie eine Oase vorkommt. Der Spruch über dem Eingang »*There is no place like HOME*« zieht uns magisch an.

Am Empfangstresen steht eine junge Frau in blauem Shirt und weißen Shorts. Mit ihren braunen Haaren und dunklen Augen, ihren Haarspangen und dem zaghaften Lächeln erinnert sie mich an die Schauspielerin Emma Watson. Im ersten Moment glaube ich wirklich, dass sie es ist, dass sie hier steht, um noch einmal zu spüren, wie es ist, nicht berühmt zu sein, eine Unbekannte, eine junge Frau voller Hoffnung und Zuversicht, irgendwann den Durchbruch zu schaffen – Recherche für eine Rolle.

»Hi«, sage ich zu ihr.

Und sie sagt: »Hi, wie geht's?«

Anstatt darauf einzugehen, sage ich: »Wir sind zu zweit.«

»Bist du aus Kansas City?«, fragt sie und deutet auf meine blaue Basecap mit den weißen Initialen KC.

»Nein.«

»Aber du bist Royals-Fan.« Die Kansas City Royals sind das Baseballteam der Stadt.

»Nein, ich mag nur die Farben, die passen zu meinem Hemd, und ich habe Verwandte da. Meine Tante und meine Cousins.«

»In Kansas oder Missouri?« Die Standardfrage, wenn man mit jemandem über Kansas City spricht, die geteilte Stadt im Zentrum des Landes, auf der einen Seite Kansas, auf der anderen Missouri, die Grenze geht mitten hindurch, aber es gibt keine Mauer, nur Schilder und eine Straße, die State Line Road.

»Missouri«, sage ich.

Und während sie uns zu einem Tisch im Schatten der Bäume führt, fragt sie: »Wo genau?«

»Hickman Mills, Grandview.«

»Was für ein Zufall! Da komme ich her«, sagt sie und lacht. »Da bin ich aufgewachsen.«

Wie sich herausstellt, ist sie erst vor ein paar Wochen nach Los Angeles gezogen, um hier als Schauspielerin zu arbeiten. Ich denke, das ist doch das größte Klischee, das es gibt: eine junge Frau aus der Provinz, die in der Großstadt zum Star werden will, *A Little Girl in a Big City* [1925], *In a Lonely Place* [1950], *Valley of the Dolls* [1967], *Fame* [1980], *Show Girls* [1995], *Boogie Nights* [1997], *Million Dollar Baby* [2004], *Burlesque* [2010]. Ich reiße eine Seite aus meinem Notizheft und schreibe ihr meinen Namen und meine E-Mail-Adresse auf, in der Erwartung, dass sie sich nicht bei mir melden wird, aber als Nina und ich wieder in der Villa sind, habe ich schon eine Nachricht von ihr: »Schön, dich heute kennengelernt zu haben. Ich bin gern bereit, dir bei deinem Projekt zu helfen. Ich freue mich, von dir zu hören. Lauren Athena Birdsong.« Keine Ahnung, welches Projekt sie meint. Meinen Auswandererroman? Meine Reportagen? Meine Stadtgeschichten? Ich weiß nicht mehr, was ich ihr erzählt habe.

Drei Wochen später treffen wir uns zum Interview in einem Café, nicht im HOME, sondern im Coffee Commissary an der Fairfax Avenue in West Hollywood, ein grau-weißer Kasten mit dem Charme eines Leichenschauhauses. Und doch ist es der perfekte

Ort für uns. Lauren wohnt zwar in Los Feliz, wo wir uns begegnet sind, muss aber am Nachmittag Hunde in der Nähe ausführen, und ich will hinterher zu einem Currywurstimbiss sechs Blocks die Straße runter. Als ich den Wagen am Bordstein parke und meine Kreditkarte in die Parkuhr schiebe, ist sie schon da, wartet vor dem Eingang, violettes Shirt, braune Shorts, Chucks, eine schwarze Tasche um die Schulter geschlungen. Wir setzen uns nach draußen, direkt neben den Bürgersteig, neben der Fahrbahn, der Verkehr rauscht an uns vorbei. Wir haben beide keinen Hunger. Der Kellner erklärt uns, dass es hier draußen mittags nicht erlaubt sei, nur etwas zu trinken; also bestellen wir vegetarische Wraps und Wasser.

»Das muss ich mir merken«, sagt sie, »wenn ich soweit bin.« Noch steht sie im HOME am Empfang und weist den Gästen die

Plätze zu, noch darf sie nicht kellnern, noch hat sie keine Erfahrung, steht in der Hierarchie des Trinkgeldes ganz unten. »Das HOME ist ein guter Ort, um das Handwerk zu lernen, klein und übersichtlich.« Bald soll sie mit der Ausbildung beginnen.

Ich frage sie nach Kansas City, und Lauren erzählt von ihrer Kindheit und Jugend im Mittleren Westen, von ihrem Vater, einem Finanzbeamten, und ihrer Mutter, einer bildenden Künstlerin und Produktdesignerin, davon, dass ihre Eltern sich kurz nach ihrer Geburt scheiden ließen und sie die meiste Zeit bei ihrer Mutter und ihrem Stiefvater, einem Truckdriver, in einem Vorort aufgewachsen sei, in Raymore, und dass sie an der Peculiar High School ihre Leidenschaft fürs Theater entdeckt habe. »Ich wusste gleich, das will ich machen – und zwar für den Rest meines Lebens.«

Als sie eine Pause einlegt, um den Satz wirken zu lassen, frage ich mich, ob sie das wirklich so meint oder ob sie das nur zu mir sagt, weil ich über sie schreibe, weil sie denkt, das gehöre in einen Text über eine Schauspielerin, weil das Teil einer geradlinigen Erfolgsgeschichte ist: »Lauren Birdsong – die geborene Schauspielerin!« – »Wollte nie etwas anderes machen!« – »Wusste in der Schule schon, was sie werden wollte!« Sind es nicht gerade die Brüche, die einen Menschen interessant machen? Die Umwege, die jemand genommen hat, um zum Ziel zu gelangen? Die gescheiterten Lebensentwürfe? Die zerstörten Hoffnungen? Andererseits: Ich habe immer nur schreiben wollen, egal ob journalistisch oder literarisch. Ich hatte keine Rockstarträume, keine Skaterfantasien.

»Und wie ging's dann weiter?«, frage ich.

Und sie setzt da an, wo sie aufgehört hat: An der University of Central Missouri in Warrensburg schrieb sie sich für Schauspiel ein, spielte in Musicals wie *A Chorus Line*, *Cabaret* oder *Into the Woods*, bis sich das Gefühl verfestigte, dass das, was sie macht, und das, was sie will, übereinstimmen müssten. Musical kam ihr als Gattung irgendwann irgendwie zu komödiantisch vor, zu wenig ernsthaft. Nach ihrem Abschluss zog sie nach Blue Springs, Missouri, spielte an Offtheatern und schaffte es in den Katalog einer Agentur, die ihr Rollen in Werbespots und Indiefilmen vermittelte. In einem davon spielte sie eine Kellnerin in einem Nachtclub. Ich mache sie darauf aufmerksam, wie absurd das ist, dass sie da im Film schon kellnern durfte – und im wahren Leben nicht. Und sie sagt: »Die Schauspielerei ist dem Leben oft voraus.« Und ich sage: »Das Schreiben auch.«

Und dann unterhalten wir uns über die Provinz, über unsere Träume und Sehnsüchte, über dieses unbestimmte Gefühl, unbedingt da raus zu müssen, um sich voll entfalten zu können. Ich erzähle ihr von meinem 16. Geburtstag, von meinem Bruder, der mir an jenem Tag seine Charles-Bukowski-Sammlung *auslieh*, weil er meinte, Bukowski lesen zu dürfen, sei schon Geschenk genug. Ich erzähle ihr, dass ich, nachdem ich alles von Bukowski gelesen hatte, genauso schreiben wollte wie dessen Alter Ego Henry Chinaski aus *Das Liebesleben der Hyäne*, 20 Seiten in einer Nacht, im Vollrausch hingekotzt.

Anstatt ihr die Fragen zu stellen, die ich mir in mein Notizheft geschrieben habe, rede ich über mich. Um ihr Vertrauen zu wecken, um eine Gemeinsamkeit herzustellen, um ihr Antworten zu entlocken, die sie anderen Journalisten womöglich nicht geben würde. »Ein Jahr lang«, sage ich, »habe ich nichts anderes gelesen als US-Underground-Literatur: Bukowskis *Kaputt in Hollywood, Fuck Machine, Flinke Killer* und *Das Schlimmste kommt noch*. Beim Versandhändler Zweitausendeins, meinem Tor zur Welt, habe ich *Junkie* und *Naked Lunch* von William Burroughs und *Unterwegs* von Jack Kerouac bestellt und gedacht: Ach, so geht das mit dem Schreiben. Man braucht nur Sex und Drogen und Alkohol, dann läuft das wie von selbst.«

Sie lacht, und das werte ich als Zeichen weiterzumachen, weiterzuerzählen, weiter zu gehen, als es bei Interviews üblicherweise der Fall ist. Ich will, dass sich ein echtes Gespräch zwischen uns entwickelt, dass wir uns beide kennenlernen. »In Ermangelung von Sex und Drogen«, sage ich, »setzte ich meine ganze Hoffnung in Alkohol als Inspirationsquelle und wartete auf die nächste Gelegenheit, mich für längere Zeit heillos besaufen zu können und in diesem dauerhaft tranceartigen Zustand an einem Roman zu arbeiten – wie auch immer der dann aussehen mochte. Am ersten Tag der Osterferien 1992 schenkte ich mir ein Glas Wein ein, stellte die elektrische Schreibmaschine an, spannte ein leeres Blatt Papier ein und trank und trank und trank, aber anstatt Ideen bekam ich Kopfschmerzen. Ich setzte den Wein wieder ab und brachte es in drei Wochen auf 108 einzeilig beschriebene Seiten, *Ein lauter Mitesser am dicken Hals des Lebens*, die Geschichte eines Aussteigers, der sich in einer namenlosen Bar an einem namenlosen Ort irgendwo an der Westküste der USA – womöglich in Los Angeles – mit einem Obdachlosen anfreundet und, nachdem er sich von ihm verraten fühlt, in einem VW-Käfer das Weite sucht und aufs Land flieht.«

»Klingt fantastisch«, sagt Lauren. »Was ist aus dem Roman geworden?«

»Nichts«, sage ich. »Den Text habe ich niemandem gezeigt, ich habe auch nicht daraus gelesen, ich sprach nicht einmal davon. Ich hab die Seiten abgeheftet und den Aktenordner im Kleiderschrank versteckt, ohne jemals wieder hineinzuschauen. Ich wusste, dass das, was ich geschrieben hatte, nicht gut genug war, um veröffentlicht zu werden. Ich hatte mir nur beweisen wollen, dass ich es schaffen würde, innerhalb von wenigen Wochen einen Roman zu schreiben. Und ein Jahr später war ich zum ersten Mal in den USA, in Kalifornien, in San Diego, San Francisco und hier in Los Angeles, in Hollywood und Venice Beach, an den Schauplätzen von Bukowskis Stories. Da trank ich allerdings nichts, und ich schrieb auch nichts, ich trainierte für einen Marathon. Daraus wurde aber nichts. Ein paar Tage vor dem Start bin ich beim Skaten umgeknickt und habe mir den Knöchel verstaucht.« Wieder lacht sie auf eine Weise, wie das vielleicht nur Schauspieler können. Und weil sie dabei so neugierig aussieht und so offen, und weil ich plötzlich Lust darauf habe, erzähle ich ihr auch noch, wie ich damals aussah – lange Haare, Holzfällerhemd, aufgerissene Jeans und Camel Boots, was ich im Kino und im Fernsehen gesehen – *Terminator 2* [1991], *Night On Earth* [1991], *Twin Peaks* [1991–1992] – und welche Musik ich gehört habe – Nirvana, Sonic Youth und Rage Against The Machine. »Jeden Augenblick habe ich mit dem Untergang der Welt gerechnet«, sage ich. »Ich hab mich vor der Liebe ebenso stark gefürchtet wie vor dem Tod. Ich habe es nicht erwarten können, das Dorf, in dem ich aufgewachsen bin, zu verlassen. Aber nichts davon findet sich in meinem ersten Roman, höchstens auf eine völlig verquere Weise, als Gegenbewegung: als Hass auf das Spießertum, als Abwesenheit von Frauen, als Stadtflucht.«

»Mir ist es nicht so gegangen«, sagt Lauren, als ich endlich fertig bin und uns der Kellner Wasser und Wraps hinstellt. »Ich hab die Kleinstadt nie abgelehnt, ich hatte nicht das Gefühl, in der Falle zu stecken. Ich dachte einfach, ich müsste mal etwas anderes erleben – etwas anderes als Kansas City. Ich wusste, dass ich an einem Ort sein wollte, an dem ich mich schauspielerisch weiterentwickeln kann.«

Ich nehme einen Schluck und beiße in meinen Wrap, während sie weder Glas noch Teller anrührt, sondern in ihre eigene Vergangenheit abtaucht. »Ich hab mir Theater in Boston und Chicago angeschaut und gemerkt, dass ich den Winter da nicht aushalten kann, weil ich den Winter in Kansas City schon nicht ertrage, dass ich nur noch Sommer will, und zwar das ganze Jahr über.«

Im vergangenen Jahr war sie zum ersten Mal in Los Angeles, besuchte Schauspielfreunde und beschloss, hierher zu ziehen, obwohl sie einige ihrer Vorurteile der Stadt gegenüber sofort bestätigt fand: dass alle hier materialistisch sind, hungrig nach Anerkennung und Geld. Als sie aber sah, wie es ihren Freunden gelang, sich durchzuschlagen, ohne ihre Ideale aufzugeben, dachte sie, dass sie das auch könnte. Ein Leben improvisieren – auf ein Stichwort hin agieren, sich hineinfallen lassen in diese Rolle der Zuzüglerin.

Am 1. April packte sie ihre Sachen in ihren Dodge Stratus und fuhr zusammen mit zwei Freunden nach Denver, wo sie einen weiteren Freund abholten. In drei Wagen reisten sie über Cedar City und Las Vegas nach Los Angeles. Die ersten Wochen schliefen sie in North Hollywood bei Freunden im Wohnzimmer auf vier Sofas verteilt, suchten nach Wohnungen, nach Jobs. Das Problem war, dass sie das eine nicht ohne das andere bekamen, die Arbeitgeber wollten eine Adresse, die Vermieter einen Arbeitsnachweis. Irgendwann fing sie bei einem Frozen-Yogurt-Shop an zu jobben, unterschrieb einen teuren Mietvertrag in einer heruntergekommenen Gegend von Hollywood, suchte nach einer besseren Wohnung, einem besseren Job, bis sie eine Zweizimmerwohnung in Los Feliz fand für 1 270 Dollar im Monat und erfuhr, dass sie im HOME eine neue Platzanweiserin gebrauchen konnten – für zehn Dollar die Stunde.

Jetzt, da das Notwendigste erledigt ist, kann sie sich endlich um ihre Karriere kümmern: einen neuen Agenten, eine Schauspielschule, Castingtermine, Rollen am Theater, in Serien, in Filmen, das ganz große Kino. An einer Schauspielschule ist sie schon, Anthony Meindl's Actor Workshop, hier gleich um die Ecke, an der Melrose Avenue. Anthony Meindl ist ein Schauspieler, Drehbuchautor und Regisseur, der seine eigene Schauspielschule gegründet hat, weil er mit den bestehenden Lehrmethoden unzufrieden war.

Der Kern seiner Lehre besteht darin, keine Zeile auswendig zu lernen, sondern das, was gesagt werden soll, zu fühlen, bevor es gesagt wird, eine Verbindung zwischen Worten und Wirken herzustellen, bis die Rolle mit der Realität verschmilzt. Erinnerung vs. Intuition. Kein Skript, kein Text, nur Schauspiel. Für Lauren ist das schwierig, weil sie es gewohnt ist, Text auswendig zu lernen. Den Text im Gedächtnis zu haben, gibt ihr die Sicherheit, auf der Bühne vor dem Publikum zu bestehen. Jetzt soll sie sich von all dem befreien, sich fallen lassen, ganz der Situation hingeben. Die Szene wird grob umrissen, die Charaktere werden festgelegt, die Ausgestaltung bleibt den Schauspielern überlassen. Lauren empfindet das als Herausforderung, sie hofft, dass sie dadurch lernt, besser zuzuhören, dass sie in Zukunft mehr auf die anderen achtet als auf sich selbst, dass sie reagiert, statt zu agieren. Zweimal die Woche geht sie abends zur Schule, drei Stunden Praxis, drei Stunden Theorie. Sechs Wochen Einführungskurs kosten 675 Dollar. Dann kommen die Phase-I- und II-Kurse für jeweils 220 Dollar pro Monat. Das ist in Kombination mit der Miete ein ganz schöner Batzen, aber so bleibt sie im Training. Seitdem sie hierhergezogen ist, wird das Gefühl, ihre Fähigkeiten allmählich zu verlieren, immer stärker, weil sie keine Engagements mehr hat und aus der Übung kommt. »Es ist wichtig, aktiv zu bleiben, weiterzumachen«, sagt sie und nimmt nun doch einen Schluck Wasser. »Das ist vielleicht das größte Problem: die Jobs, das Leben und das, was ich erreichen will, in Einklang zu bringen.« In Kansas City hat sie im Callcenter einer Bank gearbeitet und ist kaum noch zur Schauspielerei gekommen. Viele ihrer Kollegen dort haben gleich mit dem Kellnern angefangen, weil die Arbeitszeiten flexibler sind, weil es ihnen die größtmögliche Freiheit gibt. Hier kommt es ihr so vor, als würde sie von allem überrollt werden, als müsste sie gegen alles gleichzeitig ankämpfen, gegen die Miete und die Zeit, gegen ihre Ambitionen und Möglichkeiten, gegen die Unbekanntheit, die Konkurrenz und das schwindende Glück. Sie hat sich bei Backstage.com angemeldet, einer Website für Castings, hat dort ihren Lebenslauf und ihre Arbeitsproben hochgeladen und nach Rollen gesucht, aber die Castingdirektoren, mit denen sie sich in Verbindung gesetzt hat, haben sie nicht einmal zum Vorsprechen eingeladen. Immer hieß es: Wir suchen zwar eine Frau zwischen 25 und 30, aber einen anderen Typ, eine Asiatin, eine Blonde, eine mit deutschem Akzent.»Es ist schwer, etwas zu finden, das zu mir passt. Vielleicht muss ich umdenken, vielleicht sollte ich ganz anders an die Sache herangehen und mich den Gegebenheiten anpassen, anstatt auf etwas Passendes zu warten. Ich darf nur nicht aus den Augen verlieren, weshalb ich hierhergekommen bin.«

»Und das wäre?«, frage ich.

»Du meinst das Ziel?«

Ich nicke.

»Ich möchte Schauspielerin sein, nur das. Ich glaube, jeder Schauspieler will das, nicht mehr auf irgendwelche Jobs angewiesen sein, sondern das Geld durchs Schauspiel verdienen. Allein das wäre schon ein Traum. Vielen reicht das nicht, die wollen berühmt werden, ich nicht, ich will einfach nur arbeiten. Sollte ich dadurch berühmt werden, ist das ein angenehmer Nebeneffekt. Und es hat ja auch viele Vorteile. Natürlich wäre es schön, mit den besten Regisseuren und Produzenten an einer Sache zu arbeiten, auf die man stolz sein kann und die nicht nur dazu dient, die Rechnungen zu bezahlen. Aber du weißt ja, wie das läuft«, sagt sie und greift jetzt auch zu ihrem Wrap, was mich beruhigt, weil ich das Gefühl habe, dass sie sich entspannt und nicht mehr glaubt, mir etwas beweisen zu müssen.

Eine Weile schaue ich ihr beim Essen zu. Sie isst ganz normal, nicht übervorsichtig, nicht affektiert, nicht so, als spielte sie eine Rolle, Julia Roberts in *Eat Pray Love* [2010], Meg Ryan in *Harry und Sally* [1989], Kim Basinger in *9½ Wochen* [1986]. Ich frage: »Wer sind denn deine Vorbilder?«

»Am meisten haben mich eigentlich Menschen beeindruckt, die im gleichen Boot sitzen«, sagt sie, ohne mich anzuschauen. »Ehemalige Schauspielschüler, die trotz aller Widerstände an ihren Zielen festgehalten haben. Von ihnen habe ich gelernt, zäh und hartnäckig zu bleiben. Ein Freund hat mal zu mir gesagt, dass jedes Nein ihn zuversichtlich stimmt. Er sammelt diese Neins. Je mehr Neins er hat, desto näher ist er einem Ja. Man darf die Neins nicht persönlich nehmen und nicht als Ablehnung verstehen, sondern als Gelegenheit, besser zu werden.«

Das erinnert mich an Bewerbungsgespräche, in denen Kandidaten auf die Frage nach ihren Schwächen antworten: »Ich bin zu perfektionistisch.« Womöglich meint sie aber, was sie sagt, womöglich sind diese Sätze Ausdruck ihrer kulturellen DNA. Scheitern als Chance. Das amerikanische Credo. Jedes Ende ist auch ein Anfang. Als ich das höre, muss ich an meinen Urgroßvater denken, der Mitte des 19. Jahrhunderts nach Newport auswanderte, eine Gärtnerei aufmachte, nach Deutschland zurückkehrte und in Ostfriesland einen Gemischtwarenladen eröffnete. Und ich muss an seinen Enkel, meinen Onkel, denken, der nach dem Krieg Dolmetscher, Journalist, Jurist werden wollte und dann doch Bauer wurde. Anfang der 1950er-Jahre fing er in Lone Jack, südlich von Kansas City, als Landwirt an, auf einer eigenen Farm, der Lone Pine Farm. Nach drei Jahren Dürre zog er mit seiner Familie in die Stadt und arbeitete bei der Country Club Molkerei als Milchwagenfahrer, bevor er sich mit einem Souvenirshop selbstständig machte. Mehrere Neuanfänge. Gebrochene Lebensläufe. Beide haben sich den Gegebenheiten angepasst und ihre Ziele trotz aller Widerstände verfolgt, auch wenn diese Ziele weit weniger eng umrissen waren als Laurens oder meine.

»Stell dir vor, ich wäre Castingdirektor«, sage ich zu Lauren, nachdem sie aufgegessen hat. Ich will sie ein wenig provozieren. »Was unterscheidet dich von anderen?«

»Mein Verlangen nach Wahrheit. Meine Ehrlichkeit oder Transparenz. Dass ich mich nicht verstelle. Dass ich dem Publikum zeige, wer ich bin. Ich will sie zum Nachdenken bringen. Ich will ihnen ein Gefühl vermitteln, das sie vielleicht noch nicht kennen, das Gefühl, sich selbst in jemand anderem zu entdecken. Das ist eine Form von Interaktion. Ich will den Leuten helfen, sich ihrer selbst bewusster zu werden.«

Ich muss sie mit auffällig leerem Blick angestarrt haben, denn sie sagt: »Ich weiß nicht, ob du weißt, was ich meine.«

»Um ehrlich zu sein, ich habe keine Ahnung, wovon du sprichst«, sage ich. Die Begriffe Wahrheit, Ehrlichkeit und Transparenz hallen noch in mir nach. In Deutschland würde niemand auf diese Weise von sich sprechen, aber hier geht das, hier wird das akzeptiert, womöglich sogar gefördert. »Du hast mich zwar zum Nachdenken gebracht. Aber ich habe mich nicht in dir entdeckt.«

Und sie fängt an zu lachen und sagt: »Dann muss ich wohl noch an mir arbeiten. Gestern hatte ich meine erste Unterrichtsstunde an der Schauspielschule. Wir haben nicht viel gemacht, nur ein paar Szenen durchgesprochen, ein paar Übungen angefangen. Hauptsächlich ging es darum, sich kennenzulernen. Am Schluss meinte einer: ›Was mir am besten gefallen hat, war, anderen einfach mal beim Spielen zuzusehen.‹ Das fand ich bemerkenswert. Normalerweise geht es ja mehr um einen selbst, darum, sich selbst zu verbessern. Aber hier geht es darum, sich in den anderen zu erkennen, in den Fehlern, die sie machen, und in dem, was sie können, was sie beherrschen.«

So, wie sie das alles beschreibt, klingt es, als würden hier Therapeuten ausgebildet und keine Schauspieler, als würden sie sich die ganze Zeit beobachten, sich studieren und analysieren, jede Bewegung, jede Regung, die Gestik, die Mimik – mit einem scharfen, überwachen Blick, um das Gespielte dann mit den anderen gemeinsam auseinanderzunehmen. Ich muss an meine Zeit an der Journalistenschule in München denken, an unsere allmorgendlichen Runden, in denen wir die Texte diskutierten, über Überschriften, Einstiege, Konstruktionen sprachen, über Szenen, Thesen und Haltungen, Höhepunkte und Ausstiege, als wir auf alles achteten und alles anmerkten, bis einer von uns es nicht mehr ertragen konnte und den Raum verließ. Eine Mitschülerin fing schon an zu weinen, wenn man ihr einen anderen Titel vorschlug, eine andere gab nie Arbeitsproben ab, ich kann mich nicht erinnern, auch nur einen Text von ihr gelesen zu haben. Ich weiß nicht, was die beiden heute machen, aber diejenigen, von denen ich es weiß, diejenigen, die seitdem als Journalisten arbeiten, obwohl schon damals alle von der Zeitungskrise sprachen, haben am längsten und leidenschaftlichsten über jedes Wort gestritten. Das war ein Freiraum, in dem wir uns ausprobieren konnten, in dem wir lernten, jeden Tag besser und spektakulärer zu scheitern, ein Labor fürs Leben, das mit der Wirklichkeit wenig zu tun hatte. Ständig explodierte etwas im Hinterhaus am Altheimer Eck – und außer uns bekam niemand etwas davon mit. Wir waren wie Physiker, die an einer neuen Massenvernichtungswaffe forschten und sich erfolgreich selbst auslöschten.

»Ist die Konkurrenz an der Schule nicht groß?«, frage ich. »In einer Stadt wie Los Angeles muss das doch besonders heftig sein.«

»Ja, das stimmt«, sagt Lauren. »Es fällt mir schwer, mich auf eine Sache zu konzentrieren, weil die Konkurrenz, das ist etwas, was mich im Vorfeld echt eingeschüchtert hat. Bevor ich hierhergezogen bin, hab ich immer gedacht, ich kann das nicht, die Konkurrenz ist zu groß. Aber wenn man bedenkt, wer von denen da draußen«, sie zeigt auf die Fairfax Avenue und weist hoch zum Sunset Boulevard, »wirklich ernsthaft schauspielert, wer über das entscheidende Wissen verfügt, über die nötige Erfahrung und die Kombination aus all dem, das sind doch nur ganz wenige. Es gibt da diese Statistiken, die sie einem an Schauspielschulen geben: Von 2000 Leuten, die hierher ziehen, wollen 2000 Schauspieler werden. Mich schreckt das nicht. Die meisten kommen gerade vom College und haben keinen Schimmer, was sie sonst machen sollen, die sind nicht ernsthaft dabei, die streben keine Karriere an, die wollen einfach bloß die Leere füllen zwischen Studium und Job. Aber ich bin jetzt 26. Ich weiß, was ich will. Und mir bleibt nicht mehr viel Zeit.« Dann sieht sie auf ihre Uhr und sagt:»Ich muss los.«

Ich bestelle die Rechnung, zahle, stecke meine Kreditkarte noch einmal in die Parkuhr und frage sie, ob ich sie in nächster Zeit mal in der Schauspielschule besuchen kann.

»Klar«, sagt sie,»kein Problem. Meld dich einfach bei Tyler.«

Und dann geht sie die Fairfax Avenue rauf, um Hunde auszuführen, und ich gehe die Straße runter, um mir einen Currywurst-Imbiss anzuschauen, der von einem deutschen Koch geleitet wird.

Zwei Wochen später bin ich wieder in der Gegend. Anthony Meindl's Actor Workshop ist in einem rot gestrichenen Gebäude untergebracht, im Meta Theatre an der Melrose Avenue, gegenüber von der Fairfax Highschool. Über dem Eingang, erleuchtet von der Abendsonne, steht schwarz auf weiß wie Sprechblasen in einem Cartoon:»Träume. Beginne. Erschaffe. Erweitere. Inspiriere. Transformiere. Erkundige dich im Laden.«

Am Empfangstresen sitzt eine blonde Frau.

»Hi, wie geht's?«, frage ich wie selbstverständlich.

Und sie sagt ebenso selbstverständlich:»Fantastisch!«

Ich erkläre ihr, wer ich bin, was ich in der Schauspielschule vorhabe und dass Tyler mich eingeladen hat, heute vorbeizukommen. Sie schreibt sich meinen Namen auf, schickt mich nach oben ins Meta Theater – schwarze Klappstühle vor einer schwarzen

Bühne und einem roten Sofa – und bittet mich, obwohl außer mir niemand sonst da ist, in der letzten Reihe Platz zu nehmen. Nach fünf Minuten kommt sie zurück und sagt, dass sie sich vertan habe, und führt mich nach draußen auf die Melrose, weist mir den Weg zum Classroom A: vier Häuser weiter, die Straße hoch, am Plattenladen vorbei, im ersten Stock eines weiß-rot gestrichenen Gebäudes, 7817 Melrose, ein schmaler Treppenaufgang zwischen einer Supra-Schuh-Filiale und dem Modeladen Generation Hustle. »Supra« und »hustle« – das passt, denke ich, als ich davorstehe, dort oben, über allen und allem, lernen die Schauspielschüler, sich durchzuboxen, sich zu behaupten, ihre Körper einzusetzen, sich selbst zu vermarkten.

Classroom A ist ein fensterloser Raum, gelbe Wände, dunkles Laminat, bunte Läufer – Perserteppichimitate –, schwarze Stühle, ein kleiner grauer Tisch, ein großes braunes Sofa, überstrahlt vom weißen Licht der Energiesparlampen. Auf den Stühlen haben sich ein Dutzend Schauspielschüler eingefunden, manche sehen aus wie Models, die auf ihre Entdeckung warten – Frauen in engen Kleidern, Männer in Muskelshirts –, manche wie Studenten, die im falschen Hörsaal gelandet sind – verschlafen, orientierungslos, nervös mit den Füßen wippend oder, das Gesicht blau-weiß illuminiert, durch ihren Newsfeed scrollend. Als ich sie einen nach dem anderen betrachte, merke ich, wie ich sie für Filme zu casten beginne, die nie gedreht werden: *Beauty and the Beat*, *A White Boy in the Hood*, *The Girl Next Door* etc. Ich verleihe ihnen Attribute, packe sie in Schubladen, den Schönling, den Dicken, den Dünnen, den Sportler, das Cougar Girl, den Superstar, den mexikanischen Mafioso. Vor manchen liegt ein Buch auf dem Boden, Anthony Meindls *At Left Brain Turn Right* – »ein ungewöhnlicher Weg, deinen inneren Kritiker zum Schweigen zu bringen, deiner Angst den Mittelfinger zu zeigen und ein großartiges Leben zu führen«, wie es im Untertitel heißt.

Lauren sitzt ganz vorne über ein Blatt Papier gebeugt. Heute trägt sie ein türkisfarbenes Top und einen schwarz-weiß-gestreiften Rock, die Spangen in ihrem Haar lassen sie jünger erscheinen, als sie ist. Jetzt, wo ich all die anderen sehe, wird mir klar, was Laurens Rolle ist, was sie auszeichnet: Sie ist das Mädchen von nebenan, unscheinbar, unauffällig, zurückhaltend, still, aber ganz konzentriert, ganz klar, ganz wach. Sie ist überrascht, mich zu sehen, niemand hat ihr gesagt, dass ich komme, sie hat mich später erwartet, in zwei, drei Wochen erst. Es ist ihre dritte Unterrichtsstunde, zum dritten Mal spielen und besprechen sie die gleichen Szenen – die Szenen, die sie sich am Anfang herausgesucht und zu zweit bearbeitet haben, Ausschnitte aus Theaterstücken, *Forgetting Frankie, Sight Unseen.* Ihr Partner heißt Frank, sitzt in der Reihe hinter ihr, hat feuerrote Haare und stammt aus Irland, wie er mir mit hartem Akzent und voller Stolz verkündet. »Wir sind fast Nachbarn!«, sagt er, als er erfährt, dass ich aus Berlin bin. »Das ist ein 50-Dollar-Flug!«

»Ja«, sage ich, mich neben Lauren setzend, nicht ganz so enthusiastisch wie er, in Amerika einen Europäer zu treffen. Aber er ist schon länger im Land und fühlt sich, wie er mir gesteht, zunehmend entfremdet. Er versteht die Mentalität nicht, das imperiale Denken, die gespielte Höflichkeit, die positive Lebenseinstellung. Womöglich liegt es aber auch daran, dass er sich, seitdem er hier ist, mit nichts anderem als Schauspiel beschäftigt, dass er mitten in Hollywood wohnt, dass sein ganzes Dasein nur noch um seine Karriere kreist und er sich selbst fremd geworden ist. Los Angeles, insbesondere Hollywood, ist ein Ort, der einen von der Welt entfernt, ganz gleich, was man macht – auch als Schriftsteller. »Ich würde auch gern schreiben«, sagt Frank auf meine Erklärung hin und streift sich die Hände an seinem grauen T-Shirt ab, als hätte er etwas Feuchtes oder Klebriges angefasst. »Ich hab's auch versucht, aber ich hab einfach nicht die Disziplin dazu.«

Der Dicke aus der letzten Reihe fragt mich, ob ich Red-Sox-Fan bin, da ich eine entsprechende Baseballkappe trage.

»Nein«, sage ich, »das ist nur wegen der Farben. Die müssen zum Hemd und zur Hose passen.«

»Wir reden später drüber«, sagt er und zeigt mit dem Finger auf mich. »In der Pause.«

Ich weiß nicht, ob er das Schreiben meint oder meinen Tick.

Dann kommt Sean, der Lehrer, herein, selbst Schauspieler, Tänzer, Sänger, wie ich auf der Homepage der Schule gelesen habe, ein kleiner, drahtiger Mann mit braunen Haaren und Jeanshemd, Leinenhose, Lederschuhen, der diese typisch amerikanische Mischung aus Professionalität und Lockerheit ausstrahlt. Er kommt auf mich zu, Bücher, Notizhefte und Papiere unter die Achsel geklemmt, streckt mir die Hand hin und begrüßt mich, auch im Namen von Anthony Meindl, als schwebe der gottgleich über allem, was hier geschieht. Anschließend legt er seine Sachen auf den Tisch, hebt den Kopf und fragt in die Runde, wie das Wochenende gewesen sei.

Das Cougar Girl sagt »gut«, der Sportler »erholsam«, der Schönling »wundervoll«.

Sean ist enttäuscht. »Klingt nicht gerade aufregend«, sagt er, während er seine Unterlagen sortiert. »Ich dachte, L. A. hätte mehr zu bieten. Und wie sieht's mit den Hausaufgaben aus? Habt ihr alle meditiert?«

Einige nicken, andere murmeln irgendwas.

»War's schwer?«

»Habt ihr von dieser Studie gehört«, sagt der Dicke, »bei der sie Leute für 15 Minuten in einen Raum eingeschlossen haben? Die sollten nichts tun. 15 Minuten nichts tun. Nur nachdenken. Wer das nicht aushalten konnte, konnte sich selbst Elektroschocks verpassen. Zwei Drittel der Männer haben das gemacht. Einer sogar 190 Mal.«

»Und das warst du«, sagt Sean.

»Nee«, sagt der Dicke, »ich hätte es auf 200 gebracht.«

Alle lachen.

»Ich ahne, worauf du hinauswillst«, sagt Sean. »Aber ich bin nicht deiner Meinung.«

»Die Leute hassen es, über sich selbst nachdenken zu müssen«, sagt der Dicke. »Deshalb gibt es Smartphones.«

»Und aus diesem Grund«, sagt Sean, »haben wir die Smartphones aus dem Unterricht verbannt.«

Auf dieses Stichwort hin stellen alle ihre Smartphones auf Flugmodus und legen sie neben ihre Stühle.

»Worüber wir heute sprechen werden, ist Folgendes«, sagt Sean, tritt an die Schüler heran und faltet die Hände wie zum Gebet vor dem Bauch zusammen. »Wir wissen, wie wir einkaufen, wie wir in einer Bar sitzen, in einem Restaurant, wie wir Frühstück zubereiten und essen. Wir machen den ganzen Tag Dinge, ohne darüber nachdenken zu müssen, ganz natürlich. Aber«, jetzt löst er die Hände und geht einen Schritt zurück, als müsste er Abstand zu seinem eben geäußerten Gedanken finden, »sobald wir ein Skript vor uns haben, in dem wir all das tun sollen, wissen wir plötzlich nicht mehr, wie das geht. Wir beginnen, panisch zu werden, fragen uns, wie würde das der Typ, den ich verkörpere, machen? Wenn wir zuhören, uns der Situation hinzugeben lernen, wie wir es letzte Woche besprochen haben, und dann so reagieren, wie wir reagieren, werden sich alle Ängste und Zweifel und Blockaden von selbst erledigen. Ihr seid alle Individuen, jeder von euch würde dieselbe Rolle anders spielen, und darum geht es. Viele Schauspieler trauen sich nicht, etwas Verrücktes zu tun, etwas auszuprobieren. Diejenigen, die ihr bewundert, haben aber genau das getan. Und das rate ich euch auch: Trefft Entscheidungen, und habt Spaß. Spielt einfach!« Bei jedem Satz geht Sean vor und zurück, streckt die Arme von sich, hebt die

Hände und faltet sie zusammen, in einer fließenden, wie tausend-mal einstudierten Bewegung tanzt er durch den Raum. »Was mir gerade am besten gefällt«, sagt er, als die Konzentration um ihn herum nachzulassen beginnt und einige sehnsüchtig zu ihren Smartphones am Boden schauen, »ist Kevin Spacey in *House of Cards* [seit 2013]. Wie er vor der Kamera isst. Die Art, wie er Sandwiches macht, ist ganz großes Kino. In der ersten Staffel macht er sich dreimal Sandwiches. Er weiß, er kann das tun, weil es für die Rolle funktioniert. Essen ist das Einfachste, was es gibt. Macht einfach vor der Kamera Dinge, die ihr normalerweise auch macht. Wenn ihr Wäsche zusammenlegen müsst, bringt sie zum Vorsprechen mit. Wenn ihr etwas trinken wollt, trinkt.« Auf dieses Kommando hin zieht der Dicke eine Flasche Cola aus seinem Rucksack hervor, dreht den Deckel auf, dass es zischt, und trinkt geräuschvoll, Schluck um Schluck, bis er durch das Lachen der anderen genug Bestätigung erfahren hat. Sean lässt sich davon nicht irritieren. »Das Erste, was ihr für euch klarbekommen müsst, ist die Frage: Was ist das Ereignis? Das Ereignis kann eine Schei-dung sein oder eine Liebesszene. Das Zweite ist der Ort. Wo spielt das Ganze? Im Haus? Am Strand? Im Park? Das Dritte sind die Umstände. Hier könnt ihr etwas einbringen, das ihr euch vorstellt oder das ihr selbst erlebt habt. Wenn ihr gerade Kopf-schmerzen habt, habt Kopfschmerzen in der Szene. Drängt das, was in eurem Leben gerade vor sich geht, nicht weg. Wenn ihr ge-rade verlassen worden seid oder mit jemandem Schluss gemacht habt, nutzt das für die Szene. Fühlt, was ihr fühlt. Schauspieler neigen dazu, zu schauspielern, anstatt sich auf ihre eigenen Erfah-rungen zu verlassen. Ändert man nur einen Parameter, ändert sich die ganze Szene. Schluss machen im Café ist anders als Schluss machen in den eigenen vier Wänden. Schluss machen, weil man jemand anderen kennengelernt hat, oder verlassen zu werden und zu wissen, dass man schwanger ist, ändert die Voraussetzungen und führt zu völlig anderen Ergebnissen, auch wenn das in der Szene selbst nicht explizit verhandelt wird.«

»Und wenn man das nicht hat?«, fragt der Schönling und streicht sich durchs Haar. »Wenn man keine Idee hat und keine Erfahrung, die man einbringen kann?«

»Man sollte zumindest immer eine Haltung haben. Nicht, um herauszustechen, sondern weil es die Perspektive verändert und eine Notwendigkeit erzeugt.«

»Und wenn die Haltung nicht passt?«

»Ihr werdet überrascht sein, was alles passt. Wir werden das gleich ausprobieren, die Szenen ständig verändern, die Voraussetzungen verändern, immer wieder neue Umstände schaffen, auf die ihr reagieren müsst. Das ist Spielen.« Sean klatscht in die Hände, und auf dieses Zeichen hin erheben sich alle von ihren Sitzen, nehmen ihre Blätter mit den Szenen, finden zu Zweiergruppen zusammen, verteilen sich in der Schule, suchen sich einen Ort, an dem sie ungestört sein können. Zwei bleiben im gelben Zimmer, zwei stehen draußen im Flur, zwei auf der Treppe, die anderen draußen auf dem Bürgersteig im Abstand von einigen Metern. Ich spaziere herum, höre diesen und jenen zu, stelle mich irgendwann an die Bordsteinkante und schließe, als stünde ich am Meer, die Augen. Durch das dichte Verkehrsrauschen und die tiefen HipHop-Beats, die aus den beiden Modeshops dringen, wehen einzelne Sätze zu mir herüber: »Willst du mich heiraten? Bitte! Warum nicht?« – »Du bist mir doch hinterhergelaufen!« – »Was willst du eigentlich von mir?« – »Ich hab alles im Griff.« – »Ich dachte, ich wär nicht in der richtigen Stimmung, aber dann war ich es doch.«

Bevor wir wieder hineingehen, setze ich eine andere Basecap auf, wechsele von den Boston Red Sox zu den L. A. Dodgers.

Als der Dicke das sieht, fragt er: »Wie viele hast du denn dabei?«

Ich weise auf meine Umhängetasche und sage: »Die ist voll davon«, obwohl das nicht stimmt.

Er schüttelt den Kopf, legt mir eine Hand auf die Schulter und sagt: »Guter Junge.«

Kaum haben alle wieder Platz genommen, fordert uns Sean auf, die Sachen auf den Boden zu legen, uns aufrecht hinzusetzen, die Augen zu schließen und zweimal tief einzuatmen. Jeder seiner Sätze ist von einem Knarzen des Laminats begleitet, vom Echo seines Tanzes. »Ich will«, sagt Sean, »dass ihr euch den Raum vorstellt, in dem die Szene stattfindet. Wie sieht der Ort aus? Ich möchte, dass ihr euch in diesen Ort hineinatmet. Schaut euch in eurem Kopf um. Was seht ihr da? Kommt euch das bekannt vor? Ich möchte, dass ihr die Szene im Kopf durchgeht. Was passiert da? Geht von Augenblick zu Augenblick. Was macht ihr? Was fühlt ihr? Seid ihr nervös, aufgeregt, ängstlich, glücklich? Wie beeinflusst diese Stimmung eure Bewegungen im Raum? Atmet noch einmal tief ein. Und jetzt möchte ich, dass ihr die Szene ein weiteres Mal durchgeht. Hat sich etwas verändert? Verhaltet ihr euch anders? Atmet ein zweites Mal tief ein. Dann öffnet eure Augen!«

Es dauert eine Weile, bis ich mich wieder an die Helligkeit gewöhnt habe. Wie wenn ich im Angesicht der Sonne die Augen schließe und öffne, liegt über allem ein Blauschleier. Sean steht direkt vor mir. Und es kommt mir so vor, als spräche er zu mir allein. »Das Lustige daran ist, es wird nie genauso werden, wie ihr es euch vorgestellt habt. Deshalb ist es so schwer, das im Unterricht zu planen. Einige wollen, dass es nach einem bestimmten Muster abläuft. Aber das funktioniert nicht. Du stellst dir nicht das Gleiche vor wie dein Partner. Da gibt es jemanden, der zu der Zeit, in der du dein Ding durchziehst, sein Ding durchzieht. Der Spaß besteht darin, sich darauf einzulassen. Welchen Effekt hat das auf dich? Wie verändert es das, was du tun wolltest? Lass das geschehen.«

Ich denke an Amerika und nicke, ich nicke wie verrückt, weil ich merke, dass ich mich darauf einlassen muss, auf das Land und die Leute, um endlich anzukommen, dass ich mein Ding durchziehen muss, während alle um mich herum ihr Ding durchziehen, und dass das kein Widerspruch ist, sondern dass das eine das andere bedingt, eine Doppelbewegung, zwei Fäden, die aufeinander zulaufen, sich umeinander wickeln, ohne einen Knoten zu bilden, und doch, durch dieses Umeinandergeschlungensein, stark wie ein Tau sind.

»Okay«, sagt Sean und klatscht wieder in die Hände. »Lasst uns loslegen. Wer will anfangen?« Der Dicke und der Dünne stehen auf, gehen nach vorn, stellen sich vors Sofa. »Wo sind wir?«

»In meinem Büro«, sagt der Dünne.

»Was passiert?«, fragt Sean.

»Eine schlüpfrige Situation«, sagt der Dicke, »ein Lehrer und ein Schüler nach dem Sportunterricht.«

»Wenn ihr soweit seid, fangt an.«

Und so geht es reihum. Eine Szene in einer Bar – zwei Männer unterhalten sich über ihre Frauen, übers Fremdgehen und wie man es herausfinden kann. Eine Hochzeitsfeier – der Ex-Freund der Braut taucht auf und will sie zurückhaben. Zwei Lesben in der Küche – eine von ihnen hat sich in einen Mann verliebt. Paarweise treten die Schauspielschüler nach vorne, paarweise spielen sie ihre Szenen, paarweise treten sie ab. Manche halten Zettel in Händen, Kopien der Szenen, die sie spielen sollen, manche lesen Wort für Wort ab, andere haben sie nur zur Sicherheit dabei, schauen kaum ein einziges Mal drauf.

Sean stellt das, was wir gesehen und gehört haben, zur Diskussion, aber meist ist er es, der redet und sich direkt an die Beteiligten wendet: »Beim ersten Mal hattest du doch die richtigen Instinkte. Was hat dich zurückgehalten? Wovor hattest du Angst?« – »Du hast dich nicht stark genug reingesteigert, du siehst den Abgrund nicht.« – »Denk nicht so viel nach. Mach einfach weiter.« – »Du willst dich absichern. Du versuchst, dich zu verstecken. Wenn du dich in deinem angenehm warmen kleinen Kokon zusammenrollst, kannst du nichts falsch machen. Aber du machst auch nichts richtig. Hab Spaß, spiel einfach, das« – er klatscht mit der Hand gegen seine Brust – »ist wichtiger als dein Skript.«

Er verändert die Szenen, flüstert den Schauspielschülern Informationen ein, die ihr Verhalten auf den Kopf stellen, verlegt die Orte von der Bar ins Fitnessstudio, von der Küche ins Café, vom Hotelzimmer ins Foyer, sagt den Freunden, die über ihre Frauen reden, dass sie etwas mit der Frau des jeweils anderen hatten, der Braut, dass sie von ihrem Ex-Freund schwanger ist, den Lesben, dass das Geständnis mit dem Mann nur ein Vorwand ist.

Und plötzlich funktioniert, was vorher nicht funktioniert hat, plötzlich entsteht eine Selbstverständlichkeit. Die Schauspielschüler beginnen, um ihr Leben zu spielen: Der Schüler zieht Shirt und Shorts aus, nimmt den Lehrer in den Arm, tröstet ihn, weil er spürt, wie sehr er unter seiner Obsession leidet. Die beiden Männer, die sich gegenseitig mit ihren Frauen betrogen haben, sind kurz davor, sich ernsthaft zu prügeln. Die Braut verpasst ihrem Ex eine Ohrfeige. Spielend wachsen sie über sich hinaus und machen Dinge, die sie unter normalen Bedingungen womöglich nie tun würden, aber sie stoßen auch an neue Grenzen, und das ist der Moment, in dem die Sitzung tatsächlich ins Therapeutische umschlägt. Es ist, als ob Sean jeden durch seine Einflüsterungen mit den eigenen Ängsten konfrontiert hätte. Der Dicke verlässt den Raum, weil er es mit dem Dünnen nicht mehr aushält. Das Cougar Girl fängt an zu schreien. Der Sportler bricht die Szene ab, indem er wie beim Basketball mit seinen Händen ein T bildet als Zeichen für eine Auszeit.

»Was war los, Ryan?«, fragt Sean, als wüsste er nicht, was er angerichtet hat.

»Ich musste die ganze Zeit daran denken, wie meine Freundin mit mir Schluss gemacht hat.«

»Hat es dir in der Szene geholfen?«

»Nein.«

»Warum benutzt du dieses Gefühl nicht? Wenn du deine Trauer und deine Wut einsetzt, wenn du auf diesen Gefühlsknopf drückst, wird alles tiefgründiger werden.«

»Und bei dir, Monica?«

»Ich hab mir vorgestellt, dass wir ein Kind adoptieren wollen, dass wir schon auf der Liste stehen. Und meine größte Angst ist, alleinerziehende Mutter zu sein, meine Mutter war das nämlich, und sie hatte kaum Zeit für mich.«

Bei fast allen aber vermisst Sean die Bereitschaft, sich vom Text zu lösen und der Situation hinzugeben.

»Hast du gut zugehört, Greg?«

»Nee. Ich hab die ganze Zeit über meinen nächsten Satz nachgedacht.«

»Wenn du dich in die Szene hineinfallen lässt, werden die Worte ganz von selbst und ganz natürlich rauskommen. Denkst du den ganzen Tag darüber nach, wie du etwas sagen willst? Nein. Das macht dich verrückt. Es ist gut, die Szene zu kennen, zu wissen, worum es geht. Du musst nicht genau wissen, was kommt. Aber lass dich vom Leben überraschen. Hört einander zu. Euer Partner gibt euch die Informationen, die ihr braucht. Wir alle haben ein fotografisches Gedächtnis. Was du liest, ist in deinem Kopf. Es hängt von deiner Fähigkeit ab, das Gelesene wieder abzurufen. Viele können das nicht, aus den unterschiedlichsten Gründen, aber es ist in uns. Vertrau dir. Vertrau deinen Gefühlen.«

Und so geht es weiter und weiter an diesem Abend, drei Stunden, in denen die Schauspielschüler ihr Innerstes nach außen kehren und mehr von sich preisgeben als auf Facebook, Twitter und Google zusammen. Sie lernen, ihre Emotionen auszustellen, anzubieten, zu verkaufen. Das ist ihr Geschäft.

Lauren und Frank spielen eine Szene aus Donald Margulies' Stück *Sight Unseen* aus dem Jahr 1991: ein Paar, Patricia und Jonathan, das sich in Jonathans Jugendzimmer zusammenfindet. Seine Mutter ist vor ein paar Tagen gestorben und gerade beerdigt worden. Es ist der Tag des Begräbnisses, der Trauerfeier, und jetzt sitzen die beiden auf dem Bett und merken, dass womöglich noch etwas anderes zu Ende gegangen ist: ihre Beziehung.

»Wie ist die Ausgangslage?«, fragt Jonathan, der neben mir auf Laurens Stuhl Platz genommen hat.

»Ich bin sauer auf sie«, sagt Frank. Er steht mit hängenden Schultern vor dem Sofa. »Und sie ist gekommen, um mir beizustehen, und ich weiß auch nicht, ich fühle mich unwohl, ich will lieber allein sein, weil ...«

»Sag's in einem Satz!«

»Ich bin sauer und will mit ihr Schluss machen.«

»Okay. Das ist deine Ausgangslage. Und deine?« Sean sieht Lauren an, die Jonathan umarmt.

»Ich möchte, dass es weitergeht.«

»Habt ihr euch etwas Besonderes ausgedacht?«

»Ja«, sagt Frank und löst sich von Lauren. »Ich stelle mir vor, dass sie schon weg ist.«

»Ich gebe dir noch eine Info, die sie nicht kennt«, sagt Jonathan, steht auf, flüstert ihm etwas ins Ohr und setzt sich wieder hin. »Seid ihr soweit? Dann los.«

Lauren geht einmal ums Sofa herum, sieht sich aufmerksam die Wände an, als gäbe es dort außer all dem Gelb irgendetwas zu sehen, und sagt: »Hier seid ihr also aufgewachsen.«

Frank steht fast regungslos in der Ecke, bis sie zu ihm hintritt, ihm durch die Haare fährt. Dann setzt sie sich aufs Sofa, das eine Bein untergeschlagen, das andere ausgestreckt, ihr Rock rutscht bis weit übers Knie hoch. Mit der flachen Hand klopft sie vor sich aufs Polster, bittet ihn, zwischen ihren Beinen Platz zu nehmen. Er folgt ihrer Aufforderung, hält aber Abstand, bleibt, das Skript in den Händen, ganz an der Kante sitzen.

»Seltsam«, sagt Lauren, »genauso habe ich es mir vorgestellt. Wie so ein Privatmuseum. Weißt du? So mit Kordeln vor den Räumen. ›Jonathan Waxmans Schlafzimmer in Brooklyn, um 1970.‹ ›Der Schreibtisch, an dem er sich mit Algebra abmühte.‹ ›Das Bett, in dem er seinen ersten feuchten Traum hatte …‹«

»Das war das da«, sagt Frank mit dünner Stimme und zeigt auf die Tür.

»Die Bilder von Bobby und dir überm Sofa haben mir am besten gefallen.«

»Was soll ich sagen?«

»Die sind echt toll.« Sie sieht sich um, bis ihr Blick am Tisch hängenbleibt. »Eine Nähmaschine?«

»Die ist hier eingezogen, als ich ausgezogen bin. Womöglich ist sie die einzige Frau, die am Leeren-Nest-Syndrom gestorben ist.«

»Ah, ja.«

Lauren spricht völlig frei, während Frank bei allem, was er sagt, aufs Blatt schaut. Als ich ihre mit grünem Textmarker angestrichene Kopie vom Boden aufhebe und die beiden Versionen miteinander vergleiche, stelle ich fest, dass es kaum Abweichungen gibt, obwohl das, was sie sagt, nicht auswendig gelernt wirkt. Als sie Frank abermals durchs Haar streicht, ihre Hand an seinem Gesicht, an seiner Brust hinabgleitet und kurz vor seinem Schritt innehält, springt er auf und ruft: »Was ist los mit dir? Bist du verrückt?«

»Ich möchte dir etwas Gutes tun«, sagt sie, die Hände im Schoß gefaltet.

Frank sagt: »Und das soll mich aufheitern, ja?« Und dann

bleibt er hängen, und Sean sagt in die Pause hinein: »Das ist okay, Frank. Spiel einfach weiter. Achte einfach auf das, was sie sagt, antizipiere ihre Worte.« Aber er schaut schon wieder aufs Blatt und liest – kaum hörbar – den Satz vor, den er sagen will. »Ich will keinen Sex, Patricia!«

»Ich kenne keinen, der daran gestorben wäre«, sagt sie, näher zu ihm hinrutschend. »Sag mir einfach, was ich tun soll.«

Frank sieht sie von oben herab an, das Blatt zittert in seiner Hand, Sekunden dehnen sich zu Minuten, in denen das Zittern, das Schweigen, in seinem Körper weiterwandert wie eine sich rasend schnell ausbreitende Infektion. Dann sagt Sean: »Atme mal tief ein, Frank, du bist an der richtigen Stelle.«

Lauren wiederholt ihren Satz. Und da fällt Frank ein, wie es weitergeht. »Das hat nichts mit dir zu tun. Das ist mein Problem. Mein Verlust.«

Lauren entschuldigt sich, nicht bei der Beerdigung dabei gewesen zu sein, nicht für ihn da gewesen zu sein, als er sie am meisten brauchte, und Frank gesteht ihr, dass er es war, der sie nicht dabeihaben wollte, und da bricht Lauren tatsächlich in Tränen aus, und es wirkt nicht gekünstelt, nicht übertrieben, ihr laufen einfach Tränen über die Wangen, und ich frage mich, ob sie sich wegen mir so ins Zeug legt, weil ich sie beobachte, oder ob sie jedes Mal so spielt, mit ganzer Hingabe. Von allen ist sie am textsichersten, und gleichzeitig spielt sie völlig frei, völlig ungehemmt, geht ganz in der Rolle auf, die ihr zugedacht ist. Sie ist viel selbstbewusster als im Café, womöglich fällt es ihr leichter, jemand anderes zu sein als sie selbst.

Die Szene endet damit, dass Frank den Raum verlässt, dabei müsste laut Skript sie gehen, und das ist es auch, was Sean bemängelt. »Frank, du Idiot, jetzt hast du sie in deinem Zimmer sitzen lassen mit all deinem Zeug. Sie wird doch alles kurz und klein schlagen!«

Alle lachen und klatschen, und Sean steht auf und sagt zu Frank:»Lass uns über Antizipation reden. Du warst schon nackt, bevor sie dich überhaupt küssen wollte.«

»Ja«, sagt Frank. »Ich habe das überbewertet, was da noch möglich gewesen wäre.«

»Sie hat dich an die Wand gespielt. Du bist da in so einen Panikmodus gerutscht: ›Oh, mein Gott, sie reißt mir gleich die Kleider vom Leib!‹«

»Ja, ich bin nicht über diese Barriere hinweggekommen, ich habe mich nicht entspannen können.«

»Es hängt von dir ab, ob sie dir die Kleider vom Leib reißt oder nicht. Was hab ich dir eben zugeflüstert?«

»Ich soll in die Szene reingehen in dem Wissen, dass ich schon jemand anderen gefunden habe. Aber dann hab ich sie weinen sehen und bin ausgeflippt.«

»Du bist einfach rausgegangen. Du hättest auch ihre Hand nehmen und sie trösten können.« Er wendet sich Lauren zu. »Gab's einen Moment, an dem du ihn gern geschlagen hättest?

»Soweit wäre ich nicht gegangen«, sagt sie und steht vom Sofa auf, zupft ihren Rock zurecht.

»Aber genau das hast du ausgestrahlt«, sagt Sean.

Lauren nickt. »Ich hab die Wut gespürt.«

Und Frank sagt: »Sie hätte alles machen können, ich hätte das verstanden. Ich hätte das nicht als Grenzüberschreitung empfunden.«

»Eine Ohrfeige oder ein Kuss oder jemandem die Klamotten vom Leib reißen, das ist keine Grenzüberschreitung«, sagt Sean. »Das ist, nun ja, das hängt davon ab, wie ihr aufgewachsen seid. Wenn sie dich richtig geschlagen hätte, das wäre eine echte Überraschung gewesen. Um sie von dir wegzustoßen, musst du sie aber erst mal an dich heranlassen. Lauren«, er dreht sich wieder zu ihr hin, »wie war's für dich?«

»Okay. Manchmal war ich drin, manchmal hab ich mich beim Spielen selbst beobachtet.«

»Ihr habt beide zu sehr darauf geachtet, was der andere machen wird«, sagt Sean. »Das hat euch beide davon abgehalten, einander zuzuhören. Das erschien mir manchmal zu inszeniert, zu gewollt, zu wenig echt. Ihr habt es nicht laufen lassen, ihr habt die Kontrolle nicht abgegeben.«

»Aber es hat mich echt berührt«, sagt Frank jetzt mit fester Stimme, »als sie angefangen hat zu weinen.«

»Das hat man aber nicht gemerkt«, sagt Sean. »Warum zeigst du nicht, was du fühlst?«

Und dann muss ich gehen. Es ist schon spät, zwei weitere Paare warten auf ihren Auftritt und ihre Kritik, und ich bin müde und muss noch den ganzen Weg über den Sunset zurück zur Villa, eine 40-Minuten-Fahrt.

Ich verabschiede mich von Sean und Frank und Lauren in der Hoffnung, sie wiederzusehen, bevor ich nach Deutschland zurückfliege.* Ich hebe die Hand, sage »bis bald« und bin aus der

---

* Mehrmals versuchen Lauren und ich, uns noch einmal zu verabreden. Wir schreiben uns E-Mails, telefonieren, machen Termine aus, aber es kommt zu keinem Treffen mehr. Als ich gerade zurück in Deutschland bin, schreibt sie mir, dass sie sich durch den Unterricht bei Anthony Meindl ihrer Gefühle bewusster geworden sei. »Ich nutze sie jetzt zu meinem Vorteil. Vorher hatte ich immer nur eine Idee, an der ich festhalten wollte, selbst wenn mich das von einer ehrlichen Performance abgehalten hat.« Und sie schreibt, dass sie selbst mit dem Schreiben begonnen habe, mit dem Drehbuchschreiben. Mittlerweile hat sie ihre Ausbildung an der Schauspielschule beendet. Sie hat bei einer Low-Budget-Produktion mitgewirkt, der Horror-Comedy-Serie *Bloodsucka Jones vs. The Creeping Death* [2017], in der sie auf Rollerskates Zombies bekämpft, arbeitet an einem ersten eigenen Horrorfilmskript, spricht Texte für Werbeclips und Computerspiele ein, absolviert ein Praktikum bei einer Casting-Agentur und hofft, bald in die Schauspielergewerkschaft SAG-AFTRA aufgenommen zu werden, um Zugang zu besseren Rollen zu erhalten. Am Wochenende kellnert sie im HOME. Unter der Woche führt sie immer noch Hunde aus. Für ihre Rolle in dem Kurzfilm *State of the Union* [2015] wurde sie beim End of Days-Festival in Orlando, Florida, als beste weibliche Nebendarstellerin nominiert.

Tür raus. Unten auf der Straße umfängt mich die Nacht. Ich steige in den Wagen und fahre die Fairfax hoch. Über den Hügeln von Hollywood leuchtet der Himmel, als ob die Stadt von einem Heiligenschein umstrahlt wäre, vom Nimbus der Selbsterwählten.

25.07.

A Trail of Blood

Xinran Ji, ein 24-jähriger Student / an der *University of Southern California* / ist auf dem Weg nach Hause, / als er von fünf Teenagern / mit einem Baseballschläger / angegriffen und verletzt wird. / Mit letzter Kraft schleppt er sich in seine Wohnung. // Am Morgen entdeckt ein Mitbewohner seine Leiche. / Er wählt den Notruf *911,* / Stunden zu spät. / Zahlen, Rettung verheißend, / und doch vergebens gedrückt, / wie Sterne, die am Himmel leuchten / und lange schon erloschen sind. // Die Polizei folgt den trockenen Tropfen, / der Spur des Blutes, / bis zum Tatort, / eine Straße weiter. // Zwei Jahre zuvor / waren / Ying Wu / und / Ming Qu, / zwei chinesische Studenten, / ein Liebespaar, / in ihrem BMW erschossen / und ausgeraubt worden. // Die Polizei folgte den GPS-Daten / ihrer Smartphones / bis zu den Tätern, / zwei Straßen weiter. // Wer hätte gedacht, / sagt Sumo Liu, ein Kommilitone, / dass es wieder geschehen würde. // Die Tat, sagt Andy Neiman, Leutnant der LAPD, / sei ein Gelegenheitsverbrechen. / Bei Ji handele es sich / um ein Zufallsopfer. / Er sei zur falschen Zeit / am falschen Ort gewesen. // Ji, sagt Clayton Dube, der Direktor des US-China Institutes, / war ein Ingenieur, / er wollte Probleme lösen / und das Leben der Menschen verbessern. / Er war auf die Zukunft konzentriert. // Auf das, was kommt. // Aber was dann kam, / hatte er, / obwohl vor Augen, / wie Sterndeuter, / die das Geheimnis schwarzer Sonnen decodieren, / nicht kommen sehen.

26.07.

Freeway No. 5

Am Freitagnachmittag, / während der Rush Hour, /
klettert ein Mann / von einer Brücke auf ein
Autobahnschild. / Die Polizei sperrt den *Freeway No. 5* /
in beide Richtungen / für mehrere Stunden. // Es bildet
sich, / wie so oft in dieser Stadt, / ein Stau. / Ein jeder
steht. / Blech an Blech, / so weit das Auge reicht. / Und
Zeit, / die nicht vergeht. // Einer der Wartenden / hält
es nicht aus, / klappt einen Tisch / auf dem Asphalt auf /
und fordert die Umstehenden / zu einer Runde / Poker
heraus.

Fuck Amazon

Von dem Streit zwischen Amazon und dem Verlagskonzern Hachette um Einkaufsrabatte bekomme ich im Frühsommer 2014 in Berlin nur am Rande etwas mit. Die Artikel, in denen vom »Bücherkrieg in Amerika« die Rede ist, von einer »nationalen Tragödie«, »verzögerter Auslieferung« und »Erpressung«, überfliege ich nur. Zu sehr bin ich mit meinen Reisevorbereitungen beschäftigt. Dann sitze ich im Flugzeug, schlage den *Spiegel* auf, sehe Fotos von einer Amazon-Minidrohne, von Amazon-Chef Jeff Bezos, den Blick entrückt in die Ferne gerichtet, und vom gigantischen Amazon-Lager in Leipzig, die mich in den Text mit dem Titel *Furchtbare Überraschungen* hineinziehen, und mir wird auf einmal das ganze Ausmaß der Auseinandersetzung bewusst: Es geht um nichts weniger als die Zukunft des Buchmarktes.

In den ersten Nächten in der Villa, wenn ich des Jetlags wegen nicht schlafen kann, hole ich nach, was ich verpasst habe, schaue mir auf YouTube alle Sendungen zum Thema an und lese sämtliche Debattenbeiträge über die Verhandlungen US-amerikanischer Verlage mit dem Distributionsriesen um Prozente, und darüber, dass besonders Debütanten der betroffenen Häuser unter dem Konflikt zu leiden haben, wenn ihr Lieferstatus willkürlich auf »Derzeit nicht verfügbar« gesetzt wird – weil sie noch niemand kennt und auf ihre Bücher niemand wartet.

Amazons Macht und Ohnmacht habe ich selbst im Spätsommer 2011 zu spüren bekommen. Am Tag, als mein Debüt *Gegen die Welt* erschien, schaute ich bei Amazon nach, ob es schon auf Verkaufsrang eins steht. Stand es nicht. Es war überhaupt keine Zahl angegeben. Es gab nicht einmal einen Bestellbutton, nur einen Link zu Drittanbietern und den Hinweis: »Artikel wird geprüft. Kunden haben uns informiert, dass der erhaltene Artikel von der Beschreibung auf der Website abweicht. Wir arbeiten bereits an einer schnellen Lösung.« Bis zur endgültigen Behebung dieses Problems dauerte es ein halbes Jahr, und die Lösung bestand in einer genaueren Artikelbeschreibung:»In diesem Buch haben einige Passagen ein spezielles Layout, eine besondere Typographie oder aufgehellte Schrift. Dies ist beabsichtigt und kein Produktionsfehler.«

Diese absurde Anekdote betraf nur mich, und der Grund für die Nichtbestellbarkeit waren verwirrte Kunden und nicht Amazon selbst. Außerdem war mein Buch weiterhin verfügbar – über den stationären Buchhandel, der in Deutschland nach wie vor sehr stark ist, anders als in den USA – Amazons Macht ist hier viel größer. Ein Debüt, das bei Amazon.com nicht lieferbar ist, existiert praktisch nicht. Selbst wenn es bei einem großen Verlag erscheint und als Spitzentitel beworben wird, ist die Gefahr groß, dass es untergeht.

Als ich auf einen Beitrag über die Autorin Edan Lepucki stoße, deren Debüt *California* unfreiwillig ins Zentrum dieses Bücherkrieges geraten ist, und sehe, dass sie bald im Skylight Bookstore in Los Feliz daraus lesen wird, biete ich das Thema der *Frankfurter Allgemeinen Sonntagszeitung* an. »Hier wird am Dienstag ein Roman vorgestellt, der bereits vor Erscheinen für Aufmerksamkeit gesorgt hat«, schreibe ich dem Literaturredakteur in einer E-Mail. »Es handelt sich um einen Debütroman, der in dem Verlagshaus erscheint, das von Amazon boykottiert wird. An dem Buch/der Autorin/der Veranstaltung ließe sich das ganze Thema erzählen.«

Der Redakteur schreibt zurück: »Super. Unbedingt. Toll.« Am nächsten Tag – er kennt mein Problem mit Abgabeterminen – schickt er eine Nachricht hinterher: »*Please hurry! (In your former life – remember – you used to be a journalist. (Yes, yes). You know – these guys: quickly, quickly, one story per day…).*«

Eine Geschichte pro Tag.

Ich gehe meine Notizen durch und lege los.

Er sei immer ein großer Fan von Amazon gewesen, sagte TV-Moderator Stephen Colbert Mitte Juni in seiner Satireshow *The Colbert Report*. Das sei der einzige Laden, in dem er in Unterwäsche einkaufen könne, ohne befürchten zu müssen, beobachtet zu werden. Außerdem finde er dort die schrägsten Sachen, ein Schachspiel mit der Zeichentrickfigur Scooby Doo zum Beispiel, neonfarbene Ganzkörperanzüge, getrocknetes Kängurufleisch – und eine Gartenlaube aus Plastik, um das ganze irre Zeug vor der Familie zu verstecken. Aber jetzt sei er wütend auf Amazon. Nicht nur weil das Unternehmen seine eigenen Bücher *America Again – Re-Becoming the Greatness We Never Weren't* oder *I Am America (And So Can You!)* absichtlich mit dreiwöchiger Verzögerung ausliefere, sondern auch weil unter dieser Praxis Leute zu leiden hätten, die Ratgeber wie *Abnehmen in 21 Tagen* bestellen und nach 21 Tagen, wenn das Buch bei ihnen ankomme, immer noch kein Gramm abgespeckt haben. Dann zeigte er Jeff Bezos den Mittelfinger – ein Skandal im US-Fernsehen – und erklärte ihm offen den Krieg.

Colbert ist nicht irgendwer in den USA, seine Meinung hat Gewicht. Mehr als sechs Millionen Menschen lesen seine Tweets auf Twitter. Das *Time Magazine* wählte ihn wiederholt zu den 100 einflussreichsten Persönlichkeiten des Landes. Seine Shows wurden mehrfach mit dem Emmy, dem wichtigsten Fernsehpreis, ausgezeichnet. Und als Daft Punk im Sommer 2013 einen Auftritt absagten, engagierte er kurzerhand Stars wie Jeff Bridges, Bryan Cranston, Matt Damon und den ehemaligen Außenminister Henry Kissinger und tanzte mit ihnen zu *Get Lucky*.

Hintergrund für Colberts Aufregung war eben jener Streit zwischen Amazon und Hachette, einem der größten Verlagskonzerne der Welt: Neben Colberts Titeln erscheinen dort auch Romane von Bestsellerautoren wie J. K. Rowling, Stephenie Meyer, David Foster Wallace, J. D. Salinger oder James Patterson. Patterson zählt zu den meistgelesenen Genre-Autoren der USA, er beschäftigt ein ganzes Team von Mitarbeitern und veröffentlicht Jahr für Jahr ein Dutzend Bücher. Er ist der Autor mit den meisten *New York Times*-Bestsellern, und ihm gelang das Kunststück, gleichzeitig die Liste für die Erwachsenentitel und die der Jugendsparte anzuführen. Er ist wie ein Malerfürst, der Assistenten für sich arbeiten lässt und einen Teil der Werke später mit seinem Namen versieht. Bei Hachette sind mehrere festangestellte Mitarbeiter allein für ihn zuständig, Patterson ist eine Schreib- und Vermarktungsfabrik, eine Maschine, die von selbst läuft, ein literarisches Perpetuum mobile.

Obwohl er auf nichts und niemanden mehr angewiesen zu sein scheint, sorgt auch er sich um die Zukunft: Im Sommer 2013 spendete er eine Million Dollar an unabhängige Buchhandlungen. Ein paar Wochen später schaltete er Anzeigen in Zeitungen, in denen er die Regierung aufforderte, etwas gegen die Monopolisierung im Buchgeschäft zu unternehmen. Und auf der New York Book Fair sagte er zum Thema Amazon: »Wenn das der neue American Way sein soll, dann muss er vielleicht geändert werden: per Gesetz, wenn nötig sofort, wenn nicht früher.«

Damit steht er nicht allein: Stephen King, Nora Roberts und Hunderte andere Autoren haben gerade eine Petition unterzeichnet, die Amazon des Verrats bezichtigt, des Verrats an dem Versprechen, das »kundenorientierteste Unternehmen der Welt« zu sein: »So behandelt man weder seine Geschäftspartner noch seine Freunde.«

Das Bemerkenswerte daran ist, dass die Kritik an Amazon nicht mehr nur von unten ausgeht, von den kleinen, unbekannten Schriftstellern, von linken Aktivisten oder Anhängern der demokratischen Partei, sondern aus der Mitte der kulturellen Gesellschaft kommt, aus dem Mainstream, von den Entertainern, den Fernsehprominenten, den Unterhaltungsautoren, von denen, denen das alles zumindest finanziell ziemlich egal sein könnte; ihre Bücher verkaufen sich so oder so. Erstaunlich ist zudem, dass in einem neoliberalen Land wie Amerika, wo Forderungen nach einer Erhöhung von Einkommens- und Erbschaftsteuern oder nach einer allgemeinen gesetzlichen Krankenversicherung schon als erster Schritt auf dem Weg in den Sozialismus gelten, plötzlich das Eingreifen des Staates gefordert wird.

Um den Konflikt, der hier ausgetragen wird, voll erfassen zu können, muss man sich die Lage vor Augen halten: Amazon gehört zu den zehn mächtigsten Großhändlern in den Vereinigten Staaten, über Amazon laufen inzwischen fast 50 Prozent aller Buchverkäufe. Das Unternehmen will seine Marktmacht ausbauen und seine Gewinnspanne ausweiten, indem es die Verlage zwingt, ihm höhere Rabatte für E-Books einzuräumen. Als Druckmittel dient Amazon neben den verzögerten Lieferzeiten angeblich auch ein unseriöses Angebot an die betroffenen Autoren: Sie sollen 100 Prozent der E-Book-Erlöse erhalten, solange der Streit andauert. Und falls ein Buch vergriffen ist, soll der Verlag Amazon das Recht einräumen, es nachzudrucken.

In Deutschland ist Amazon dank Buchpreisbindung und einem stärkeren stationären Buchhandel zwar weniger mächtig als in den USA, doch auch hier übt Amazon auf ähnliche Weise Druck auf Konzerne wie die Bonnier-Gruppe aus, zu der die Verlage Piper, Ullstein und Carlsen gehören. Es ist kein Kampf David gegen Goliath. Hier stecken Riesen ihr Revier ab. Sollten Hachette oder Bonnier aber einknicken, könnte das dazu führen, dass Amazon das Verlagswesen in den USA irgendwann allein beherrscht und nicht nur den Preis der Bücher bestimmt, sondern den Schriftstellern auch die Konditionen diktiert. Und die werden, wenn es keine ernsthafte Konkurrenz mehr gibt, kaum sehr gut sein.

Colbert sprach in seiner Show mit einem weiteren Amazon-Opfer, einem der Gewinner des National Book Award, Sherman Alexie. Der empfahl als Zeichen des Widerstands den ersten Roman seiner Verlagskollegin Edan Lepucki. *California* erscheint beim Hachette-Imprint Little, Brown. Es ist ein im besten Sinn verstörendes Buch, eine düstere Robinsonade, angesiedelt in den Wäldern nördlich von Los Angeles, in einer nahen apokalyptischen Zukunft. Wer kann, hat sich aus den Metropolen aufs Land geflüchtet, so weit weg vom urbanen Elend wie möglich. In Lepuckis Welt ist L.A. eine sterbende Stadt: Die Straßen sind umgepflügt, die Geschäfte geschlossen und vernagelt, die Häuser in sich zusammengesackt. Die Menschen verhungern auf den Gehwegen. Anders als in vielen anderen Dystopien wird die Zivilisation nicht durch einen Nuklearkrieg oder einen Kometeneinschlag zerstört. Der Untergang vollzieht sich langsam, durch ein Erdbeben und andere Naturkatastrophen, deren Schäden nicht mehr beseitigt werden können, durch Öl- und Wasserknappheit, eine lang anhaltende wirtschaftliche Depression, Terroranschläge und eine mit der Lage überforderte Regierung. Ein schleichender Verfall. Kein unrealistisches Szenario.

Vor diesem Setting erzählt Lepucki die Liebesgeschichte eines jungen Paares, Frida und Cal, zwei Großstädter um die 30, die lernen müssen, in der Wildnis zu überleben. Jahrelang verstecken sie sich in einer abgelegenen Hütte. Sie halten sich von anderen Menschen fern, weil jeder Fremde ein Feind sein könnte. Die meiste Zeit verbringen sie damit, Tiere zu fangen, Früchte zu sammeln, Gemüse anzubauen. Der einzige Spaß, der ihnen geblieben ist, ist Sex. »Er ersetzte das Internet, Lesen, Restaurantbesuche und Shoppingtouren.« Doch dann wird Frida schwanger und braucht Hilfe, und die beiden müssen ihre selbstgewählte Isolation aufgeben.

Am Ende seiner Show rief Colbert die Zuschauer dazu auf, Lepuckis Roman über seine Website bei einem kleinen Buchhändler zu bestellen und das Cover mit dem Aufkleber »*I didn't buy it on Amazon*« zu versehen. Dieses Buch, prophezeite er, werde gleich in der ersten Woche seines Erscheinens auf die Bestsellerliste der *New York Times* kommen – als wollte er sagen: »Das Fernsehen ist immer noch für die Kassenschlager verantwortlich, nicht das Internet, nicht Amazon.«

Dank Colberts Unterstützung avancierte *California* zu einem der größten Debüt-Vorbestellungsbestseller aller Zeiten. Die Presse sprang auf den Titel an, Filmproduzenten interessierten sich für die Geschichte. Die Lesungseinladungen verdoppelten sich. Und Little, Brown ließ 60 000 Exemplare nachdrucken. Nur an die Spitze der Bestsellerliste schaffte es der Roman nicht auf Anhieb.

Auf die Frage einer Leserin auf dem zu Amazon gehörenden sozialen Buchnetzwerk Goodreads.com, wie sie sich nach so viel medialer Unterstützung fühle, antwortete Edan Lepucki: »Es ist unglaublich, surreal, seltsam, wundervoll, verblüffend. Mein Mann und ich kreischten erst vor Freude, dann waren wir einfach nur sprachlos.«

Was Edan Lepucki an dieser Stelle nicht erwähnte, ist, dass ihr Mann Patrick Brown bei Goodreads fürs Autorenmarketing zuständig ist; die literaturbetriebliche Verwerfung verläuft also mitten durch ihre Beziehung. Der *New York Times* sagte Lepucki, dass das kein Widerspruch sei, demonstrativ nicht bei Amazon einzukaufen und Goodreads zu lieben. Ihre Ehe sei im Übrigen sehr glücklich, seit drei Jahren sei sie Mutter eines Sohnes, und das alles – Beruf, Moral und Familie – lasse sich überraschend gut vereinbaren.

Sie und ihr Mann lernten sich kennen, als beide während der Semesterferien bei Book Soup, einem Buchladen am Sunset Boulevard, arbeiteten. Lepucki stammt aus Santa Monica, aus einer großen, nicht akademisch geprägten Patchworkfamilie. Sie hat zwei ältere leibliche Schwestern und zwei jüngere Stiefgeschwister. Ihr Vater arbeitet als Aufnahmeleiter beim Fernsehen und liest kaum Bücher. Ihre Mutter ist Hausfrau und eine begeisterte Leserin. Beide sind nicht aufs College gegangen – im Gegensatz zu ihren Kindern. Nach der High School studierte Edan Kreatives Schreiben in Oberlin, Ohio, absolvierte den renommierten Iowa Writers' Workshop, bekam ein Aufenthaltsstipendium in Wisconsin, gründete und leitete selbst Schreibwerkstätten hier in Los Angeles, bevor sie mit ihrem Mann nach San Francisco zog, ins Silicon Valley.

Jetzt ist Edan Lepucki 33 Jahre alt. Sie hat erreicht, wovon viele Debütanten träumen: wahrgenommen zu werden – auch wenn ihr Erfolg zum Teil auf einer ideologischen Kampagne basiert. Im Gegensatz zu ihren älteren und berühmteren Kollegen schreibt sie keine flammenden Essays gegen flächendeckenden Onlinehandel, sie ruft auch nicht öffentlich zum Boykott auf oder verlangt nach staatlicher Regulierung. Sie taugt nicht als Jeanne d'Arc einer Anti-Amazon-Bewegung. Ihr Protest ist dezent: Auf ihrer Website verweist sie auf Buchhandlungen, auf kleine wie Vroman's oder Powell's und auf große wie Barnes & Noble. Der alte Feind, die Ketten, gehören angesichts der Übermacht von Amazon plötzlich zu den neuen Verbündeten.

Bevor ich mich mit dem Wagen auf den Weg in den Osten der Stadt mache, zu Skylight Books, wo ihr Roman nun Premiere feiert, lese ich im Internet, welche Bedeutung der Buchladen, der in ganz L.A. als Vorzeigeprojekt gilt, für die Nachbarschaft hat: Skylight eröffnete 1996, ein halbes Jahr nachdem Amazon – zunächst als reine Buchhandelsplattform – online gegangen war. Von einem Kunden darauf angesprochen, sagte die Skylight-Leiterin Kerry Slattery damals:»Amazon – was ist das?« Zu der Zeit gab es im Laden noch nicht einmal einen Computer. Der größte Konkurrent war eine Filiale der Buchhandelskette Borders, Ecke Sunset und Vine. Borders ging 2011 bankrott, weil es mit den Preisen von Amazon nicht mithalten konnte und der digitalen Konkurrenz keine anderen Werte entgegenzusetzen hatte: keine Kundenbindung, keine dezidierte Auswahl, keine Seele. Als Kerry Slattery die Preise von Amazon sah, wusste sie, dass sie besser werden mussten, dass sie den Leuten mehr bieten mussten als gute Bücher: ein Zugehörigkeitsgefühl. Seitdem gibt es bei Skylight etwa 20 Veranstaltungen im Monat, Lesungen von Schriftstellern und Treffen von Lesekreisen verschiedenster Themenbereiche – der *Myth and Religion Book Club,* der *Child of the 80's Book Club,* der *Queer Women's Book Club* oder der *League of Ordinary Gentlemen Book Club.*

Als effektivste Maßnahme gegen den eigenen Untergang erwies sich jedoch die Gründung eines eigenen Buchclubs mit Vergünstigungen und exklusiven Events für Mitglieder.»Wir werden überleben«, sagte Slattery dem *Lark Magazine,*»wir werden alles tun, um zu überleben.« Die Zeitung *USA Today* wählte Skylight 2014 zum besten Buchladen des Landes. Der Ort für eine Lesung mit Edan Lepucki könnte also kaum besser gewählt sein.

Der Skylight Bookstore liegt in Los Feliz Village, einem hippen Viertel, südlich vom Griffith Park, im Nordosten von Los Angeles. Die Straßen säumen Programmkinos, Theater, Clubs und Bars, französische Restaurants, Secondhand-Shops und Cafés. Das HOME, in dem Nina und ich zwei Tage zuvor Lauren Birdsong kennengelernt haben, ist gleich um die Ecke. Und bis vor Kurzem gab es nur hundert Meter entfernt davon noch Dumb

Starbucks Coffee, eine Parodie auf den gleichnamigen Kaffeekonzern. Die Bewohner dieses urbanen Dorfes der Glücklichen sind also rebellionserfahren.

Im Skylight Bookstore sind programmatische Titel prominent platziert: *Civil Disobedience – Thank You, Anarchy – Youth in Revolt.* Sie wirken wie eine Kampfansage ans ökonomische Establishment. Darüber hinaus gibt es alles, was mein Herz höher schlagen lässt: *Train Dreams, Vineland, Slouching Towards Bethlehem.* Die meisten Regale sind für die Lesung zur Seite geschoben, um Platz für die Stühle zu schaffen. Ich besetze einen in der ersten Reihe und schaue mich um. In der Mitte steht wie ein grünes Fanal ein fünf Meter hoher Ficus, und bald ist der Raum so voll, dass die Zuhörer jede Ecke ausfüllen.

Edan Lepucki hat lange blonde Haare und eine helle, von Sommersprossen gesprenkelte Haut, sie trägt goldene Ohrringe, ein blaues Kleid mit weißen Punkten und pinke Pumps. Wir unterhalten uns kurz, bevor es losgeht, machen Fotos vor dem Laden, sie stellt mir einige Gäste vor. Dann gehen wir wieder hinein. Jemand hält eine kurze Rede, es folgt langer Applaus. Sichtlich gerührt tritt Edan ans Stehpult – im Publikum sitzen ihre Schwester, ihre Mutter, ihr Mann, zwei ihrer Englischlehrer, ehemalige Schüler, Mitschüler, Nachbarn und Kollegen. »Ich habe ein wenig Angst, hier zu stehen«, sagt sie mit fester Stimme. »Danke, dass ihr alle gekommen seid. Womöglich fange ich gleich an zu weinen, das wird dann so ein Halle-Berry-Moment.«

»Du siehst viel besser aus!«, ruft jemand von hinten.

»Kannst du das bitte noch mal sagen?«, sagt Edan und beginnt, ohne eine Wiederholung des Kompliments abzuwarten, aus ihrem Buch zu lesen, keine zehn Minuten, nur einen Ausschnitt. Sie möchte lieber Fragen beantworten, die Möglichkeit nutzen, dass sie alle hier zusammengekommen sind, und das ausspielen, was eine Buchhandlung im besten Fall sein kann: ein Ort der Begegnung, des Austausches, der Erleuchtung. Und dann beginnt sie zu sprechen – über ihre Einflüsse, ihre Schreibroutine, darüber, wie bizarr und bereichernd das Leben in Los Angeles ist, und es wirkt, als ob sie das schon hundert Mal getan hätte, sehr unterhaltsam und sehr professionell. Lepucki ist die mit Abstand professionellste Debütantin, die ich je gesehen habe.

»Warum hast du gerade diese Idee umgesetzt?«, fragt einer, den ich nicht sehen kann, weil er irgendwo weit hinter mir steht, zwischen den Regalen.

»Manchmal, wenn ich Nudeln koche, habe ich diesen Satz im Kopf: ›Ich will diese Nudeln nicht kochen.‹ Das denke ich bei den meisten Geschichten: ›Ich will diese Geschichte nicht schreiben.‹ Bei dieser hier war es anders. Es gibt den Begriff ›postapokalyptisches Drama‹, klingt grauenvoll, aber an den musste ich ständig denken, und als ich eines Nachts den Sunset runterfuhr und die Laternen um mich herum aus waren, stellte ich mir vor, wie es wohl wäre, wenn L.A. nicht mehr funktionieren würde, kaputte Straßen, kein Strom, schwindelerregende Benzinpreise – und von da an ging's weiter. Ich versuche nicht, alles bis ins Detail zu planen, ich lege einfach los. Wenn ich mir im Vorfeld zu viele Gedanken mache, dann stirbt die Geschichte, dann bin ich ganz schnell wieder bei dem Satz: ›Ich will diese Nudeln nicht kochen.‹«

Eine Bekannte von ihr meldet sich. »Hat dir das Szenario deines Buches selbst Angst eingejagt?«

»Ich hatte keine Angst beim Schreiben«, sagt Edan. »Ich glaube, das lag daran, dass ich es als Herausforderung empfand, eine ganze Welt zu erschaffen. Das war ich nicht gewohnt. Bisher haben meine Figuren immer bloß in einem Raum zusammengesessen. Das, was jenseits der Wände los war, hat mich nicht interessiert. Eine Stadt zu zerstören, war neu für mich. Und das hat wahlweise wahnsinnig viel Spaß gemacht, oder es war einfach nur nervig. Rückblickend war es befreiend, das zu schreiben.«

»Ist schon ein neuer Roman in Arbeit?« Die Frage lässt mich aufhorchen. Denn ich hasse sie. Kaum ist der eine Roman da, wird schon nach dem nächsten gefragt, als ob man einen nach dem anderen schreiben könnte, als ob diese Versenkung keine Kraft kosten würde, als ob Schreiben reine Routine wäre.

Anstatt die Augen zu verdrehen oder irgendeine andere Reaktion des Unbehagens zu zeigen, antwortet Edan sehr souverän: »Ja. Aber es ist ein ganz anderer Stoff. Zum Glück muss ich mich für die nächsten Monate nicht noch einmal in diesem Niemandsland herumtreiben. Ich hab zwar keine Angst davor, in dieses kaputte Kalifornien zurückzukehren, aber Fiktion, das Hineindenken in eine künstliche Welt, ist wahnsinnig anstrengend. In meinem nächsten Roman, mit dem ich ganz bestimmt am Montag anfangen werde, geht es um Frauen in einem sehr zeitgenössischen Los Angeles.«

»Mich würde interessieren, wie und wann Sie schreiben«, sagt eine Frau, die, dem Duktus nach, ihre ehemalige Englischlehrerin sein könnte.

»Ich habe einen dreijährigen Sohn, und nachdem ich den bei der Tagesmutter abgeliefert und meinen Mann zum Bahnhof gefahren habe – ihr seht, wir sind gerade mitten in einer Geschichte von John Cheever –, setze ich mich von 9:15 Uhr bis 12:15 Uhr an den Schreibtisch. Mehr als drei Stunden am Tag könnte ich sowieso keine Prosa schreiben.« Dann hält sie inne, zeigt mit dem Finger über mich hinweg und sagt: »Sie da hinten!«

»Jeder veröffentlicht heutzutage digital«, sagt ein Mann Mitte 30, der offensichtlich nicht zu ihrer Entourage gehört. »Warum Sie nicht?«

»Also, das ist ja nicht mein erster Roman, den ich angeboten habe –«

»Können Sie die Frage bitte wiederholen!«, unterbricht sie eine ältere Frau. »Und ein bisschen lauter, bitte.«

»Oh, ja, klar«, sagt Edan und lächelt. »Er hat gesagt, dass die Leute nur E-Books lesen. Jedenfalls ist das seine Theorie.« Wieder lachen alle. »Und er will wissen, warum ich meine Bücher nicht selbst veröffentliche. Als mein erster Roman abgelehnt wurde, haben Freunde mir zum Selfpublishing geraten. Aber ich bin nicht der Typ, der ein Buch schreibt und dann als Vertreter in eigener Sache auftritt. Vielleicht ist dieses erste Buch abgelehnt worden, weil es sich nicht richtig vermarkten lässt – Tampons spielen darin eine große Rolle –, ja, klar, jetzt wollt ihr das lesen, ihr Freaks! Vielleicht war es aber auch einfach nicht gut genug. Ich glaube, dieses Buch ist besser, und es war richtig, das hier als Erstes zu veröffentlichen. Die Zusammenarbeit mit dem Verlag war sehr wichtig, das hat mir viel gebracht. Das brauche ich auch. Und ich meine jetzt nicht das Geld, sondern das Feedback, das ganze professionelle Drumherum. Zusammen haben wir etwas geschaffen, was ich allein niemals hingekriegt hätte. Es ist ja nicht so, dass ich keine E-Books lesen würde. Aber ich lese am liebsten in der Badewanne, und ich bin schrecklich ungeschickt – also ist das keine besonders gut Idee.«

Und so geht es weiter.

»Ich habe eine Frage zu den Figuren«, sagt eine junge Frau mit einer tiefen Stimme. Jemand anderes fragt, ob sie ganz bewusst Los Angeles als Schauplatz gewählt habe und ob das eine Ehre oder eine Bürde sei, über eine Stadt wie diese zu schreiben. Und dann gibt es Fragen zu ihren Vorbildern, zu Schreibweisen, Techniken, zu Lektoren und Literaturagenten, zur Recherche, aber niemand stellt Fragen zur Politik, zur Gesellschaft, zu den wirtschaftlichen Aspekten des Schreibens, der Rolle von Intellektuellen in der Gegenwart. Der Augenblick eben, als es um E-Books und das Selbstveröffentlichen ging, um die damit verbundenen Verheißungen und Verblendungen, um diesen neoliberalen Gestus, sämtliche Pflichten auf den Einzelnen abzuwälzen und dem Autor abzuverlangen, alles in Personalunion zu sein, Verfasser, Marketingchef und Pressesprecher – das Amazon-Modell –, hätte ein Ansatzpunkt für eine interessante Diskussion sein können. Doch die findet nicht statt.

Ich wünschte, ich hätte Nina mitgenommen. Womöglich hätte sie gleich drei, vier Fragen auf einmal gestellt, Edan Lepucki vollkommen ausgefragt, ihr zwischen den Antworten gar keine Luft zum Atemholen gelassen, sie herausgefordert, irritiert und über sich hinauswachsen lassen. »Worüber schreiben Sie nicht und warum?« – »Was bedeutet Schreiben für Sie: Selbstverwirklichung, Spaß, Verantwortung?« – »Wovor haben sie am meisten Angst: vor dem, was Sie schon geschrieben haben, oder vor dem was sie noch schreiben wollen?« – »Wenn Sie die Macht hätten, was würden Sie anders machen?« usw. Aber Nina ist nicht da, und das sind ihre Fragen, nicht meine.

Ich frage Edan Lepucki nach Amazon.

Und sie sagt: »Es ist echt toll, dass eine berühmte Person meinen Roman in die Kamera gehalten hat, und es tut mir für all die anderen Bücher leid, die unter diesem Streit leiden und nicht diese Beachtung erfahren haben. Ich hoffe, das alles ist bald vorbei. Ich kaufe nicht bei Amazon, es sei denn, ich finde das Buch, das ich suche, nirgendwo anders. Ich liebe Buchhandlungen. Und ich gehe nicht aus karitativen Gründen hin, sondern weil ich finde, dass das ein großartiges Geschäftsmodell ist, eine echte Gemeinschaft, ein sinnstiftendes Erlebnis.«

Kurz überlege ich, nachzuhaken, zu sagen, dass das in meinen Ohren ganz schön zahm klingt angesichts der Bedrohung, die von Amazon gerade für das von ihr gepriesene Geschäftsmodell ausgeht, aber da ist das Gespräch schon weiter, jemand fragt nach ihren persönlichen Lieblingslektüren, und ich merke, dass es vielleicht auch die beste und ehrlichste Antwort war, die Edan Lepucki mir geben konnte. Hinterher, beim Signieren, schreibt

sie mir dann zumindest ein mutiges »Fuck Amazon« auf die erste Seite und zwinkert mir zu.

Als ich über den Sunset zur Villa zurückfahre, muss ich an das
denken, was sie über die Entstehung von *California* gesagt hat:
dass sie auf derselben Straße fahrend in eine Gegend gekommen
sei, in der die Laternen nicht mehr funktioniert haben, in der
alles dunkel gewesen sei. Aber jetzt ist alles hell. Der Supermond
hängt wie ein gigantischer Leuchtball am Himmel, und alle paar
Meter blitzt ein mildes, orangefarbenes Licht über mir auf, und
je weiter ich nach Westen komme, desto stärker glaube ich daran,
dass Amazon zu schlagen ist – aber nicht mit Edan Lepucki als
Galionsfigur.

Noch in der Nacht fange ich an, über unsere Begegnung zu

schreiben. Ich schreibe die ganze Nacht hindurch, um den Abgabetermin einzuhalten, und als ich am nächsten Morgen online gehe, erlebe ich eine Überraschung: Ungeachtet von Edan Lepuckis ablehnender Haltung und der andauernden Auseinandersetzung mit Hachette ist ihr Roman plötzlich auch bei Amazon lieferbar, und zwar ab sofort und nicht erst nach drei Wochen.* Für 18 Dollar – fast acht Dollar günstiger als bei Skylight Books. Der Preis, das ist wohl die Botschaft, soll jeden Widerstand gegen den Internetgiganten brechen. Zumindest den der Konsumenten.

---

* Hachette und Amazon legten ihren Streit Mitte November 2014 bei, kurz vor Beginn des Weihnachtsgeschäftes. Hachette bekam das Recht eingeräumt, den Preis für E-Books selbst festzulegen.

26.07.

Zombie Drive

Am Children's Park startet am Samstagnachmittag / der
alljährliche Zombie Walk / der San Diego Comic-Con, /
des Karnevals der Popkultur. // Ein schwarzer Honda
Accord hält an der Kreuzung / Second und Island, / um
die Zombies durchzulassen, / ein taubstummer Vater
mit Frau und Kindern. // Er fährt heran an die Parade /
der lebenden Toten / und hupt / und hupt / und hupt. //
Keiner macht Platz. / Es ist, als hörten sie ihn nicht, / als
wären sie taub, / nicht er. / Und er wird, / was sie nicht
sind: / wütend und wild. // Erst setzt sich ein Zombie
auf seine Motorhaube. / Dann noch einer. / Dann noch
einer. // Und dann rast der Mann los, / mitten in die
Menge hinein. // Eine Frau, / die nicht verkleidet ist, /
bricht sich, / als fehlte ihr der Schutz, / den Arm.

23.07.

An Extremely Rare Weather Event

Es ist das trockenste Jahr in der Geschichte / der
Stadt und des Landes. / Seit Monaten hat es nicht
geregnet. / Am Sonntag trägt ein Hochdruckgebiet / eine
ungewöhnlich große Menge / feuchter, warmer Luft von
Mexiko / über den Golf von Kalifornien / an die Küste
von Los Angeles. // Der 20-jährige Nick Fagnano / liegt
am Strand von Venice, / wie 20 000 andere auch. / Er
arbeitet im Ace Hotel, / an der Bar auf der Dachterrasse. /
Er ist dankbar für den Sommer. / Und freut sich auf
sein Studium. // Der Himmel ist blau, / bis von Süden
ein paar dunkle Wolken herankommen. / Nick will
sich nur eben den Sand von der Haut spülen, / einmal
noch eintauchen, / einmal noch die Kühle spüren, / als
er von einem Blitz getroffen wird. / Die Menschen um
ihn herum streben in Panik auseinander. / Sein Körper
treibt aufs Meer hinaus. // Er war, sagt sein Onkel, ein
Junge, / wie ihn sich alle Eltern wünschen: / fleißig
und warmherzig, / mitfühlend und umsichtig. / Ein
Unterstützer. / Ein Helfer. / Ein guter Mensch. // Neben
seinem Bett lag die Bibel. / Und jeden Sonntag ging
er zur Kirche. / Und sang. / Und betete. / In Gottes
Namen. / So auch heute. // Es war alles bereit, / sagt
ein anderer Onkel, / und er war bestens vorbereitet. //
Nur darauf nicht. // Es habe sich, heißt es später, / um
ein sehr seltenes Wetterphänomen gehandelt. / Für
gewöhnlich bewegen sich Luftmassen wie diese / nie so
weit nach Westen, / nie über die Wüste / oder die Berge

hinaus. // Die Küste Kaliforniens / weist die niedrigste
Rate an Blitzeinschlägen / in den Vereinigten Staaten von
Amerika auf. / Die Wahrscheinlichkeit, / hier getroffen zu
werden, / beträgt eins zu 7,5 Millionen. / Im Gegensatz
zu Florida, / da stehen die Chancen eins zu 600 000. //
Eine von Nicks letzten Twitter-Meldungen, / in die Welt
geschickt am Abend zuvor, / lautet: / *Sky is looking good
tonight.*

Der Über-Koch

An diesem ultraheißen Julisonntag, an dem Deutschland im Fernsehen Weltmeister wird, fahren wir die Fairfax Avenue entlang und kommen, wir können es kaum glauben, an einer Currywurstbude vorbei. In riesigen weißen Lettern steht da auf rotem Grund das Wort »Currywurst« und darüber ganz in Schwarz: »*Authentic German*« – ein Stück Heimat in der Fremde. Vor dem Eingang tummeln sich Dutzende Leute, die einzige Menschenmenge weit und breit. Manche trinken, obwohl man das nicht darf, ihr Bier auf dem Bürgersteig, essen Hotdogs und erzählen sich, ganz in Schwarz-Rot-Gold gekleidet, noch einmal die Höhepunkte der vergangenen Wochen, wie Klose über sein Alter triumphierte, Brasilien seine Ehre verlor und Götze das entscheidende Tor schoss. Aber wir steigen nicht aus dem Wagen und mischen uns unter die Deutschen, wir halten nur kurz mit offenen Fenstern am Straßenrand, wollen nur sehen und hören, was los ist, und dann weiter nach Downtown auf eins der Dächer, in einen der Pools, mit einem Drink in der Hand, um so – umfassend gekühlt – den Tag ausklingen zu lassen.

Ein paar Tage später, nach dem Gespräch mit Lauren Birdsong, kehre ich zur Currywurstbude zurück, nicht weil ich Hunger oder Heimweh hätte, sondern weil ich den Besitzer kennenlernen will: Kai Löbach aus Wuppertal, wie ich im Netz recherchiert habe. Ein Großonkel von mir arbeitete als Koch für die Santa-Fe-Eisenbahn, bevor er in Kansas City und später, in den 1920er-Jahren, in Los Angeles in Restaurants Küchenchef wurde, im Beverly Hills Brown Derby, im Deauville Club und in der Knudsen Creamery Cafeteria. In meinem Auswandererroman gibt es auch einen Koch, und ich brauche ein lebendes Vorbild. Ich muss wissen, wie ein Deutscher in L.A. arbeitet, welche

Gerichte er anbietet, wie sein Alltag aussieht. Deshalb habe ich mich mit ihm verabredet.

Kai Löbach hat 1987 als Küchenhilfe hier in Los Angeles angefangen und es mit seinem eigenen Catering-Business inzwischen zu einem Haus in den Hollywood Hills gebracht. Er hat für Tom Cruise und Nicole Kidman, für Jennifer Lopez und Mick Jagger gekocht und Partys für Til Schweiger und Wim Wenders organisiert. Jetzt will er mit seiner Currywurstbude ein Stück deutsche Esskultur in der Stadt der Stars etablieren. Löbach lebt den amerikanischen Traum, diesen großen Mythos, das Mantra des Marktes: dass jeder Mittellose in den USA zum Millionär werden kann – mit viel Fleiß und Kraft und Glück.

Der Currywurstimbiss liegt zwischen einem thailändischen Restaurant und einem Vitaminshop mit Nahrungsergänzungsmitteln. Gegenüber, auf der anderen Straßenseite, erhebt sich ein schwarzer Monolith: die CBS-Studios, in denen Shows wie *American Idol, Dancing with the Stars* und *The Price Is Right* aufgezeichnet werden. Nicht weit von hier befinden sich der Flohmarkt, auf dem ich Maia kennengelernt habe, und der Farmer's Market, das Einkaufs- und Vergnügungsviertel The Grove und das Holocaustmuseum – Fairfax ist das Zentrum des jüdischen Lebens der Stadt.

Das Erste, was mir, als ich ankomme, auffällt, ist das Schild über der Tür: ein umfunktioniertes gelbes Verkehrsschild, auf dem zwei schwarze Strichmännchen abgebildet sind, die eine monströse Wurst mit sich herumschleppen. Darunter steht: »*Sausage Xing*«. An der Straßenlaterne vor dem Laden lehnt eine Tafel mit der Aufschrift: »*Über-Juicy Sausage Fest*«, und auf dem Schaufenster, unter einer schwarz-roten Markise, kleben Worte wie »*Fries*« und »*Brats*« – Pommes und Bratwürste.

Als ich den Imbiss betrete, fragt mich ein Angestellter hinter der Theke, wie es mir gehe. Er trägt ein schwarzes Schiffchen und

eine schwarze Schürze. »Hervorragend«, sage ich und frage, ob der Chef da ist. Er geht nach nebenan, ins Büro, und zieht die Tür hinter sich zu, leise dringen Stimmen zu mir hinaus. Ich schaue mich um, und mit einem Mal habe ich das Gefühl, dass der Imbiss von innen größer ist als von außen. Über der Fritteuse prangt Werbung für Spaghettieis und den sogenannten »Donut-Dog«, Kai Löbachs Erfindung: Wiener Würstchen in einem länglichen, zuckerfreien Donutbrötchen mit karamellisierten Zwiebeln und Sauerkraut. An der Wand daneben hängt die Speisekarte: Bockwurst, auf ungarische Art, eine Thüringer aus Hähnchenfleisch (alle für 6,50 $) oder eine vegane in den Geschmacksrichtungen »geräucherter Apfel« und »mexikanische Paprikaschote« (für 7,50 $), dazu gibt es rohe oder angebratene Zwiebeln, Senf und Sauerkraut und fünf verschiedene Soßen:

Curry-Ketchup, geräucherte Knoblauch-Mayonnaise, Barbecue-Sauce, Paprika-Mayonnaise und Ranch-Mayonnaise. Alles selbst gemacht, ohne Konservierungsstoffe, ohne Nitrate, ohne Maissirup. Die Rückwand ist mit Graffiti verziert: eine Frau im Dirndl und ein Mann mit Sonnenbrille, der beide Arme hochreißt, eingerahmt von den Sätzen »Deutschland erfreut sich an 800 Millionen Currywürsten pro Jahr« und »Wenn du Großes erreichen willst, hör auf, um Erlaubnis zu bitten«.

Durch eine rote Tür am Ende der Wand tritt ein großer, etwa 50-jähriger Mann mit dichtem grau meliertem Haar, Dreitagebart und Hornbrille. Er trägt Jeans, Turnschuhe und ein weißes Polohemd, reicht mir die Hand und stellt sich als Kai vor. Ich erzähle ihm ein bisschen von mir und meiner Arbeit und davon, dass ich Vegetarier sei, und er bestellt bei seinem Angestellten zwei vegane Currywürste und lädt mich ein, an einem Tisch vorm Fenster Platz zu nehmen. »Das heißt, du bist interessiert, zu hö-

ren, wie ich hierhergekommen bin?«, fragt er mit leichtem amerikanischen Akzent. Und ich nicke, und er legt los.

Kai erzählt von seiner Kindheit in Wuppertal, dem elterlichen Friseursalon, der Realschule, der Meerschweinchen- und Kaninchenzucht zu Hause, der Leitung eines Zoogeschäftes – da war er erst 15 – und der Kochausbildung im Golfhotel Juliana, wo er gleich am ersten Tag Tauben rupfen und ausnehmen musste. Nach einem zweiwöchigen Urlaub in Kalifornien fasste er den Entschluss, hierherzuziehen, obwohl er kaum Englisch sprach und keine Vorstellung davon hatte, was aus ihm werden sollte.

»Zurück in Deutschland habe ich allen erzählt, wie fantastisch das gewesen ist«, sagt er und blickt an mir vorbei aus dem Fenster auf die Fairfax Avenue und das CBS-Gebäude gegenüber, als befinde sich dort noch etwas von dem, was ihn damals so fasziniert hat. Dann verschränkt er die Arme, schüttelt den Kopf und sieht mich an. »Die Leute waren alle so freundlich, so was hab ich noch nie erlebt, dass man so aufgenommen wird. Ich hab allen Freunden erzählt, okay, ich zieh nach Amerika, und die meinten, ich mach Quatsch.« Ich nicke, weil ich den Impuls, hier nach der Ankunft sofort ein neues Leben anfangen zu wollen, total verstehen kann. Diese positive Geisteshaltung, dieses Du-wirst-das-schon-schaffen-und-wenn-nicht-machst-du-halt-was-Anderes, ist enorm motivierend.

Über die Carl-Duisberg-Gesellschaft bemühte er sich um ein J-1-Visum, eine 18-monatige Aufenthaltsgenehmigung, und einen Arbeitsplatz, einen Job im Nobelhotel Century Plaza an der Avenue of the Stars, südlich von Beverly Hills. Er packte zwei Koffer, steckte seine Messer und seine Ersparnisse ein – 2 000 Dollar – und machte sich auf den Weg. Mit dem Bus fuhr er nach Düsseldorf, dann nach Amsterdam, von dort flog er nach New York, ohne eine Bleibe zu haben. Er kam mit einer Passagierin ins Gespräch, einer jungen Frau, die dort als Fotomodel arbeiten sollte. Die Nacht verbrachte er in ihrem Hotelzimmer, für 50 Dollar auf dem Fußboden neben ihrem Bett. In Los Angeles angekommen wusste er nicht, wohin er gehen sollte, er kannte niemanden. Die Stelle konnte er erst in sechs Wochen antreten. Die ersten Tage blieb er in einer Jugendherberge in Venice in einem Schlafsaal mit 50 anderen, das kostete 20 Dollar pro Nacht. Um Geld zu sparen, beschloss er irgendwann, auf der Straße zu übernachten, legte sich in einen Hauseingang, kaufte sich einen Ford Pinto, schlief auf der Rückbank, bis er es nicht mehr aushielt und ein Einzelzimmer für das Doppelte buchte. Dann konnte er endlich im Century Plaza anfangen – »als Küchenschabe«, wie er sagt, so fühlte er sich in seinem Zimmer dort, einem fensterlosen Umkleideraum hinter der Bühne mit Bett und Waschbecken. Und wie eine Kakerlake wurde er von seinen Vorgesetzten auch behandelt. Zehn Stunden am Tag schnitt er Paprikaschoten und filetierte Lachs. In Amerika arbeitet man dreimal so hart wie in Deutschland – das war die erste Lektion, die er lernte. Irgendwann brachte er den Mut auf, sich bei seinem Chef zu beklagen, und bekam eine Stelle als Koch im Restaurant: Für 3,25 Dollar die Stunde durfte er mit zwei anderen zusammen das Essen für 500 Gäste zubereiten.

In zwei weißen Plastikkörbchen reicht uns Kais Angestellter die veganen Currywürste über den Tresen. Als Ganzes eingelegt im Brot sehen sie aus wie Hotdogs. Würzig, knackig, süß, scharf und herzhaft zugleich. Wie Currywurst wirklich schmeckt, weiß ich nicht mehr. Seit Anfang der Neunziger habe ich kein Fleisch gegessen, nicht aus ethischen Gründen, sondern weil ich sonntags meist erst nach Hause kam, wenn meine Eltern schon beim Mittagessen saßen, und ich nicht jedes Mal erklären wollte, warum ich jetzt nicht in der Lage war, mir Schnitzel, Kassler, Kohlroulade reinzuziehen. Danach hielt ich daran fest. Jahrelang versuchte mir meine Mutter Fleisch unterzuschieben, wenn ich sie besuchte, Mortadella-Stückchen im Kartoffelsalat, Bohnen mit Speck, Blumenkohl in Hühnerbrühe. Sie meinte, mich retten zu müssen, war der festen Überzeugung, dass ich sonst Mangelerscheinungen bekäme, führte mein Unvermögen, das Studium vor Ende der Regelstudienzeit abzuschließen, auf meinen Fleischverzicht zurück, genauso wie den Umstand, dass ich – im Gegensatz zu meinen ehemaligen Mitschülern – keine Frau fürs Leben fand. Als ich Kai davon erzähle, schüttelt er den Kopf und sagt den Satz, den meine Mutter auch immer sagt, wenn wir gemeinsam am Tisch sitzen, sie am einen Ende, ich am anderen, sie mit Fleisch auf dem Teller, ich ohne: »Du weißt nicht, was dir entgeht.«

Und dann erzählt er, als meine er das narrative Potenzial, das ich aufgrund meiner Verweigerungshaltung nicht voll ausschöpfen kann, von seinem Fleischerlebnis: Über deutsche Auswanderer lernte er eine Witwe kennen, die ihm ein Garagenapartment in den Hollywood Hills vermittelte. Und von da an ging es bergauf mit ihm. Die Nachbarn gaben ihm ihre Hausschlüssel, er durfte ihre Waschmaschinen und Autos benutzen, war überwältigt von dem Vertrauen, das sie ihm entgegenbrachten. Er fand eine besser bezahlte Stelle bei einer deutschen Metzgerei, machte Beerdigungsplatten – Aufschnitt, kalte Buletten, Kartoffel- und Krautsalat –, aber nach ein paar Monaten wurde er nur noch in Würsten bezahlt und beschloss, seine Kontakte zu nutzen, sich selbstständig zu machen und in der Garage, in der er lebte, einen Catering-Service zu gründen. Sein erstes Engagement war gleich ein Großevent: Kochen für die Gorch Fock, das deutsche Segelschulschiff, das mit 200 Mann Besatzung in der Bucht von Santa Monica vor Anker lag und seine Ankunft am anderen Ende der Welt feiern wollte. Ganz allein stellte er die Platten zusammen, Käseigel, Räucherlachs, Wurst in Aspik – das, was die jungen Matrosen aus Deutschland gewohnt waren und mochten.

Mit einem senffarbenen VW-Bus, seinem zweiten Wagen, fuhr er alles zum Hafen. Gäste steckten ihm ihre Visitenkarten zu, fragten ihn an, buchten ihn in den Wochen danach für Geburtstage, Hochzeiten, Ausstellungseröffnungen.

»Der Schlüssel für den Erfolg war die Selbstständigkeit«, sagt er. »In Amerika geht das viel einfacher. In Deutschland hätte ich einen Meisterbrief vorweisen müssen. Ich war ja nur Geselle, und trotzdem hatte ich plötzlich unbegrenzte Möglichkeiten.«

Als die 18 Monate vorbei waren, blieb er vier Jahre illegal im Land, bis ihn ein Bekannter offiziell als Koch bei sich im Restaurant einstellte und er mithilfe von zwei Anwälten und 15 000 Dollar eine Green Card erhielt.

»Was wäre denn gewesen, wenn du in der Zeit einen Autounfall gehabt hättest und ins Krankenhaus gekommen wärst?«, frage ich.

Er schaut mich herausfordernd an, lacht und sagt: »Na, was wohl? Die hätten mich einfach zurückgeschickt. Das ist das Risiko. Aber daran hab ich mit 22 nicht gedacht. Wenn du diese negativen Gedanken mit dir herumträgst, dann passiert auch irgendwas.«

Da ist er wieder, denke ich, dieser *American Spirit,* das, was mir schon bei Maia, der Auftragsdichterin, aufgefallen ist, dieses Selbstbewusstsein, diese Zweifellosigkeit, der grundsätzliche Optimismus, dass das, was man vorhat, schon klappen wird, egal, wie schwierig die Aufgabe sein mag. Vom Tellerwäscher zum Millionär, *rags to riches,* wie man hier sagt, von Resten zu Reichtümern, das Märchen vom sozialen Aufstieg, als ob das alles eine Frage der Einstellung wäre, als ob man jedes Ziel erreichen könnte, indem man es mit eisernem Willen verfolgt, gegen alle Widerstände immer weitermacht, sich nicht unterkriegen lässt, von nichts und niemandem. Das ist der Treibstoff, der das Land am Laufen hält, der Glaube, dass alle, die hier aufwachsen oder hierherkommen, die gleichen Startbedingungen haben, unabhängig von Herkunft, Hautfarbe, Religion und Geschlecht. Ein Versprechen mit großer Wirkmacht: eine Heilserwartung im Diesseits.

Ich sage ihm, was ich denke, und er sagt: »Ich hab mal so eine Doku mitgemacht, die lief mittags im deutschen Fernsehen. Da wurde ich hingestellt, als hätte ich es geschafft. Als wäre das Gras hier immer grüner als in Deutschland. Hollywood, die Traumstadt! In Wirklichkeit kriegst du hier nichts geschenkt. Sobald du hinter die Kulissen schaust, ist alles nur mit Kleber zusammengehalten. Und nicht mal mit gutem Kleber, sondern mit einem, der alles nach drei Tagen wieder auseinanderfallen lässt.«

Auch sein Leben ist immer wieder auseinandergefallen. Und jedes Mal hat er es wieder zusammengesetzt. Einige Klienten verweigerten ihm nach getaner Arbeit die Bezahlung, ganz ohne Not, einfach, um ihre Macht zu demonstrieren, bei Auslagen von 100 000 Dollar ist das existenzgefährdend. Und mit einer Freundin eröffnete er Anfang der Neunziger in Downtown das Café Berlin, aber damals war das einstige Zentrum von Los Angeles noch eine urbane Wüste – trotz der gerade eingeweihten U- und S-Bahnlinien nach Long Beach, North Hollywood, dem Mid-Wilshire District und frisch errichteter Bank- und Bürogebäude. Nach drei Jahren lösten sie das Unternehmen auf, und Kai Löbach widmete sich wieder dem, was er am besten kann, dem Catering. Er mietete ein Büro und eine Küche am Robertson Boulevard kurz vor Culver City, arbeitete im Auftrag des Goethe-Instituts, des Deutschen Generalkonsulats, der Villa Aurora. Im Frühjahr 1995 kochte er dort für den ersten Gast des Hauses, den damals schon an Speiseröhrenkrebs erkrankten Heiner Müller. »Der wollte zu Mittag immer nur Suppe. Erbsensuppe, Zwiebelsuppe, Linsensuppe. Immer nur Suppe. Dann haben wir zwei, drei Stunden zusammengesessen und gekocht und gekifft. Danach sind wir total stoned nach Hollywood gefahren. Das war witzig. Der war ein Kumpel. Der war genau so, wie sein Name sich anhört. Ostberliner, sofort per Du, wir waren direkt auf einer Linie. Es war, als hätte ich einen langjährigen Freund wiedergesehen, auch seine Frau. Total zwanglos. Die haben einem nie das Gefühl gegeben, dass du eine zweitklassige Person bist.«

Bald sprach sich sein Ruf in Hollywood rum, Manager und Produzenten buchten ihn, er wurde *Caterer of Choice* für Roland Emmerich, Thomas Gottschalk, Brad Pitt, Will Smith, Halle Berry, David Hockney, Frank Gehry, für Kunstmuseen und Magazine, aber auch für Firmen wie Hermès, Bulgari, Lufthansa. Obwohl sich viele seiner Kunden den Luxusartikel Catering jederzeit leisten können, spürt auch er die Rezession, besonders seit der Finanzkrise, nach der Insolvenz der Investmentbank Lehman Brothers. »In der Flaute habe ich gedacht, ein Restaurant zu eröffnen, damit ich eine Einnahme habe, die von allein läuft.«

Jeden Tag fuhr er von seinem Haus in den Hills über die Fairfax Avenue zu seinem Catering-Büro am Robertson Boulevard. Jeden Tag sah er die Leute, die vor den CBS-Studios Schlange stehen und auf Einlass warten: der ideale Standort für ihn und für seine Kunden. Am 31. August 2011 eröffnete er gegenüber diesen Currywurstimbiss. Was er nicht bedacht hatte, war, dass die Amerikaner die Straße nicht direkt überqueren dürfen, dass sie faul sind, dass sie erst zur Kreuzung, zur Ampel gehen müssen, den halben Block rauf, den halben Block runter, dass man die Currywurst schon zu ihnen hinbringen müsste. Aber womöglich würden sie das Produkt selbst dann anzweifeln, wenn er es wie seine Konkurrenten Berlin Currywurst und Currywurst Truck mit ihren mobilen Wagen tatsächlich zu ihnen hinbrächte. Curry und Wurst geht für viele hier nicht zusammen. Bei Curry denken sie an Indien, bei Wurst an Deutschland. »Wenn ich nicht so arrogant gewesen wäre am Anfang und auf dem Namen bestanden hätte … aber man hat ja so ein bisschen dieses deutsche – wie sagt man? – Nationalbewusstsein, das sich nach so vielen Jahren verstärkt, wenn ich darauf nicht bestanden hätte, gesagt hätte, okay, das ist ein Wursthaus, *Sausageland,* das wäre vielleicht besser gewesen.« Für Kai steht hinter dem Imbiss auch ein Bildungsauftrag: Er will die kulinarische Vielfalt der deutschen Küche zeigen, das Exquisite und das Profane, immer auf höchstem Niveau, aber zu moderaten Preisen.

Während unseres Gesprächs sind nur zwei Männer hereingekommen, die Currywurst-Hotdogs auf die Hand bestellt haben, zwei Kunden in einer Stunde. Jetzt betritt eine strohblonde Frau im langen Kleid den Laden und geht direkt auf uns zu. Kai erhebt sich aus seinem Stuhl, küsst sie links und rechts auf die Wangen und stellt uns einander vor: »Barbara, Jan.«

»Gestern haben sie mir bei Ross das Portemonnaie geklaut«, sagt sie so aufgeregt, als wäre es gerade eben erst passiert. »Ich hab das vor ein paar Wochen in den Nachrichten gesehen, dass das hier so organisiert ist, Schweinebande. Vor allem hab ich bald meinen Termin mit *immigration* und so. Und das Ding ist halt, ich muss mich ja ausweisen, und jetzt ist mein Personalausweis weg. Jetzt muss ich wieder zwei Wochen warten. Aber vielleicht ist das auch ganz gut. Ich hab nämlich noch gar nichts gelernt.«

»Für das Interview?«, fragt Kai. »Das ist überhaupt kein Problem. Ich hab auch gebibbert.«

»Wann war das?«, frage ich.

»Vor sechs Jahren. Und dann sitzt du da, *you're so intimidated.* Weil, die Leute, die dich da interviewen, die haben so eine Power über dich. Du hast das Gefühl, du wirst erst mal gepeitscht.«

»Wie so ein Kreuzverhör«, sagt Barbara.

»Bei mir war das eine Asiatin«, sagt Kai, »die konnte kaum Englisch sprechen. Ich musste immer wieder nachfragen, weil ich sie nicht verstanden habe. Und dann hatte ich Angst, dass sie denkt, ich versteh sie nicht, weil ich kein Englisch kann. Und dann hat sie gesagt: ›Oh, Sie sind Koch. Ich liebe es, zu kochen.‹ Und fing an, mit mir über Restaurants zu sprechen.«

»Das ist das Beste, was dir passieren konnte«, sagt Barbara.

»Nee. Das ist gleich sehr persönlich geworden. Sie wollte wissen, welche mir gefallen und welche nicht und warum.«

»Warum hast du deine Staatsbürgerschaft eigentlich erst so spät beantragt?«, frage ich.

»Ich hatte ja immer nur die Green Card«, sagt Kai. »Und ich wollte *dual citizenship*. Ich wollte hier endlich wählen können. Das ist das größte Privileg als Amerikaner. Ich wollte Geschichte schreiben und den ersten afroamerikanischen Präsidenten wählen. Das erreicht zu haben ist immer noch ein Triumph.«

»Und du?«, fragt mich Barbara. »Wo kommst du her?«

»Aus der Villa Aurora. Ich bin Schriftsteller.«

»Ganz schön weit weg. Bisschen isoliert. Das ferne Paradies. Ich kenn die von den Oscars, von den Partys da.«

»Was machst du?«, frage ich.

»Ich mach Make-up und Haare. Für Film hauptsächlich. Ich hab heute nur eine halbe Stunde gearbeitet, gestern nur eine. Das ist echt super für zwischendurch. Aber ich brauch ein paar mehr davon. Ich muss jetzt die Trommel wirbeln.«

»*Advertise on Facebook*«, sagt Kai. »*If you know anybody or whatever.*«

»Ach, das hört sich so doof an«, sagt Barbara.

»Das machen nur die Deutschen«, sagt Kai. »Die sind da so, dass sie sagen: ›Ach, wir wissen nicht, was die anderen dann darüber denken. Das ist unsere eigene Schuld.‹ Die Amerikaner kommen damit wesentlich weiter, die sagen: ›Okay, wir schlagen das breit, wir suchen Arbeit.‹ Die Deutschen haben so Hemmungen. *I wouldn't worry about that.*«

»Es kommt immer drauf an, wie man's macht«, sagt Barbara. »Man kann es ja auch lustig machen, nicht so *desperate*.«

»Nee, nee«, sagt Kai. »Wenn du da schreibst: *I'm sitting here, I need work.* Natürlich kommt da nichts bei rum. Aber wenn du das so machst, dass du beschreibst, was du gemacht hast, dann sagen alle: *She did an amazing job!*«

»Ja, ich muss meine Kontakte auch mal wieder auffrischen.«

»Den Emmerich«, sagt Kai.

»Ja«, sagt Barbara, »der macht doch mit dem Dings immer, mit dem Tommi.«

»Ja.«

»Ja. Und wie läuft's bei dir?«

»Ach, du kennst das ja. Manche rufen ja immer auf den letzten Drücker an, wenn's zu Weihnachten ist oder zum Geburtstag, dann rufen die zwei oder drei Tage vorher an. Kannst du 'ne Party für uns für 200, 300 Leute machen? Die meinen dann immer, du würdest zu Hause neben dem Telefon sitzen.«

»Ja, die denken, du müsstest bloß die weißen Hasen aus dem Hut ziehen. Bei mir auch. Ich kann das, ich hab meine *options*, aber du hast ja Vorbereitungen.«

»Ich brauch die Leute, die helfen. Dann brauch ich das Essen. Ich mein, das ist ja nicht so, dass ich meinen Kosmetikkoffer aufklappe und fertig. Aber was willst du machen? So ist das Business. Aber da würde ich auf jeden Fall, ich mein, da gibt es so viele Leute, mit denen du dich in Verbindung setzen kannst.«

»Kennst du denn Fotografen?«

»Ja, Tausende, ich kann dir gern eine Liste geben. Eine Hand wäscht die andere.«

»Klingt super. Wie kann ich dir denn die Hand waschen?«

»Überhaupt nicht. Die andere Sache, die du machen kannst, ist: Du kannst in dieses *Hollywood 411* schauen und denen eine E-Mail mit deiner Website schicken.«

»Ja, aber es ist ja immer besser, wenn man jemanden hat, der einen empfiehlt.«

»Bei den Deutschen schon, aber die Amerikaner geben gern jemandem eine Chance, den sie nicht kennen. Und du kannst zu Neiman Marcus oder Barneys gehen mit Visitenkarten. Du gehst da rein, *to see who is there and you just start a conversation with somebody who is a costumer there. That's how you get in.* Das gibt es oft, dass du Leute siehst, die in den Kaufhäusern sind und für 10 000 Dollar Schuhe kaufen, denen gibst du deine Karte. Was ich auch vorschlagen würde, dass du dich mit jemandem befreundest, der in der Kosmetikabteilung arbeitet. Da musst du total hart sein. So pflegen die Amerikaner ihr Business. Da sind die Deutschen, da sind wir alle, ich hab das jetzt schon öfter erlebt, da sind wir zu prüde.«

Kaum ist Barbara weg, sagt Kai zu mir: »Das ist das Gute an dem Laden hier. Das ist der Grund, warum mir das so viel Spaß macht. Die Leute kommen vorbei, und das ist dann wie so ein Tante-Emma-Laden, da wird zehn Minuten gequatscht, und du hörst das Neuste. Eine fast dörfliche Atmosphäre. Und das fehlt mir im Büro, dieser tägliche Umgang mit Kunden. Deswegen habe ich den Laden aufgemacht. Aber ob ich das weitermache, weiß ich noch nicht. Das Catering läuft super, und das ist meine Haupteinkommensquelle. Das Catering zieht die Currywurst durch.«

Vier Wochen später – nach einem Abend, an dem Sergej versucht hat, mir mit Plov, einer russischen Reispfanne, Hähnchenfleisch unterzuschieben – besuche ich Kai in seinem Büro und seiner Küche am Robertson Boulevard, ein unscheinbares ockerfarbenes Gebäude an der Auffahrt zum Freeway Nummer 10. Nebenan ist Rubio's Café, ein Diner, in dem ich mich bis zu Kais Büro durchfrage. Im hinteren Teil gibt es insgesamt vier *Catering Companies*, vom Gang gehen links die Küchen ab und rechts die Büros. Der Raum, in dem Kai auf mich wartet, ist ganz am Ende und steht voller Schränke mit Büchern und Akten. Kai sitzt auf der einen Seite, ihm gegenüber, Tisch an Tisch, sitzt sein Buchhalter Cole und sortiert die Rechnungen des letzten Auftrags. Über ihnen an der Wand hängen Fotos, die Kai mit Mick Jagger, Nina Hagen, Robert Rauschenberg, Tipper Gore und Bill Clinton zeigen.

Kai hört die Nachrichten seines Anrufbeantworters ab: »Hier ist Joe noch mal. Wir wollen die Veranstaltung am 29. September machen, bitte rufen Sie mich an, damit wir die Details besprechen können.«

Kai wendet sich mir zu und sagt: »Da geht's um eine Spendensammlung, das ist eine kleine Party, hauptsächlich Cocktails, Wasser, Wein und Eis.« Dann holt er seinen Kalender hervor und ruft Joe zurück: »Ich würde gern bei Ihnen vorbeikommen und mir das vor Ort anschauen. Wann passt es Ihnen? Warten Sie. Dieses Wochenende? Okay. Samstag um elf. Bitte geben Sie mir Ihre Adresse. Ja, das kenn ich, das ist nördlich vom Sunset. Danke, okay, bis morgen.« Und dann sagt er, an Cole gewandt: »Kannst du dir bitte einen Kostenvoranschlag für einen Fahrservice für 100 Leute geben lassen, von 6:30 Uhr bis 8:30 Uhr?«

»Womit rechnest du?«, fragt Cole. »50 bis 75 Autos?«

»Maximum.«

»Du kümmerst dich ja um alles!«, sage ich.

Und Kai sagt: »Was denkst du denn? Das hier ist eine *full event company*. Darum heißt der Laden ja auch Kai's Catering *and* Events und nicht bloß Kai's Catering. Nächste Woche hab ich nur Termine für Kostenvoranschläge. Und in der Woche darauf habe ich jeden Tag eine Veranstaltung, Galerien, Auktionshäuser, Kosmetikfirmen.«

»Wie sieht denn dein Arbeitsalltag aus?«

»Morgens springe ich um halb vier aus dem Bett. Dann kurz unter die Dusche, dann ins Auto. 20 Minuten zum Markt, Wholesale Produce Market, Alameda und 8th Street. Halb fünf bin ich dort, je nachdem, wie viel Verkehr ist. Das dauert ungefähr eine Stunde. Dann geh ich noch auf den Fisch- oder Blumenmarkt. Alles Downtown. Dann bring ich die Sachen zur Küche. Meistens bin ich gegen sieben Uhr da, *staff meeting* ist um halb acht, danach fangen wir die Produktion an. Gegen drei, halb vier fahr ich nach Hause, dusch wieder, und um fünf bin ich auf der Party, die geht bis kurz vor Mitternacht. 20 Stunden Arbeit.«

»Das sind dann aber extreme Tage.«

»Wenn es zur *busy season* übergeht, so September, Oktober, November, kann es passieren, dass du drei, vier Tage die Woche so arbeitest oder auch mehr. Deswegen: Die Tage, wenn ich mal nichts hab und entspannen kann, die sind mir heilig. Daher auch die Falten und die grauen Haare. Wenn dann noch Ärger hinzukommt mit Personal oder mit Kunden, artet das sehr schnell in Überstress aus.«

»Dass du mit so wenig Schlaf auskommst! Mich würde das umbringen.«

»Komm ich nicht, normalerweise, aber was willst du machen? Du bist Besitzer von dem Geschäft, entweder oder. Aber ich kann mir nicht vorstellen, etwas anderes als Catering zu machen. Du kreierst einen Event für jemanden, und wenn du das mit Verstand machst, ist das ein riesiges Erfolgserlebnis. Diese Herausforderung ist für mich das Ausschlaggebende. In der Küche eines Restaurants ist es immer das Gleiche, du siehst nie die Gäste, die Kellner geben nie die Komplimente in die Küche zurück. Das ist ein sehr undankbarer Job. Als Caterer bist du in direkter Verbindung mit dem Kunden. Da siehst du direkt, ob es ihnen schmeckt oder nicht. Dieses Erlebnis gibt einem immer wieder neue Kraft.«

Miguel, einer seiner beiden Köche, kommt herein und reicht ihm einen Teller mit Besteck und Steak. Er trägt eine schwarze Basecap ohne Aufdruck, schwarze Hose, schwarzes T-Shirt und

eine schlichte weiße Schürze, über der das Wort »Über« hervor-
schaut.

»Ist das gut durch?«, fragt Kai und weist auf das Stück Fleisch.

Miguel schüttelt den Kopf.

»Also nicht *Mexican style?*«

»Nein.«

»Das ist meine Dukan-Diät«, erklärt Kai. »*High protein. No
carbs. No vegetables. Only meat.*«

Während Kai isst, folge ich Miguel in die Küche, wo er das
Menü für morgen vorbereitet, eine Hochzeit in den Hügeln, im
Nordosten von Los Angeles, eine ganz normale Hochzeit, wie
Miguel auf meine Nachfrage hin betont, keine Promis, keine Stars,
Bekannte von Kai, nichts Ausgefallenes. Wir passieren einen
Lagerraum voller Gläser und Dosen: Bohnen, Essig, Olivenöl,
Gewürze, Soßen, Chipotle Salsa, eingelegte Zwiebeln und Gur-
ken, Erdnussbutter, Honig, Marmelade, Drei-Kilo-Eimer Nu-
tella, palettenweise Limonade, Pflaumenmus aus Deutschland
»nach Hausfrauen-Art gewürzt«, in einem anderen Raum lagern
Servietten, Schalen, Tischdecken, Becher, Besteck, Holzbretter
und Tabletts. Die Küche: Terrakottafliesen, Messing, Neonlicht.
Pfannen, Siebe und Töpfe hängen rundherum an Haken, ein riesiger Ventilator bläst aus einer Ecke frische Luft zu mir herüber.
An der einen Seite der Herd mit zwölf Platten und vier Öfen,
gegenüber Schnittflächen, Bottiche mit Malz und Mehl und
elektronische Geräte wie Mixer, Peeler, Grinder, rechts und links
Spülbecken, dazwischen ein Kühlraum mit Gemüse, Fleisch und
Dressing und ein Tisch, auf dem Miguel und Hernandez, der andere Koch, Zwiebeln, Brot und Käse schneiden und die selbst ge-
machten Chips und Kekse verpacken. Dann braten sie die Steaks
an, kochen das Gemüse vor, präparieren die Buletten. An einem
Klemmbrett hängen die Ablauf- und Personalpläne, die Zutaten
fürs Menü und das Menü selbst: Sonoma-Ziegenkäse mit im

Ofen gerösteten Black-Mission-Feigen und Zuckerrüben, Brioche-Sandwiches mit gegrilltem Käse, Chorizowürste auf Süßkartoffeln mit Aprikosensenf, Hühnchen mit Chipotle Aioli, Edamame mit Mozzarella, Tomate und Basilikum, Tart Flambé mit Artischocken, Spinat, Fontina-Käse und Trüffel-Öl, geräucherte Porree-Tarts mit gegrillten Hanger-Steaks und Meersalz, Rindfleisch mit karamellisierten Zwiebeln, selbst gemachte Kartoffelchips mit frischer Guacamole und als Dessert Käsekuchen mit Schwarzbeeren und Orangenstaub, Schokocreme mit Karamell und Meersalz, Erdbeertörtchen und veganer Karottenkuchen.

Kai kommt herein und macht die finale Abnahme. Ich frage ihn, ob ich morgen zur Hochzeitsfeier mitkommen dürfe, ob ich mir das einmal anschauen könne, wie er vor Ort arbeite, und sage, um meine Chancen zu erhöhen: »Ich habe mir neulich einen Boss-Anzug gekauft, ein Hutson1/Gander für 945 Dollar.«

»Das geht«, sagt er, »aber nur als Teil der Brigade, zieh dir einfach was Schwarzes an, *black pants and a black shirt would do.*«

»Was wird da meine Aufgabe sein?«

»Beobachten. Ich kann dich da nichts anderes machen lassen.«

»Das ist schon in Ordnung. Ich wollte bloß wissen, was meine Funktion ist.«

»Du hast keine Funktion. Du stehst bloß rum.«

Das Haus, in dem die Hochzeit stattfinden soll, liegt auf einer Hügelkuppe. Ich fahre einmal darum herum, parke, weil ich oben keinen Platz finde, unten im Tal und laufe am Straßenrand hinauf. Es ist ein ovales, zweistöckiges Gebäude mit einem Natursteinschornstein, roter Eingangstür und roten Fensterrahmen, Panoramafenstern zu allen Seiten. Es ist vier Uhr nachmittags. Grillen zirpen. Am Horizont die Silhouette der Berge, das Vorbeizischen der Autos. Das Garagentor ist hochgeklappt, in der Einfahrt stehen ein mobiler Ofen, Klapptische, Kästen voller

Gläser, palettenweise Wasser und acht ganz in Schwarz gekleidete Männer. Kai im weißen Leinenanzug gibt Anweisungen, sagt, wo die Stühle, Gläser, Flaschen stehen sollen, wer was zu tun hat und dass er niemanden mit einem Handy in der Hand oder Hosentasche sehen will. Miguel und Hernandez heizen die Öfen an. Wie selbstverständlich geselle ich mich zu den Kellnern Matthew, Paul, Ken, Matias, Mark und Hector. Ich stelle mich vor, sage, dass ich Jan heiße, aber nicht, wer ich bin und was ich mache, und Ken – getrimmter Vollbart, die Seiten kurz geschoren, Haartolle über der Stirn – sagt: »Wo sind deine Krawatte und dein Gürtel?«

»Davon hat Kai nichts gesagt«, sage ich, und Ken verdreht die Augen, wendet sich ab, geht in die Küche.

Die anderen beginnen, die Gläser in den Garten zu bringen und hinter den weißen Stuhlreihen eine Bar aufzubauen. Immer wieder drückt mir einer ein Tablett in die Hand, und jedes Mal reiche ich es an jemand anderen weiter. Ich komme mir blöd vor, nichts zu tun, ich kann kellnern, ich habe das schon gemacht, während des Studiums, in Köln, in London, in Cafés, in Museen, in Galerien, auf Partys, Vernissagen, aber als ich ein paar Flaschen Gin die Treppe hinabtrage, steht Kai plötzlich vor mir und sagt: »Ich hab dir doch gesagt, du sollst nichts tun. Wenn dir irgendwas runterfällt, bleibt das an mir hängen.«

Derjenige, dem etwas runterfällt, ist Paul. Beim Verschieben des Bartisches klappt ein Bein ein, und 20, 30 Gläser rutschen zu Boden, zersplittern in Tausende Stücke. Die Gastgeber bekommen davon nichts mit, sie sind zu sehr mit sich selbst beschäftigt. Die Braut ist mit Freundinnen im Schlafzimmer, der Bräutigam steht telefonierend im Wohnzimmer und schaut aus einem der Panoramafenster ins Tal hinab auf Einfamilienhäuser, Palmen und einen der zu dieser Tageszeit viel befahrenen Freeways. Ich hatte erwartet, dass Kai einen Anfall bekommen würde, aber als er von dem Missgeschick erfährt, schüttelt er bloß den Kopf, womöglich weil der Grad der Perfektion, den er sonst bei Veranstaltungen anstrebt, hier ohnehin nicht zu gewährleisten ist. Normalerweise ist er von Beginn an in die Planung involviert, kümmert sich um den Fahrservice, ums Design, die Deko, die Blumen, das Geschirr und Besteck, das ganze Arrangement. Die Miete für die Gläser, die er mitbringen würde, beträgt 2,95 Dollar pro Glas. Diese hier kosten 45 Cent. Das Brautpaar sind Bekannte von ihm, die vieles selbst organisiert haben, um die Ausgaben niedrig zu halten. In wenigen Minuten sind die Scherben entsorgt, der Tisch wieder aufgeklappt und gesichert, noch ehe die ersten Gäste eintreffen, stehen neue Gläser auf der leuchtend weißen Tischdecke.

Während die anderen mit den Vorbereitungen beschäftigt sind, schaue ich mich im Haus um, fast alle Zimmer gehen ineinander über, sodass man das Gefühl hat, in einem einzigen großen Raum zu sein, der sich über zwei Stockwerke erstreckt, viel Stein, viel Holz, viel Weiß und Braun, Kamine auf beiden Etagen, große Sofas, kleine Tische, ein Kronleuchter überm Esstisch, Kunstrasen auf dem Balkon. Auf einem Sims stehen ein Buddha-Kopf und eine Hutschachtel mit einem Schlitz in der Mitte und einer Buchstabengirlande darüber: »*Gifts & Wishes*«, davor ein roter Bilderrahmen mit den Sätzen: »*Thank you, thank you, thank you for being awesome! We love having you here to celebrate.*« Über dem Küchenschrank hängt ein Schild mit der Aufschrift »*Maison du Soleil*« – Haus der Sonne. Dann kommen die Gäste, die Kellner gehen mit den Gläsern und Getränken hin und her. Als die ersten Reden gehalten werden, stehen wir ganz hinten oder oben in der Küche, in der Garage, auf dem Balkon.

Fast alle Kellner sind Mitte 20 und Schauspieler, junge Männer, die ins Gravitationsfeld von Hollywood geraten sind.

Matthew aus Oconomowoc, Wisconsin, ein schmächtiger, stiller junger Mann mit dunkelroten Haaren und blauen Augen, hatte Auftritte in Serien wie *CSI: Vegas* [seit 2000], *Criminal Minds* [seit 2005] und *Grey's Anatomy* [seit 2005].

Paul aus Los Angeles, der die Bar zum Einsturz gebracht hat, kurze schwarze Haare, randlose Brille, war in Filmen und Serien zu sehen, die in Deutschland bisher nicht gelaufen sind, *American Style* [2008], *Women Behind Bars* [seit 2008], *Miss Guided* [2008].

Ken stammt aus Dallas, Texas, und hatte bisher kleine Rollen in *True Blood* [2008–2014], *Bones* [seit 2005], *Cold Case* [2003–2010], *CSI: NY* [2004–2013], *Dr. House* [2004–2012], *90210* [2008–2013] und *Mad Men* [seit 2007], Staffel sechs, Episode vier, »Lust und Frust«. »Da war ich Soap-Opera-Darsteller und musste Don Drapers Frau Megan verführen.« Er stellt sich vor mich hin und spielt die Szene nach. »Ich habe eine Familie, die mich ignoriert und behandelt, als wäre ich überhaupt nicht da«, sagt er mit verstellter Stimme. »Aber durch dich fühle ich mich wie ein neuer Mensch.« Er kommt auf mich zu und umarmt mich, und ich fühle mich an das erinnert, was ich Wochen zuvor in der Full Circle Church in Venice erlebt habe, dieser durch Berührungen erzeugte Anschein von Verbindlichkeit. »Kämpf nicht dagegen an, ich weiß nicht, ob ich das noch lang ertragen kann. Dann: geräuschvolles Küssen.« Er schmatzt mir ins Ohr, lässt mich los und weist mit der Hand zur Tür. »Don Draper steht hinter der Kamera und schaut zu, wie ich Megan aufs Bett werfe. Wehr dich nicht gegen das, was zwischen uns ist, wehr dich nicht gegen die Gefühle, die du für mich empfindest. Wieder: geräuschvolles Küssen, lustvolles Stöhnen. Und das war's. Für so eine Sprechrolle bekommst du, wenn du einen guten Agenten hast, vielleicht 7 000 Dollar. Ich hab einen guten Agenten. Aber das hängt natürlich auch von der Anzahl der Drehtage ab. Und ob du in der Gewerkschaft bist oder nicht. So ein Job kommt womöglich nur einmal im Jahr. Und das reicht dann einfach nicht zum Leben.«

Matias, aus Toledo, Ohio, dessen Augen so schwarz sind wie seine Locken, hat zwar in Sitcoms, Serien und Kurzfilmen mitgespielt, ist aber eher am Theater zu Hause, am Broadway in L. A. und New York. »Es heißt immer, Theaterschauspieler warten nur darauf, von der Film-Industrie entdeckt zu werden, aber das stimmt nicht. Für mich wäre es das Größte, jeden Abend auf der Bühne zu stehen.«

Mark aus San Luis Obispo, Kalifornien, ein großer Rothaariger mit auffälligen, weit in die Wangen hineinragenden Koteletten, getrimmten Seiten und Tolle, könnte vom Aussehen und der Statur her Kens Zwillingsbruder sein. Im Gegensatz zu Ken trumpft Mark aber nicht mit seinem Können auf, er hat etwas Feminines, Sanftes, Zurückhaltendes, selbst dann, wenn er davon erzählt, was er schon alles geleistet hat. Er singt und tanzt in Musicals wie der *Rocky Horror Picture Show*, *Sweeney Todd* oder *Jesus Christ Superstar*. »Man braucht Nebenjobs, sonst wird der Druck zu groß, es allein übers Künstlerische zu schaffen. Davon kann doch höchstens ein Prozent der Schauspieler leben. Ich kenne keinen, der nicht irgendwo als Kellner arbeitet. Die ganze Stadt ist voll von ihnen. In jedem Restaurant, in das ich gehe, bedienen mich Leute, die ich aus dem Fernsehen kenne.«

»Ja«, sagt Hector, »eigentlich müsste die nicht ›Stadt der Engel‹, sondern ›Stadt der Kellner‹ heißen, *Los Camareros*.«

Hector, ein kleiner Mexikaner, ist Ende 30 und der Einzige, der nur kellnert oder als Hausdiener arbeitet, der nie etwas anderes gemacht hat und hier als eine Art Supervisor auftritt, als Kais rechte Hand, der in seiner Abwesenheit Kommandos gibt, der weiß, wann der richtige Zeitpunkt ist, um den nächsten Gang oder neue Getränke anzubieten: »Das ganze Geheimnis eines erfolgreichen Events ist Menschenkenntnis«, sagt er und legt mir den Arm um die Schulter. »Du musst wissen, wie du mit Kellnern und Gästen umgehen musst. Alle warten auf klare Anweisungen, alle sehnen sich nach Führung. Nach meiner Führung. Deshalb nennen mich manche auch den ›General‹.« Und dann bricht er in schallendes Lachen aus, als meine er das alles nicht ernst, drückt mir, die Mundwinkel wieder nach unten gezogen, ein Tablett mit Champagnergläsern in die Hand, und ich mische mich damit unten unter die Gäste. Kai kann mich nicht sehen, er ist oben in der Küche und arrangiert den nächsten Gang.

Es wird Musik gespielt, der Song des Sommers, *Happy* von Pharrell Williams, aber niemand tanzt, alle sitzen gespannt in zwei Reihen vor der Bühne und warten auf die Zeremonie. Und als die Lautstärke leiser und leiser wird – der DJ dreht den Ton ab, bis das Lied ausgeklungen ist –, tritt ein groß gewachsener Mann im beigen Anzug vor die Menge. Er ist kein Priester, kein Pastor, aber er hat die Vollmacht, diese eine Ehe zu schließen, rechts und links von ihm Braut und Bräutigam, Sarah und Nolan*, sie im weißen Spitzenkleid mit Schleier, er im grauen Anzug und weißem Hemd ohne Krawatte: »Wir sind hier heute zusammengekommen, um eine Hochzeit zu feiern«, sagt er, hält inne und schaut zu beiden Seiten. »Und ich glaube, die zwei hier haben euch und sich selbst etwas zu sagen.« Dann übergibt er das Mikrofon an Sarah, die zitternd einen Zettel in Händen hält und mit zitternder Stimme sagt: »Wer ist dieser Mann, der mich vom ersten Moment an so absolut erstaunt hat? Wer ist das, der es schafft, mich auf so subtile Weise zu begeistern? Wer ist dieser Meister meiner Liebe, meines Lebens, der Kurator meiner Atemlosigkeit?« Sie wendet sich an Nolan, schaut ihm kurz in die Augen, dann wieder auf den Zettel. »Danke, dass du mich liebst, ich fühle mich geschmeichelt, und ich verspreche dir, dich von ganzem Herzen und ganzer Seele zu lieben, lieben, lieben bis an mein Lebensende. All diese Worte sind bloß ein

---

* Sie heißen anders.

ungelenker Versuch, dir zu sagen, dass es für dich auf diesem Planeten keine Worte gibt. Es gibt keine Worte dafür, wie sehr ich dich schätze, jeden deiner Atemzüge. Du inspirierst mich, ich verehre und respektiere dich, ich vertraue dir, ich liebe dich. Ich bin so glücklich, deine Frau zu sein, jetzt und für alle Zeit.« Das Publikum klatscht, und Nolan sagt in das Klatschen hinein: »Ich fürchte, ich kann da nicht mithalten, auch wenn ich nicht weiß, was die Hälfte der Worte zu bedeuten hat.« Er holt ein Blatt Papier hervor und faltet es auseinander. »Birdy, jeden Tag begeisterst du mich, du ermutigst mich, ein besserer Mensch zu werden. Ich bin so froh und dankbar, dich zu kennen, und bei dem Gedanken, dein Mann zu werden, fällt mir immer noch die Kinnlade herunter. Ich weiß echt nicht, womit zum Teufel ich dich verdient habe. Deine innere und äußere Schönheit ist unglaublich. Ich liebe es, dir dabei zuzusehen, wie du tagtäglich Fremde, Freunde und Familienmitglieder mit deiner Freude erfüllst. Ich verspreche dir, dass dein Lachen durch unser Haus schallen wird, bis ich ein nörgelnder alter Mann bin. Ich verspreche dir, nie den Abwasch zu machen, damit du meinen Abwasch nicht noch einmal machen musst. Ich verspreche dir, positiv zu denken und dich in deinen Träumen zu unterstützen und nichts persönlich zu nehmen. Ich bin gespannt, welche Abenteuer wir noch erleben werden. Jeder Tag mit dir ist der beste Tag meines Lebens. Ich könnte mich ständig ohrfeigen, weil ich mir nie habe vorstellen können, dass das Leben einmal so viel Spaß machen könnte. Du inspirierst mich, Birdy, ich verehre und respektiere dich, ich vertraue dir, und ich liebe dich. Ich bin so glücklich, dein Mann zu sein, jetzt und für alle Zeit.«

Der Eintagspriester nimmt das Mikro von Nolan entgegen und sagt: »Okay, das hier ist kein Test, sondern *a real deal,* die Institution der Ehe, das Optimistischste, was es gibt: zwei Menschen, die sich die Treue schwören, ein Bündnis fürs Leben, das dauerhafteste und schwierigste zugleich. Es wird hart, da wieder herauszukommen. Das will wohl überlegt sein. Also: Willst du, Sarah, Nolan zu deinem Ehemann und Partner nehmen in guten wie in schlechten Zeiten, in Armut und Reichtum, in Krankheit und Gesundheit, froh, verrückt, traurig, solange du kannst?«

Und sie sagt: »Ja, ich will.«

Der Eintagspriester holt zwei Ringe hervor und überreicht Sarah einen davon. »Sprich mir nach«, sagt er, an Sarah gewandt. »Mit diesem Ring erkläre ich meine Liebe und Hingabe und alles, was ich eben schon gesagt habe, so Gott will.«

Und Sarah hält den Ring hoch wie zum Schwur und wiederholt alles, was der Eintagspriester eben gesagt hat. Jedes Wort spricht sie überdeutlich aus, als müsste sie den Text für einen noch größeren, noch wichtigeren Auftritt auswendig lernen.

»Nolan«, sagt der Eintagspriester, »willst du Sarah zu deiner Ehefrau und Partnerin nehmen in guten wie in schlechten Zeiten, in Armut und Reichtum, in Krankheit und Gesundheit, froh, verrückt, traurig, solange du kannst?«

»Das will ich«, ruft Nolan, und der Priester überreicht ihm den anderen Ring.

»Sprich mir nach: Mit diesem Ring erkläre ich meine Liebe und Hingabe und alles, was ich eben gesagt habe, so Gott will.«

Nolan wiederholt alles so schnell wie möglich, als wolle er dieses Ritual, diese Floskeln, diese Inszenierung hinter sich bringen, um endlich zu ihrem neuen gemeinsamen Leben übergehen zu können, zu dem, was nur sie beide teilen werden: die unverwechselbaren Worte und Erlebnisse. Dann sagt er mit übertriebenem Pathos in der Stimme, die Hände zum Himmel erhoben: »Hilf mir! Ich verspreche das! Ich verspreche alles!«

Und der Eintagspriester sagt: »Mit der Macht, die ihr beide mir verliehen habt – und des Staates Kalifornien –, erkläre ich euch jetzt zu Mann und Frau, Frau und Mann.«

Sarah und Nolan stecken sich gegenseitig ihre Ringe an. Ihr Kuss wird von Jubel, Pfiffen, Klatschen begleitet. Bevor die Begeisterung abebbt, erklingt Frank Sinatras *Come Fly with Me*.

»Los geht's«, höre ich Kai oben durch die offenen Fenster zu den anderen sagen, aber ich bin ja schon unten, schon mittendrin mit dem Champagner, meiner zweiten Ladung, und die Gäste nehmen ein Glas nach dem anderen von meinem Tablett herunter, so ungestüm, dass es ins Schwanken gerät und mir fast aus der Hand fällt. Als es leer ist, gehe ich nach oben, auf der Treppe kommen mir die anderen schon mit Champagner und Porzellanschalen und Holzbrettern voller Burger und Porree-Tarts und Hanger-Steaks entgegen.

In der Garage herrscht Hochbetrieb. Die beiden Köche Miguel und Hernandez sprechen fast nur Spanisch miteinander, ich verstehe kein Wort, als sie die Fleischbällchen in Schalen legen und mit Aprikosensenf und Petersilie drapieren. Die anderen Kellner beschweren sich jedes Mal, wenn sie Nachschub holen, dass Paul nicht kellnern könne, dass er die Bar zum Einsturz gebracht habe, dass ihm die Sicherheit im Umgang mit den Gästen fehle.

»Der hat zwei linke Hände«, sagt Hector. »Die sind bei dem falsch angeschraubt.«

»Der ist ein Lügner«, sagt Ken. »Der hat noch nie gekellnert. Ich trau ihm nicht über den Weg. Ich glaube, der wird uns alle noch umbringen.«

Ich frage mich, was sie über mich reden, wenn ich nicht dabei bin, bis auf den Gin und die zwei Tabletts habe ich alles, was sie mir in die Hand gedrückt haben, an jemand anderen abgegeben. Die Sonne senkt sich über das Tal, und im Garten gehen die Lichter an. Irgendwann, als unten alle versorgt sind, Kai Small Talk macht, Komplimente oder Kritik einholt und Visitenkarten verteilt und wir Kellner oben in der Küche zusammenstehen, fragt mich Ken, was ich denn so mache.

»Ich bin Schriftsteller«, sage ich.

»Und seit wann kellnerst du?«

»Ich kellnere gar nicht.«

»Das merkt man«, sagt Matias.

»Und was machst du dann hier?«, fragt Mark.

»Ich beobachte.«

»Was?«, fragt Ken.

»Euch.«

Alle sehen sich gegenseitig an. Dann fangen sie an zu lachen, als hätte ich einen Witz gemacht. Da fällt mir auf, dass Kai ihnen nichts von mir erzählt hat, dass er sie nicht eingeweiht hat, und ich erkläre ihnen, wer ich bin. Und von da an behandeln sie mich anders, keiner kommentiert mehr mein Aussehen, den fehlenden Gürtel, die fehlende Krawatte, keiner überreicht mir mehr etwas, das ich an die Gäste verteilen soll, stattdessen erzählen sie mir von sich, von ihrem Leben in L. A., von ihrem Schauspielerdasein, dem Konkurrenzkampf, dem Reichtum, den sie sehen, wenn sie auf Partys wie dieser arbeiten, und den Verhältnissen, in denen sie selbst leben, in Einzimmerwohnungen für 900 Dollar. Und in der nächsten Pause erzähle ich ihnen von der Villa, von Nina und Sergej, von Maia Zelkha, Edan Lepucki und Ben Decker, von dem Mord an Carlos Arellano in Echo Park – und von Lauren Athena Birdsong, davon, wie ich sie kennengelernt habe, in einem Café als Platzanweiserin, dass ich sie einen Tag lang beim Anthony Meindl's Actor Workshop begleitet und in den vergangenen Wochen mehrmals getroffen habe, um ihr möglichst nahe zu kommen und über sie schreiben zu können.

»Und?«, fragt Ken, während er ein Glas spült. »Hast du sie gevögelt?«

»Nein«, sage ich.

»Wie willst du über jemanden schreiben, den du nicht gevögelt hast?«

»Ich kann nur über jemanden schreiben, den ich nicht gevögelt habe.«

»Also, ich in deiner Stelle hätte sie gevögelt.«

»Das glaub ich gerne«, sagt Matias.

»Frag deine Freundin«, sagt Ken. »Die weiß es. Und deine Schwester und deine Mutter wissen es auch.«

»Sehr witzig«, sagt Matias. »Aber mal im Ernst: Ich bin echt froh, keine Frau zu sein. Für eine Frau ist es in dieser Stadt viel härter als für Männer. Es gibt so viele. Und es rücken immer welche nach. Und wenn du 30 bist, ändert sich alles. Während wir Männer immer noch in Rollen hineinwachsen, zu einem Typen oder Charakter reifen können, auch jenseits der 40, ist es mit Frauen dann schon längst vorbei.«

Mark lehnt am Fensterrahmen, die Hände an den Sims gedrückt betrachtet er die unter uns in Gruppen beieinanderstehenden Gäste. »Hier in Hollywood werden Champagnerträume Wirklichkeit – für andere Leute«, sagt er, als hätte er die Hoffnung schon aufgegeben, irgendwann einmal den Durchbruch zu schaffen, als hätte er sich damit abgefunden, ein Leben lang Kellner zu sein.

»Wenn du mit dem Herzen dabei bist«, sagt Matias, »klappt das auch.«

»Was steht ihr hier rum?«, sagt Kai, keiner hat ihn kommen hören. »Das Dessert ist angerichtet. *Show the cake!*« Er weist auf den Esstisch. Sternförmig auf den Tabletts angeordnete chinesische Suppenlöffel mit Cheesecake und Schwarzbeeren und Schokocreme und Karamell. Er klatscht in die Hände, und alle bis auf Ken und mich schwärmen aus, die Gaben an die Gäste zu verteilen.

Später stehe ich noch einmal auf dem Balkon, schaue ins Tal, lausche den Reden. Eine Frau mit langen weißen Haaren sagt: »Meine Schwester meinte, die werden heiraten, und jetzt haben sie geheiratet, und das war das Beste, was meine Schwester vorhergesagt hat, als sie noch lebte. Sie sind immer für einen da! Und deshalb muss ich jetzt auch für sie da sein. Und meine Schwester ist auch hier – ich spüre ihre Gegenwart.« Eine andere Frau, offenbar eine alte Schulfreundin von Sarah, torkelt auf die Bühne, klammert sich ans Mikro und sagt: »Sarah ist so lieblich, sie pisst Champagner. Sie ist so positiv eingestellt, dass ich mein Auto mit einem an ihren Nippeln angeschlossenen Überbrückungskabel starten könnte. Sie hat so viel Kraft und Energie, dass sie an einem Tag mehr gebacken kriegt als eine Biberfamilie in einer Woche.«

Dann spielt ein Mann ein Lied auf der Gitarre.

Und dann wird doch noch getanzt.

Und dann essen wir in der Garage die Reste auf. Hernandez reicht mir ein Schnittchen mit Senf. Ich bin so hungrig, dass ich es mit zwei Bissen verschlinge.

»Was war das?«, frage ich.

Und Hernandez lacht und sagt: »*Chorizo, batata* und ganz viel *mostaza*. Das ist die Crecencio-Diät.«

Da dämmert mir, dass Kai ihnen doch etwas über mich erzählt haben muss.

Sechs Tage später gibt Kai auf Facebook bekannt, dass er die Currywurstbude an der Fairfax Avenue schließen werde: »Trotz des großartigen Essens, zufriedener Stammkunden und einnehmender Mitarbeiter … Mit ganzem Einsatz haben wir versucht, die echte deutsche Currywurst zu einem festen Bestandteil der L. A.-Straßen-Food-Szene zu machen, das ist uns leider nicht gelungen. Es wäre schön, wenn ihr uns in den nächsten Wochen eure Unterstützung zeigen würdet, indem ihr bei uns vorbeikommt.«

Als ich mich kurz vor meinem Abflug noch einmal mit Kai

in seinem Imbiss verabrede, erwarte ich fast, dass er schon damit begonnen hat, die Inneneinrichtung auseinanderzunehmen. Ich parke vor dem Schaufenster und gehe hinein – alles ist wie immer. Nichts deutet auf ein baldiges Ende hin. Kai ist noch nicht da. Während ich warte, sage ich zu einem der Angestellten, der mich an Krishna, den Frittenkoch aus *Inherent Vice,* erinnert, wie schade ich es finde, dass der Laden jetzt dichtmache.

»So?«, sagt er und wischt sich die Hände an einem Tuch ab. »Davon hab ich noch gar nichts mitgekriegt.«

»Ach so«, sage ich schnell und merke, wie ich rot werde. »Na ja, vielleicht hab ich mich auch vertan und das mit einem der anderen Currywurstanbieter verwechselt.«

Er wendet sich seinem Kollegen am Grill zu und fragt ihn, ob er was von Schließung gehört habe. Der andere schüttelt den Kopf. Und daraufhin schauen mich beide an, nicht entsetzt oder verunsichert, sondern eher belustigt, als wollten sie sagen: »Siehst du, du hast dich getäuscht.«

»Da hab ich mich wohl geirrt«, sage ich. »Sorry, mein Fehler.«

Übertrieben lange studiere ich die Speisekarte.

Später, als Kai wieder für uns beide Currywürste bestellt und wir vorm Fenster zusammensitzen, spreche ich ihn darauf an, und er sagt: »Das weiß hier keiner. Ich hab das eigentlich nur gemacht, um zu sehen, was dabei rumkommt, dass die Leute sagen: ›Oh, da muss ich noch mal hin.‹ Da ist das letzte Wort noch nicht gesprochen. Das ist ein Hobby hier für mich. Geld verdiene ich damit nicht. Der Laden ist wie ein Kind, das du zur Schule schickst, das kostet dich, was weiß ich, 50 000 Dollar im Jahr, und du weißt nicht, ob es was lernt und wie es sich entwickelt. – Willst du auch Sauerkraut draufhaben?«

Ich nicke.

»Eigentlich passt das ja nicht so«, sagt Kai und schiebt die Schale mit dem Sauerkraut zu mir herüber. »Wenn die Amerikaner hier sagen: ›Wir wollen Currywurst mit Sauerkraut‹, dann versuche ich natürlich als Deutscher mit einer gewissen Geschmackspalette zu sagen: ›Das gehört nicht zusammen‹. Aber wenn der Kunde das so möchte, dann servierst du das.«

»Manchmal muss man Experimente machen.«

»Morgen habe ich ein Event, da steht in Heu gebackener Schweinebraten auf der Karte. Aber der neueste Trend ist *foraging*: Du gehst in den Wald oder auf die Wiese und sammelst, worüber ein Köter gepisst hat, und servierst das als das Neuste, Tollste.«

Und kaum hat er das gesagt, kommt wieder eine Bekannte von Kai zur Tür herein, und während die Kinder um sie herumstehen, reden die Erwachsenen übers Essen, über Reisen, Urlaub, den Sommer, die Schule, über Ausstellungen, Auktionen, Los Angeles, über Häuser, die abgerissen oder gebaut wurden, über Leute, die alt geworden oder gestorben sind, wer schwanger ist und wer gerade ein Kind bekommen hat, sie plaudern und scherzen, tauschen Neuigkeiten aus, die Kinder verlangen Spaghettieis und machen sich gleich darüber her, ein langhaariger, vollbärtiger Mann, den sie hier Jesus nennen, winkt Kai von draußen zu, und Kai winkt zurück – ein kleiner Laden in einer großen Stadt.*

* Am 19. Oktober 2014 schließt Kai Löbach den Currywurstimbiss an der Fairfax Avenue. Auf Facebook schreibt er: »*Get your last fix before we close.*« Diesmal wirklich. Diesmal endgültig.

Death of a Repo Man

Steve Lawson fährt einen Abschleppwagen. / Am frühen
Morgen hievt er / vor einem 7-Eleven / in Compton /
einen weißen Dodge Caliber / auf die Ladefläche. // Es
ist noch dunkel, / aber nicht mehr lange. // Es ist eine
Wiederinbesitznahme, / eine *repossession*. / Lawson
ist der *repo man*, / der Dieb der Diebe. // Als er vom
Parkplatz rollt, / folgen ihm mehrere Fahrzeuge. / Er
hört das Geräusch / von Schüssen und Einschlägen, /
von splitterndem Glas, / und gibt Gas. // Er fährt und
fährt, / die anderen hinterher, / *straight outta Compton*. //
Vier Meilen nördlich, / in South Gate, / an der Kreuzung
Firestone Boulevard und Rayo Avenue, / stößt er mit
einem Wagen zusammen. / Er bleibt stehen, steigt aus /
und rennt um sein Leben. // Einer seiner Verfolger / trifft
ihn tödlich / und fährt zurück, / *straight inta Compton*. //
Lawsons Tochter sagt, / er wäre sich der Gefahr bewusst
gewesen, / habe aber immer gesagt, / einer muss den Job ja
machen, / wenn nicht ich, / wer dann? / Du?

28.07.

The Lying Dead

Am Sonntagabend ging bei der Polizei von Los
Angeles ein Anruf ein. / Ein nackter Mann laufe an
der Straßenecke Adams und Hillcrest herum. // Ein
Polizeiwagen fuhr los Richtung Osten / und überrollte
den Mann, / ein paar Blocks von dem Ort entfernt, / an
dem er gemeldet worden war. / Er lag mitten auf der
Straße. / Seine Füße wiesen nach Westen.

Die Lücke im Kreis

I

Das Buch, über das meine deutschen Freunde in diesem Sommer, im Sommer des Jahres 2014, reden, heißt *The Circle* und stammt von dem hyperproduktiven Schriftsteller Dave Eggers. Er schreibt Sachbücher und Romane, Drehbücher und Essays, hat einen eigenen Verlag gegründet – McSweeney's –, ein monatliches Literaturmagazin, *The Believer*, und ein vierteljährlich erscheinendes Journal, das *McSweeney's Quarterly*, das jedes Mal in einer anderen Aufmachung daherkommt.

Dave Eggers' Romane dagegen sind traditionell erzählt, ohne Brüche, ohne Experimente. Er verlässt sich allein auf die Geschichte. Auch ich lese in diesem Sommer *The Circle*. Tausende Kilometer von Deutschland entfernt, liege ich im Schatten eines Sonnenschirms auf der Wiese im Garten der Villa, blättere gedankenverloren durch die Seiten, blicke alle paar Minuten auf den Pazifik und lausche dem Knacken der Eiswürfel in meinem Kaffee. *The Circle* handelt von Mae Holland, einer jungen Frau, die einen Job bei einer neuen, aufstrebenden Internetfirma namens The Circle annimmt. Das Unternehmen, gegründet von den Drei Weisen – einem Entwickler, einem Geschäftsmann und einem PR-Strategen –, gilt als der »allerbeste Arbeitgeber« auf der Welt. Für das geistige und leibliche Wohl ist gesorgt. Die Mitarbeiter und deren Angehörige sind krankenversichert und werden medizinisch ständig durchgecheckt. Die Zentrale heißt Campus, besteht hauptsächlich aus Glas, sodass alle Büros von innen und außen einsehbar sind, und liegt in der fiktiven nordkalifornischen Stadt San Vincenzo. Schon am ersten Tag hat Mae das Gefühl, am einzig »wirklich richtig wichtig[en]« Ort zu sein. Der Circle vereint alles, was online heute noch getrennt ist: »…die Profile von Usern in Social Media, ihre Zahlungssysteme, ihre diversen Passwörter, ihre E-Mail-Konten, Benutzernamen, Vorlieben, jedes Tool und jeden Ausdruck ihrer Interessen.« Es ist, als wären Google, Facebook, Pinterest, Instagram, YouTube, Twitter, PayPal etc. etc. zu einem gigantischen Konzern verschmolzen.

Freiwillig messen, senden und speichern die Circler ihre Daten. Eltern lassen ihren Kindern Chips implantieren, um sie ständig überwachen zu können. Überall in der Welt liegen sogenannte SeeChange-Minikameras herum, die permanent senden. Die User werden angehalten, alles, was sie erleben, sofort aufzuzeichnen und ihre Eindrücke mit anderen zu teilen, selbst die peinlichsten Momente. Dank der TruYou-Bezahlfunktion gibt es keine falschen Identitäten mehr, keine Trolls, keine Pseudonyme, keine Geheimnisse, keine Intimität. Aber – und das ist die Verheißung – auch keine Verbrechen. Jeder muss für seine Taten einstehen. Und fast alle machen mit, fast alle wollen bei der totalen Vernetzung dabei sein.

»Wie sie wissen«, sagt einer der Drei Weisen zu Mae Holland, »bemühen wir uns hier um die Vollendung des Circle…Sehen Sie sich unser Logo an. Sehen Sie, dass das C in der Mitte offen ist? Das stört mich schon seit Jahren, und es ist zum Symbol geworden für das, was hier noch zu tun ist, nämlich es zu schließen. […] Ein Kreis ist die stärkste Form im Universum. Nichts kann ihn besiegen, nichts kann ihn verbessern, nichts kann vollkommener sein. Und genau das wollen wir sein: vollkommen. Jede Information, die uns entschlüpft, alles, was nicht zugänglich ist, hindert uns daran, vollkommen zu sein.«

Mae Holland, anfangs skeptisch und unter dem Druck leidend, ihre Privatsphäre aufgeben zu müssen, um sich ganz auf die Ideale des Circle einlassen zu können, entwickelt sich im Lauf der Geschichte zur treibenden Kraft bei der Verwirklichung dieses sozialen Wahnsinns. Sie gibt ihr altes Leben auf, blendet jede Kritik an ihren Kollektivierungskonzepten aus und geht selbst als leuchtendes Beispiel vollkommener Transparenz voran, indem sie alles, was sie macht, kommuniziert, sich eine Kamera um den Hals hängt und ihren Alltag und den ihrer Mitmenschen schamlos ausstellt.

Ich bin mir sicher, dass die schöne neue Welt, die Eggers entwirft, niemals Wirklichkeit werden wird, weil jede Gesellschaft, jedes Geschäftsmodell, jede Beziehung, Freundschaft und Familie von Verschwiegenheit lebt, und doch merke ich, wie ich beim Lesen langsam in die Idee des Circle hineingesogen werde. Vielleicht liegt es auch an der Sonne oder am Eiskaffee – es ist mein siebter heute –, dass ich allmählich das Gefühl für die Realität verliere. Und ich beschließe, nach Venice zu fahren, um mir selbst ein Bild von der Eggers'schen Zukunft zu machen. An dem fünf Kilometer langen Strandabschnitt haben sich in den vergangenen Jahren so viele Technologiefirmen angesiedelt, dass manche schon vom Silicon Beach sprechen – in Anlehnung an das südlich von San Francisco gelegene Silicon Valley, in dem Google, Facebook, Apple & Co. ihre Zentralen haben, das eigentliche Vorbild für San Vincenzo. Außerdem – und das ist der andere Grund, in Los Angeles zu bleiben, anstatt 700 Kilometer in den Norden zu reisen – befindet sich, ich sehe es auf Google Maps, ganz in der Nähe eine Bar namens Circle. Und das, denke ich, kann doch kein Zufall sein.

Als ich Nina und Sergej von meinem Plan erzähle, mich in der Welt des Kreises umzuschauen, sagt Sergej: »Das trifft sich gut, ich will auch nach Venice.« Ein Freund von ihm, der Fotograf und Regisseur Alexander Kargaltsev, drehe dort am Mittwoch den Pilotfilm einer neuen Fernsehserie und suche noch Statisten.

»Was für eine Serie?«, frage ich.

»Weiß ich nicht. Wir sollen leichte Kleidung mitbringen, hat er gesagt.«

II

Am Mittwoch darauf packen wir Trainingshosen und Pyjamas ein und machen uns gegen Mittag auf den Weg Richtung Süden. Die andauernden Kommentare, dass der Mini für drei Leute einfach zu klein sei, vor allem für große langbeinige Menschen, mit dem neuen Black Keys-Album *Turn Blue* übertönend, fahre ich den Pacific Coast Highway, die Ocean Avenue, den Neilson Way entlang und parke in einer Seitenstraße. Gemeinsam gehen wir zum Strand.

Venice hat zwei Seiten. Da ist zum einen die Promenade, der Ocean Front Walk mit seinen Freaks: Unter einem Plastikpavillon liegt ein Hund mit Spitzenunterwäsche voller Geldscheine. Ein ganz in weiß gekleideter Mann mit Turban und Gitarre fährt auf Rollschuhen an uns vorbei und spielt Songs im Stil von Jimi Hendrix, er heißt Harry Perry und gleitet seit 40 Jahren über die Flaniermeile. Ein anderer namens Dr. Geek – Kastorhut, Rastalocken, kettenbehangener Hals, weites hellblaues T-Shirt, Trainingshose, Turnschuhe – zieht eine Box hinter sich her, hält ein Mikro in der Hand und rappt, je nachdem, wer ihm begegnet oder was die Leute zu ihm sagen. Er bezeichnet sich als *Wordologist*, fragt mich, wie ich heiße und woher ich stamme, und beginnt, nachdem ich es ihm gesagt habe, zu rappen: »Das ist wunderbar / *you come very far* / Herr Jahn / *to see* / *the man who is a kind of superstar* / *at the mike* / mach schnell, mach schnell / *I gotta go as well* / *have a good time* / Herr Jahn / *that's what I'm sayin'* / *that's what I do* / *until* wir uns wiedersehn / *so I'm glad you came.*«

Ein paar Meter weiter gibt es eine institutionalisierte Freakshow, untergebracht in einem hohen, von Pfeilern umstandenen Gebäude, auf dessen Fenstern und Türen Pfeile und Fragezeichen prangen und Besucher anlocken sollen. Für fünf Dollar, das hab ich im Internet gesehen, gibt es hier Schwertschlucker und Feuerspucker, Magier und mutierte Tiere und die krassesten Typen zu bestaunen: Ein Mann schlägt sich mit einem Hammer Nägel ins Gesicht; eine Frau zieht sich ein Band durch Mund und Nase; ein Typ ohne Unterkörper namens Short E. macht Klimmzüge; Space Man jongliert, die Augen verbunden, auf einem Einrad mit Messern, und Sunshine English setzt sich auf einen elektrischen Stuhl und bringt mit einer Berührung Glühbirnen zum Leuchten. Todd Ray, der Gründer der Freakshow, hat viele seiner Körperkünstler direkt vor seinem Laden entdeckt. Zu skeptischen Jugendlichen sagt er gern: »Hört mal, ihr Googlemaniacs. Ich google auch den ganzen Tag, aber hier drin kriegt ihr Dinge zu sehen, dir ihr nicht googeln könnt.« So steht es jedenfalls in der *L. A. Weekly.*

Der weitere Weg ist gesäumt von mobilen Henna-Tattoo-Studios und Handlese-Ständen. Skater zeigen ihre Kunststücke in einem Betonpool. Bodybuilder schwitzen am Muscle Beach in der Mittagssonne unter kiloschweren Hanteln. Maler und Schmuckdesigner stellen ihre Werke aus. Dieser Teil von Venice wirkt wie eine Reminiszenz an die 1970er-Jahre, wie eine für Touristen konservierte Hippie-Vergangenheit. Und gleichzeitig ist das vollkommen zeitgenössisch, weil die Welt, in der wir leben, ein einziges großes Reiseziel geworden ist.

Abseits davon, das merken wir, als wir wieder ins Auto steigen, gibt es das andere Venice, östlich der Main Street, das bisher in keinem Reiseführer beworben wird: Busparkplätze, Reinigungen, Lagerhäuser. Wenn das Binoculars Building nicht wäre, würde es wie ein ganz normales Industrie- und Wohngebiet aussehen.

Aber das gigantische, von Claes Oldenburg und Coosje van Bruggen entworfene Fernglas ist nicht zu übersehen. Aufrecht steht es zwischen einem weißen und einem braunen Kasten, als wäre es dort von einem Riesen auf dem Weg zum Strand abgestellt und vergessen worden. Konzipiert hatte der Architekt Frank Gehry das ganze Gebäude Mitte der 1980er-Jahre ursprünglich für die Werbeagentur Chiat/Day – jene Agentur, die für den preisgekrönten 1984-Spot und die Think Different-Kampagne von Apple verantwortlich zeichnete. Doch es wirkt wie gemacht für seinen neuen Besitzer: das alles und jeden durchschauende Unternehmen Google.

Ich halte am Straßenrand und hole, weil ich mir den Spot noch einmal auf YouTube anschauen will, mein Smartphone hervor. Nina und Sergej beugen sich zu mir herüber. In dem von Ridley Scott inszenierten Kurzfilm sitzt eine homogene Gruppe von kahlköpfigen Männern und Frauen in einer Halle vor einem wandfüllenden Bildschirm und lauscht den Worten des Großen Bruders: »Die Vereinigung unserer Gedanken ist eine mächtigere Waffe als jede Flotte oder Armee der Welt. Wir sind ein Volk mit *einem* Willen, *einem* Vorsatz, *einem* Anliegen … Wir sollen herrschen!« Eine junge Frau im Sportdress läuft, verfolgt von Wachleuten, mit einem Vorschlaghammer durch die Reihen nach vorne, schwingt das Ding, als handelte es sich um eine olympische Disziplin, und schleudert es in den Bildschirm – woraufhin dieser explodiert.

Der Spot ist ästhetisch an George Orwells Romanverfilmung angelehnt, wartet aber mit einer grundsätzlich anderen Botschaft auf: »Am 24. Januar wird Apple Computer den Macintosh vorstellen. Und dann werden Sie begreifen, warum 1984 nicht wie *1984* werden wird.« Zu der Zeit war IBM Marktführer in Sachen Datenverarbeitung. Und Steve Jobs erklärte in einer seiner berühmten Keynote-Ansprachen: »Wie es scheint, will IBM alles …

Händler, die einst IBM mit offenen Armen empfangen haben, haben jetzt Angst vor einer von IBM dominierten und kontrollierten Zukunft. Zunehmend kehren sie zu Apple zurück, der einzigen Macht, die ihre zukünftige Freiheit sicherstellen kann.« Der Spot ist Ausdruck eines kapitalistischen Widerstandsgeistes und die Hammerwerferin eine korporative Jeanne d'Arc: Sie zerstört die eine Hegemonialmacht, um an ihre Stelle ein anderes, vermeintlich besseres System zu setzen, das jedoch nach den gleichen marktwirtschaftlichen Prinzipen funktioniert wie das alte. Durch den Einzug in dieses Gebäude hat sich Google den rebellischen Gestus gewissermaßen einverleibt und dadurch ausgelöscht. Ich muss an Mae Holland aus Dave Eggers' Roman denken. Anstatt den Bildschirm als Instrument des Terrors zu verdammen, stimmt sie einer Vervielfältigung der Bildschirme zu. Bereitwillig nimmt sie die Folter an und kämpft gegen die Widerständler, die Abweichler, die analogen Idioten. Sie ist eine Jeanne d'Arc der Affirmation.

Weil wir hier an der Main Street keinen Parkplatz finden, stellen wir den Wagen in einer Parallelstraße ab, in der 3rd Avenue, unter einem Schild mit der Aufschrift: »Dieses Gebiet wird rund um die Uhr von Kameras bewacht.« Aber wohin Nina, Sergej und ich auch blicken: Wir können nur kreisrunde Spiegel erkennen. Keine Kameras. Womöglich sind sie so klein wie die SeeChange-Geräte in *The Circle*. Dafür liegen überall Pappkartons, Matratzen und Decken herum. Und in den Bäumen sind Hängematten vertäut. Wir gehen um den Block zum Binoculars Building zurück, vorbei am Fahrradstand – wo mehr Surfbretter stehen als Fahrräder –, an einer Grünfläche aus Kunstrasen, unter dem Fernglas hindurch auf die gläserne Eingangstür zu.

»Guten Tag, was kann ich für Sie tun?« Die Stimme kommt aus einer Box neben uns. Die Frau, die zu der Stimme gehört, sitzt am Empfangstresen, den wir durchs Fenster sehen können.

»Wir würden uns gern das Haus anschauen.«

»Dies ist ein Bürogebäude.«

»Dann eben das Bürogebäude.«

»Das geht nicht.«

»Warum nicht?«

»Weil es nicht für die Öffentlichkeit bestimmt ist. Nur für die Mitarbeiter von Google.«

Von der totalen Transparenz, die im Circle eingefordert und zelebriert wird, ist hier nichts zu spüren. Das, was ich im Buch beim Lesen verachtet habe, vermisse ich jetzt: Zugang zu Informationen, Einblick hinter die Kulissen, Teilhabe an einer mir unbekannten Welt.

Von der Einfahrt aus mache ich ein Foto, und in dem Moment sehe ich auf dem Display der Kamera in einem der Fenster Billardtische und Arcade-Automaten. Das Fernglas und der Raum davor sind das Freizeitzentrum von Google. Das einzig Sichtbare ist Entertainment. Und da denke ich, das passt zu Venice. Denn der Ort, der seit 1926 zu Los Angeles gehört, wurde 1905 als Kurort vom Tabak-Tycoon Abbot Kinney gegründet. Im sumpfigen südlichen Teil ließ er Kanäle anlegen – daher der Name: Venedig –, ein Vergnügungsviertel mit Konzerthallen, Tanzlokalen und schwimmenden Restaurants und eine Einkaufsstraße mit Säulengängen im italienischen Stil. Während der Wirtschaftskrise verkam die Gegend zum »*Slum by the Sea*«, und nach dem Krieg zog die Beat Generation in die billigen Häuser ein, Künstler, Musiker, Schriftsteller – junge Bohemiens, die, wenn sie noch leben, alt geworden sind und bald einer neuen Generation Platz machen müssen.

»Den Spaß gibt es hier immer noch«, sagt der 1928 geborene Schauspieler Orson Bean in der Lokalzeitung *The Argonaut*, »auch wenn jetzt alles anders wird. Schicke Leute haben das Viertel für sich entdeckt. Die sogenannten Kreativen kaufen überall

Häuser. Aber als ich hier damals herzog, konntest du allein vom Herumlaufen stoned werden: Das Aroma waberte aus jeder Hütte.« Bean ist in den USA vor allem durch die Fernsehsendung *To Tell The Truth* bekannt geworden; und er trat als Gaststar in Shows wie *Super Password* und *Concentration* auf, was mich auf eigenartige Weise an Eggers' TruYou-Erfindung erinnert, an die erzwungene digitale Ehrlichkeit, die Konzentration auf einen einzigen Zugang zu allen Seiten des Internets.

Arnold Schwarzenegger, der, als er noch kein Gouverneur war, gelegentlich am Muscle Beach, seiner einstigen Wirkungsstätte, posierte, sagte in der *New York Times*: »Dieser Ort ist verrückt. Du musstest dir hier nie einen Joint drehen. Einfach morgens aufs Fahrrad steigen und einatmen, das reichte zum Abheben.« Als er zum ersten Mal in Venice war, sei ihm alles wie ein riesiger Müllhaufen vorgekommen, trostlos, furchtbar und doch mit dem Versprechen verbunden, dass es eines Tages anders werden würde, »schöne Gebäude und Hotels, so eine Art französische Riviera«.

Bis vor wenigen Jahren sah es noch nicht so aus, als würde diese Hoffnung auf bessere und vor allem gewinnbringendere Zeiten erfüllt werden. Rivalisierende Gangs beherrschten die Straßen. Dealer machten rund um die Uhr im Oakwood Park Geschäfte. Drogenabhängige wohnten in heruntergekommenen, leerstehenden Häusern. Nutten boten offen ihre Dienste an, obwohl Prostitution außerhalb von Nevada überall in den USA verboten ist. Das bedeutete aber auch: günstige Wohnungen direkt am Pazifik. Das zog Künstler an, die sich hier ausprobieren konnten, ohne mit dem, was sie machten, viel Geld verdienen zu müssen.

Anstatt sich weiter nach Osten auszudehnen, besinnt man sich in L.A. seit den 1990er-Jahren wieder auf seine alten Viertel. Da die Stadt aufgrund der Erdbebengefahr eher horizontal als vertikal gewachsen ist, sind im Laufe des vergangenen Jahrhunderts viele umliegende Orte eingemeindet worden. Diese Stadtkerne werden jetzt wiederbelebt. Wie die Zukunft von Venice aussehen wird, kann man an Santa Monica erkennen, mit seiner gärtnerisch durchgestylten Promenade, den großen Hotels an der Ocean Avenue, der Fußgängerzone voller Filialen.

In Venice entstehen an jeder Ecke neue Häuser, oder es werden alte renoviert und umgebaut. Schwarzenegger selbst hat kürzlich auf der Main Street das ehemalige Broadway Gym gekauft – um dort sein neues Büro einzurichten. Der Wandel beschleunigt sich seit 2011 mit der Eröffnung der Google-Zweigstelle im Binoculars Building. Es heißt, die Firma wolle sich in der Gegend weiter ausbreiten. Und das ist der Grund, weshalb gerade überall Cafés und Restaurants aufmachen. Sie antizipieren Veränderung und wollen da sein, bevor die Mieten durch die Decke gehen. Die Zeitung *USA Today* preist zwar nach wie vor die kreative Energie von Venice, aber die steht heute in ganz anderen ökonomischen Verwertungszusammenhängen als in den 1960er-, 1970er- oder 1980er-Jahren. Wer jetzt herzieht, hat entweder Geld oder will mit seiner künstlerischen Arbeit welches verdienen. Der Attraktivität schadet das nicht. Im Gegenteil. Das Männermagazin *GQ* bezeichnete den Stadtteil jüngst als »die coolste Gegend in Amerika« und die *Huffington Post* als »den besten Platz zum Leben«. Saftbars und Design-Shops, Whole Foods-Märkte und Ökorestaurants verdrängen Pfandleiher, Schnapsläden, Imbisse. Allein im Jahr 2013 sind die Immobilienpreise um 28,3 Prozent gestiegen – und die Gewaltverbrechen um 14 Prozent gesunken.

Venice lebt jedoch noch immer vom Mythos der Aussteiger. In den Seitenstraßen stehen alte Volkswagen. Aufs Pflaster hat jemand »*The Monster*« gesprüht – das M in Form des McDonald's-Logos. Große Ketten werden weiterhin von einer Gruppe namens Venice Unchained durch Boykottaufrufe und Protestmärsche bekämpft. Aber angesichts einer von mehr als 100 US-Filialen der Jeansmarke Lucky Brand auf dem Abbot Kinney Boulevard scheint der Bann gebrochen zu sein. Mit Sicherheit wird es nicht mehr lange dauern, bis Gap, H&M und Foot Locker die Straßen erobern.

III

Nina und Sergej sind erschöpft vom Herumlaufen und von meinen Ausführungen über das Viertel, sie wollen sich irgendwo hinsetzen, etwas essen und trinken, und ich zeige auf das Banner über dem Fitnessstudio Gold's Gym, wo in fetten Buchstaben »Kenne deine Kraft« steht. Es klingt wie eine Selbstbeschwörung der eigenen Stärke, der stolze Rest eines Autonomiebewusstseins, das langsam verloren zu gehen droht. Womöglich ist der Satz daher auch Ausdruck einer umfassenden Sinnsuche eines Stadtteils im Wandel. Das 2012 eröffnete vegane Café Gratitude, ein paar hundert Meter weiter, wartet jedenfalls gleich mit vier Geboten auf: »Schaffe einen heiligen Ort. Sei eine Einladung. Nehme am Spiel teil. Gebe allem einen Raum.« Sätze, die mich an die Leitlinien in *The Circle* denken lassen: »Geheimnisse sind Lügen. Teilen ist Heilen. Alles Private ist Diebstahl.« Wir setzen uns auf die Terrasse, bestellen Smoothies, glutenfreie Pfannkuchen, einen Summer Grain Salad mit Quinoa und ein Gericht namens Inspired: Zuckererbsen-Spargel-Risotto.

Ich erzähle Nina und Sergej von den Schattenseiten des Circle, von der sozialen Kontrolle, von der kollektiven Vereinnahmung und Selbstausbeutung.

Nina stellt mir Fragen, auf die ich nicht antworten will: »Resultiert deine Ablehnung des Circle aus der Angst, dich in einer Gemeinschaft zu verlieren?« – »Wie weit wärst du bereit zu gehen, um das absolute Glück zu erreichen?« – »Wenn du alle Menschen in ihren intimsten Momenten beobachten könntest, wohl wissend, dass man dich dabei ebenfalls beobachtet, was würdest du dir zuerst anschauen – und was zuletzt?«

Sergej sagt, dass er *The Circle* zwar nicht gelesen habe, der Roman aber sicher nicht an *Solaris* oder *Picknick am Wegesrand* heranreiche, und preist, ohne die US-amerikanische Science-Fiction als Ganzes zu verdammen, die Subtilität der russischen Phantastik, die auch nach 40 oder 50 Jahren und einem kompletten Systemwechsel nichts von ihrer Kraft verloren habe. Viel mehr als das beschäftige ihn aber gerade der Abschuss der Boeing über der Ostukraine. »300 Leute! Einfach so. Bäm! Weg. Wer macht so was? Ich bin absolut gegen diese Aggression. Und ich kann mit niemandem befreundet sein, der das unterstützt. Weder auf Facebook noch sonst. Ich finde, man muss den Kontakt zu jedem von denen abbrechen, außer natürlich zu den Verwandten, die kann man sich nicht aussuchen.« Weil er zur gleichen Zeit redet und trinkt, tropft ihm sein Matcha-Maca-Malt-Smoothie auf sein Shirt, er verstreicht den Fleck so, dass er wie ein Stern aussieht. Dann gehen wir los, zu der Adresse, die Alexander Kargaltsev, der Regisseur, Sergej genannt hat, 305 Rose Avenue.

Als wir vor einer alten Kirche stehenbleiben, kann ich kaum glauben, was ich sehe. Mehrmals vergleichen wir die Hausnummer mit der auf dem Zettel. Denn auf dem Schild über der Eingangstür steht: Full Circle Church. Und im Gegensatz zum Google-Gebäude werden wir hier nicht abgewiesen. Im Vorraum liegen Flyer eines Kuscheltherapie-Workshops aus – »ein sicherer Ort zum Spielen und Entdecken – keine sexuellen Berührungen, klare Grenzen, bewusste Intimität«. Man solle, heißt es, bequeme Kleidung und sein eigenes Kissen mitbringen.

Alexander begrüßt uns und bittet uns hinein. Er hat dunkle lange Haare, trägt ein blauschwarzgelb gestreiftes Muskelshirt und eine bunte Leggins und sagt: »Schön, dass ihr da seid. Wir haben euch schon erwartet.«

»Was dreht ihr hier eigentlich?«, frage ich.

»Die Pilot-Episode einer neuen Miniserie namens *Sunset Junction*.«[*]

»Und worum geht's?«

»Um die ganz großen Fragen, um Freundschaft, Liebe, den Sinn des Lebens.«

Wir treten in den Saal und sehen uns um. An den Wänden: Gemälde wie von LSD-Trips – ein Torso mit zwei Köpfen, ein Monster, eine Frau; ein Totenschädel mit Heiligenschein; ein über

---

[*] Sunset Junction ist der inoffizielle Name eines Teils von Silver Lake, ein Viertel im Osten von Los Angeles, zwischen Hollywood und Echo Park gelegen, eine Straßenecke, eine Kreuzung, ein Treffpunkt am Sunset Boulevard. Idee und Drehbuch für die Serie stammen von dem Künstlerduo Jamie Frankel und Kate White.

der Erde schwebender Mann; ein von leuchtenden Federn bekröntes Medusenhaupt. In einer Ecke: Klangschalen und ein Gong. Auf dem Boden: Decken, Kissen, Schlafsäcke. Etwa ein Dutzend Leute hocken im Schneidersitz vor einem Paar, eine junge Frau und ein Mann, die laut Drehbuch, das überall aufgeschlagen auf dem Boden liegt, Harmony und Liam heißen.

Sergej und Nina ziehen ihre Jeans aus und ihre Trainingshosen an und gesellen sich dazu, legen sich auf die Kissen, strecken ihre Hände nach den Körpern der anderen aus, streichen, obwohl bisher niemand sie dazu aufgefordert hat, mit ihren Fingern über Köpfe, Schultern, Arme, als müssten sie sich für den großen Augenblick, wenn die Kameras angehen und »*Action*« durch den Raum schallt, warmstreichen. Ich bleibe abseits, setze mich auf eine der an die Wand geschobenen Kirchenbänke. Neben mir liegt ein Buch: *The Power of the Actor – The Chubbuck Technique*. Eine Weile blättere ich darin herum. Es geht um das Erlernen einer Schauspieltechnik in zwölf Schritten, darum, wie man durch hartes Training aus einer Idee einen lebenden, atmenden, dynamischen Charakter macht. Der Autorin Ivana Chubbuck zufolge gelingt das, indem man seine persönlichen Traumata und Träume, seine Leiden und Obsessionen, Bedürfnisse und Begierden so einsetzt, dass Person und Persona verschmelzen. Zwölf Schritte – das kenne ich von den Anonymen Alkoholikern. Alle Selbsthilfegruppen folgen diesem Schema: von der Akzeptanz, dass man ein Problem hat, bis hin zum spirituellen Erwachen, das sich in der Unterstützung anderer Betroffener produktiv entfaltet. Kein Wunder also, dass die *Chubbuck Technique* ganz nach einer Gebrauchsanweisung zur Selbsttherapie von Menschen mit Minderwertigkeitskomplexen klingt, nach einer Instruktion, wie aus Taugenichtsen Tyrannen werden: »Diese zwölf Schauspielmethoden werden Dir dabei helfen, tief in Deine Psyche vorzudringen. Sie ermöglichen es Dir, all die wundervollen Dämonen, die in uns stecken, zu entdecken und herauszulassen – und sie kontrollieren zu lernen. Deine dunkle Seite, Dein Glaube, Deine Prioritäten, Deine Ängste, das, was Dein Ego antreibt, was Scham und Stolz hervorruft, sind die Farben, mit denen Du als Schauspieler malst. […] Du wirst lernen, dass die Begrenzungen Deines Charakters nicht hingenommen, sondern überwunden werden müssen, und zwar heldenhaft. Mit anderen Worten: Meine Methode zeigt Schauspielern, wie man gewinnt.« Ich klappe das Buch zu und lege es zurück. Durch die bunten Fenster scheint gleißend hell die Abendsonne.

Harmony und Liam sitzen noch immer im Schneidersitz an einem Ende des Raumes, Alexander hat sich mit dem Kameramann unter die Kuschelnden gemischt, Nina und Sergej liegen Händchen haltend im Kreis auf dem Boden.

Alexander sagt: »Okay, Ruhe. Entspannt euch. Szene 36, Aufnahme 1, *Action.*«

Und Harmony sagt: »Willkommen allerseits. Liam wird heute Abend unseren Workshop leiten. Liam ist ein ausgebildeter Lichtmeister. Seine Erfahrungen speisen sich aus mehreren Leben. Er wird euch helfen, euer wahres Potenzial zu entdecken. Danke, Liam, für deine Inkarnation und Anwesenheit.«

Liam schaut sie an und sagt: »Danke Harmony.« Dann blickt er nach vorn und richtet seine Worte an die Gemeinschaft. »Und Dank auch an euch. Dass ihr gekommen seid. Ich möchte, dass ihr den heutigen Abend mit einer Übung beginnt: Öffnet eure Herzen, heilt alte Wunden und lasst das weiße Licht herein. Öffnet eure Herzen, heilt alte Wunden und lasst das weiße Licht herein. Öffnet eure Herzen, heilt alte Wunden und lasst das weiße Licht herein. Merkt ihr was? Wundervoll, oder? Denkt daran: Euch wird gegeben werden, was ihr zu geben bereit seid. Wenn ihr Liebe gebt und Liebe fühlt, wird euch Liebe zuteil. Dazu machen wir eine Übung, eine einfache Übung: kuscheln. Um euch gegenseitig kennenzulernen, schaut euch in die Augen, umarmt euch, umfangt euch, spürt eure gemeinsame Energie, macht Fremde zu Freunden, brecht die Barrieren zwischen euch auf. Wer zum ersten Mal dabei ist: Ihr seid herzlich eingeladen, mitzumachen. Wenn ihr einfach nur zuschauen wollt, ist das auch völlig in Ordnung. Es gibt hier und heute keine Noten. Setzt euch einfach irgendwo hin und entspannt euch. Alles, was zählt, ist, dass ihr euch wohlfühlt, dass ihr Liebe gebt und Liebe empfangt. Denn darum geht's: um Liebe und Mitgefühl. Wir machen etwas, was wir sonst nicht machen, wir verständigen uns durch Berührungen. Wir sind hier, um uns zu lieben, uns zu fühlen, uns zu spüren, einen Partner zu finden.«

»Schnitt«, ruft Alexander. »Lasst uns das noch mal wiederholen.« Er dreht sich zum Toningenieur und zum Kameramann um: »Ton?«

»Bereit.«

»Kamera?«

»Bereit.«

»Szene 36, Aufnahme 2. *Action.*«

So geht es fünf, sechs Mal, wobei Liam seinen Text immer wieder variiert und dabei immer freier wird, immer natürlicher.

Nachdem die Szene abgedreht ist, komme ich mit einem der Schauspieler ins Gespräch, ein älterer Mann im Anzug, der älteste Mann im Raum, ein Mann über 40. Das Skript liegt aufgeschlagen auf seinem Schoß. Er bewegt die Lippen, sagt aber nichts, geht seinen Text durch. Als er fertig ist, frage ich ihn, ob er weiß, um was es in der Serie eigentlich geht. Und er schüttelt den Kopf und sagt: »Ich habe nur meine Stellen gelesen. Hier«, er zeigt auf den mit pinkem Textmarker angestrichenen Namen Björn. »Alles, was ich weiß, ist, dass die Geschichte auf wahren Begebenheiten beruht. Und dass die Leute, die das erlebt haben, heute hier sind.«

»Und was ist deine Rolle?«

»Ich spiele einen schwedischen College-Professor, der eine Affäre mit einer seiner Studentinnen hat.«

»Ist das nicht ziemlich klischeemäßig?«

»Ist das Leben nicht ziemlich klischeemäßig?«

»Und wann bist du dran?«

»In der nächsten Szene. Dante, ein anderer Professor, und ich verfolgen einen Mann in Orange, der mir das Portemonnaie geklaut hat. Dante und ich sitzen zusammen im Wagen, und ich sage: ›Wo zur Hölle führt uns dieser Typ hin? Er fährt ja immer im Kreis.‹ Und dann hält er an und geht in diese Kirche hier, und ich hinterher. Und wenn ich reinkomme und all die Kuschler sehe, sage ich: ›Therapeutisches Kuscheln in einem ehemaligen Gotteshaus. Kierkegaard würde weinen – aber aus anderen Gründen.‹«

Der Mann in Orange heißt Robbie, ist 38 Jahre alt und trägt einen orangefarbenen Pyjama. In der Serie klaut er den Leuten die Portemonnaies und schickt sie später per Post zurück – versehen mit einer Nachricht: »Ändere dein Leben, sonst verlierst du nicht dein Geld, sondern dich selbst.«

Wie sich herausstellt, stammen einige hier im Raum aus einer großen Wohngemeinschaft in San Francisco, 22 Künstler und Heiler in einem Herrenhaus, das sie zur Kirche mit Atrium umgebaut haben. »Ich bin beides«, sagt Robbie, »Künstler und Heiler. Wenn ich mit Leuten arbeite, dann versuche ich, das Beste aus ihnen herauszuholen. Ich betrachte sie als Genies, die einen Zustand der Vollkommenheit erreicht haben. Sie sind bereit, die universale Wahrheit zu erfahren.« Je länger er spricht, desto schwerer fällt es mir, Realität und Fiktion zu unterscheiden. Bald weiß ich nicht mehr, was wahr und was erfunden ist, ob er spielt oder nicht, ob die Full Circle Church tatsächlich existiert, ob sie als Reaktion auf Eggers' Roman oder nur für die Serie *Sunset Junction* errichtet wurde, ob Robbie seine Rolle nicht abstreifen kann oder ob er einfach genauso ist, wie er ist. Aber bei wem kann man das schon sagen in einer Stadt, in der überall gedreht wird und wo sich jeder Kellner als Schauspieler, Regisseur oder Drehbuchautor entpuppt. »Meine Fähigkeiten habe ich von meiner Mutter gelernt«, sagt Robbie. »Sie hat mir das Leben gerettet, kurz bevor sie selbst gestorben ist. Ich hatte eine Kohlenmonoxid-Vergiftung und bin ohnmächtig geworden. Und als ich am nächsten Morgen aufgewacht bin, habe ich mich großartig gefühlt, besser als je zuvor. Ich sah die Welt plötzlich mit anderen Augen. Ich sagte zu ihr: ›Ich weiß nicht, was du gemacht hast, aber das war wundervoll. Vielen Dank.‹ Wir waren immer gute Freunde, auch wenn wir uns während meiner Pubertät entzweit und danach eine ganze Zeitlang nicht mehr gesehen haben. Sie hat mir schon als Kind gezeigt, was ich machen muss, wie ich meine Hände nutzen kann, um Energien freizusetzen. Mit acht haben wir bereits zusammen meditiert. Und sie hat immer zu mir gesagt: ›Ich weiß nicht, wer du bist, aber du bist etwas ganz Besonderes. Zusammen werden wir herausholen, was in dir steckt.‹ Damals war ich mit so vielem überfordert. Und als ich bereit dazu war, starb sie ganz plötzlich, und ich fühlte mich schuldig, dass ich ihr nicht in gleicher Weise hatte helfen können wie sie mir. Anfangs wusste ich nicht, was ich mit der Gabe, die sie mir geschenkt hat, anfangen sollte. Ich wusste nur, dass ich diesen mystischen Teil meines Ichs am Leben erhalten wollte. Und das wäre auch das gewesen, was sich meine Mutter gewünscht hätte, dass ich ihr Erbe antrete, dass ich weitermache und dadurch das Andenken an sie bewahre. Und über Yogakurse habe ich viele Leute kennengelernt, die ähnlich dachten wie ich. Wir haben einen Healing Circle gegründet. Und damit verdiene ich mein Geld.«

»Und wie funktioniert das? Wie heilst du die Leute?«

»Das ist schwer zu erklären. Ich berühre die Menschen und erlaube mir, sie so stark wie möglich zu lieben. Ihre Körper sprechen zu mir, sagen mir, was ihnen fehlt, was sie brauchen. Mein persönlicher Beitrag besteht darin, dass ich ihrem Verstand so intensiv zuhöre, bis wir *ein* Nervensystem sind. Ich bezeichne das als ›Bewusstsein hervorbringen‹. Ich aktiviere ihr Bewusstsein und bringe sie so weit, dass sie sich selbst und andere heilen können.«

Zum Abschied umarmt er mich lange. Es fühlt sich an, als würde er sämtliche Daten, die in mir gespeichert sind, auslesen. Dann lässt er mich los und sagt: »Du bist perfekt.«

Nach der Pause lässt Alexander Szene 45 drehen, die Szene, in der Björn, der Collegeprofessor, auf der Suche nach dem Taschendieb in die Kirche kommt. Immer stört ihn irgendwas: das Licht, der Ton, ein Geräusch draußen, eine Bewegung, die nicht sein sollte, ein Schauspieler, der seinen Satz vergessen hat. Wieder und wieder muss Björn durch den Raum gehen und seinen Satz sagen.

In einer der Pausen unterhalte ich mich mit einer blonden jungen Frau in einer weißen Bluse.

»Spielst du auch mit?«

»Ja, sieht wohl so aus. Sie haben mich vorhin von der Straße weggecastet.«

»Bist du Schauspielerin?«

»Nein, ich kam gerade aus dem Büro und war auf dem Nachhauseweg, und da sprachen sie mich an, ob ich nicht Lust hätte, mitzumachen, einige Statisten hätten kurzfristig abgesagt. Ich hatte nichts Besseres zu tun, und hab ja gesagt. Der Einzige, der unter meiner Abwesenheit zu leiden hat, ist mein Hund. Er wartet auf seinen Abendspaziergang.«

»Und was bist du?«

»Ich bin ein Hippiemädchen, das den Collegeprofessor umarmt.«

»Und sonst so?«

»Ich arbeite in Santa Monica bei der Non-Profit-Organisation Global Green USA. Wir gehören zu Green Cross International. Ich bin erst seit sieben Monaten dabei und lerne jeden Tag etwas Neues dazu. Heute zum Beispiel eine Menge über die weltweite nukleare Abrüstung. Das ist irgendwie cool, sich auf diese Weise fortzubilden, innerlich zu wachsen, und dann auch noch bei einer Serie dabei zu sein.«

»So was kann dir aber auch nur in Los Angeles passieren.«

In dem Moment klatscht Alexander in die Hände und sagt: »Weiter geht's.« Sie müssen weiterspielen, Nina und Sergej, Harmony und Liam, Björn, Robbie und das Hippiemädchen, gegen die sich stauende Hitze im Raum, das schwindende Tageslicht, die nachlassende Konzentration.

Als wir endlich – nach vier Stunden – unsere Sachen packen, kommt Alexander auf uns zu und fragt: »Wo wollt ihr hin?«

»Nach Hause«, sagt Sergej. »Wir sind müde.«

»Ihr könnt jetzt nicht gehen.«

»Warum nicht?«

»Wegen der *Continuity*. Wenn ihr jetzt geht, reißt ihr eine Lücke in unseren Kreis.«

Wir bleiben noch für eine Einstellung, dann verschwinden wir, obwohl die Szene noch nicht abgedreht ist.

IV

Ein paar Tage später fahre ich wieder nach Venice, aber diesmal bin ich allein unterwegs. Ich will herausfinden, was es mit Full Circle Church auf sich hat. Es ist ein heißer Tag, und es dauert ewig, bis ich einen Parkplatz in der 7th Avenue finde, acht Blocks von der Hausnummer 305 Rose Avenue entfernt. Erschöpft vom Fußmarsch setze ich mich auf die Treppenstufen vor der Kirche und schaue in den Sonnenuntergang. Ein junger Mann mit einem sorgsam gestutzten Vollbart kommt aus der offenen Kirchentür und setzt sich zu mir. »Schöner Abend, nicht wahr?«

»Ja«, sage ich. Und dann erzähle ich ihm von der Serie, von den Dreharbeiten, an denen wir teilgenommen haben. Und ich frage ihn: »Hast du eine Ahnung, um was es hier eigentlich geht?«

»In der Serie oder in der Kirche?«

»Beides.«

»Von der Serie weiß ich nichts. Die Sache habe ich nicht zu verantworten. Das lief über Andrew.«

»Wer ist Andrew?«

»Andrew ist einer der Mitbegründer der Full Circle Church, ein Schauspieler, ein sehr inspirierender Mensch. «

»Und was hat es mit der Kirche auf sich?«

»Das ist nicht so leicht zu beantworten. Wir sind ein kulturelles Gemeindezentrum, ein Tempel der Kunst und des Heilens. Wir stellen laufend Arbeiten lokaler Künstler aus, aber wir bieten auch Klangtherapien an und Yogakurse und organisieren politische Zusammenkünfte und friedliche Treffen; Freitagabends gibt's Konzerte von Bands aus der Gegend, und sonntags findet hier eine konfessionslose, nicht-religiöse spirituelle Zeremonie statt, mit Musik und Reden und Meditation.«

»Du verarschst mich nicht, oder?«

»Ich muss es wissen. Ich leite die Meditation. Ich bin der spirituelle Leiter der Full Circle Church. Aber ich betrachte mich nicht als Anführer. Wir sind ein Kollektiv. Jeder aus der Gemeinschaft ist gleichberechtigt. Ich gebe nur Anleitungen, Hilfestellungen. Ben«, sagt er und reicht mir die Hand, »Ben Decker.«

»Jan«, sage ich und nehme sie.

Sein Griff ist fest und kräftig, und es dauert eine Weile, bevor er meine Hand wieder loslässt, als hätte er Angst, dass ich abhauen würde, jetzt, da ich weiß, wer er ist. Aber ich haue nicht ab.

»Schön, dich kennenzulernen, Jan«, sagt Ben. »Nächsten Sonntag machen wir eine Klangschalentherapie mit Kristallschalen. Und danach legt DJ Marques Wyatt auf, einer der ältesten Deep-House-DJs in Los Angeles. Das Ganze heißt Sunday Shakedown. Schüttele deine Woche ab und belebe deine Seele. Es wird getanzt, Leute bringen Hula-Hoop-Reifen mit und Thera-Bänder und Flaggen.«

»Spielst du das jetzt?«

»Was meinst du?«

Ich gehe nicht darauf ein, weil ich mich für meine eigene Verwirrung schäme. Stattdessen stelle ich ihm eine neue Frage: »Was hat es mit dem Namen Full Circle auf sich?«

»Full Circle meint das Universale, die Verbindung zwischen den antiken Lehren mit moderner Technik, moderner Kunst und einer modernen Kulturbewegung.«

»Habt ihr was mit dem Café Gratitude zu tun?«

»Wir repräsentieren die gleiche Seite von Venice wie das Café Gratitude und Whole Foods, darum liegen wir hier auch mitten zwischen Abbot Kinney und dem Boardwalk. Wir wollen den Leuten eine ganzheitliche Vorstellung davon vermitteln, was wir hier machen; wir möchten ein Anlaufpunkt sein, ein geistiges und soziales Zentrum. Wir arbeiten mit den besten Leuten zusammen. Gerade verhandeln wir mit Marianne Williamson, ob sie ihre Kurse über Wunder bei uns gibt. Kennst du sie?«

»Nein.«

»Du solltest sie kennenlernen. Marianne ist einzigartig. Sie bringt uns bei, wie wir uns selbst heilen.«

»Heilen? Von was?«

»Von unseren Ängsten. Sie zeigt uns, wie großartig jeder einzelne Mensch ist. Und das ist auch das Ideal des Full Circle: Selbstvervollkommnung. Erst heilst du dich, dann die Welt. Es geht um die ganz großen Träume.«

»Und ich dachte erst, ihr bezieht euch auf Dave Eggers' Roman *The Circle*.«

»Das Buch kenne ich nicht. Aber unser Ansatz ist sehr philosophisch und reicht weit zurück in die Geschichte, bis hin zum Tongastamm. Diese Stelle hier war ein heiliger Ort für die Tonga: eine Weihestätte des Wassers. Ursprünglich hieß die Kirche daher auch The Source. Das Gebäude stammt aus dem Jahr 1905, es wurde in jenem Jahr errichtet, in dem auch Venice entstand. Erst war es protestantisch, dann ein Hare-Krishna-Tempel, dann christlich-fundamentalistisch. Wir sind seit Mai hier. Andrew ist stark inspiriert von der Occupy-Bewegung. Er stammt aus Venice und hat gute Kontakte zur Kunstszene. Er hat auch Chase damit beauftragt, unsere Treppe zu gestalten.«

Wir stehen auf und schauen gemeinsam übers Geländer, an die Außenmauer, wo Dutzende Augen übereinander gesprüht sind wie ein großes menschliches Facettenauge – was mich wieder an George Orwells Großen Bruder und an *The Circle* denken lässt. Ich werde das Gefühl nicht los, dass alles hier auf gespenstische Weise zusammenhängt. Die Augen sind von zwei Zitaten eingerahmt, »*We are all one*« und »*The Past Is Prologue*«.

»Ich würde mich freuen, wenn du sonntags mal vorbeikommst. Dann wirst du verstehen, was wir machen und wer wir sind. Der Grundgedanke ist beeinflusst von Zeremonien amerikanischer Ur-einwohner, vermischt mit einer sehr modernen, zeitgenössischen, diesseitigen, praktischen Spiritualität, die du auf dein eigenes Leben anwenden kannst. Keine Engel und Elfen, keine abgehobenen abstrakten Ideen, die einen Körper brauchen, damit wir sie uns vorstellen können, sondern Vergebung, Heilung, Offenheit, Teilhabe, Licht-Sein. Wir sind Gemeinschaftlich-Schaffende. Wir arbeiten alle ehrenamtlich. Was zählt, ist Leidenschaft. Ich bin ein absoluter Idealist. Ich glaube daran, dass wir uns gegenseitig helfen können, dass wir alle gesund und nachhaltig leben kön-nen.« Er schaut zum Google-Gebäude hinüber. »Wir sind total uncoole Hippies. Wir wollen, so naiv das auch klingen mag, die Welt verbessern. Und ich will als leuchtendes Beispiel dieses Wan-dels vorangehen.« Dann hält Ben inne, ein großer grüner Käfer fliegt um uns herum, und er sagt: »Schau, das ist eine Fee.«

»Nein«, sage ich, »das ist ein Käfer.«

»Du bist zu realistisch.« Er legt mir eine Hand auf die Schul-ter. »Wie auch immer, wir sind alle eins.«

Enttäuscht darüber, dass unsere Ansichten nicht miteinander verschmolzen sind, trennen wir uns voneinander – aber er entlässt mich nicht, ohne dass ich ihm das Versprechen gebe, am nächs-ten Sonntag tatsächlich vorbeizukommen und an der morgend-lichen Meditation oder am Sunday Shakedown teilzunehmen.

V

Unter der Woche bleibe ich in der Villa, sitze an Franz Werfels Schreibtisch im Turm und betreibe Recherche. Im Internet lese ich Artikel über die Geschehnisse, die sich in Venice vor Kurzem ereignet haben: von einem Google-Glass-Diebstahl am ersten Verkaufstag, von einem neuen, scheinbar über Nacht aufgetauchten Zebrastreifen in der Nähe des Google-Büros, von Googles Plänen, größere Gebäude in der Gegend zu kaufen und ihren Standort in Los Angeles auszubauen, von der Versteigerung der Full Circle Church, die bei einem Gebot von 4 462 500 Dollar einen neuen Eigentümer gefunden hat, von der allgemeinen Angst vor Gentrifizierung, von den Anwohnern, die jede Neuerung aufmerksam beobachten und kommentieren.

In einem Beitrag im *Earth First Journal,* ein Blog radikaler Umweltaktivisten, beschreibt jemand eine Farbbeutelattacke auf das Binoculars Building im Mai. »Es war amüsant zu beobachten, wie Google-Mitarbeiter aus der Eingangstür kamen, während um sie herum Farben explodierten.« Der Anschlag sei eine Reaktion darauf, dass Google eine extrem konservative Lobbygruppe unterstütze, die den Klimawandel leugne. Los Angeles leide bereits jetzt unter dem Treibhauseffekt. Von den Auswirkungen, dem Hunger und der Hitze, bekämen die Angestellten in ihren klimatisierten Cafés nur deshalb nichts mit, weil sie gelernt hätten, Negatives auszublenden. Verantwortlich dafür sei ein Jahrhundert der systematischen Manipulation der Massen durch das »Hollywoodsystem«, das allmählich von »totalitären Institutionen« wie Google, Amazon und Microsoft abgelöst werde. »Google greift nach der psychischen Herrschaft, die den Großteil der städtischen Bevölkerung von Los Angeles mit harter Hand kontrolliert.« Der steigende Meeresspiegel werde Venice Beach überfluten, die Trockenheit sorge für die Ausbreitung der Wüsten ringsum, Trinkwasser werde so knapp, dass Google-Mitarbeiter in der Mittagspause einen weiten Weg zurücklegen müssten, ohne Aussicht, ihren Durst stillen zu können. »Los Angeles, große Hure Babylon, Mutter aller Scheußlichkeiten, Zentrum des amerikanischen Albtraums – du bist verloren!« Der einzige Weg aus der Wüste sei Anarchie, die Reaktivierung der lokalen Gegenkultur. Unterschrieben ist der Text mit »Thomas R. Pynchon«, dem Namen des größten unbekannten Romanciers der US-Literatur, ein Mann, der sich nie zeigt, nie Interviews gibt, ein Phantom, das sich leicht für die vermeintliche Verifikation jeder Verschwörungstheorie vereinnahmen lässt.

Ich lese von Third Eye, der zum inneren Kreis der Full Circle Church gehört, von einem großen sprechenden Papagei namens Krishna, das Maskottchen der Bewegung, und von einem Wurmloch, durch den ein Reporter des *VICE*-Magazins in die Kirche gelangt sei.

Ben Decker arbeitete jahrelang in der PR-Branche, organisierte mehr als hundert Promi-Veranstaltungen rund um Filmpremieren, Konzerte, Modenschauen und Galas, das *Forbes*-Magazin bezeichnete ihn als »legendären Hollywood-PR-Experten« und »ein Talent, das Menschenfreunde attraktiv finden«. Er unterstützt Organisationen wie Generosity.org, American Red Cross, Benson Breast Cancer Foundation und Children of the Night, die Straßenkinder vor Prostitution zu bewahren versucht. Er ist Vorstandsmitglied von Gesundheits- und Umweltorganisationen und beteiligte sich an der Fur Free WeHo-Kampagne, die dazu führte, dass West-Hollywood zur ersten Stadt auf der Welt wurde, in der der Verkauf von Pelzen verboten ist. Als politischer Aktivist engagiert er sich für linke Kongressabgeordnete und Senatoren und leitet Meditationen für Mitarbeiter des Elektroautoherstellers Tesla.

Über Andrew Keegan, den Mitbegründer der Full Circle Church, lese ich, dass er 1979 in Los Angeles geboren wurde und seine Schauspielkarriere mit Nebenrollen in Filmen wie *Independence Day* [1996] und Fernsehserien wie *Baywatch* [1989–1999], *Full House* [1987–1995] oder *Sabrina – Total verhext!* [1996–2003] begann. Bekannt wurde er durch Filme wie *10 Dinge, die ich an dir hasse* [1999] oder *O – Vertrauen, Verführung, Verrat* [2001] und Serien wie *Eine himmlische Familie* [1996–2007].

Am 11. März 2011, als vor Japan die Erde bebte und ein Tsunami den Osten der Insel verwüstete, wurde Andrew Keegan in Venice von Gangmitgliedern mit Waffen bedroht und krankenhausreif geprügelt. Kurz darauf gab es einen Moment, da betrachtete er eine Straßenlaterne, und als er das tat, zerplatzte sie. Und bei einer Zeremonie sprang ein herzförmiger pinker Kristall vom Altar, und die Kamera setzte aus. So jedenfalls erzählt er es im *VICE*-Magazin. »Synchronizität. Zeit. Das ist es, um was es geht. Was auch immer, ob Vergangenheit oder irgendeine andere Zeit – es ist ein Kreis. Das Zentrum ist die Gegenwart.«

Ich google den Street-Artist Chase, der die Wand an der Kirchentreppe gestaltet hat, erfahre, dass er mit vollem Namen Chase Marielleska heißt, aus Belgien stammt, Mitte der 1990er-Jahre als Skater nach L. A. kam und im Sommer 2011 am Venice Beach Boardwalk einen ganzen Häuserblock mit der Arbeit *The Campaign For The Absurd* besprühte. Seine 150 über die ganze Stadt verteilten mit Sprüchen versehenen bunten Augengraffiti betitelt er selbst als *Awareness Geezers* – Bewusstseinskerle. Die Sprüche »*Giving is Receiving*«, »*Do What You Love*« oder »*Only We Can Save Us*« könnten Dave Eggers' Roman entnommen sein – oder umgekehrt: Sie könnten Dave Eggers erst zu seinem Roman inspiriert haben.

Ich google »*We are all one*« und »*The Past Is Prologue*« und komme zu dem Ergebnis, dass der erste Satz viele Urheber hat, angefangen bei Buddha, über die englische Mystikerin Juliana von Norwich, die in ihrer 1393 erschienenen Schrift *Die Offenbarungen einer göttlichen Liebe* schreibt: »In Gottes Augen sind wir alle eins«, oder Friedrich Schillers Wilhelm Tell in den Mund gelegte Parole »Wir sind ein Volk von einig Brüdern«, bis hin zur christlich inspirierten Unity-Bewegung des 20. Jahrhunderts.

»*Past is Prologue*« dagegen ist ein Zitat aus William Shakespeares Stück *Der Sturm*: »*What is past is prologue*« – »Alle Vergangenheit ist nur ein Prolog«. Der Spruch findet sich auch unter dem von Robert Ingersoll Aitken geschaffenen Bildnis der Zukunft vor dem Nationalarchiv in Washington, D.C. Und er taucht in der kanadischen Science-Fiction-Serie *Continuum* [seit 2012] auf, bei der das O im Schriftzug auffällig ähnlich wie beim Logo der Full Circle Church gestaltet ist – mehrere übereinandergelegte leicht verschobene Kreise. Ich suche nach Verbindungen und finde sie. So, denke ich, während ich emsig weitergoogle, entstehen Verschwörungstheorien. Oder Religionen.

VI

Am frühen Sonntagnachmittag fahre ich von der Villa aus zum Sunday Shakedown. Unten auf dem Sunset Boulevard sehe ich Nina und Sergej. Mit Handtüchern, Wasserflaschen und Taschen behängt warten sie minutenlang an der Ampel. Ich lasse das Fenster runter und frage sie, ob sie mitkommen wollen.

Beide schütteln die Köpfe.

»Ich will schwimmen«, sagt Sergej.

»Das machst du doch jeden Tag«, sage ich.

»Eben«, sagt er. »Heute war ich noch nicht. Und nachher ist es zu voll.«

»Und du?«, frage ich Nina. »Was ist mit dir?«

»Ich hab keinen Bock, die ganze Zeit in deiner Kirche rumzuhängen.«

Dann wird es grün, und ich fahre los. Als ich auf den Pacific Coast Highway einschwenke, denke ich, der wahre Grund ist womöglich ein anderer: Sie glauben bestimmt, ich hätte mich verrannt, ich wolle unbedingt etwas beweisen, was nicht zu beweisen sei: dass es den im Roman beschriebenen Circle bereits gebe, viel subtiler, als Eggers sich das habe vorstellen können. Alles, was wir erleben, sei eine Inszenierung, eine gigantische TruMan-Show, genauso geschrieben, TruMan wie TruYou, in der alle Beteiligte Schauspieler und Versuchspersonen zugleich seien. Aber das stimmt nicht. Ich will nichts beweisen. Ich beobachte nur und schreibe meine Beobachtungen auf. Ich will herausfinden, wie alles zusammenhängt: Hollywood und Google, Silicon und Venice Beach, die Freaks, die Nerds und die Hippies, Technikhörigkeit und Spiritualität, die Macht und Ohnmacht der Imagination, Digitalisierung aller Lebensbereiche, steigende Mieten und sinkende Absicherung, Erfolgsdruck, Depression und die Sehnsucht nach einem alternativen Dasein.

Schon von Weitem kann ich die Bässe von DJ Marques Wyatt hören, schon vom Café Gratitude aus, wo ich meinen Wagen parke, sie schallen die ganze Rose Avenue entlang, und je näher ich der Full Circle Church komme, desto lauter werden sie. Drinnen ist es ohrenbetäubend, was zwei Dutzend ekstatisch Tanzende jedoch nicht davon abhält, direkt vor den Plattentellern und den Boxen auf und ab zu hüpfen, sich um sich selbst zu drehen, in die Hände zu klatschen oder einfach ihre schweißnassen Köpfe hin und her zu schleudern, ganz in Trance von der stundenlangen Bewegung.

Andrew Keegan kann ich nirgends entdecken, aber als ich einmal durch den Raum gehe und wieder nach draußen komme, steht er im aufgeknöpften Hemd mit Ben und einigen anderen, die ich nicht kenne, auf der Treppe und raucht eine Zigarette, American Spirit. Verwuschelte dunkle Haare, dunkle Augen, leichter Oberlippen- und Kinnbart, blendend weiße Zähne. Wir versuchen uns über das Konzept der Kirche zu unterhalten, die Idee dahinter. Ich stelle ihm Fragen, und obwohl er mir seine Antworten entgegenschreit – wir befinden uns immer noch im unmittelbaren Einflussbereich von Wyatts Wummern –, kann ich kein Wort von dem, was er sagt, verstehen. Ich zeige auf meine Ohren, ziehe die Augenbrauen hoch und schüttele den Kopf. Wir gehen die Stufen hinunter, und unten auf dem Bürgersteig sagt er, nächsten Sonntag sei eine bessere Gelegenheit, miteinander zu sprechen, er könne hier jetzt nicht weg, er wolle die Gemeinde nicht alleinlassen. Ich spreche ihn, weil ich nicht das Gefühl haben will, ganz umsonst hergekommen zu sein, auf den Artikel im *VICE*-Magazin an, der bisher ausführlichsten Geschichte über die Full Circle Church, und alles, was er dazu sagt, ist: »Der Typ, der den geschrieben hat, sollte sich einen neuen Job suchen.« Ich frage mich, was er meint, denn der Text basiert hauptsächlich auf Besuchen vor Ort und Interviews mit ihm. Womöglich ist es der Schluss, der ihm nicht gefallen hat, die Feststellung, dass Hollywood Götzen produziert, die von einem Millionenpublikum angehimmelt und verteufelt werden, nur um Geld zu machen, und dass es in Los Angeles bereits einige Konfessionen gibt, wie etwa die Pfingstbewegung oder Scientology, die für Filmstars besonders attraktiv zu sein scheinen.

»Wir sind keine Sekte, und ich bin kein Guru«, sagt Andrew. »Es geht bei uns nicht darum, einem Meister zu folgen, der erleuchteter ist als die anderen. So sehe ich mich nicht. Ich stelle nur diesen Raum zur Verfügung und bringe Menschen zusammen, die sonst vielleicht nicht zusammenkommen würden. Wir sind eine Gemeinschaft, ein gemeinnütziges, unabhängiges spirituelles Gemeindezentrum.«

»Ich habe gelesen, dass die Kirche vor ein paar Tagen versteigert wurde und jetzt einen neuen Eigentümer hat.«

»Ja, das wird sich auch auf unsere Miete auswirken. Aber wir bleiben. Wir haben ja gerade erst angefangen.«

»Was hat es eigentlich mit dem Namen auf sich?«

»Der stammt von Gunnar Lovelace, einem der Mitbegründer

unserer Gemeinschaft. Der ist in Ojai aufgewachsen, nicht weit von Santa Barbara entfernt, auf der Full Circle Farm. Das ist ein kommunaler Biobauernhof, auf dem die Menschen der Natur das zurückgeben, was sie ihr genommen haben, ein geschlossener Kreislauf von Nehmen und Geben. Sehr spannend. Gunnar wird nächsten Sonntag auch hier sein, dann kannst du ihn selbst danach fragen.«

Ich fange an, vom *Circle* zu erzählen, von Dave Eggers' Roman, und er weist, ohne dass ich diese Verbindung hergestellt hätte, darauf hin, dass er kein Googler sei, was in mir den Verdacht nährt, der eine Kreis habe doch etwas mit dem anderen zu tun, ganz gleich, wie vehement er sich davon abgrenzt. Im Gegenteil: Je vehementer er sich davon abgrenzt, desto höher die Wahrscheinlichkeit, dass es eine Schnittmenge gibt. Diese Namen: Lovelace, Third Eye, Wyatt. War Ada Lovelace nicht die erste Programmiererin? Bezeichnet das Dritte Auge nicht die Fähigkeit, etwas zu sehen, was anderen verborgen bleibt? Ist Wyatt nicht die Hauptfigur in William Gaddis' großem Roman *Die Fälschung der Welt*, einer der Inspirationsquellen für Thomas Pynchon? »Dass die da eingezogen sind, ist so lächerlich, so falsch«, sagt Andrew. Er zeigt aufs Binoculars Building, und ich fühle mich in meiner Annahme bestätigt. Auch er nimmt mich lange in den Arm, aber nachdem wir uns voneinander gelöst haben, sagt er nicht »Du bist perfekt« oder »Wir sind alle eins«, sondern: »Alles ist gut.«

VII

Eine Woche später breche ich früh morgens direkt nach dem Frühstück Richtung Venice auf, um an der von Ben Decker geleiteten *Mindful Meditation* namens *Resonate* teilzunehmen – eine Zeremonie, die, wie es auf der Website heißt, Heilung der Welt und Selbsthilfe durch universale Lehren und Praktiken verspricht. Auf dem Pacific Coast Highway ist kaum Verkehr. Das Meer ist ruhig, so glatt wie Glas. Am Strand haben sich die ersten Sonntagsausflügler versammelt; die Surfbretter aufrecht in den Sand gerammt warten sie auf Wellen. In der 3rd Avenue sind die Obdachlosen schon wach, schon an der Promenade, ihre Zelte liegen zusammengerollt am Zaun, ihre Pappkartons und Hängematten sind, von unten kaum sichtbar, in den Baumkronen vertäut. Ich steige aus, verriegele den Wagen und mache mich auf den Weg zur Full Circle Church. Vom Himmel brennt die Sonne, aber von Westen weht eine leichte kühle Brise zu mir herüber. Als ich die Kirche betrete, ist davon nichts mehr zu spüren. Unter dem Gebälk staut sich die Hitze. Alle Fenster sind mit weißen Tüchern verhängt, in allen Ecken stehen Ventilatoren, wirbeln die Wärme in die Mitte, in den Kreis aus Bodenstühlen, sogenannten Backjacks, auf denen schon zwei Dutzend Männer und Frauen sitzen, das Wichtigste, Wasserflaschen und Smartphones, in Reichweite. Zwischen ihnen, auf einem Orientteppich, liegt ein Spiegel im Goldrahmen mit Kerzen und Kristallen, auf der Bühne stehen drei Orchideen, und an der Decke schlingt sich ein rotes Band von Balken zu Balken, durch die Bewegung der Luft wirkt es lebendig wie eine Schlange, die sich gerade selbst verzehrt.

Ich nehme gegenüber von Ben Platz, zur Begrüßung nicken wir uns kurz zu, für eine Umarmung bleibt keine Zeit. Zu seiner Rechten ein Mann mit braunem krausem Haar, tief ausgeschnittenem Shirt, weiter Hose, Ketten um Hals und Handgelenke, barfuß im Schneidersitz. Zu seiner Linken eine junge blonde Frau mit Gitarre. Aus den Boxen kommt *Hey Jude,* leise wie ein Windhauch. Als das Lied zu Ende ist, sagt Ben: »Guten Morgen allerseits. Wie geht es euch? Willkommen bei *Resonate.* Die meisten sind nicht zum ersten Mal hier, es freut mich, so viele vertraute Gesichter hier zu sehen. Andrew ist in Seattle, er ist auf einer Reise zu sich selbst, vor nächster Woche wird er nicht zurück sein. Heute bin ich allein, tut mir leid. Aber ich habe Verstärkung mitgebracht, einen der Mitbegründer von Full Circle, Gunnar Lovelace.«

Alle um mich herum klatschen und jubeln, als handelte es sich um einen Popstar. Und ich muss an die Drei Weisen aus dem Circle denken; obwohl Andrew nicht da ist und Ben nicht zu den Gründern gehört, ist es, als hätten sie das alles hier gemeinsam erschaffen, als würden sie in diesem Moment an diesem Ort zusammenkommen und ihr Werk der Öffentlichkeit vorstellen, Andrew, Ben und Gunnar.

»Gunnar ist ein außergewöhnlicher Unternehmer«, sagt Ben. »Ein ungemein interessanter Mann, der uns an seiner Mission und seinem Wissen teilhaben lassen wird. Zurzeit entwickelt er eine richtig coole Firma, den Thrive Market, wir werden alle davon profitieren. Bevor wir aber darauf zu sprechen kommen, möchte ich, wie jede Woche, wissen, wie es jedem Einzelnen geht. Wir sagen unseren Namen und was uns gerade umtreibt. Ich fange an. Ich bin Ben, und ich fühle mich sehr ausgeschlafen.«

Und dann geht es reihum.

»Ich bin Gunnar und fühle mich sicher.«

»Ich bin Anita, und meine Gefühle überwältigen mich.«

»Ich bin Daniel, und ich fühle mich sehr grün.« Als er das sagt, fangen alle an zu lachen. Er trägt nämlich ein Superhelden-T-Shirt mit dem Symbol der Grünen Leuchte drauf.

»Ich bin Damian, und ich bin ängstlich.«

»Ich bin Denis und froh, hier zu sein.«

»Ich bin Emily, und ich fühle mich mutig.«

»Ich bin Justin und nicht besonders ausgeschlafen.«

»Ich bin Mary Ann, und ich fühle mich sehr ausgeglichen.«

»Ich bin Steve, und ich fühle mich sündig.«

»Ich bin Joyce, und ich fühl mich erfrischt.«

»Ich bin Arthur, und ich fühl mich total zu Hause, total geborgen in dieser wundervollen Atmosphäre hier.«

»Ich bin Jan, und ich bin aufgeregt und gespannt auf das, was gleich passiert.« Aufgeregt ist untertrieben. Ich habe Angst. Als Journalist, als Schriftsteller, als Beobachter komme ich mir in diesem Kreis vor wie jemand, der unter Angabe falscher Beweggründe einer Sekte beigetreten ist. Ich bin nicht gläubig, sondern skeptisch, kritisch, europäisch, deutsch. Im Gegensatz zu den anderen bin ich nicht hier, um die Welt oder mich selbst zu heilen, ich will mehr über die Full-Circle-Bewegung erfahren, weil ich glaube, dass in ihr Stars, Start-up-Szene und Spiritualität auf eine Weise verschmelzen, die wesentlich zum globalen Erfolg kalifornischer Internetunternehmen beiträgt und sich das womöglich nirgendwo so klar und deutlich zeigt wie hier. Ich bin die Lücke im Kreis, anwesend, aber nicht verbunden. Obwohl ich von Anfang an gesagt habe, wer ich bin, denke ich, gleich fliegt meine Tarnung auf, gleich werden sie mich ausschließen, um zu verhindern, dass ich meine Erkenntnisse jemandem mitteile. Aber nichts dergleichen geschieht.

»Ich bin Phoebe«, sagt die Frau neben mir und fügt, als spürte sie, dass ich nicht dazugehöre, hinzu: »Und ich fühle die Verbindung.«

Und so geht es weiter, niemand merkt, dass ich Zweifel habe.

»Ich bin Audrey, und ich fühl mich wohl.«

Oder es ist ihnen egal.

»Ich bin Lindsay, und ich bin dankbar, hier zu sein, außerhalb meines Hauses und außerhalb meines Kopfes.«

Oder sie hoffen darauf, mich bekehren zu können.

»Ich bin Chance, und ich bin voller Energie.«

»Ich bin Leslie, und ich fühl mich frei.«

»Ich bin Rachel, und ich fühl mich großartig und inspiriert.«

»Ich bin Edward, und ich bin voller Vorfreude.«

»Ich bin Aris, und ich fühle den starken Einfluss dieser erstaunlichen Energie hier in diesem Kreis.«

»Ich bin McKail, und ich bin glücklich, hier sein zu dürfen.«

Als alle Köpfe wieder Ben zugewandt sind, begrüßt er den musikalischen Act des Tages, die Singer-Songwriterin McKail Seely, die Frau mit der Gitarre neben ihm. Ohne aufzustehen spielt sie uns eines ihrer Lieder vor: *Grace*. Darin geht es um Eifersucht, Misstrauen und andere negative Gefühle, die, so legt es der Refrain nahe, durch Gnade neutralisiert werden können: »*Take a step back and let grace step in.*«

Dann wendet sich Ben seinem anderen Gast zu, Gunnar Lovelace, und fragt ihn, was gerade in seinem Leben los sei.

Gunnar spannt seine Muskeln an, atmet tief ein und aus und sagt: »Das, was ich mache, mache ich, um mich selbst herauszufordern. Ich habe mir vorgenommen, nichts zu planen. Ich lasse die Dinge einfach auf mich zukommen, was nicht heißt, dass ich nicht daran arbeite. Unser Start-up Thrive Market ist ein Online-Portal, das allen Menschen Zugang zu gesunder Ernährung ermöglicht. Hier sollen die besten unverderblichen Lebensmittel zum günstigsten Preis angeboten werden, was ganz schön kompliziert ist, denn es geht um Tausende Produkte und Hunderte Lieferanten, mit denen Verträge ausgehandelt werden müssen.«

»Du bist also gerade sehr beschäftigt«, sagt Ben. »Möchtest du uns erzählen, wie du zu dem geworden bist, der du jetzt bist?«

»Na klar, gerne. Ich bin in einer Kommune in Ojai aufgewachsen, die sich Full Circle nennt, wovon sich auch der Name dieser Kirche ableitet. Jeder baut dort Lebensmittel an, erntet und verkauft den Überschuss. Mich hat die Effektivität der Genossenschaft immer beeindruckt, und ich möchte diese Idee ins 21. Jahrhundert übertragen. Mit einer alleinerziehenden Mutter groß zu werden, hat mich die Liebe zur Natur gelehrt. Sie war jemand, der Kinder frei von Giftstoffen ernähren wollte, und für mich –«

Draußen vor den Fenstern jaulen Motorräder auf, und Ben sagt, dass das ein Zeichen des Himmels sei: »Das Universum gibt uns ein Amen.«

Einige lachen, andere sagen »Amen«, Gunnar sagt: »Wie wir alle wissen, enthält das Standard-Lebensmittelangebot unglaublich viele Giftstoffe. Aber es geht nicht nur darum, um unsere persönliche Gesundheit. Es geht um Nachhaltigkeit, die allen zugutekommt. Vor drei Wochen konnten die 500 000 Einwohner von Toledo, Ohio, das Leitungswasser aus dem Eriesee nicht mehr trinken oder eine Dusche nehmen, ohne zu riskieren, krank zu werden. Verantwortlich dafür war Phosphor, das über Düngemittel ins Wasser gelangt war. Und das in einem der wohlhabendsten Länder der Welt! Und zu einer Zeit, in der wir als Menschheit in der Lage wären, überall nachhaltig und umweltfreundlich zu produzieren!«

»Macht ihr euch bei Thrive Market Gedanken darüber, wo die Sachen herkommen?«, fragt Ben.

»Das ist der Kern des Ganzen. Unsere Gattung, unsere Technologie, die Trends und Moden hier in Amerika haben einen gewaltigen Einfluss auf andere Orte der Welt. Unsere iPhones werden von Sklaven in China hergestellt, unsere Lebensmittel stammen von Farmern, die sich die Produkte, die sie anbauen und ernten, selbst nicht leisten können. Das wollen wir ändern. Der Vorteil beim Online-Einkauf besteht in der Möglichkeit, die Suche durch Filter zu verfeinern: nach Werten, Zertifikaten, Inhaltsstoffen, Marken und sozialen Schlagworten wie roh, glutenfrei, vegan, Fair Trade, Familienbetrieb, Frauenbetrieb, regional, handgemacht, ohne Gentechnik, Alkohol, Koffein, Cholesterin, Parfüm, Pflanzenschutzmittel, Konservierungsstoffe, Zucker, Nüsse, gesättigte Fettsäuren usw. Als Gattung sind wir technisch derart schnell gereift, dass wir mit der Entwicklung nicht mithalten können. Der Homo sapiens ist erst so kurz auf der Welt, und wenn man bedenkt, dass es zu Jesus' Zeiten 200 Millionen Menschen gab, und 1945, das ist erst zwei, drei Generationen her, waren es schon zwei Milliarden, inzwischen haben wir sieben Milliarden, und in zwei, drei Generationen werden es zehn oder zwölf sein. Die Idee von Thrive Market steht in einem fundamentalen Zusammenhang: Es geht um nichts weniger als die Verbindung zwischen den Menschen und den verfügbaren Ressourcen, um die Frage, wie wir leben und wie wir in Zukunft leben wollen: gesund, bewusst und nachhaltig – sodass sich jeder Einzelne gut und ausreichend ernähren kann, ohne seine Umwelt zu zerstören.«

»Was war das größte Hindernis auf dem Weg zu deinen Zielen?«

»Aus meiner persönlichen Erfahrung kann ich sagen, dass die größte Herausforderung, die ich zu bewältigen hatte, meine eigenen Ängste waren. Ich hatte irgendwann die Erkenntnis, dass wir nach wie vor von tiefen animalischen Ängsten gesteuert werden, von Ängsten, die ganz weit zurückreichen, Multigenerationstraumata. Und das Fundamentalste, was wir tun können, ist, diese Ängste anzuwenden und umzuwandeln in Liebe und Klarheit, sie in ein Werkzeug zu verwandeln, das wir mit anderen teilen können. Unsere Spezies wird von Überlebensängsten angetrieben. Und so stellt sich die Frage: Wem folgen wir? Unseren eigenen Interessen? Unseren biologischen Bedürfnissen? Sollten wir mehr Sex haben? Mehr Geld verdienen? Oder sollten wir uns einem höheren Zweck verpflichten? Was sollen wir mit unserem Leben anfangen, mit dieser gewaltigen Kraft, die in uns steckt?«

»Gibt es bestimmte Übungen, die uns helfen können, mit unseren Ängsten umzugehen?«

»Das Dunkle ist dunkel und das Helle hell«, sagt Gunnar unbestimmt. »Wenn wir uns umschauen, entdecken wir zahllose Belege für Zerstörung und Negativität. Und gleichzeitig gibt es so viel Positives im Mikro- und Makrokosmos. Unsere Spezies ist technisch so weit entwickelt wie nie zuvor. Wir haben ein umfassendes Verständnis dafür, wer wir sind und was wir tun, gerade in diesem Kulturkreis, gerade hier in Los Angeles. Und aus diesem Bewusstsein und aus diesen Ängsten erwächst eine gewisse Verantwortung, sich nicht von Scham überwältigen zu lassen. Ich gehe sehr konstruktiv mit meinen Ängsten um. Ich frage mich immer, warum ich Angst vor etwas habe. Ich nutze meine Ängste, ich katalogisiere sie und wende sie systematisch an. Das ist eine erschreckende Erfahrung, die manchmal dazu führt, dass ich mich in extrem unangenehmen Situationen wiederfinde.«

»Du benutzt Ängste also als Indikator.«

»Ja. Ängste bestehen aus mehreren Schichten, und die sichtbarste Ausprägung ist der Schatten der Angst, er repräsentiert das Unbewältigte. Oft ist man viel zu selbstbezogen, um das wahrzunehmen. Aber wenn ich es wahrnehme, frage ich mich, woher die unbewältigten Ängste kommen und was sie mit mir anstellen. Jeder von uns schleppt diese Ängste mit sich herum: Menschen, die als Kinder vernachlässigt oder misshandelt wurden, die aus prekären Verhältnissen stammen – hinter jeder Angst verbirgt sich eine Geschichte. Ich habe nur sehr wenige Menschen kennengelernt, die frei von Ängsten waren. Worum ich mich bemühe: Ich versuche, den Mut jedes Einzelnen zu stärken. Mut bedeutet nicht, keine Angst zu haben, sondern produktiv und sinnstiftend mit den Ängsten umzugehen. Großes zu wagen – trotz der Angst, Fehler zu machen.«

Etwas ganz Ähnliches, das fällt mir jetzt wieder ein, steht doch auch in Ivana Chubbucks *The Power of the Actor – The Chubbuck Technique,* in dem ich am ersten Tag während des Kuscheldrehs geblättert habe: »Diese zwölf Schauspielmethoden werden Dir dabei helfen, tief in Deine Psyche vorzudringen. Sie ermöglichen es Dir, all die wundervollen Dämonen, die in uns stecken, zu entdecken und herauszulassen – und sie kontrollieren zu lernen.«

Bei ihr wie auch bei Gunnar geht es darum, an sich selbst zu arbeiten, sich selbst zu optimieren, das Negative zum Positiven zu machen, alle zur Verfügung stehenden Ressourcen zu nutzen, um das Maximum aus sich herauszuholen.

Ein großer Mann mit weißem Bart stellt sich als Steve Robertson vor – Gründer von ProjectPeaceOnEarth.org, Produzent des *2 Unite All*-Benefizalbums für den Frieden im Nahen Osten, Autor des Buches *The Power of Choice* – und fragt, was Gunnar mit dem Begriff »Multigenerationstraumata« meine.

»Ich habe ja bereits ausgeführt, dass jede Angst aus mehreren Schichten besteht. Angst ist eine sehr erfolgreiche Evolutionstechnologie. Wir haben einen Zivilisationsgrad erreicht, wo viele Urängste, die einst unser Überleben sicherten, überflüssig geworden zu sein scheinen. Dennoch stecken sie tief in uns, sie sind fester Bestandteil unserer neurophysiologischen Matrix. Das ist die eine Ebene, die eine Schicht. Die andere ist individueller Natur. Ich habe jüdische Vorfahren, und einige davon leiden unter Verfolgungswahn, meine Mutter, mein Großvater, diese ganze Linie. Bei der Arbeit mit Ängsten geht es um Aufmerksamkeit, um Bewusstwerdung, darum, die richtigen Methoden für jeden Einzelnen zu finden, darum, das eigene Leben in die Hand zu nehmen, um sich auszudrücken, sich zu verwirklichen. Es geht darum, Teil von etwas zu werden, das größer ist als das ganz persönliche Drama. Mit diesen Impulsen sollten wir arbeiten. Finde heraus, was du liebst, wofür dein Herz brennt – und setze es mit aller Macht um.«

Lindsay, eine junge Frau mit roten, zum Zopf gebundenen Haaren, Camouflagebluse und olivgrünen Hotpants, die vorhin davon gesprochen hat, wie dankbar sie sei, sich ausnahmsweise mal außerhalb ihres Kopfes zu befinden, meldet sich und sagt mit zaghafter, zitternder Stimme: »Wenn du von Multigenerationstraumata sprichst, meinst du dann –«, Tränen rollen ihr übers Gesicht, »entschuldige, dass ich so emotional reagiere, ich bin gerade ziemlich überwältigt. Es ist ganz toll … Was machst du, wenn du das erkennst? Nur jetzt mal als Beispiel, mein Multigenerationsbusiness ist Landwirtschaft, und die Situation wird immer schlimmer. Es gibt immer weniger Farmen, und man fühlt sich überrannt, ohnmächtig angesichts der globalen Entwicklung. Wie kann man sich dieser Angst stellen? Ich neige dazu, mir zu denken: Es hat sowieso keinen Zweck, gegen diese Entwicklung anzukämpfen. Das ist verrückt. Wie gelingt es einem, sich von diesem Denken zu befreien? Weißt du, was ich meine?«

»Das sind viele Fragen«, sagt Gunnar.

»Tut mir leid.«

»Nein. Das ist gut. Du bist impulsiv, und das ist schön. Herausforderungen sind gut, weil sie uns zwingen, uns zu bewegen. Ich weiß noch, wie ich das erste Mal in New York City war. Ich war noch ein Kind und unfassbar schockiert über all die Obdachlosen, die Armut. Die ganze Zeit hab ich geweint. Für Menschen ist es wichtig, so viel zu fühlen wie möglich und diese Gefühle zuzulassen und damit zu arbeiten. Normalerweise unterdrücken wir solche Gefühle, weil sie sich nicht auszahlen. Wir gestehen uns nicht zu, zu weinen, traurig zu sein. Ich will die Bedingungen dafür schaffen, dass Trauer sinnvoll eingesetzt werden kann. Nicht nur für einen selbst. Sondern auch für andere. Das klingt jetzt sehr heftig, aber in meinen Zwanzigern habe ich erkannt, dass ich nicht nur ein Schöpfer bin, sondern auch ein Zerstörer. Dass beide Kräfte in mir stecken. Und dass ich von beiden Kräften zehre. Dass die Gesellschaft so funktioniert. Ich fahre Auto, obwohl ich weiß, dass die Ölindustrie Kriege unterstützt und die Umwelt vernichtet. Ich habe gelernt, mit diesem Widerspruch zu leben. Ich habe gelernt, dass ich meine eigenen Methoden entwickeln muss, wenn ich mich meiner Verantwortung als Mensch stellen möchte, mit dem Überfluss, der uns umgibt, umzugehen.

Es geht doch darum, die Welt zu verändern – selbst wenn diese Veränderung nur minimal sein mag. Das heißt nicht, dass wir keinen Einfluss haben. Wir haben Einfluss. Jeder einzelne von uns ist wichtig.«

Rachel, lange dunkle Haare, weißes Shirt, aufwändig zerlöcherte Jeans, die gerade gesagt hat, dass sie sich großartig und inspiriert fühle, will wissen, wann Thrive Market online geht.

»In zwei Wochen, am 1. Oktober. Es dreht sich alles um natürliche Lebensmittel, gesunde Snacks, giftfreie Schönheits- und Babypflegeprodukte. Wir werden etwa 3 000 sorgsam ausgewählte Produkte von 500 Firmen anbieten. Wir haben ein Lagerhaus gemietet, das jetzt schon zu klein ist, und suchen gerade nach etwas Größerem. Unterstützt werden wir von mehreren Investoren, die uns mit mehr als einer Millon Dollar fördern.«

Damian, ein Glatzkopf im braunen T-Shirt und Jeans, der sich vorhin als ängstlich beschrieben hat, erklärt, ebenfalls ein Nachkomme von Holocaust-Überlebenden zu sein, und fragt Gunnar, wie er das schaffe, sich verletzlich und mächtig zugleich zu fühlen.

»Ich habe mich eine ganze Zeitlang unwohl gefühlt, ohne die Ursache dafür zu kennen. Ich habe viel zurückgeschaut, in meine eigene Vergangenheit und in die meiner Eltern und Großeltern. Das hat mir geholfen, zu verstehen, wer ich bin. Lange war das die richtige Strategie. Mittlerweile versuche ich, völlig gegenwärtig zu bleiben. Demut und Schwäche zu beweisen im Rahmen einer Tätigkeit, die ich liebe. Wir machen alle Phasen durch, in denen wir verletzlich sind und uns schlecht fühlen, und ich habe mich immer gefragt, wie man da von selbst wieder herauskommt, wie sich diese Gefühle in den Alltag, ins Privat- und Berufsleben integrieren lassen, sodass eine bessere Stabilität erreicht werden kann. Da gibt es so viele Aspekte, gerade was diese unbewusste Selbstsabotage angeht, die wir uns ständig antun. Sie führt dazu, dass wir uns klein fühlen und unser Scheitern als etwas interpretieren, an dem die Umstände schuld sind. ›Ich hab alles versucht‹, sagen wir uns, ›aber es hat nicht sein sollen.‹ Freunde haben mir von Projekten erzählt, die eigentlich drei bis sechs Monate später starten sollten, und wenn ich sie dann fragte, was daraus geworden sei, sagten sie: ›Ach, du, es hat einfach nicht funktioniert.‹ Ich weiß, wie hart es sein kann, seine Ideen in die Tat umzusetzen. Einen Businessplan aufstellen, sich um die Finanzierung kümmern, Kontakte knüpfen, verlässliche Mitarbeiter finden, das Unternehmen am Laufen halten, es durch diese brutale ökonomische Realität hindurchmanövrieren, Rückschläge wegstecken, wirtschaftliche Veränderungen frühzeitig erkennen, das Geschäftsmodell permanent hinterfragen und an neue Bedingungen anpassen und gleichzeitig all die Gefühle, die wir dabei haben, aushalten, das spirituelle Erwachen mittendrin, dafür braucht man Kraft. Aber ich bin ein sehr optimistischer Mensch. Ich glaube, wir schaffen das.«

Der Mann neben mir, der sich vorhin dazu bekannt hat, total zu Hause zu sein, meldet sich, er hat dichte, weiße Haare, sonnengegerbte Haut, trägt ein weißes Muskelshirt und bunte Shorts und fängt an zu reden, ohne dass Ben ihn aufgerufen hätte.

»Könnt ihr bitte eure Namen sagen?«, unterbricht ihn Ben.

»Ich bin Arthur«, sagt er und wendet sich an Gunnar. »Mich hat deine Einführung auch sehr bewegt, vor allem, als du gesagt hast, dass du dich verletzlich und mächtig zugleich fühlst. Für mich gehört das nämlich zusammen. Ich ermutige mich selbst, so verletzlich wie möglich zu sein, weil ich glaube, dass von diesem Punkt aus alle Kraft ausgeht. In jeder Sekunde lasse ich alle Gefühle, alle Tränen heraus. So bin ich. Mir gefällt alles, was du sagst. Ich wünschte, ich wäre so weit gewesen, als ich so alt war wie du jetzt. Ich musste ein paar mehr Rückschläge einstecken, bittere Erfahrungen machen, um zu dieser Erkenntnis zu gelangen. Und was das Generationsübergreifende betrifft: Vor gar nicht allzu langer Zeit war es noch so, dass ich, immer wenn meine Ersparnisse zur Neige gingen, auf einen Schlag 40 Dosen Hühnersuppe im Angebot gekauft habe. Mein Vorratsschrank sah aus wie eine Regalreihe im Supermarkt. Irgendwann habe ich mich dann ernsthaft gefragt, warum ich das mache. Und da ist mir klargeworden, dass meine Mutter das auch immer so gemacht hat. In ihrem zweiten Badezimmer ist die Badewanne immer voller Konserven gewesen, obwohl sie richtig wohlhabend war. Irgendwann habe ich dann erfahren, dass ihre Großmutter verhungert ist.«

»Ja«, sagt Gunnar. »Wir schleppen das mit uns herum. Wir tragen Glück und Trauer in uns und geben diese Informationen unbewusst an unsere Nächsten weiter, nicht nur in der Familie, sondern auch im Freundeskreis. Wenn man viel Zeit mit jemandem verbringt, denkt man manchmal im selben Moment dasselbe. Das ist doch ein Beweis dafür, dass wir miteinander verbunden sind. Verbale Kommunikation macht nur etwa zehn Prozent dessen aus, was tatsächlich zwischen uns vor sich geht. Wir stellen uns aufeinander ein. Ich habe eine überängstliche jüdische Mutter, für die ich ein tiefes Verständnis habe. Wir sind richtig gute Freunde. Aber wann immer ich eine Straße überquere, sagt sie: ›Pass auf die Autos auf!‹ Und ich antworte jedes Mal: ›Echt jetzt, Mum, ich bin kein kleines Kind mehr!‹«

Es melden sich noch mehr Gäste zu Wort, auch ich habe Fragen, die Gunnar bisher nicht beantwortet hat, Fragen nach seiner Herkunft, seiner Vision, seinen Methoden, seiner Firma, aber anstatt einen von uns aufzurufen, schaut Ben auf seine Uhr: »Ich glaube, es ist Zeit für einen Applaus – Gunnar Lovelace!«

Alle klatschen in die Hände, und Gunnar sagt: »Ich danke euch allen, dass ihr alle hier seid.« Dann wendet er sich an Ben. »Und vielen dank, dass du mich hierher eingeladen hast. Die Kirche sieht toll aus.«

Ben grinst und schaut in die Runde, als könnte er es selbst nicht glauben: »Er ist der Mitgründer der ganzen Bewegung und heute zum ersten Mal hier – nach vier Monaten!«

»Das liegt daran«, sagt Gunnar, »dass ich gerade 80 Stunden pro Woche arbeite und sonntags völlig fertig bin.«

Und Ben sagt: »Aber genau dafür sind wir doch da.«

VIII

Nach einer Pause von fünf Minuten, während der die anderen miteinander sprechen und ich mich im Internet über Gunnar Lovelace und den Thrive Market informiere, bittet Ben alle, sich wieder zu setzen, die Augen zu schließen, ein paar Mal tief einzuatmen, sich fallenzulassen und die Worte in sich aufzunehmen. Er schlägt eine Triangel an und spielt über sein an einen Verstärker angeschlossenes Smartphone sphärische Musik ab, ein Song namens *Resonate,* der extra für diesen Anlass komponiert wurde, Klavier, Gitarre, Gesang, Triangel. Ich schließe die Augen, atme ein paar Mal tief ein, lasse mich fallen und nehme die Worte in mich auf: »*... there are souls that come within to burning like a flame ... we take control ... and built ... we all resonate ... come face to face ... release the burden of human race ... here I cry about the fragile world all the same as to resonate ... between the lines ... as long as we resonate ... come face to face with ... always release the burden of human race ... as we resonate.*« Zum Abschluss schlägt Ben wieder die Triangel, und aus den Lautsprechern ertönt neue Musik, noch sphärischer als im ersten Lied, eine Art gregorianischer Gesang, nur mit Frauenstimmen, der bald in langgezogene Gitarren- und Schalenklänge übergeht. »Findet eine angenehme Sitzposition«, sagt Ben. »Atmet dreimal tief ein.« Nach jedem Satz schweigt er eine Weile, dann setzt er von neuem an. »Gestattet euch, in die Gegenwart hineinzugleiten ... widersteht der Versuchung, an etwas anderes zu denken ... gestattet euch, in diesem Moment Frieden zu erfahren ... dort kommt ihr her ... entspannt eure Gesichter, eure Kiefer ... lasst alle Anspannung von euch abfallen ... lasst euer Bewusstsein an eurer Wirbelsäule hinab zum Nacken, zu den Schultern wandern ... atmet ein, atmet aus ... entspannt euren unteren Rücken ... lasst alle Anspannung von euch abfallen ... Heute ist ein Tag, an dem wir Klarheit erfahren ... und erkennen, wer wir wirklich sind ... wir lernen, andere zu lieben ... und wir praktizieren Vergebung ... und gewähren uns selbst Vergebung ... und lernen, uns selbst zu lieben ... ihr müsst nichts mehr tun oder an euch verbessern ... nur geliebt und anerkannt und gehalten werden.« Vor den Fenstern knattern Motorräder los, ich öffne die Augen, und Ben sieht mich an, mit einem stechenden, durchdringenden Blick, bis ich sie wieder schließe, und als er fortfährt, habe ich das Gefühl, dass er mit jedem Du, das er sagt, mich meint. »Lasst uns heute froh sein ... diese Reise ist nicht immer einfach, aber du bist sehr stark, du hast schon so viele Ängste und Monster überwunden ... du hast es bis hierher geschafft, bis zu diesem Moment ... ehre dich selbst für das Geschenk dieses Augenblicks ... möglicherweise erlebst du gerade eine Übergangsphase in deinem Außenleben ... und das ist ein gutes Zeichen ... deine Schutzhülle wird weggefegt ... macht den Weg frei für eine neue Existenz ... für mehr Liebeserfahrungen ... atme tief ein ... kehre dich nach innen ... wenn wir jetzt in unserem Leben fortfahren ... auf dem Weg, der jedem einzelnen von uns vorgezeichnet ist ... dann machen wir das mit einem klareren Bewusstsein ... mit einer stärkeren Akzeptanz der Gegenwart und einem offenen Herzen ... deine Fähigkeit, die Umstände nach deiner Vorstellung zu ändern, ist wahrhaft unendlich ... und nun kommen wir langsam zurück in unsere Körper ... und machen uns bereit, unsere Augen für eine neue

Welt zu öffnen ... wenn ihr so weit seid, könnt ihr eure Augen öffnen ... bewegt eure Finger und Zehen ... kommt in eure Körper zurück.«

Ich hatte nicht das Gefühl, meinen Körper verlassen zu haben. Aber es gab einen Moment, da wäre ich fast eingeschlafen – wenn die Motorräder nicht gewesen wären und mich aufgeschreckt hätten. Ich betrachte die anderen, die ihre Glieder strecken und verträumt vor sich hin schauen, als stünden sie im Bann einer höheren Macht. Für mich hat sich nicht viel verändert. Womöglich liegt es daran, dass ich nicht zum ersten Mal hier bin und es keinen Überraschungseffekt gibt. Ich muss an Sergej und Nina denken, wie sie hier ein paar Wochen zuvor gelegen haben, in ihren Trainingsanzügen und Pyjamas, eng umschlungen, umfangen von Fremden; wie wir den Ort gemeinsam entdeckt haben und dann, nach Stunden, gemeinsam nach draußen getreten sind; wie verwandelt wir waren, verwundert über das Erlebnis.

Ben weist auf bevorstehende Events hin, Konzerte, Yogakurse, eine kollektive Detoxkur, eine Spendenveranstaltung für harmonische Humanität und den üblichen dreistündigen Sunday Shakedown am Nachmittag. Steve möchte noch etwas zur Transformation des Bewusstseins sagen, zur Gedankenübertragung, wie man zu der Person wird, die man sich ausgesucht hat. Aris, lange weiße Haare, getönte Brille, mit Meeresmotiven gebatikte Jeansjacke und Jeanshose, macht auf den alljährlichen Ocean Clean Up Day aufmerksam und auf eine Meeresfeier mit Kostümen im Pacific Resident Center – »Bitte verkleidet euch als Meerjungfrauen, Delfine, Wale.«

»Oder wie du«, sagt Gunnar, und alle lachen – außer Aris.

Ben sagt: »Zum Abschluss der Meditation möchte ich, dass wir uns an die Hand nehmen, tief einatmen und drei Oms sprechen.«

Wir stellen uns im Kreis auf, ich reiche Arthur und Phoebe meine Hände und sage dreimal: »Ooooommmmmmmmmmmmm.«

Der den Raum erfüllenden Gleichklang fühlt sich gut an, wie etwas, das wir alle seit Langem praktizieren, jeder für sich, und jetzt sind wir angenehm überrascht, dass es auch mit anderen funktioniert, frei von Zweifeln, Sorgen, Ängsten, als würden wir zum ersten Mal zusammen auf einer Bühne stehen und ein Lied singen, ohne zuvor geprobt zu haben. Dann lassen wir uns los, lächeln uns zum Abschied an und gehen auseinander. Ich sehe, wie Gunnar Aris' Hand in seine nimmt, als wollte er sich für seinen Kostümkommentar entschuldigen.

Während sie miteinander sprechen, hole ich mein Smartphone hervor und recherchiere ein bisschen, erfahre, dass Gunnar auf Ibiza zur Welt kam, dass seine Eltern vor der Diktatur aus Argentinien erst nach England und dann nach Spanien geflohen waren. Kurz nach der Ausreise in die USA trennten sie sich. Mit seiner Mutter und seinem Stiefvater, der eine Biolebensmittelgenossenschaft leitete, zog er Jahre später in die Kommune in Ojai, wo sie Obstbäume pflanzten und Äcker bestellten und wahlweise zu Hause oder an einer von Aldous Huxley mitbegründeten Privatschule unterrichtet wurden. Mit 15 kam er auf die High School, eine staatliche Schule mit mehr als 1000 Schülern. Angesichts seiner Herkunft und seines Nachnamens – der erste Pornostar der Welt, Linda Susan Boreman, nannte sich Linda Lovelace – lernte er dort vor allem, was es heißt, gemobbt zu werden. Bald wurde er depressiv und traute sich nicht mehr, vor anderen zu sprechen. Dank einiger Lehrer und eines Improvisationstheaterkurses gelang es ihm, seine Scheu vor der Öffentlichkeit zu überwinden und seinen Schulabschluss zu machen. An der Universität in Santa Cruz, die bekannt ist für ihre progressiven Lehrmethoden und ihr politisches Engagement, entwickelte er sich zu einem glühenden Aktivisten, der mehr Zeit auf Demonstrationen als in Seminarräumen verbrachte und in einem Baumhaus auf dem Campus lebte. In der Hochphase der New Economy gründete er sein erstes Unternehmen Ego X Studios und entwickelte eine Software, die mithilfe interaktiver Cartoons Kindern das Lesen beibringt. Vor dem Absturz des Neuen Marktes verkaufte er seine Anteile, arbeitete für eine Mafiafamilie in L. A. und für einen reichen jüdischen Investor, betrog seine Freundin, hatte das Gefühl, von der Stadt bei lebendigem Leibe gefressen zu werden, und zog sich an den Ort zurück, von wo er aufgebrochen war, nach Ojai. Von dort aus plante er sein zweites Leben: Er gründete eine neue Firma, Goodlife, eine Online-Plattform für nachhaltige Produkte, und mit seiner Mutter zusammen Love Heals, einen alternativen Schmuckhandel, dessen Geschäftsmodell darin besteht, Geld zu verdienen und gleichzeitig Gutes zu tun: Für jedes verkaufte Schmuckstück werden zehn Bäume gepflanzt. Laut Website sollen es inzwischen 1,4 Millionen in aller Welt sein. »Zusammen«, heißt es da, »verändern wir Leben.«

Thrive Market, seine neueste Erfindung, basiert auf einer ähnlichen Idee. Es ist eine Art Online-Einkaufsclub, der seinen Mitgliedern verspricht, Produkte aus biologischer Erzeugung, gentechnisch unveränderte Lebensmittel und giftfreie Haushaltswaren ab Oktober für bis zu 50 Prozent günstiger anzubieten als im Einzelhandel. Wie bei Amazon werden die Waren ab einem Mindestbetrag (hier 50 Dollar) kostenlos nach Haus geliefert. Die Jahresgebühr beträgt 59,95 Dollar. Für jede bezahlte Mitgliedschaft spendet Thrive Market eine Mitgliedschaft an eine Familie mit geringem Einkommen. Die Mission des Unternehmens besteht darin, jedem US-Amerikaner ein gesundes Leben zu ermöglichen.

Darüber hinaus wird ein Teil des Gewinns in Bildung investiert, um Menschen, die sich bisher nicht mit dem Thema auseinandergesetzt haben, beizubringen, warum die Beschäftigung mit Erzeugern, Anbaumethoden und Substanzen wichtig ist, wie sich

Kohlenstoffe in Zucker verwandeln und was sich hinter Produkt-
beschreibungen und Inhaltsangaben verbirgt.

Als ich all das lese, muss ich wieder an den Circle denken, an
die Stelle, wo es über Mae Holland heißt: »Das Unternehmen
hatte so viele Projekte laufen, bot so viel Menschlichkeit und
Wohlbefinden, leistete so viel Pionierarbeit an allen Fronten, dass
sie schon allein durch ihre Nähe zu den Circlern ein besserer
Mensch wurde, da war sie sich sicher. Es war wie ein gut geführ-
ter Biosupermarkt: Du wusstest, wenn du dort einkauftest, warst
du gesünder; du konntest keine schlechte Wahl treffen, weil alles
bereits gründlich überprüft worden war.«

Als ich sehe, dass Gunnar und Aris sich voneinander lösen,
gehe ich zu ihm hin, stelle mich vor, sage, dass ich schon mit Ben
und Andrew gesprochen hätte, und frage ihn, was Thrive Market
ist.

»Das ist eine große Frage«, sagt er, schaut auf sein Smartphone,
lässt per Knopfdruck die Uhrzeit aufleuchten und wendet sich mir
wieder zu. »Und Thrive Market ist eine große Idee. Gesundheit
und Wellness sind mehr als nur Lifestyle-Trends. Sie repräsentieren eine sehr grundsätzliche, schichtenübergreifende Ideologie.
Ganz gleich, ob du liberal oder konservativ eingestellt bist: Jeder
will gesund leben, jeder will, dass seine Kinder gesund leben.
Unser Geschäftsmodell besteht darin, dass wir mit Leidenschaft
und positivem Spirit gesunde Ernährung für jeden bezahlbar
machen wollen. Wenn wir nicht gewährleisten, dass alles so läuft,
wie es für unsere Mitglieder am besten ist, wird es nicht funktionieren.«

»Wie bist du auf die Idee zu Thrive Market gekommen?«

»Das hat eine lange Vorgeschichte. Mich hat die Schnittmenge
von Wirtschaft, Medien und Technologie als Vehikel für sozialen Wandel immer schon fasziniert. Das hat auch zum Abbruch
meines Studiums und zum Beginn meiner Unternehmerkarriere

geführt. Aber Gestalt angenommen hat Thrive Market erst vor ein paar Jahren, als ich mit Freunden einen Gruppentrip zum Burning Man-Festival organisiert habe. Um die Versorgung zu gewährleisten, haben wir gemerkt, welche Vorteile es hat, Zugang zum Großhandel zu haben. Danach habe ich angefangen, im großen Stil nachhaltige Produkte und gesunde Lebensmittel zu kaufen und auf eigene Faust an Kunden weiterzuverkaufen. Den Service konnte man abonnieren, und jede Woche gab es mehr Abonnenten, viel zu viele, um das allein hinzubekommen. Die Intensität der Nachfrage war so heftig, dass ich mich irgendwann gefragt habe, wie sich das besser bewerkstelligen lässt: ein Coop-Modell, ohne Hippietum, aber mit Herz und Seele.«

Gunnar redet sehr schnell – schneller als vorhin, als wir alle im Kreis zusammensaßen –, und das, was er sagt, sagt er auf eine Weise, die mich annehmen lässt, dass er in den vergangenen Wochen oft über das Thema gesprochen hat. Womöglich will er auch einfach nur nach Hause oder an den Strand, Sonntag ist sein einziger freier Tag. Aber das Erstaunliche ist, man merkt ihm den Stress, dem er gerade ausgesetzt sein muss, nicht an. Er wirkt ausgeschlafen und entspannt und strahlt gleichzeitig eine unbändige Energie aus – wie ein Sportler vorm Wettkampf. Von der Statur, vom Teint her ähnelt er eher einem Surfer als einem Start-up-Unternehmer, der den ganzen Sommer über im Büro verbracht hat. Aufrechte Haltung, muskulöse Oberarme, braungebrannte, faltenfreie Haut – eine bessere Werbung für seine Firma als er selbst ist kaum zu finden. Er verkörpert seine eigenen Ideale, Ziele und Versprechen. Ebenso wie Mae Holland sich in Gegenwart einer der Drei Weisen nützlicher fühlt, vermittelt Gunnar Lovelace auch mir das Gefühl, gereift zu sein und zu einem neuen Menschen zu werden. »Insgesamt wächst das Bewusstsein für Ernährung, Klima und Umweltbelange«, sage ich. »Nirgendwo ist das so sichtbar wie hier an der

Westküste, Global Green in Santa Monica, der gigantische Whole Foods-Markt Lincoln Boulevard, Ecke Rose Avenue, das Café Gratitude die Straße runter. Ich hab das Gefühl: Essen ist die neue Religion. Inwieweit profitiert Thrive Market von dieser Entwicklung hier?«

»Sehr. Es gibt ein umfassendes Bedürfnis nach einem gesunden Leben. Und das Aufkommen bewusster Unternehmen mit ethischen Vertriebswegen ist ein fundamentaler Wechsel, der unsere ganze Kultur beeinflusst, unser Denken darüber, wie Unternehmen zu führen sind und dass jeder Dollar eine Wahlentscheidung ist.«

»Apropos Wahl: Bist du eigentlich von Barack Obama enttäuscht?«, frage ich, gespannt, ob sich in seinem Gesicht eine Reaktion ablesen lässt, irgendeine Regung, etwas von der Leidenschaft, von der er vorhin gesprochen hat – von dem Frust, der sich in allen aufgestaut haben muss, die Obama 2008 in der Hoffnung gewählt haben, dass mit ihm alles anders werden würde.

»Unter den jungen Amerikanern hat sich ein gewisser Fatalismus breitgemacht«, sagt er, ohne das Gesicht zu verziehen, ohne den kleinsten Anflug von Wut. »Wenn jemand wie er es nicht schafft, die Welt zu verändern oder wenigstens Amerika, wer dann? Viel wichtiger finde ich deshalb Selbstermächtigung und persönliche Transformation: dass wir selbst jeden Tag unser Leben in die Hand nehmen und gestalten. Wir befinden uns an einem Punkt, wo wir mit der Produktion und dem Vertrieb konventioneller Lebensmittel unsere Wirtschaft, unsere Körper und unsere Umwelt vergiften. Bei uns in den USA werden jährlich 300 Milliarden Dollar aufgewendet, um auf Diabetes zurückzuführende Krankheiten zu behandeln, diese Lifestyle-Krankheiten richten unser Land auf Generationen hinweg zugrunde. Das alles lässt sich ändern, indem wir jetzt die richtigen Entscheidungen treffen. Wenn wir alle zusammenarbeiten, mit unseren Dollars kämpfen und Unternehmen unterstützen, die hier Verantwortung zeigen, nehmen wir alle an einem Prozess teil, der uns, die Wirtschaft und die Umwelt am Ende belohnen wird. Diese ganze Bewegung basiert darauf, dass die Leute bereit sind, mitzumachen und ihr Geld und ihr Wissen zu teilen. Ich habe keine Ahnung, wie das auf Dauer gelingen soll: den Konzernen die Stirn zu bieten. Ich habe bloß eine Erkenntnis gewonnen, und die lautet: Dem überholten System der Lebensmittelindustrie muss ein neues Modell entgegengesetzt werden, das echte Probleme löst und Menschen auf natürliche Weise anspricht.«

»Für mich klingt das jetzt erst mal so wie David gegen Goliath, wie damals Apple gegen IBM und Microsoft, Amazon gegen Borders …«

»Rückblickend betrachtet fangen alle erfolgreichen Geschichten so an, und ich hoffe, dass die Geschichte für uns auch so enden wird.« Wieder schaut er auf sein Smartphone. »Tut mir leid. Aber jetzt muss ich wirklich los. War nett, dich kennenzulernen.«

Wir geben uns die Hand, er hält meine lange in seiner und schaut mir dabei tief in die Augen. Dann lösen wir uns voneinander, er gibt mir seine Karte und sagt: »Ruf mich jederzeit an, wenn du noch Fragen hast.«

Ben kommt auf mich zu, umarmt mich, und als ich mich von ihm verabschiede, sagt er: »Die beste Zeit deines Lebens ist genau jetzt. Herzlichen Glückwunsch zu deinem Upgrade. Danke, dass du hier warst.«

IX

An einem meiner letzten Abende in L. A. fahre ich zur Circle Bar auf der Main Street, vier Blocks von der Rose Avenue entfernt. Nina will eine Reise nach Kanada planen und Sergej noch einmal an den Strand gehen, noch einmal den Sonnenuntergang sehen, alle in der Villa sind mit ihrem Abschied beschäftigt.

Über dem Eingang hängt eine gelbschwarze Leuchtreklame: »*CIRCLE*«. Der Türsteher steht rauchend auf der Fußmatte und geht bereitwillig zur Seite. Enttäuscht, dass von mir keine Gefahr auszugehen scheint, betrete ich den in rotes Licht gehüllten Raum und setze mich auf einen der schwarzen Barhocker. Da merke ich, warum er mich einfach so hereingelassen hat: Es ist nichts los. Nur in einer der Nischen sitzt ein Paar um einen Sektkühler und weiß nicht, wohin mit den Händen. Dabei hatte die Warnung in der *LA Times* so vielversprechend geklungen: »Die Leute, die das Haus verlassen, um woanders zur Ruhe zu kommen, werden sich in der Circle Bar nicht wohlfühlen. Die Leute, die durch die Nacht streifen und einen Ort zum Tanzen suchen und zwischendurch ein paar Shots kippen wollen, werden einfach bloß enttäuscht sein. Es gibt nur ein Klo – was mindestens zwei zu wenig sind. Es ist dermaßen voll, dass man sich schon wie ein Poster an die Wand schmieren muss, um nicht von wogenden Wellen schweißdurchtränkter Menschen mitgerissen zu werden.« In einer Hinsicht aber stimmt das Bild, das die Zeitung von diesem Ort zeichnet, mit der Realität überein: »Und das Schlimmste ist: Die Bar in der Mitte des Raumes ist nicht einmal kreisförmig.« Tatsächlich ist die Theke ein schwarzes Rechteck mit abgeschrägten Ecken.

Auf allen Tischen flackern Kerzen in roten Gläsern, das Einzige, was dem Ganzen etwas Verruchtes gibt. Die tätowierte Barfrau macht mich auf die Happy-Hour aufmerksam, bis elf kosten alle Cocktails nur sechs Dollar: der Twilight, der Smoked Old Fashioned, der Painkiller. So, wie sie es sagt, macht es den Eindruck, als ließe sie sogar mit sich handeln, als würde sie mir auch für drei Dollar einen Cocktail machen, bloß um irgendetwas zu tun zu haben. Ich höre mir ihre Empfehlungen an, studiere die Karte, überlege, ob ich zur Feier des Tages, zum Abschluss meiner Recherche eine Flasche Armand de Brignac für 325 Dollar bestellen soll, und entscheide mich dann doch für das Gegenteil von Party: ein alkoholfreies Bier.

Auf dem Boden schwarzer Marmor, an den Wänden zwischen roten Lampen Schwarz-Weiß-Fotos von Dennis Hopper und Justin Timberlake und mir unbekannten barbusigen Frauen. Anders als ich dachte, existiert die Bar nicht erst seit Dave Eggers' Roman, sondern seit 1949. Jim Morrison und Truman Capote sollen Stammgäste gewesen sein, aber womöglich waren beide nur ein einziges Mal hier, auf den Bildern sind sie jedenfalls nicht zu sehen. Während der DJ *Relax* von Frankie Goes To Hollywood spielt, den 16-minütigen Sex-Mix, und ich mein alkoholfreies Bier trinke, versuche ich meine Gedanken zu ordnen. Mir gehen die Sätze durch den Kopf, die ich in den vergangenen Wochen gehört habe: das, was der Kuschelmeister Liam in der Serie *Sunset Junction* sagt, »Euch wird gegeben werden, was ihr zu geben bereit seid«, das, was Ben Decker mir mit auf den Weg gegeben hat, »Herzlichen Glückwunsch zu deinem Upgrade«, das, was Gunnar Lovelace über Angst, Selbstermächtigung und persönliche Transformation gesagt hat – und die Schlussfolgerung daraus: das Leben jeden Tag selbst in die Hand zu nehmen und zu gestalten.

All das klingt wie eine Verinnerlichung des neoliberalen Traums, in dem alle Probleme an das Individuum delegiert werden anstatt an die Gesellschaft. Das Gegenteil von Karl Marx: Nicht das Sein bestimmt das Bewusstsein, sondern das Bewusstsein bestimmt das Sein. Das ist Max Weber in Reinform: Unmittelbar nach einer USA-Reise vor mehr als hundert Jahren stellte er die These auf, dass Ökonomie und Religiosität eng miteinander verknüpft seien und sich der Siegeszug des Kapitalismus im Zeitalter der Industriellen Revolution auf eine protestantische Ethik zurückführen lasse. Die Hauptmerkmale dieser Wirtschafts- und Gesellschafts-ordnung – Privateigentum, Akkumulation und Reinvestition – resultierten ihm zufolge aus einer asketischen, tugendhaften und von Fleiß und Rationalität getriebenen Lebensführung. Sprich: Der Gewinn wird nicht verprasst, die Zeit nicht vergeudet, sondern beides stets nutzbringend eingebracht, um den Reichtum zu mehren, weil sich im Wohlstand und Erfolg des Einzelnen die Gnade Gottes zeigt.

Mit einem Mal werde ich ganz ruhig und sehe alles ganz klar vor mir – in meinem Kopf fügen sich die vielen Puzzle-Teile aus meinen exzessiven Google-Räuschen zu einem Bild zusammen, und ich hole mein Smartphone hervor, um mir meine Gedanken zu bestätigen: Der Siegeszug des Kapitalismus im Zeitalter der digitalen Revolution baut zwar auf den von Max Weber benannten Prinzipien auf, ist aber von einer anders gearteten Frömmigkeit, Heilserwartung und religiöser Praktik geprägt: von New Age, Zen-Buddhismus und Psychotherapie. Steve Jobs reiste sieben Monate nach Indien, kurz bevor er mit Apple ein Imperium erschuf und mit minimalistischem Design den Beweis erbrachte, dass Technik und Schönheit keine Gegensätze sein müssen. Angesprochen auf seinen bewusstseinserweiternden Trip erklärte Jobs seinem Biografen Walter Isaacson Jahre später: »Wenn man einfach dasitzt und beobachtet, merkt man, wie ruhelos der Geist ist. Wenn man versucht, ihn zu beruhigen, wird es nur noch schlimmer. Mit der Zeit wird er jedoch ruhiger, und wenn dies geschieht, bleibt Raum, subtilere Dinge zu hören – das ist der Moment, in dem die Intuition sich entfaltet und man Dinge klarer sieht und mehr der Gegenwart verhaftet ist. Der Geist arbeitet langsamer und kennt eine enorme Weite im Augenblick. Man sieht so viel, was man bereits hätte sehen können. Das ist eine Disziplin, in der man sich üben muss.« Nach seiner Rückkehr nach Kalifornien meditierte Jobs fast täglich, lernte, Ablenkungen auszuschalten, versuchte, durch Konzentration Weisheit zu erlangen. Zusätzlich unterzog er sich einer Primärtherapie, die auf der Freud'schen Annahme beruht, dass psychische Probleme durch unterdrückte Schmerzen der Kindheit hervorgerufen werden: Indem man diese traumatischen Momente in ihrer ganzen Qual noch einmal durchlebe und sie sich aus dem Leib schreie, könne man sich, so die Theorie, davon befreien. Eine Freundin von Jobs sagte hinterher über ihn: »Sein Selbstvertrauen nahm zu, und sein Gefühl der Unzulänglichkeit wurde schwächer.« Das war 1974.

Drei Jahre später flog Larry Ellison, Mitbegründer von Oracle, nach Japan, eine Geschäftsreise, die ihn, wie er dem Smithsonian Institution sagte, in Erstaunen versetzte: »Japan ist eins der Zentren des Zen-Buddhismus, und was Zen versucht […] was die gesamte japanische Kultur anscheinend versucht, ist, auf intelligente Weise nach Gelassenheit zu streben. […] Die Japaner haben nicht nur die aggressivste Kultur auf der Welt entwickelt, sondern gleichzeitig auch die höflichste. Enorme Arroganz mischt sich da mit unglaublicher Demut. Prächtige Ausgeglichenheit. Und in Bezug auf unser Unternehmen, haben wir, glaube ich, versucht, diese Kultur so weit wie möglich zu replizieren: aggressiv und bescheiden zu sein. Wenn man diese Werte im Gleichgewicht hält, kann man, denke ich, seine Wettbewerbs- und Erfolgsaussichten steigern, sowohl als Individuum als auch als Gruppe. Und das ist das andere Bemerkenswerte im Hinblick auf Ost gegen West: Ihr Schwerpunkt liegt auf der Gruppe, während wir mehr auf den Einzelnen schauen. […] Zu jeder Zeit muss man dort sein Ego zugunsten aller aufgeben.«

Zen ist pure Praxis, eine Religion ohne Glaube, Gott, Schuld und Jenseitsvorstellung. Die höchste Stufe der Erleuchtung ist ein neues Leben, das dem alten äußerlich erstaunlich ähnlich sieht. Der Unterschied besteht darin, dass man es bewusster führt und in seiner ganzen Fülle ausschöpft, immer dem Hier und Jetzt verhaftet bleibt, ganz und gar auf die jeweilige Aufgabe fokussiert. Von den prominentesten Protagonisten der neuen Herrscher-Generation im Silicon Valley – Larry Page, Sergey Brin, Mark Zuckerberg, Jeff Bezos, Marissa Mayer etc. – sind zwar keine derartigen Momente fernöstlicher Erleuchtung überliefert, aber Twitter-Mitbegründer Evan Williams leitet seit Kurzem Meditationskurse, und Facebook-Mitbegründer Dustin Moskovitz hat seine neue Firma Asana sogar nach einer Yogaübung benannt. Kontemplation, Meditation und Yoga sind inzwischen zu festen Programmpunkten im Terminkalender der Internet-Industrie geworden. Bei Facebook gibt es jetzt *compassion research days*. Mitarbeiter von Google belegen Kurse mit Titeln wie *Neural Self-Hacking*, *Managing Your Energy* oder *Search Inside Yourself*, um, wie es im Magazin *Wired* heißt, »Emotionen zu verwalten«. Zweimal im Monat nehmen sie an einem schweigend eingenommenen *mindful lunch* teil, bei dem die Stille nur durch das Schlagen von Gebetsglocken unterbrochen wird. Und seit 2010 findet in San Francisco einmal im Jahr die Konferenz Wisdom 2.0 statt, auf der viel von Achtsamkeit, Nachhaltigkeit und Gesundheit die Rede ist. Auch wenn die Schlagworte dieselben sein mögen, mit der Gegenkultur der Haight-Ashbury-Hippies hat das nur noch wenig gemein. Vielmehr geht es darum, die Produktivität im Silicon Valley aufrechtzuerhalten und zu steigern, die Karriere jedes Einzelnen und die des Kollektivs voranzubringen, ganz nach dem Motto: In der Ruhe liegt die Kraft. Im Gegensatz zur vorherigen Generation ist diese Idee aber nicht im Ursprungskonzept der Unternehmen angelegt, sondern eine Reaktion auf die Überforderung, die aus Informationsüberfluss, permanenter Erreichbarkeit und totaler Verfügbarkeit – der Allgegenwart von allem – herrührt. Das eigentlich Ziellose des Zen bekommt einen Zweck zugesprochen: *digital detox*. Es geht da-

rum, die Ressourcen des Geistes und des Körpers wieder aufzu-
füllen, ohne das Bürogebäude zu verlassen, und gleich danach wei-
terzuarbeiten. In der *ZEIT* erschien im März ein Artikel zu dem
Thema – unter dem treffenden Titel »Sie sind alle omline«. »Der
Kapitalismus«, heißt es da, »wäre nicht mehr nur die Zeit am
Computer, er wäre auch die Zeit, in der man abschaltet und zu
sich selbst kommt, er wäre öffentlich und privat zugleich, unsin-
nig und rational, individualistisch und kommunitär.« Das ist die
Vollendung des C, des Circle, des *Capitalism*: eine Kultur, in der
alle Widersprüche aufgehoben sind, weil es kein Außen, keine Al-
ternative zum bestehenden System mehr gibt.

Und dann denke ich, dass ich ja beim Schreiben selbst nach
Vervollkommnung strebe, danach, meinen eigenen Weltkreis zu
schließen. Bei jedem Thema, mit dem ich mich beschäftige, sam-
mele ich so viele Informationen wie möglich, mehr als ich verarbeiten kann, mehr als sich in einer Geschichte unterbringen
lassen – was mich nicht davon abhält, weiter zu sammeln, immer
weiter, bis zur totalen Selbstaufgabe, getrieben von einem protestantischen Ethos, einem Nie-Genug, das ist mein pyroklastisches Programm: der manische Realismus.

Benommen trete ich aus der Circle Bar, und anstatt gleich ins
Auto zu steigen und zur Villa zurückzufahren, spaziere ich in der
Kühle der Nacht durch die Gegend. Das ist meine Art, mich zu
verabschieden: alles noch einmal durchleben. Als ich an der Full
Circle Church vorbeikomme, denke ich an den ersten Abend
zurück, und ich sehe Nina, Sergej und mich, wie wir völlig erschöpft vom langen Dreh zum Auto gehen: Die Grillen zirpen,
die Straßen sind leer. Nur hinter dem Google-Gebäude, in der
3rd Avenue, sind Menschen: Manche sitzen in Campingstühlen,
manche in den aufgefalteten Pappkartons, einige haben Zelte auf-
gebaut, andere liegen ohne irgendeine Unterlage auf dem Bürgersteig. Wir steigen über einen schlafenden Mann hinweg, gehen an

Frauen vorbei, die aussehen, als würden sie auf eine Erscheinung warten, auf ein Naturschauspiel oder ein göttliches Zeichen: Zurückgelehnt und mit offenen Augen sitzen sie da und schauen in den Sternenhimmel. Niemand spricht uns an. Ich hole meinen Autoschlüssel heraus und drücke auf den Knopf.

Auf das Biepen hin höre ich jemanden von der anderen Seite rufen: »Hey, Googler, habt ihr nicht was für uns?«

Ich weiß nicht, was er von uns will. Geld? Informationen? Eine Botschaft? Irgendwo habe ich gelesen, dass Google Obdachlose finanziell unterstützt. Aber wir arbeiten ja nicht bei Google. Und anstatt unsere Portemonnaies herauszuholen oder ihm zu antworten, steigen wir ein. Ich lasse den Motor an und fahre an jenen vorbei, die nicht zum Circle dazugehören, weder zu dem einen noch zu dem anderen, weder zum inneren noch zum äußeren, den wahren Aussteigern.[*]

---

[*] Thrive Market avancierte innerhalb weniger Monate zur am schnellsten wachsenden E-Commerce-Firma im Raum Los Angeles. Die Bilanz nach einem Jahr: zwei Vertriebszentren in den USA (eins in Kalifornien, eins in Indiana), 400 Mitarbeiter (ursprünglich waren es zehn), fast 100 Millionen Dollar Umsatz. Im Juli 2015 unterstützten in der ersten Finanzierungsrunde neue Investoren die Idee mit 30 Millionen Dollar. Seit November 2015 vertreibt das Unternehmen auch Produkte unter dem Label Thrive Market. Ende Juni 2016 gab das Unternehmen laut *Forbes* bekannt, in der zweiten Finanzierungsrunde 111 Millionen Dollar eingetrieben zu haben. Inzwischen gebe es fünf Millionen registrierte Nutzer und 300000 zahlende Mitglieder. Nach eigenen Angaben verschickt Thrive Market jeden Tag Waren im Wert von 200000 Dollar.

29.07.

Serious Drought in the Head

Am Morgen lese ich / auf einem der Straßenschilder: /
serious drought / please conserve water. // Am Nachmittag
lese ich / vom Platzen eines Rohres / unterm Sunset
Boulevard, // dem Boulevard der geplatzten Träume, //
eine 93 Jahre alte Hauptwasserleitung, // ein Geysir
mitten in der Stadt. // 91 Millionen Liter Wasser /
ergießen sich über die / University of California, Los
Angeles. // 91 Millionen Liter Wasser / machen /
Straßen zu Flüssen, / Plätze zu Seen, / Turnhallen zu
Schwimmhallen, / Tiefgaragen zu Todesfallen. // Das
Football-Feld eine Insel aus Gras. / Der Campus eine
Insel aus Spaß. / Studenten ohne jedes Maß. // Das
Department of Water und Power / erklärt, / drei bis
vier Rohre platzten / pro Tag. // Also, sagt Paul Koretz,
Mitglied des Stadtrats, / rufen wir jeden dazu auf, / noch
mehr Wasser / zu sparen.

11.08.

California Screaming

Der Käpt'n ohne Schiff / ist von unsrem Tisch gestürzt. /
Wer steigt jetzt hinauf?

15.08.

Echo Park Rising

I

Wir fahren den Sunset Richtung Osten / und haben
die Sonne im Rücken. / Wir sind auf dem Weg nach
Echo Park / zu einem akustischen Aufstand, // einem
Tumult aus Tönen, der von / den Wänden widerhallt, uns
einnimmt / und durchglüht und von dort zurückstrahlt, //
so druckvoll und dynamisch, sich stetig / steigernd,
als wären wir Verstärker / und nicht Empfänger einer
Botschaft, // die wir nicht verstehen und die, / je öfter wir
sie hören, immer / unverständlicher wird – wie // eine
Schallplatte, deren Rillen / Kratzer kreuzen, das Knistern /
einer neuen Musik.

II

Wir treten auf die staubige Straße, / als wären wir im
wilden Westen. / Wir gehen schweren Schrittes, / die
nachschallenden Klänge im Körper, // von Haus zu Haus,
vom Echo zum Echo- / plex, vom Blue Bag zu Ballard's, /
Minisaloons für drei Nächte, // voller Cowboys ohne
Kühe, ohne / Pferde, Seile, Stiefel, / ohne Tabak zwischen
den Zähnen, // und Sporen an den Hacken, / und Hüten
auf den Häuptern, / aber Zeichen auf den Häuten, // und
Hass in den Händen, / und Wut im Bauch, / und Traum
und Rauch.

III

Wir sind vor der Nachricht da, / sehen den Worten
beim Werden zu. / Wir lesen am Abend schon, was / am
Morgen erst im Internet // geschrieben steht: Carlos
Arellano liegt, als / schliefe er, wenn nur die Frau nicht
wär, / die beständig seinen Namen ruft. // Ein Mann
neben uns erklärt, / drei Jungs hätten Carlos aufgesucht /
und sein Skateboard verlangt, // und als er's ihnen nicht
gleich gab, / hätten sie ihm vor der Flucht, / ein Messer in
die Brust gerammt. // Am nächsten Tag hängt am Tatort /
als Mahnmal, Denkmal, Schandmal, ein Skateboard, / die
Rollen gen Himmel gedreht.

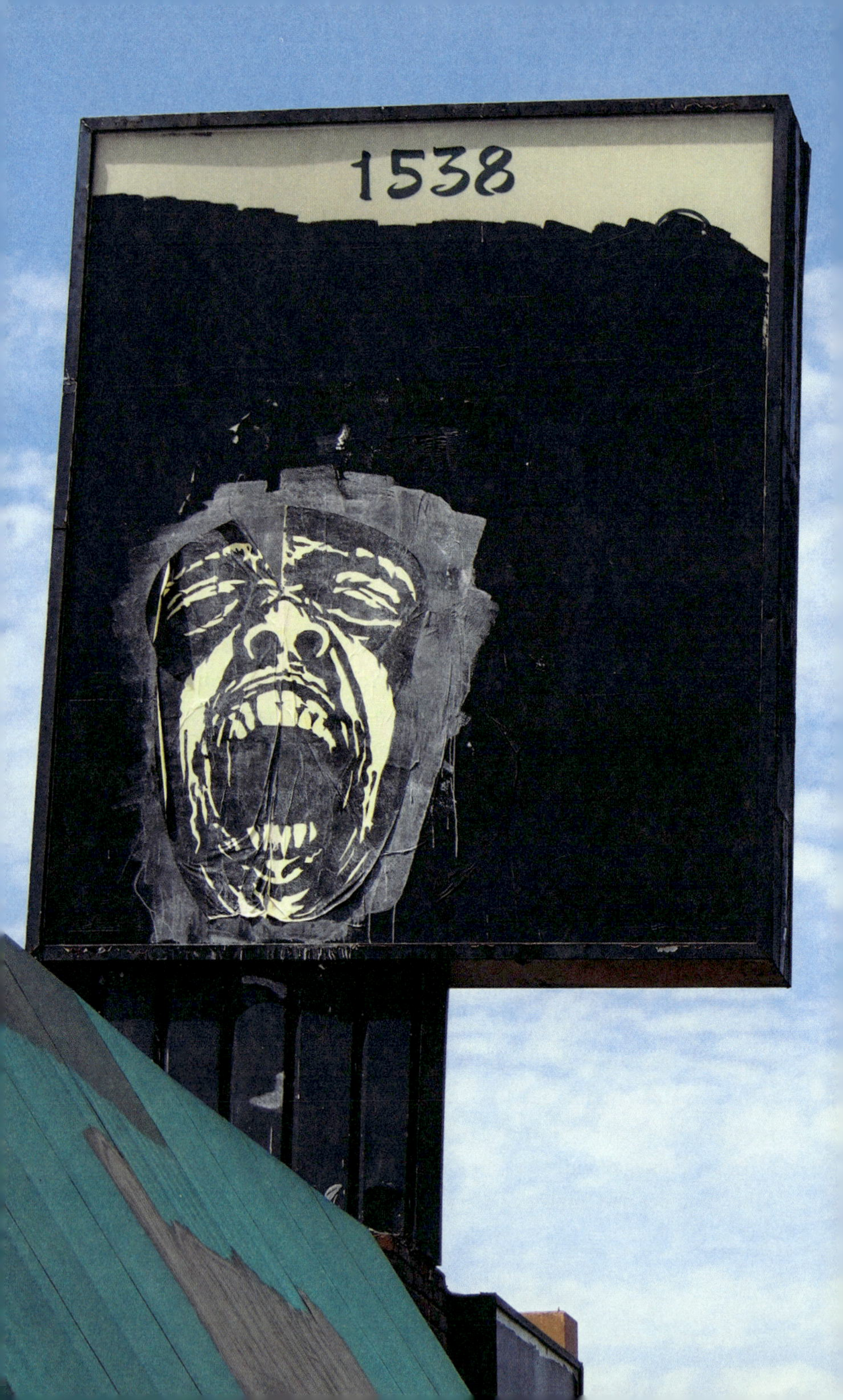
1538

Mord für ein Skateboard

I

Jeden Tag ist in der *LA Times* von Verbrechen die Rede. Der Lokalteil *LATEXTRA* besteht wochentags aus sechs Seiten, darunter eine Seite mit Anzeigen, eine für Kalifornien, eine mit Nachrufen, eine mit der Wettervorhersage. Bleiben zwei Seiten für Nachrichten. Nachrichten aus einer Stadt mit 3 884 307 Einwohnern (Stand 2013, wenn man den Landkreis dazuzählt, sind es 10 019 365), 299 Morden (statistische Angaben für das Jahr 2012, bezogen auf die Stadt), 936 Vergewaltigungen, 8 983 Raubüberfällen, 8 329 Körperverletzungen, 16 388 Einbrüchen, 56 006 Diebstählen, 15 084 Autodiebstählen, 1 282 Brandstiftungen. Die Zahlen sind seit Jahren rückläufig. Dennoch: Jeder Fall ist eine eigene Geschichte. In die Zeitung schaffen es nur die spektakulärsten. Als Meldungen. Als Zehnzeiler. Diese gehört dazu.

Obwohl ich jeden Tag von Mord und Totschlag lese, bin ich, als es vor meinen Augen geschieht, nicht darauf vorbereitet. Ich dachte, in den Gegenden, in denen ich mich aufhalte, im Westen und Norden und Osten von Los Angeles, könne mir nichts passieren. Durch Downtown, Skid Row, das Obdachlosenghetto gleich neben dem Finanzdistrikt, bin ich nur tagsüber einmal gefahren. Überall Leute auf den Bürgersteigen, ein Gedränge wie beim Jahrmarkt, bloß ohne Vergnügen, stattdessen: vollgestopfte Einkaufswagen, Plastiktüten im Wind, Pappkartonbetten, Zeltstadt der Verstoßenen. Nach Watts, wo es 1965 und 1992 zu schweren Ausschreitungen kam, und nach Compton, wo einst der Gangsta-Rap erfunden wurde, habe ich mich noch nicht gewagt.

Es ist Freitagabend. Nina und ich fahren mit dem Wagen vom Meer her über den Sunset Boulevard – durch Pacific Palisades, das

Dorf der Reichen, an der University of California, vorbei, wo die Straße nach einem gigantischen Wasserrohrbruch neu geteert ist, durch Beverly Hills mit seinen prachtvollen Alleen und hohen Hecken, hinter denen sich die Stars verstecken, Richtung Echo Park, zum Musikfestival *Echo Park Rising*. Echo Park ist ein Hipsterviertel, eingefasst von vier Freeways. Studenten und Künstler wohnen dort, Aussteiger und Aufsteiger, und überdurchschnittlich viele Einwanderer aus Lateinamerika und Asien. Mehr als die Hälfte der Einwohner stammt nicht aus den USA. Das Jahreseinkommen und der Bildungsstand sind verhältnismäßig niedrig.

Die viktorianischen Villen, Herrenhäuser im Kolonialstil und backsteinernen Geschäfte zeugen von einer reichen Geschichte: Echo Park war einer der ersten Vororte von L.A., lange bevor sich die Stadt ausbreitete und umliegende Ländereien eingemeindete. Ende des 19. Jahrhunderts gab es in der Gegend fast 500 Ölquellen. Und zu Stummfilmzeiten befanden sich hier die ersten Studios, in denen Schauspiellegenden wie Mabel Normand und Charlie Chaplin drehten. In den frühen 1920er-Jahren siedelten sich Kommunisten an, die nach dem *First Red Scare* – infolge der Oktoberrevolution – aus Boyle Heights geflohen waren, was Echo Park den Spitznamen *Red Hill* einbrachte. Nach dem Zweiten Weltkrieg kam es – infolge der *Suburbanization* und der *Second Red Scare* durch Joe McCarthys Kommunistenjagd – zu einem erneuten Austausch der Bevölkerung: Die weiße Mittelschicht zog weg, die mexikanische Arbeiterklasse zog her. Danach machte die Gegend vor allem durch Gangs Schlagzeilen. Die Diamond Street Locos und Echo Park Locos, die Frogtowns und Big Top Locos, die Head Hunters und die Crazies lieferten sich blutige Straßenschlachten, verkauften Drogen, Waffen, Menschen, zerstörten Autos und Häuser, brachen in Wohnungen ein, beraubten, verprügelten und töteten Zugezogene, Nachbarn, Schwule, Schwarze – und die eigenen Leute.

Seit der Ermordung eines ihrer prominentesten Anführer im Jahr 2009 hat sich die Lage entspannt, und die Kinder und Enkelkinder der ersten weißen Einwohner kehren in Scharen zurück. Nach dem *White Flight* folgt der *White Return* – eine Entwicklung, die nicht ohne Folgen bleibt: Die Mieten steigen und damit auch der Frust, die Angst, die Verzweiflung, die Gewalt der Verdrängten. Die Mitglieder von Straßengangs, die sich Echo Park nicht mehr leisten können und in Stadtteile wie El Sereno, Eagle Rock oder Inland Empire ausgewandert sind, statten ihrer Heimat am Wochenende einen Besuch ab, um für ein paar Stunden die alte Ordnung wiederherzustellen.

Echo Park Rising – der Titel passt zur aktuellen Gentrifizierungsdebatte, aber er ist positiv gemeint: ein Aufstand der klassen- und rassenübergreifenden Jugendkultur. Das Musikfestival findet in diesem Jahr zum vierten Mal statt. An drei Abenden hintereinander, ein ganzes Wochenende lang spielen an 35 Orten in Echo Park kostenlos Dutzende Bands und Singer-Songwriter, von denen wir noch nie etwas gehört haben und deren Namen – Sex Stains, Adult Books, Strange Babes – uns dennoch magisch anziehen, weil sie Aufregung und Abwechslung versprechen und ein Glück verheißen, das uns im saturierten Pacific Palisades fremd geworden ist: das Glück, anders und wild und jung und laut sein zu können, ohne dass die Nachbarn gleich die Polizei rufen.*

In Hollywood, nach dem Sunset Strip, fahren wir am Chateau Marmont vorbei und an riesigen Billboards, auf denen »*Nothing Draws You In Like The Curve – Next Big Thing Is Here*«, »*On The Run*«, »*Some People Won't Talk To Anyone ... Else*« und »*God*

---

* Sergej hat einmal nach einem Stummfilmabend in der Villa um halb elf abends noch Johann Sebastian Bachs – von Ferruccio Busoni aufs Klavier umgeschriebene – Kirchenkantate »Nun komm, der Heiden Heiland«, BWV 659, gespielt. Auf dem Blüthner-Flügel im Salon. Daraufhin klingelte der Nachbar an der Tür, forderte, den Krach zu beenden, andernfalls werde er drastische Maßnahmen ergreifen. Welche, das sagte er nicht.

Loves HIV+ Me« steht. Im Palladium tritt der niederländische Trance DJ Dash Berlin auf. Vor der Baustelle eines dreistöckigen Target-Supermarktes wehen Styroporflocken auf die Windschutzscheibe, tanzen im Sommerwind wie Schnee. Je weiter wir nach Osten kommen, desto höher die Dichte an Gitarrenläden, Aufnahmestudios, Stripclubs, billigen Motels und Liquor Stores. Hinter uns geht die Sonne unter, und um uns herum blitzen die Lichter der Leuchtreklamen auf. Im Radio erfahren wir vom Tod des legendären Skateboarders Jay Adams. Er sei, heißt es, am frühen Morgen im mexikanischen Puerto Escondido an Herzversagen gestorben – im Alter von 53 Jahren. Kurz bevor wir Echo Park erreichen, sehen wir ein weiteres Billboard über der Straße, das uns im Nachhinein endgültig wie ein Vorzeichen erscheint: »*Gotham. The Good. The Evil. The Beginning.*«

Nina stellt mir wieder Fragen, auf die ich keine Antworten weiß: »Was ist deine persönliche Höchstgeschwindigkeit?«, »Hattest du schon mal ein Nahtoderlebnis?«, »Mit wem würdest du auf keinen Fall Fahrstuhl fahren wollen?«, »Auf welches Körperteil könntest du, würde man dich foltern, am ehesten verzichten?«, »Was würdest du machen, wenn du plötzlich mit einem Nobelpreisträger den Körper tauschst, während der gerade frei die Dankesrede hält?«

Und dann sehen wir in der Ferne die Skyline von Downtown, die erleuchteten Hochhäuser, und dann sind wir da. Über der Kreuzung, an einem der Stromkabel, hängt ein weißer Teddybär mit roter Augenmaske, und ich muss an das denken, was ein Freund neulich zu mir sagte: dass Schuhpaare, die von Stromleitungen baumeln, auf einen Drogenumschlagplatz hindeuten, als Werbung und Warnung zugleich. Die Schuhe sind ein Symbol für das Schweben, das Hochgefühl des Rausches – und dafür, nicht mehr weglaufen zu können, sobald man einmal angefangen hat, Drogen zu nehmen. Für den Teddybär hatte er keine Erklärung.

Womöglich deuten sie, ähnlich wie bei den Stofftieren, mit denen der Künstler Mike Kelley arbeitete, auch auf ein Verbrechen hin, ein Gesellschaftsverbrechen: unsere Warenkultur.

Wir brauchen eine halbe Stunde, ehe wir an einem See unter Palmen einen Parkplatz finden. Die Straßen sind gesäumt von Blumenverkäufern, Hot-Dog-Ständen und tätowierten Menschen. Auf dem Parkplatz eines französischen Restaurants namens Taix steht eine Bühne, davor das Publikum: sehr alternativ, sehr studentisch, ausgelassen feiernd. Dahinter, in der New Hope Mission Methodist Church, spielt die Folkband yOya. Wir sitzen auf Kinoklappsitzen aus Holz, an den Wänden hängen Filzplakate mit Sprüchen wie »Bereit zu dienen« oder »Wer leuchten will, muss brennen.«

Auf der Bühne sind elf Leute versammelt: ein Pianist, ein Schlagzeuger, ein Perkussionist, ein Kontrabassist, ein Gitarrist und ein gemischter Chor. Ursprünglich, vor vier Jahren, seien sie nur zu zweit gewesen, sagt Noah Dietterich, am Klavier sitzend. Und Alex Pfender, der Sänger, begrüßt zwischendurch seine Großmutter, die zum ersten Mal auf einem seiner Konzerte sei. Die Bandgeschichte von yOya könnte aus einem Lehrbuch stammen: Dietterich und Pfender wuchsen in Corvallis, einer Kleinstadt in Oregon, auf und kennen sich seit der fünften Klasse. Als sie nach L. A. zogen, um Musik zu studieren, tauchten sie in die hiesige Musikszene ein, ständig waren sie auf Konzerten, jeden Abend knüpften sie neue Kontakte, und das veränderte ihren Sound: Sie fügten Synthesizer und elektronische Beats hinzu und nahmen immer mehr Mitglieder auf. Jetzt klingen sie wie Billy Barf and the Vomitones, Boyd Beavers All Kazoo Orchestra oder The Paranoids. Ihr erstes Album *Nothing To Die* erschien 2010, im vergangenen Jahr veröffentlichten sie eine EP mit dem Titel *Go North* – zwischen Lebenswillen und Todessehnsucht schwankend.

Nina findet manche Textzeilen wie »*I adore you and I don't know why*« zu simpel, sie vermisst die Tiefe, das Geheimnisvolle, das Unerklärbare. yOya stellen zwar auch Fragen, auf die es wohl keine Antwort gibt, aber es sind keine abgründigen Fragen, und sie machen sich auch nicht die Mühe, eine Antwort zu suchen. Mich stört eher die naive Natur- und Liebeslyrik: »*Red bird, your wing's not broken, still you cannot fly.*« Trotzdem hat uns beiden das Konzert gefallen. Womöglich sind wir eingenommen von der privaten, familiären Atmosphäre, dem warmen Gefühl, an etwas sehr Vertrautem teilgenommen zu haben.

Hinterher gehen wir ein Stück den Sunset rauf und wieder runter. An einer Ampel steigt ein Mann von einem drei Meter hohen Fahrrad, schiebt es, als das Licht auf Grün springt, an und klettert schnell auf den Sattel hinauf. Vor den Clubs Echo und Echoplex lange Schlangen, nur im kleinsten Laden, bei Ballard's Artwork Framing ist noch Platz. An den Wänden Bilder und Objekte von Künstlern aus der Nachbarschaft: bunt bemalte Totenköpfe von Alfonso »Killo« Gonzalez, einer reichen mexikanischen Tradition folgend; Zeichnungen von Allison Smith – in einer kotzt ein Junge einen Regenbogen aus, der von einem Einhorn aufgeschleckt wird – und schattenreiche langhalsige Frauenporträts von Randall Fischer, allesamt eingefasst in Rahmen von Aaron Paul Ballard. Der Raum ist nicht mehr als 20 Quadratmeter groß, an einer Seite steht ein Arbeitstisch, eine Werkbank und der Verkaufstresen, auf der anderen das Publikum und mittendrin: Die Country-Blues-Band Moon Dollar lässt Boden und Bilder vibrieren, und wir tanzen, wir tanzen und schwitzen, und als wir und sie fertig sind, gehen wir raus und holen uns an der Tankstelle etwas zu trinken.

Auf dem Rückweg hören wir einen Schrei. Wir stehen vor Sunday's Best Vintage and Thrift, einem Secondhandklamottenladen, unter einem Billboard für den dritten Teil des Films *The Expendables* – die Entbehrlichen [2014]. Leute drängen sich zusammen. Wir laufen auf die Straße, um zu sehen, was geschehen ist: Ein junger Mann liegt auf dem Asphalt, ganz weggetreten, ganz bleich, wie tot. Eine junge Frau hockt auf dem Boden, umarmt ihn von hinten, hält seinen Kopf, ruft: »Hilfe!«, immer wieder: »Hilfe!« Ihr schwarzes Haar leuchtet golden im Scheinwerferlicht. Ich denke: ein Autounfall. Aber einer der Umstehenden sagt: »Den hat einer wegen 'nem Skateboard abgestochen.«

II

Über uns kreist ein Hubschrauber, der Scheinwerfer ist auf uns gerichtet. Die Feuerwehr kommt, der Notarzt, ein Sanitäter schneidet dem Skater das T-Shirt auf. Sie legen ihn auf eine Trage, bringen ihn in den Krankenwagen, fahren aber, was uns wundert, nicht gleich weiter. Ein Betrunkener will auch einsteigen, ein Feuerwehrmann hält ihn zurück. Irgendwann fahren sie doch weiter, und dann kommt die Polizei mit sieben Einsatzwagen, legt dem Betrunkenen Handschellen an und nimmt ihn mit, markiert eine Straßenseite mit bengalischen Feuern, leitet den Verkehr um, sperrt das Gebiet mit gelbem Plastikband ab, sichert Spuren. Der einzige Zeuge, ein Langhaariger mit Hund, steht lange einsam in der Zone.

Währenddessen fängt nebenan Ladyheat im Lot 1 Café an zu jammen. Die Draußenstehenden wippen mit den Köpfen, den Füßen, trinken Jägermeister aus in Rucksäcken versteckten Flaschen, machen weiter, als ob nichts geschehen wäre. Aber das können wir nicht. Schweigend fahren wir über die Freeways zur Villa zurück. Ich muss an eine Nina-Frage von vor ein paar Wochen denken: »Wie möchtest du ermordet werden?«

Und als ich sie ihr jetzt stelle, sagt sie: »Halt die Fresse. Die ist hiermit gestrichen.«

Noch in der Nacht lese ich im Internet, auf *The Eastsider L. A.,* dass der 22-jährige Carlos Arellano an jenem Abend wie wir den Sunset Boulevard entlanggelaufen ist, seine Freundin an der Hand, sein Skateboard unterm Arm. Drei Jungs sollen sich ihm in den Weg gestellt und das Skateboard gefordert haben. Als er es ihnen verweigerte, schlug ihm einer vor aller Augen mit der Faust ins Gesicht und rammte ihm ein Messer in den Oberkörper. Carlos fiel um und kam mit dem Kopf auf dem Boden auf, wenig später starb er im Krankenhaus. Die Jungs rannten Richtung Echo Park Avenue davon.

Sie müssen uns entgegengekommen sein, denke ich, sie sind an uns vorbeigelaufen. Und wir haben sie nicht gesehen, haben nicht auf sie geachtet, waren mit uns selbst beschäftigt. Und während ich darüber nachdenke, fällt mir ein, dass wir sie doch gesehen haben. Ich erinnere mich nicht an ihr Aussehen, nur an die Bewegung, daran, wie sie an uns vorbei die Straße entlangliefen, und daran, dass mein Blick in dem Moment an einem Kleinwüchsigen mit Glatze hängenblieb, an einem, der nichts mit der ganzen Sache zu tun hatte. Er hatte eine seltsame Kopfform. Sein Hinterkopf war eiförmig, nach hinten spitz zulaufend, es sah aus wie ein Zeitfahrhelm bei Radrennen – ein Schädel mit aerodynamischem Design. Und ich sagte zu Nina: »Einer wie der würde in einer Stadt wie dieser bestimmt viele Filmrollen bekommen. Den könnte man wunderbar als Alien besetzen.«

»Das ist gemein.«

»Nein. Die Filmindustrie ist gemein. Die denkt so.«

»Du denkst so.«

»Deine Mutter denkt so.«

Und daraufhin sagte sie nichts mehr. Und dann passierte all das, was danach geschah.

Am Montag lese ich die Kommentare auf *The Eastsider L. A.:*

Jer
16. August 2014 um 16:01 Uhr
Ist er Mexikaner?

Dee
16. August 2014 um 17:06 Uhr
Was spielt das für eine Rolle, ob er Mexikaner ist oder nicht?

parkae
16. August 2014 um 17:39 Uhr
Wir alle wissen Echo Park ist kein beschissener Slum anstatt unschuldige Lte abzustechen solltet ir Hinterhof-gangster eure Feinde bekämpfen verdammt seid ir ir seid echte Echo-Pussies

James
16. August 2014 um 17:42 Uhr
Sollte bewiesen werden, dass die Angreifer versucht haben, dem Jungen das Skateboard abzunehmen, hoffe ich, dass sie die Todesstrafe bekommen.

Albert
17. August 2014 um 15:55 Uhr
Skater-Freunde von mir wurden auch schon von anderen Skatern oder Skatergruppen abgezogen, manche davon sogar mit vorgehaltenen Messern. Ich möchte niemanden verdächtigen, aber ich habe kurz vorher, nicht weit von dem Ort entfernt, an dem es passierte, eine Skatergruppe gesehen, die wild den Sunset runtergerast ist, sie fuhren

mitten auf der Straße und nicht auf dem Bürgersteig. Einige waren auch zu Fuß unterwegs ohne Bretter. Noch einmal: Ich möchte niemanden verdächtigen. Aber wenn man drüber nachdenkt: Wer würde eher ein Skateboard klauen. Ein Gangster? Oder ein Skater?

James
17. August 2014 um 21:35 Uhr
Ich erinnere mich, vor ein paar Tagen hingen da in der Gegend so ein paar Gangstertypen rum, nennen sich die Drunk Bums. Ich weiß nicht viel über die, aber ich hab einige Tags von denen gesehen, und der Zeuge, von dem manche behaupten, er sei ein Gangster, sah ziemlich versifft aus, langhaariger Kerl.

Oscar Robledo
18. August 2014 um 10:41 Uhr
Er war mein bester Freund ich kann nich glauben dass sie ihm das Leben genommen haben. Und ich möcht was klarstellen über das was die Bullen gesagt haben dass das mit dem Messer irgendwas mit nem Streit unter Gangstern zu tun gehabt hat. Er war kein Gangster er liebte einfach Musikfestivals und/oder alles mit Musik also wenn das hier die Polizei lesen sollte »ER WAR KEIN GANGSTER.«

Hillster
18. August 2014 um 19:20 Uhr
Bin ich eigentlich der Einzige, der denkt, dass das Festival nach diesem Mord hätte abgebrochen werden müssen? Ein Mensch hat sein Leben verloren, scheiß drauf – lasst uns einfach weiterfeiern? Echo Park ist ja mittlerweile

eine nette Gegend, aber diese Straßenfeste locken all die dummen Gangster in ihr altes Revier zurück.

Anonymous
18. August 2014 um 20:25 Uhr
Ich hab mein Brett dahingehängt. Das war das Einzige, was mir einfiel ... Ich habe es 30 Minuten, nachdem ich davon erfahren habe, gemacht. Ich bereue etwas, dass ich nicht mehr über das, was ich geschrieben habe, nachgedacht habe, oder womöglich ... etwas Tiefsinnigeres geschrieben habe, aber wisst ihr ... scheiß drauf ... Ich bin in L. A. aufgewachsen. Ich hab auch vorher schon Tote gesehen. Mir sind auch schon Waffen vor die Nase gehalten worden. Wenn Zeug wie das hier passiert, ist das eine gute Erinnerung ... daran nämlich, dass jeder Tag wichtig ist. Nimm deine Liebsten in den Arm. Und zwar jetzt! Ich hab nicht um Carlos getrauert ... Ich kannte ihn nicht ... Wie ich das sehe ... war er kein Gangster. ABER jeder behauptet, es wäre ein Cholo vs. Hipster-Ding. Das glaube ich nicht. Jungs aus der Nachbarschaft haben einen anderen Jungen aus der Nachbarschaft getötet ... Ich beobachte ne Menge Hipsterhass hier in der Gegend. Ich hasse sie auch. Ich bin Teil der Gentrifizierung. Großes Kino. Ich hab in sämtlichen Clubs gespielt, als Vorband ... aber ich wohne hier seit 1995. Und ich bin im Valley geboren ... Ich fühle mich allen Leuten aus L. A. verbunden, egal welche Hautfarbe sie haben. Erinnert ihr euch an die Riots? Ans Erdbeben? Wir sind näher zusammengerückt. Ich bin mit meinem Latino-Nachbarn befreundet, mit meinen Thai/Chinesen-Nachbarn, meinem Pitbull-Nachbarn, mit der verrückten Cracktante. Ich weiß, ich bin der Yuppie-Abschaum. Aber scheiß

drauf ... Ernsthaft, wir versuchen doch bloß, den Scheiß am Laufen zu halten. Es macht mich wahnsinnig, dass so was draus wird. Es ist so sinnlos.

III

Am Dienstag fahre ich wieder in die Gegend und parke am Straßenrand, 1545 Sunset Boulevard. Das Billboard überm Vintage-Laden, vor dem der Mord passiert ist, wirbt jetzt für den Fernsehsender Direct-TV: »*El mejor deporte del mundo se juega aqui*« – Hier wird der beste Sport der Welt gespielt. Die Entbehrlichen sind schon entbehrlich geworden. Am Tatort stehen Blumen und Kerzen auf dem Bürgersteig und sechs Buchstaben in silbernem Gaffer-Tape: »C A R L O S«. Jemand hat ein billiges Skateboard an die Laterne gebunden und draufgeschrieben: »Haben sie ihn wegen eines Skateboards umgebracht? Oder einfach nur aus Spaß? Hier ist dein scheiß Skateboard. Ich hab letzte Nacht einem Sterbenden ins Gesicht geblickt. War es das erste Mal, dass du getötet hast? Wirst du damit in der Schule angeben? Bekommst du dafür eine Tapferkeitsmedaille?« In anderer Schrift: »*Carlos Arellano, 09/13/92-08/15/14.*« Und in einer dritten Schrift: »Wer immer du bist.« Und darüber hat jemand ein weiteres Schild angebracht: »*RIP EKEH*« Der Spitzname des Ermordeten, sein Tag-Name.

Gegenüber auf der anderen Straßenseite, das sehe ich erst jetzt, klebt auf einer der Reklametafeln ein riesiger Sticker mit der Abbildung eines schreienden Mannes – wie eine zeitgenössische Version von Edvard Munchs *Der Schrei*. War das vorher schon da? Oder ist es ein Kommentar zum Mord? Niemand, den ich frage, weiß es.

Ich gehe in den Vintage-Laden, probiere ein paar Westernhem-

den an, kaufe eins und unterhalte mich mit Denise Rodarte, der Besitzerin, über das Festival und den Mord. Sie schüttelt den Kopf und sagt: »Direkt vor unserem Schaufenster. Ich war da schon weg. Wir hatten bereits geschlossen. Für gewöhnlich machen wir an solchen Abenden um sieben Uhr zu, weil die Leute früh anfangen zu trinken und dann immer unberechenbarer werden. Fürs Geschäft wär's besser, länger aufzuhaben. Aber ich will dann hier nicht noch hinterm Tresen stehen. Da wird viel geklaut. Man verliert einfach den Überblick, wenn so viele Menschen zusammenkommen. Und das haben diese Typen ausgenutzt. Andererseits: Es muss eine Menge Zeugen geben.«

»Einen. Soweit ich weiß. Einer jedenfalls, der stehengeblieben ist und auf die Polizei gewartet hat.«

»Du?«

»Nein. Ich kam eine Minute zu spät. Ich hab nichts gesehen.«

»Wahrscheinlich waren die jung. Die wollten ihn bestimmt nicht umbringen. Die Klinge ging aber, wie ich gehört habe, ziemlich tief.«

Während sie neu eingetroffene Ware aus einem Karton nimmt und auf Bügel hängt, erzählt sie mir von sich. Sie stammt aus Los Angeles, ihre Eltern sind in den 1970er-Jahren von Mexiko eingewandert, sie wuchs in Bell, im Südosten der Stadt auf, studierte Kommunikations- und Filmwissenschaften, machte Praktika bei Fernsehsendern wie CBS und Universal und arbeitete für ein paar kleinere Produktionsfirmen, bevor sie bei Non-Profit-Organisationen anfing und sich für die Abberufung der korrupten Stadträte von Bell einsetzte. »Das hat mein Leben verändert. Ich habe gemerkt, dass jeder Einzelne zu einer Verbesserung der Gesellschaft beitragen kann.« 2011 hat sie das Geschäft hier eröffnet, unweit von dem Haus, in dem ihr Vater einst wohnte, als er nach Amerika kam. »Hierher zu kommen – damit hat sich für mich ein Kreis geschlossen. Ein Kreis, den irgendwelche Idioten jetzt zerstören wollen. Aber das lasse ich nicht zu. Ich mache weiter. Ich gebe nicht auf, auch wenn die Gewalt wieder zunehmen sollte.«

»Kommt so was hier öfter vor?«, frage ich.

Sie ist mit den Klamotten fertig und stützt die Unterarme auf den Tresen auf. »Das ist der erste Mord seit Jahren.* Der Stadtteil ist ein echter Schmelztiegel.** Die Mieten sind günstig, und die Leute ziehen von überall hierher, viel unterschiedliches Volk. Aber wir kommen alle miteinander klar.«

---

* Das stimmt nicht. Zwischen 2000 und 2014 sind in Echo Park insgesamt 63 Menschen ermordet worden.

** Das könnte man von L.A. als Ganzes behaupten: Keine andere Stadt der USA verfügt über eine derart hohe Bevölkerungsdiversität. Der Linguistik-Professor Vyacheslav Vsevolodovich Ivanov von der University of California, Los Angeles, will 224 verschiedene Sprachen in L.A.-County nachgewiesen haben.

»Offenbar nicht.«

»Da hast du Recht«, sagt sie. »Offenbar nicht. Nicht mehr, jedenfalls. Die ganze Nachbarschaft hier steht unter Schock. Und auch für das Festival war das ein Desaster, nach dem ersten Abend war die Luft raus. Das lag wie ein Schatten über den anderen Tagen. Niemand sprach mehr über die Musik.«

»Was mich gewundert hat: dass die Polizei so spät am Tatort war. Ich hab vorher überhaupt keine gesehen. Nur bei der Hauptbühne, da gab's Security. Sonst ist die doch überall in der Stadt präsent.«

»Das liegt daran, dass am gleichen Abend die Dodgers gespielt haben. Das ganze Wochenende über. Gleich hier um die Ecke im Stadion. Nächstes Jahr wird es bestimmt mehr Polizei geben. Aber das wird dann ein anderes Festival werden, weniger unbefangen.«

IV

Ich gehe über den Sunset zu Ballard's Artwork Framing, dem Bilderrahmenladen, wo am Festivalabend das Konzert von Moon Dollar stattgefunden hat. Er gehört Aaron Paul Ballard, einem Maler, Sänger und Musiker, der Bass in einer Menge Bands gespielt hat, zuletzt bei The World Record, bevor er in Echo Park sesshaft wurde. Seine Tante, die Dokumentarfilmregisseurin Lauralee Farrer, sagt auf ihrer Website über ihn, er sei ein absolut gutmütiger Typ, immer ehrlich, von Natur aus freundlich und aufopferungsvoll, aber seit seiner Kindheit umgebe ihn eine tiefe Melancholie. Und doch – und das ist für sie kein Widerspruch – sei er stets positiv gestimmt. Einer seiner eigenen Songs heißt *Loneliness* – aber es ist kein Klagelied, sondern eine Hymne. Egal, was er macht, er macht es, wie es scheint, mit größtmöglichem Einsatz:

Das *Los Angeles Magazine* kürte ihn 2013 zum besten Bilderrahmenbauer der Stadt.

Auf einem Plattenspieler dreht sich eine Schallplatte, aus den Boxen perlt Jazz. Aaron, ein kleiner Mann mit Vollbart und Florentiner Strohhut, steht hinterm Tresen und bedient einen Kunden, dann kommt er auf mich zu, fragt, was er für mich tun könne.

Und ich sage: »Die Band, die hier am Freitag gespielt hat, Moon Dollar, die war großartig.«

»Ja, die gibt's erst seit Kurzem. Ich glaube, das war ihr erstes großes Konzert.« Und dabei sieht er sich im Raum um, fährt sich durch den Bart und fängt an zu lachen. »Wenn sie Eintritt genommen hätten, wäre es ausverkauft gewesen. Nicht schlecht für den Anfang.«

»Hast du von dem Mord gehört?«

»Ja.« Er verzieht den Mund. »Abgefahrener Scheiß. Ich hab gehört, es waren drei Kerle. Und dann noch einer, der womöglich geistesgestört ist.«

»Da war ein Betrunkener, den sie mitgenommen haben. Aber ich glaube, der hatte nichts mit der Sache zu tun, der hat nur rumgepöbelt.«

»Das Wochenende begann so fröhlich, die Stimmung war so gut, und dann das. Ein Freund von mir wohnt seit 30 Jahren hier, und der hat echt Sorge, dass sich das jetzt auf die Gegend auswirkt, auf die Idee von Echo Park, du weißt schon, dass alle zusammenleben können, egal wo man herkommt, egal welchen Glauben oder welche Hautfarbe man hat.«

»Seit wann wohnst du hier?«, frage ich und lasse meinen Blick durch den Raum schweifen, suche nach Details, die Aufschluss über seinen Charakter geben, als wäre dies nicht sein Geschäft, sondern seine Wohnung.

»Seit zwölf Jahren. Ich hab lange in einer Band gespielt, bin oft drüben bei Sea Level Records aufgetreten, das gibt's heute nicht mehr, da ist jetzt ein Buchladen drin. Ich bin in Kalifornien geboren, aber in Texas aufgewachsen. Das Lustige ist, mein Vater ging hier zur Schule, und die Eltern meiner Mutter haben hier in der Kirche geheiratet.«

»Also ist das hier dein geistiger Geburtsort.«

»Ja, ich mag Echo Park. Das Lebendige. Manchmal fühle ich mich wie in Mittelamerika. Oder wie im Irrenhaus.« Und dann lacht er so hoch und laut, als wären wir wirklich in einer Anstalt. Aber von einer Sekunde auf die andere ist es vorbei. »Die Stimmung ist klasse«, fährt er ruhig fort. »Und ich mag es, dass hier überall Künstler wohnen. Der Stadtteil hat ja eine lange Tradition, was das angeht. Viele bekannte Schauspieler, Künstler und Musiker wohnten hier, bevor sie berühmt wurden: Jackson Pollock, Frank Zappa, Tom Waits, Beck, Leonardo DiCaprio, Steve McQueen, Elliott Smith –«

»Der starb auch an einer Stichwunde.«

»Ja«, sagt er und streicht über einen halb fertigen Bilderrahmen, als prüfte er, ob irgendwo Splitter herausragen. »Zuhause. Während seine Freundin unter der Dusche stand. Bis heute nicht geklärt, ob es Mord oder Selbstmord war. Aber eigentlich ist es sicher hier, und es gab auch nie irgendwelche Gewalt gegen Hipster, wegen der Gentrifizierung oder so.* Nur einmal, vor Jahren, wurde einer umgebracht, der bei Trader Joe's gearbeitet hat.«**

---

* Vielleicht keinen offenen Kampf, aber es gibt einige Berichte darüber, wie die Gentrifizierung den Stadtteil spaltet, so z.B. Scott Gold, »Gentrification divides Echo Park community in Los Angeles«, *LA Times,* 27. Juni 2008.

** Er meint Michael »Mickey« David, der in einer Trader Joe's-Filiale in Silver Lake arbeitete. Davids Mutter beschrieb ihren Sohn gegenüber *The Eastsider L.A.* als »modernen urbanen Hippie-Typen«. Er hatte, wie die *LA Weekly* schreibt, »sogar einen Biogarten und nahm an Yoga-Kursen teil«. David war 30 Jahre alt, als er im Mai 2011 von drei Latinos auf dem Sunset Boulevard erschossen wurde. Seine Mutter wies in ihrem Statement ausdrücklich darauf hin, dass Michael die Latinokultur liebte und seine Tochter eine Latina sei.

»Und jetzt wegen eines Skateboards.«

»Ich hätte mich auch so verhalten wie er. Ich würde mein Skateboard auch nicht rausrücken.«

»Er hat sich selbst verteidigt. Wahrscheinlich ein Reflex.«

»Die Typen waren bestimmt auf Ärger aus und haben nur nach einem Opfer gesucht.« Er verschränkt die Arme und blickt an mir vorbei zum Fenster. »Mir ist das mal passiert, in Houston, Texas. Ich war mit Freunden unterwegs, in einer Shopping Mall. Und da folgten uns ein paar Kerle. Ich spürte, wie sie näher kamen. Wir gingen immer schneller. Aber dann dachte ich, das ist doch Blödsinn. Wir müssen keine Angst haben. Also blieb ich stehen und fragte: ›Was wollt ihr?‹ Und sie sagten: ›Wir suchen nach dir.‹ Und ich sagte: ›Ihr habt mich gefunden.‹ Da schlug mir einer von denen ins Gesicht. Ich weiß noch, wie überrascht ich war, dass es nicht wehtat. Und ich sagte ›Bis später‹ und lief weg.«

In dem Moment geht die Tür auf, und drei Detectives kommen rein. Sie tragen dunkle Hosen und helle Hemden, die Ärmel hochgekrempelt, zwei Männer und eine Frau mit goldblitzenden Abzeichen – Detective Los Angeles Police Department – und Waffen am Hosenbund. »'tschuldigung, dass wir stören«, sagt die Frau. »Haben Sie von dem Mord am Freitag gehört?«

»Wir sprechen gerade darüber«, sagt Aaron.

»Haben Sie Kameras draußen vorm Laden?«

»Nein. Und ich hab auch nichts gesehen. Ich stand die ganze Zeit hinten drin.« Aaron scheint die Situation ähnlich wenig zu irritieren wie der Überfall auf ihn in Texas.

»Ich war da«, sage ich. »Zu genau dem Zeitpunkt.«

Die drei sehen mich erwartungsvoll an. Die Frau zieht ein Notizbuch und einen Stift aus der Tasche, die Männer stemmen die Hände in die Hüften. Ich komme mir vor wie ein Streber in der Schule, der nichts zu sagen hat, aber meint, mit dem wenigen Wissen, das er hat, prahlen zu können.

»Aber ich hab nichts gesehen«, sage ich schnell. »Es war zu voll.«

Die Frau lässt Stift und Buch sinken, und die Männer schauen beide gleichzeitig auf ihre Armbanduhren, als durchzuckte sie derselbe Gedanke: Zeitverschwendung.

»Das ist genau der Punkt«, sagt einer der Detectives. »Wir wissen, dass viele Leute den Vorfall mitbekommen haben müssen.«

»Was hat der Typ eigentlich gemacht, ich meine beruflich?«, frage ich.

»Wer?«, fragt die Frau.

»Das Opfer.«

»Er hatte verschiedene Jobs.«[*]

»Und war der von hier, aus Echo Park?«[**]

»Warum wollen Sie all das wissen?«

»Es war mein erster Mord.«

»Sie sind wohl noch nicht lange in der Stadt.«

»Nein«, sage ich.

»Aber es werden weniger«, sagt sie. »Wir arbeiten dran.« Sie überreicht Aaron ein Blatt Papier mit dem Titel »*INFORMATION WANTED/INFORMACIÓN DESEADA*« und bittet ihn, das von innen ans Schaufenster zu kleben.

Ich gehe den Sunset herunter, vorbei an einem 99-Cent- und einem Geschenkartikelladen, einem Tattoostudio, einem Lebensmittelgeschäft, einer Panaderia, zu Jensen's Recreation Center, ein großes, altes Backsteingebäude, errichtet 1924 von dem deutschen Ein-

---

[*] Er hat zeitweise als Koch im Restaurant Flores in Santa Monica, 2024 Sawtelle Boulevard, gearbeitet, wie ich später in einem Nachruf lese, und zuletzt mit seiner Schwester einen Hundesalon betrieben.

[**] Er wohnte im benachbarten Stadtteil Highland Park, aufgewachsen im Springvale Drive. Seinem Freund Jojo tätowierte er die Initialen SPV auf den Unterschenkel – für Springvillains, ihre Nachbarschaft, ihr Block, ihre Hood.

wanderer Henry Christian Jensen. Jensen war ein Bauunternehmer, der überall in der Stadt Häuser baute, die seinen Namen tragen: Jensen's Theatorium, Jensen's Raymond Theatre, Jensen's Melrose Theatre und eben Jensen's Recreation Center. Früher waren in dem dreistöckigen Gebäude ein Drugstore, ein Friseur, eine Bowlingbahn, eine Schwimmhalle und 46 Wohnungen untergebracht. Heute beherbergt es neben den Apartments eine Arztpraxis, einen Pfandleiher, ein Martial Arts-Geschäft und ein veganes Bistro namens Sage.

Durch die Fenster sehe ich Alex Pfender, den Sänger von yOya, allein an einem der Tische sitzen. Er hält den Kopf gesenkt, die Hände im Schoß gefaltet; es sieht aus, als würde er beten. Aber als ich eintrete und auf ihn zugehe, erkenne ich, dass er auf ein weißes Smartphone starrt. Neben ihm auf dem Boden steht ein schwarzer Gitarrenkoffer.

Ich spreche ihn an und erkläre, dass ich am Freitag in der Kirche auf seinem Konzert war und wie sehr mir seine Musik gefällt. »Kann ich mich zu dir setzen?«

»Klar.« Er weist auf den Stuhl ihm gegenüber. »Aber ich habe nicht viel Zeit. Warte hier auf einen Freund, er müsste eigentlich längst da sein.«

»Warum schreibt ihr eure Band eigentlich klein, aber mit einem großen O?«, frage ich.

»Wir haben uns das nicht ausgedacht. Das ist eine Fehlermeldung, die du kriegst, wenn du ein Bildschirmfoto oder ein anderes Image über diesen Onlinechatdienst AIM verschickst. Als wir das zum ersten Mal sahen, war es für uns nicht mehr als ein seltsames Wort – Jahre später haben wir dann beschlossen, es für unsere Band zu verwenden. Außerdem bedeutet es in Mandarin ›ätherisch‹. Und einmal kam ein Mädchen nach einem Konzert zu uns und erklärte, dass yoya die Abkürzung für ›you own your ass‹ sei. Dein Arsch gehört dir – großartig.«

»Seit wann bist du in L. A.?«

»Seit 2009. Aber mit Noah mache ich schon seit zwölf Jahren Musik. In Oregon waren wir glückliche Kinder, die hauptsächlich Folkrock der Sechziger und Siebziger hörten. In L. A. sind wir mit elektronischer und zeitgenössischer Musik in Berührung gekommen, Animal Collective, The Dodos, Fleet Foxes, Four Tet, MGMT. Es gibt wohl keinen anderen Stadtteil in L. A., in dem so viele Musiker leben und der so viele Auftrittsmöglichkeiten auf geballtem Raum bietet wie der hier. Das ist eine in sich geschlossene Musikwelt. Ich wohne zwar in Hollywood, aber Echo Park hat einen großen Einfluss darauf, wie wir uns präsentieren, in welchem Umfeld wir uns bewegen.«

»Fast alle Künstler, die ich hier in L. A. kennengelernt habe, arbeiten nebenbei als Platzanweiser oder Kellner. Was macht ihr beide?«

»Noah ist Grafikdesigner. Er macht unser ganzes Artwork. Und ich bin Musiklehrer, privat, freiberuflich.«

»Hast du von dem Mord gehört?«

»Ja, furchtbar. Alle reden darüber.«

»Es ist oben beim Lot 1 Café passiert. Kennst du den Laden?«

»Das ist ein guter Ort für neue Bands. Aber es wundert mich nicht, dass es gerade da passiert ist, da hängen oft schräge Typen rum, Crackheads.«

Sein Telefon klingelt. Er steht auf, nimmt den Anruf entgegen, flüstert mir »Ich muss los« zu, nimmt seinen Gitarrenkoffer und verschwindet aus der Tür.

Ich setze mich auf seinen Platz, weil ich von dort aus Laden und Leute besser im Blick habe, lasse mir die Speisekarte geben und bestelle einen Jamaican Jerk Burger, eine Gluten-Free Bowl of Soul und einen Saft namens The Alkalizer, der aus Apfel, Gurke, Grapefruit, Ingwer und Grünkohl besteht. Das Sage ist ein hoher, heller Raum. An der Decke drehen sich Holzventilatoren. Die Lampenschirme sind umgedrehte Einmachgläser. Alle Tische sind besetzt. Draußen lärmen Bauarbeiter, sie reißen die Straße auf. Aus den Boxen dröhnt Arcade Fire, die Songs des neuen Albums *Reflektor*: *We Exist, Normal Person, Afterlife*. Der Geräuschpegel ist so hoch, dass ich nichts von dem, was die Leute um mich herum sagen, verstehe. Aber als ich da sitze und esse und mich umschaue, merke ich, dass es stimmt, was Denise und Aaron gesagt haben: dass in Echo Park alle Ethnien zusammenkommen, dass dies ein Schmelztiegel ist.

Als der Kellner die Rechnung bringt, fragt er: »Woher kommst du?«

»Aus Deutschland. Und du?«

»Mexiko.«

»Machst du Urlaub? Oder lebst du hier?«

»Nur für drei Monate.«

»Warst du schon im alten Zentrum von Los Angeles?«

»Du meinst Downtown?«

»Nein, ich meine den Ursprungsort. Dort, wo das Dorf hier gegründet wurde, el Pueblo de Los Ángeles. Einfach bis zum Ende des Sunset und dann weiter. Du kannst es nicht verfehlen.«

Es ist gut, dass er mich darauf hinweist.

Los Angeles ist eine mexikanische Gründung. Am 4. September 1781 tauften elf Männer den Flecken Erde, auf dem sie sich mit ihren Familien angesiedelt hatten, auf den Namen El Pueblo de la Reina de los Ángeles. Erst seit 1848 gehört Kalifornien zu den Vereinigten Staaten von Amerika.

Ich gehe über den Sunset zum Vintage-Laden zurück, steige ins Auto und fahre weiter. Über der Stromleitung hängt ein weiteres Stofftier, kopfüber und ohne Augenmaske – wie als markierten beide das Tal des Todes, aus dem ich jetzt über einen Hügel hinausgelange, ins Leben hinein. Aber von Echo Park geht es bergab, durch ein von Palmen eingefasstes Industriegebiet voller Autoreparatur- und Gebrauchtwagenläden, Baumärkte und einer Accent Reduction Training Academy. Langsam gleite ich an der Holy Hill Community Church vorbei, ein weißes, einkaufs-centerartiges Gebäude, das genau an der Grenze zwischen Korea- und Chinatown liegt.

Nachdem ich den Highway 101 überquert habe, sehe ich links eine von zwei goldenen Drachen überspannte Straße, rechts das Rathaus von Los Angeles und vor mir ein Holzschild mit der Aufschrift »El Pueblo de Los Ángeles«. Es steht direkt vor einem Parkplatz. Das Zentrum von Los Angeles ist ein Parkplatz, eine abgesperrte leere Fläche. 35 Kilometer bin ich den Sunset Boulevard entlanggefahren, den kurvenreichen Traum aus Teer, Asphalt und Beton, der die alte, in den 1780er-Jahren angelegte Viehtrasse überlagert – nur, um im Nichts anzukommen.

V

Anon
19. August 2014 um 16:49 Uhr
Ich war da: Er hat damit nicht nach allen 3 ausgeholt; es war nur der 1 Typ (die anderen 2 waren zu dem Zeitpunkt weiter unten auf dem Gehweg). Soweit ich sehen konnte, ging's weniger um das Skateboard, als darum, sich gegen jemanden zu behaupten, der ihn rumkommandieren wollte. (Und bevor ihr was sagt: Ich hab eine Aussage bei der Polizei gemacht.)

Wer war Carlos Arellano? Ein Opfer? Oder ein Held? Einer, der sich selbst verteidigt hat? Oder einer, der sich der Gewalt nicht beugen wollte? Auf Instagram betrachte ich Fotos von ihm und versuche mir aus dem, was ich sehe, ein Bild von ihm zu machen: Essen (Nudeln, Burger, Pizza); Bierdosen (Rolling Rock, Pabst Blue Ribbon, Miller High Life); Fahrräder (Bianchi, Specialized); Marihuana; Glasbongs; Tattoos (Drachen, Spinnen, Skelette); Sonnenuntergang über einem Maschendrahtzaun; Tierschädel; Zeichnungen (Hanfblätter, Mischwesen, bärtige Männer ohne Augen, Jungs mit zugenähten Mündern); Haschpfeifen und Vaporizer; eine Dartscheibe mit zwei Pfeilen; ein Vogel im Baum.

Auf Carlos Ekehs Facebook-Seite haben Freunde und Verwandte Fotos von ihm gepostet; sie teilen ihre Erinnerungen. Carlos auf einem Sofa sitzend. Carlos Tags zeichnend. Carlos mit Hanfhalskette. Carlos in Vegas. Carlos mit seinem Pitbull-Terrier Skyhigh. Seine Freundin postet ein Tag ihres Spitznamens und Fotos, die Carlos beim Essen zeigen und wie er sie umarmt. Sein bester Freund Ceez kommentiert die Bilder mit den Worten: »Kenne kein Mädchen, das ihn so glücklich gemacht hat wie du.«

Eine Freundin aus seinem Viertel schreibt, wie sehr er sie künstlerisch beeinflusst habe: »Du hast mir deinen Skizzenblock gezeigt, mit diesen verschrobenen Zeichnungen, und gesagt, du interessierst dich für Kunst. Wir wollten mal was zusammen machen. Obwohl wir uns nie zusammengesetzt und etwas gemeinsam gezeichnet haben, bist du Teil meiner Kunst geworden.« Und eine andere kommentiert, dass sie immer an ihn denken müsse, wenn sie sich selbst betrachtet: »Du hast mir einige Tattoos verpasst.«

Er hat gern gekifft, getrunken, gekocht, gegessen, gemalt, geskatet, gespielt, geliebt.

Er hatte Freunde.

Er hatte Familie.

Er war ein Koch und ein Künstler, eine Inspirationsquelle, eine Zukunft – ausgelöscht in Sekunden.

Seine letzten eigenen Posts zeigen Skyhigh, seinen Hund, wie er Eiswürfel vom Bürgersteig leckt, und ihn selbst: Mit der einen Hand hält er ein Waffeleis, mit der anderen macht er das Peace- oder Victory-Zeichen. Ich reise in seine digitale Vergangenheit zurück, scrolle durch die Momentaufnahmen seines Alltags und stoße auf ein Dokument, das mich angesichts seiner eigenen Todesumstände erschüttert: ein Foto von ihm vom 7. Juli 2013, seine sieben Küchenmesser. Darüber der Satz: »Meine Babys werden mit jeder Arbeit fertig.«

VI

Ich muss daran denken, wie ich war: mit 22. Ich studierte im dritten Semester Geschichte und Literaturwissenschaft an der Universität Köln, war gerade in eine WG gezogen, Gabelsberger Straße 15, zwei Zimmer im dritten Stock eines Gründerzeithauses an der Bahnstrecke Köln-Bonn. Ich wohnte mit einem Sozialarbeiter zusammen, der nur Musiker sein wollte, einer Geografin, die sich als Künstlerin verstand, und einem Chinesen namens King. King arbeitete in einem China-Restaurant. Wenn er bei uns etwas kochte, dann meist in Olivenöl oder Tomatensoße eingelegten Fisch. Er stellte die Dosen einfach auf die Herdplatte und wartete, bis sie aufplatzten.

In der Küche gab es eine Fett-Ecke. Dort hatte vor unserem Einzug der Herd gestanden. Das Fett war so fest, dass es sich nicht mehr von den Holzpaneelen abwischen ließ. Wir benutzten die Ecke als Pinnwand. Nach wenigen Stunden waren die Zettel, die wir da dranpappten, transparent und unsere Schrift nicht mehr zu lesen. Manchmal, wenn ich aus meinem Zimmer kam und über den Flur in die Küche ging, im Glauben, ganz allein in der Wohnung zu sein, wunderte ich mich, regelmäßig vier bis fünf Freunde meiner Mitbewohnerin dort anzutreffen. Schweigend und kiffend saßen sie um den Tisch herum und spielten *Siedler*. Ich machte mir ein Toastbrot mit Nutella und Banane und verschwand wieder in meinem Zimmer.

Zu meinen Eltern und Geschwistern hatte ich damals ein schwieriges Verhältnis. Meine alten Schulfreunde studierten in Münster, Hannover, Berlin, Kiel, Dortmund und Trier. Wir schrieben uns immer kürzer werdende Briefe und statteten uns in immer größer werdenden Abständen Besuche ab. Ich hatte lange splissige, bis zu den Ellbogen reichende Haare und trug Secondhand-Klamotten: Wildlederturnschuhe, Cordhosen, Trainingsjacken, ausgewaschene Band-T-Shirts und einen Bundeswehrparka. Meine Möbel waren vom Sperrmüll. Meine Platten und den Plattenspieler hatte ich auf dem Dachboden meiner Eltern eingelagert. Ich lebte in einem Provisorium, einem Übergangsstadium: wollte woanders sein, wusste aber nicht, wo. Ich hörte Radiohead und Morrissey auf Kassette und zelebrierte meinen Weltschmerz.

Ich erinnere mich, wie ich einmal zu einer Kommilitonin im Umbruch an der Zülpicher Straße sagte, dass ich nie mit einer Frau schlafen würde, die ich nicht mindestens ein halbes Jahr kenne. Ich glaubte noch an die Liebe. Sie lachte mich aus und ging nach Haus. Ein halbes Jahr später war ich bei einer Frau zu Gast, die ich lange genug kannte. Wir tranken Rotwein, hatten Kerzen und Räucherstäbchen angezündet und sprachen über unser gemeinsames Referat im Proseminar »Goethes Pandora«. Über ihrem Bett hing eine Reproduktion von Courbets *Der Ursprung der Welt*.

»Übrigens«, sagte sie gleich zu Anfang, auf das Bild zeigend, »das ist nicht als Einladung gemeint.«

»Als was denn dann?«

»Es soll die Männer bloß daran erinnern, wo sie herkommen.«

Zu meinem 22. Geburtstag, der mit unserer WG-Einweihungsparty zusammenfiel, bekam ich mein erstes Buch von Thomas

Bernhard geschenkt, den Roman *Das Kalkwerk*. Kurz zuvor hatte ich Rolf Dieter Brinkmann, den großen Köln-Hasser, für mich entdeckt. Obwohl ich keine Gedichte mehr verfasste, verehrte ich immer noch Paul Celan. Die Texte, die ich schrieb, klangen mal wie der eine, mal wie der andere. Im schlimmsten Fall wie alle drei zusammen. »Gegenüber die Wartenden die wie hingeworfen in einigem Abstand stehen und stumpfsinnig auf das Loch blicken aus dem die Bahn kommen muß sie blicken und blicken sie blicken die Schwärze aus dem Loch sie blicken die Bahn herbei dann steht man nicht lang dann steht man nicht lang auf dem Steig dann geht's voran dann ist's vorbei ... in diesem pestüberzogenen Getümmel sich viehisch drängender Menschenleiber ...«

Ich zeigte sie niemandem. Ich arbeitete im Verborgenen am Schreibtisch unter meinem Hochbett.

Mein Skateboard, ein 7 ½ Inch Birdhouse, das ich drei Jahre zuvor während eines Aufenthaltes in San Diego gekauft hatte, stand meist hochkant in der Ecke. Gelegentlich spielte ich im Volksgarten Tischtennis. Ich verlor jedes Mal. Die meiste Zeit verbrachte ich im Kino und in der Bibliothek. Ich sah *Before Sunrise* [1995] und *Trainspotting* [1996] und las *Die Lehre von den Geistigen und vom Volk*. Ich fuhr ein hellblau gestrichenes Hollandrad. Alle paar Wochen war ich Statist bei *Verbotene Liebe* [seit 1995]. Ich bekam Bafög und zehrte von meinem gesparten Zivildienstsold. Das Dorf, in dem ich aufgewachsen war, hatte ich hinter mir gelassen. Ich war unabhängig und allein und fragte mich, wann das Leben, von dem immerzu und überall die Rede war, denn endlich beginnen würde.

Im Sommer zuvor hatte ich Tocotronic live im Luxor gesehen, und seitdem fieberte ich auf meinen 23. Geburtstag hin. Ich wollte den Song *Ich hab 23 Jahre mit mir verbracht* aufdrehen und mitsingen können und ganz im Einklang mit der Welt sein, weil ich mich genauso fühlte, wie in dem Text beschrieben, »Ich bin zu jung, um meine Biographie zu schreiben / Und zu alt, um ewig jung zu bleiben«: auf der Schwelle zum Erwachsenwerden.

Ich besuchte Musikfestivals: Rheinkultur in Bonn, Pinkpop in Landgraaf, Haldern in Haldern.

Ich kannte keine Angst vor dem Tod.

Ich dachte nicht daran, jederzeit sterben zu können.

Einmal, als ich mit einem ehemaligen Mitschüler, der in Köln Medizin studierte, auf der Autobahn unterwegs war, geriet vor uns ein vollbesetzter Van ins Schleudern, scherte von einer Straßenseite zur anderen aus, streifte uns, überschlug sich – ein Mann wurde herausgeschleudert und blieb reglos auf der Fahrbahn liegen – und kam dann aufrecht an der Leitplanke zum Stehen. Während Marko Erste Hilfe leistete, blieb ich im Wagen sitzen. Für den Mann auf der Fahrbahn konnte er nichts mehr tun. Die anderen hingen blutend aus den Fenstern und standen unter Schock. Hinter uns staute sich der Verkehr.

Wenn ich meine Eltern besuchen wollte und kein Geld mehr für die Bahnfahrt hatte, malte ich »Emden« auf ein Stück Pappe und stellte mich damit an eine der Autobahnauffahrten Richtung Norden. Einmal stieg ich zu einem Boten, der Organe von Krankenhaus zu Krankenhaus brachte und selbst wie bescheuert raste, als könnte er es nicht erwarten, endlich seine eigenen Organe loszuwerden. Ein andermal nahm mich ein Geschäftsmann in seinem Jaguar mit. Es regnete in Strömen. Wir unterhielten uns übers Studium und über Schrauben – er arbeitete in der Eisenwarenbranche. Er sei, wie er sagte, auf dem Weg zu seiner Frau und seinen Kindern, die ohne ihn angefangen hätten, auf Norderney Urlaub zu machen, weil er noch geschäftlich in Köln zu tun gehabt habe. Als wir von der Autobahn auf die Landstraße abbogen – es war schon dunkel, und er bestand darauf, mich nach Hause zu bringen –, fragte er, ob ich eigentlich Angst hätte, mit fremden Männern Auto zu fahren, als Anhalter gebe man ja ein

Stück weit die Kontrolle über sein Leben ab, dann, ob ich eine Freundin in Köln habe, oder hier, in Ostfriesland.

»Nein«, sagte ich auf die erste Frage. Und auf die zweite und dritte Frage sagte ich auch: »Nein.«

»Du bist doch nicht andersrum, oder?«

»Nein.«

»Watt sachste? Selbst ist der Mann, wa?« Er bewegte seine hohle Hand im Schritt auf und ab und sah mich dabei mit großen Augen an.

Ich bat ihn anzuhalten und mich rauszulassen.

»Hier, mitten in der Pampa? Bei dem Wetter? Ich hab gesagt, ich fahr dich nach Hause, also fahr ich dich auch nach Hause, mein Junge. Oder woandershin. Wohin du willst. Wir können auch noch was trinken gehen. Jetzt hab dich doch nicht so.« Er legte mir seine Hand auf den Oberschenkel.

Ich bestand darauf, die letzten Kilometer zu laufen und öffnete während der Fahrt die Tür, um meine Entschlossenheit zu zeigen. Da hielt er an und ließ mich gehen. Ich zog mir die Kapuze meines Parkas über und marschierte los.

1996 wurden in der Bundesrepublik Deutschland 1 224 Menschen umgebracht (Mord und Totschlag, vollendete Taten), 1,5 je 100 000 Einwohner. Und es gab 8 758 Verkehrstote, 10,69 je 100 000 Einwohner. Im gleichen Zeitraum gab es in den USA 19 645 Mordopfer (einschließlich Totschlag, vollendete Taten), 7,4 je 100 000 Einwohner; und 42 065 Verkehrstote; 15,86 je 100 000 Einwohner.

Was, wenn mich damals jemand ermordet hätte, wenn ich einen Unfall gehabt hätte?

Was hätte ich der Welt hinterlassen?

Was hätten meine Eltern, Geschwister, Freunde über mich gesagt?

»Er war in letzter Zeit ganz oft ganz mies drauf?«

»Er sah immer so vergeistigt aus?«
»Er kam nie richtig aus sich heraus?«
Wie wäre ich in Erinnerung geblieben?
Und wie wird Carlos in Erinnerung bleiben?

VII

An einem Samstag Mitte September fahre ich nach Highland
Park, um mehr darüber zu erfahren, wer Carlos war und was er
in seinen letzten Tagen, seinen letzten Stunden erlebt hat. Ich
nehme nicht den Sunset Boulevard, sondern den Santa Monica
Freeway und die Interstate 110. Es ist später Vormittag, und der
Verkehr ist in Bewegung, ich gleite an Downtown vorbei, durch
die vier Figueroa Street-Tunnel hindurch, und biege am Marmi-
on Way auf die South Avenue 64 ab, auf die Meridian Street, bis
ich nach einer halben Stunde den Garvanza Park erreiche. Hier,
im von Maschendraht umzäunten Skatepark, soll heute eine Be-
nefizveranstaltung zu Ehren von Carlos Arellano stattfinden.

Highland Park liegt nordöstlich von Echo Park, ein kleiner
hügeliger Stadtteil mit knapp 60 000 Einwohnern, die auf fünf
Quadratkilometern wohnen – dicht besiedelt im Vergleich zu anderen Gebieten von L. A. Das Durchschnittsalter liegt mit 28
Jahren deutlich unterhalb der Norm. Fast zwei Drittel der Bevölkerung sind Latinos, die meisten davon stammen aus Mexiko,
zwei Prozent sind Afroamerikaner, der Rest Weiße und Asiaten.
Anfang des 20. Jahrhunderts lebten hier viele Künstler, Architekten und Intellektuelle und begründeten die US-amerikanische Variante der Arts and Crafts-Bewegung, wovon noch viele
holzverzierte Backsteingebäude mit tief über die Mauern hin-
ausragenden Dächern zeugen, die heute unter Denkmalschutz
stehen. Nachdem 1940 der Arroyo Seco Parkway fertiggestellt

war, zogen die Weißen Richtung Mid-Wilshire, Temple City und San Fernando Valley und machten Platz für Einwandererfamilien. In den vergangenen 40 Jahren beherrschten Gangs die Gegend. Die Avenues-Gang, benannt nach den von ihnen bewohnten Straßen – 43rd und 57th Avenue und Cypress Avenue, den Avenues of Death –, ist eng mit der mexikanischen Mafia verknüpft und betrachtet Highland Park als ihr Revier. Sie sind eine der gewalttätigsten Gangs in den USA. Zu den ihnen vorgeworfenen Straftaten zählen Mord, Körperverletzung, Drogen-, Waffen- und Menschenhandel, Entführung, Brandstiftung, Einbruch, Raub, etc. etc., ihr Hass richtet sich vor allem gegen Afroamerikaner. Die Avenues werden für mehr als einhundert Morde verantwortlich gemacht. Ihr Erkennungszeichen ist die Zahl 43 und ein Totenkopf-Tattoo mit Einschussloch und Fedora.

Als ich den Wagen abstelle und an dem Schild »Wir machen L.A. zu einem besseren Ort« vorbei über die ausgedörrte Wiese laufe, höre ich Reggae aus Boxen dröhnen, Klacken von Skateboards auf Beton, Schreie von Jugendlichen. Der Skatepark wurde im Juni 2007 eröffnet, und vom ersten Tag an soll Carlos die Rampen und den Pool genutzt haben, um seine Tricks zu zeigen, weshalb an diesem Ort, gesponsert von lokalen Skatefirmen wie Bakerboys Distribution oder Roller Horror, Netzwerken wie Skate All Cities, Schuhherstellern wie Supra, DVS oder Etnies und Geschäften wie Kingswell oder Non Factory, ein Wettbewerb ausgetragen wird, dessen Einnahmen der Familie Arellano zugutekommt.

Am Eingang parkt ein Pick-up-Truck, von dessen Ladefläche jemand Getränkedosen verteilt. Ich gehe weiter, betrete den Betonpark und stehe sofort im Weg. Im Slalom fahren die Skater um mich herum, machen Ollies und Wallies, Slides und Grinds. Ich lehne am Zaun. Hinter mir: das Reservoir, ein Wasserspeicher, auf dem Rindenmulch davor zerbrochene Skateboarddecks, eini-

ge aus der Erde aufragend wie Grabsteine eines Skateboardfriedhofs; vor mir: der Park mit seinen Hindernissen – seinen Geländern, Treppen, Quarterpipes – und einem mit Graffiti verzierten Pool. Auf manchen Mauern steht geschrieben: »*Ride in Peace, Ekeh.*« Immer mehr Jungs rollen an mir vorbei auf das Gelände. Die Mittagssonne brennt vom Himmel, und der Typ am Mikrofon ermahnt die Meute, möglichst viel Wasser zu trinken, um nicht zu dehydrieren.

Einige tragen schwarze T-Shirts mit einem Schwarz-Weiß-Foto von Carlos. Einen von ihnen, den ich schon von Carlos' Facebookprofil kenne, spreche ich an. Es ist Jojo. Wie viele hier trägt er die Basecap verkehrt herum, eine Cap der Marke Huf mit Blumenmuster, Sonnenbrille von Sluts, in beiden Ohrläppchen schwarze Fleischtunnel, die Unterlippe gepierct, ein Skateboard in der Hand. Ich hole mein Smartphone raus und aktiviere die Sprachmemo-App. Ich erkläre, wer ich bin, was ich gesehen habe, was ich von ihm will.

Und alles, was er sagt, ist: »Ach, echt?«

Dann frage ich ihn, was Carlos für ein Mensch gewesen sei.

Und er sagt: »Ein sehr cooler Typ, sehr entspannt, sehr glücklich, sehr nett, einer, der mit allen klarkam. Ich hab gehört, dass er ein Lächeln auf den Lippen hatte, als man ihn in den Krankenwagen schob. Ein sehr bescheidener Typ.« Während er das sagt, sieht er sich ständig um, als suche er jemanden oder einen Anlass, mich loszuwerden.

»Wann hast du ihn das letzte Mal gesehen?«, frage ich, um seine Aufmerksamkeit zu halten.

»An seinem Geburtstag, zwei Tage vor dieser Sache, wir hingen in der Springvale rum, die Straße, in der wir alle aufgewachsen sind. Wir hatten ein paar Drinks und was geraucht, weißt du.«

»Im Springvale Drive.«

»Ja, er hat mir SPV auf den Unterschenkel tätowiert«, er zieht seine Hose hoch und zeigt mir die Buchstaben, lässt den Saum wieder fallen, richtet sich auf, »das ist eine Sackgasse, und am Ende gibt es einen Ausblick, und da, auf dem Gipfel des Hügels, da hat er gewohnt. Aber vor ein paar Jahren ist er mit seinen Eltern weitergezogen in den Süden, in eine der Avenues.« Wieder sieht er sich um. Ich überlege, was ich ihn noch fragen könnte, aber mir fällt nichts ein. Stattdessen sage ich: »Er scheint eine Menge Interessen gehabt zu haben.«

»Er verstand es, Spaß zu haben, das Beste aus seinem Leben zu machen«, sagt Jojo und winkt jemandem zu. »Du, entschuldige, da drüben sind ein paar Freunde von mir. Wir sehen uns.« Und weg ist er, verschwunden zwischen Hecke und Zaun.

Ich spreche einen anderen Jungen an. Er steht unter einem Plastikpavillon neben einem Klapptisch, an dem zwei Frauen hinter einem Bottich Pozole sitzen – mexikanischer Eintopf –, den sie gegen eine Spende den Gästen anbieten. Der Junge trägt ebenfalls ein schwarzes T-Shirt mit einem Foto von Carlos. Und auch er hat schwarze Fleischtunnel in den Ohrläppchen und hält ein Skateboard in der Hand. Was ihn von Jojo unterscheidet, ist die kurze Khakihose von Dickies und die bis zu den Knien hochgezogenen gelbvioletten Socken – von den Los Angeles Lakers, der Basketballmannschaft, mit dem Aufdruck »*I like Haters*«.

Ich stelle mich ihm vor.

Und er sagt: »Ich bin Ceez.«

»Du warst einer seiner besten Freunde.«

»Ja«, sagt er. »Er war ein sehr guter Freund. Und sehr verrückt.«

»Was meinst du damit?«

»Er war sehr ehrgeizig, der Ehrgeizigste von uns allen. Und gleichzeitig total sanft und abgebrüht, sehr kreativ, schau mal hier«, er zieht den Ärmel seines T-Shirts hoch. »Das hat er mir verpasst.« Ein Tattoo, eine zu einem W stilisierte Fledermaus, das Logo der HipHop-Band Wu-Tang Clan. »Ekeh war ein echter Künstler. Der hatte es drauf.«

»Was bedeutet Ekeh eigentlich?«

»Im Spanischen sagt man ›*y qué*‹, was so viel bedeutet wie: ›Na und?‹ Carlos hat das die ganze Zeit gesagt, ›*y qué*‹, das war so seine Redensart. Er hat sich von nichts und niemandem aus der Ruhe bringen lassen.«

»Offenbar schon.«

»Ich war nicht dabei. Ich weiß nicht, was genau passiert ist. Ob er die Möglichkeit hatte, sich zu verteidigen oder nicht. Er war Boxer, ein ziemlich guter sogar. Aber gegen Messer sind Fäuste machtlos. Einige meinen, es wären Skater gewesen, aber das glaube ich nicht, Skater würden so was nicht machen, die halten zusammen, selbst wenn sie Konkurrenten sind. Wir waren im gleichen Team, dem Trouble Skate Team, TST. Und wenn es Ärger mit anderen Teams gab, dann immer auf professioneller Ebene. Wir haben das auf dem Platz geregelt, haben gezeigt, was wir können. Alles, was ich weiß, ist, dass er zum Geburtstag gerade erst ein neues Skateboard bekommen hatte, von Chocolate.«

»Was für ein Modell?«

»Keine Ahnung, Mann, so ein rotgelbgrünes, eins mit einem Porträt von Raven Tershy drauf. Alles war neu, die Achsen, die Räder, und ich glaube, das hat ihre Aufmerksamkeit erregt. Es ist wirklich eine Schande, er hatte so viele Talente. Ich kannte ihn, solange ich denken kann. Wir waren Nachbarn, gingen zusammen zur Schule, auf Partys, versuchten, so viele Mädchen wie möglich aufzureißen. Und er war wie ein großer Bruder für mich. Er hat mich immer ermutigt, etwas aus mir zu machen. Immer, wenn ich nicht wusste, wie's weitergeht, sagte er, ›Ceez, eigentlich weißt du doch ganz genau, was zu tun ist.‹ Er hat nie große Reden halten müssen; er hat mir einfach gezeigt, was richtig und was falsch ist. Und er war immer absolut ehrlich, geradeheraus. Jeder von uns hat mit ihm Abenteuer erlebt, jeder kann dir eine verrückte Geschichte erzählen.«

»Was ist deine?«

»Zum Beispiel als wir zum ersten Mal Acid genommen haben. Erst merkten wir nichts, dann saßen wir einfach nur noch da, bewegungslos für Stunden, während um uns herum die Party weitertobte, und Carlos hatte die ganze Zeit dieses breite Grinsen im Gesicht. Ich wollte immer wieder aufstehen und kam nicht hoch, und er sagte: ›Bleib sitzen, entspann dich, ruh dich aus.‹ Und das tat ich. Mir blieb aber auch nichts anderes übrig. Und ich fühlte mich sehr wohl. Mit ihm habe ich auch zum ersten Mal Pot geraucht. Und dabei redeten wir miteinander, ohne einen Laut von uns zu geben, 15 Minuten ging das so, ein stilles Gespräch. Und obwohl wir beide keine Lippen lesen konnten, verstanden wir uns sehr gut. Das muss in der siebten oder achten Klasse gewesen sein. Wir brauchten keine Worte.«

Ceez und ich stehen auf dem Weg zum Skatepark. Immer wieder rollen Jungs über die Betonplatten an uns vorbei. Manchen weichen wir aus, manchen nicht. Einige bleiben stehen, unterhalten sich kurz mit Ceez – »Was geht, Alter?« –, sie geben sich die Hand, eine sogenannte Daps Explosion: die Daumen erhoben, die Handfläche offen klatschen sie ein, verhaken ihre Finger und schlagen, nachdem sie sich wieder voneinander gelöst haben, ihre Fäuste gegeneinander. Dann rollen sie weiter, dem Wettbewerb, dem Glück oder Pech entgegen. Und Ceez wendet sich wieder mir zu.

»Wir mussten auch oft nachsitzen, bekamen Nachhilfeunterricht, das sind diese Kurse für die, die hinterherhinken. Ich glaube, sie haben mich zuerst dahingeschickt, dann ihn. Und es gab noch einen Dritten, Jay, den er mir gleich am ersten Tag vorgestellt hat, und von da an hingen wir ständig zusammen ab. Wir verbrachten viel Zeit in einem verlassenen Haus am Ende der Straße. Das war ein echtes Geisterhaus mit vielen Zimmern und Möbeln aus den späten Sechzigern. Wir haben da rumgesessen, Videospiele gespielt, was geraucht. Und da lagen auch Zeitungen rum, Charles Manson auf der Titelseite. Und irgendwann fanden wir ein paar Golfschläger und Golfbälle. Im Garten war nicht genug Platz, um Golf zu spielen. Also kletterten wir aufs Dach und schlugen von dort aus ein paar Bälle in die Gegend, auf den Parkplatz unserer Highschool, Benjamin Franklin, in der Hoffnung, das Auto irgendeines Lehrers zu treffen. Wir haben uns eine Menge Ärger eingehandelt. Aber den Schulabschluss haben wir geschafft. Und danach hat er als Koch gearbeitet, in verschiedenen Restaurants. Er war ein Naturtalent. Er konnte aus wenigen Zutaten echt leckere Sachen machen. Ich arbeite auch in einem Restaurant, einem japanischen namens Gyu-Kaku, oben in Pasadena, aber nicht als Koch, sondern als Mädchen für alles, manchmal sind wir uns vor unseren Häusern begegnet, und er fragte: ›Wo gehst du hin?‹, ›Zur Arbeit‹, ›Komm ich gerade her.‹«

Wie ich so vor ihm stehe, mein Smartphone in der Hand, jedes Wort aufzeichnend, komme ich mir vor wie einer der Detectives, der in den Läden am Sunset Zettel verteilt hat. Womöglich waren sie auch bei Jojo und Ceez und haben die gleichen Fragen gestellt wie ich jetzt, Fragen wie diese: »Wann hast du ihn das letzte Mal gesehen?« Klassiker in Kriminalgeschichten.

Er zögert kurz, blinzelt in die Sonne. »Er hatte mich und meine Freundin zum Mittagessen eingeladen, wir hatten gerade unser Kind bekommen, Cesar Alexander, das war das erste und letzte Mal, dass er meinen Kleinen gesehen hat. Wenn der Junge eine Woche später geboren wäre, hätten wir ihn womöglich nach ihm benannt, nach Carlos.«

Und in dem Moment, als er das sagt, kommt, als hätte er sie gerufen, seine Freundin mit dem Kinderwagen an, ein weißes Tuch über die Liege geschlagen, fragt, wie lange er noch bleiben will – »bis das hier vorbei ist« –, sagt, es sei ihr zu heiß hier und geht wieder.

»Also hat sich dein Leben ziemlich verändert in den vergangenen Wochen«, sage ich und schaue ihr hinterher, wie sie den Kinderwagen mit der einen Hand zur Straße hinschiebt, während sie mit der anderen auf ihrem Handy eine Nachricht schreibt.

»Ja, sehr. Seitdem habe ich nichts mehr geraucht, und er hat mich darin bestärkt. Wir saßen bei uns im Garten, den nennen wir The Jungle, ziemlich verwildert, und da hab ich meinen letzten Joint mit ihm zusammen geraucht, und dann hab ich ihm meinen Beutel zugeworfen, und er fragte: ›Soll ich dir noch einen drehen?‹, und ich sagte: ›Nein, Mann, das ist für dich, behalt es, ich will nicht mehr.‹ ›Ist das dein Ernst?‹ ›Absolut.‹ Mit ihm hat es angefangen, und mit ihm endet es.«

Ceez reicht mir eine Wasserflasche aus einer Tiefkühlbox, und wir laufen ein bisschen herum, bis wir auf Nick treffen, den alle nur Pickle nennen. Warum, weiß er selbst nicht mehr. Pickle heißt »einlegen«, Essiggurken sind *pickled cucumber*. Falls das eine Anspielung auf einen strengen Geruch oder auf noppige, pockige, grünstichige Haut sein soll: An Pickle ist alles makellos, jedenfalls auf den ersten Blick, er hat keine Pickel, keine Narben, keine Verfärbungen – und keine Fleischtunnel in den Ohrläppchen, er riecht nicht komisch, und er trägt kein Basecap und keine Shorts wie die anderen, sondern ein schlichtes weißes Shirt und eine schwarze Jeans und graue Vans. Um seine Schultern ist ein Rucksack geschlungen, und zwischen Rücken und Rucksack klemmen zwei neue Skateboarddecks. Sein altes Skateboard hält er in der Hand, die eine Spitze berührt den Boden, die andere dreht er mit den Fingerspitzen immer wieder hin und her. Pickle arbeitet auch in einem Restaurant, im Americano, einem Imbiss, vorne an der Essensausgabe. »Ekeh hat sich nie helfen lassen. Wenn's ums Kochen ging, war er der Chef. Und wir ließen ihn machen. Ich kann mich nicht erinnern, ihn je traurig oder frustriert erlebt zu haben. Er lebte für den Moment, dachte nicht an die Vergangenheit, an die Zukunft, er versuchte immer, das Beste aus allem zu machen. Ich hatte eine Menge Probleme mit Drogen und Frauen, aber er hat mir da rausgeholfen, mir mein Selbstvertrauen zurückgegeben. Ekeh war ein echt cooler Homie, ich vermisse ihn wie nur was. Manchmal haben wir uns aber auch gestritten, wie Brüder sich eben streiten.«

»Worum ging's dabei?«, frage ich.

»Meist um Frauen. Aber wir haben uns immer vertragen. «

»Wann hast du ihn das letzte Mal gesehen?« Ich muss das fragen, es ist wie ein Zwang, als könnte ich Carlos von den Toten zurückholen, wenn ich nur genau und nah genug an den noch Lebenden herankomme.

»Das war hier, eine Woche davor«, sagt Pickle und dreht sein Skateboard mit zwei Fingern einmal um die eigene Achse. »Wir haben geskatet und zusammen im Gras gelegen, Bier getrunken, geraucht, hatten 'ne Menge Spaß. Ich weiß nicht mehr, worüber wir geredet haben, aber wir haben oft übers Leben gesprochen. Er war ein echtes Vorbild für mich, er hat nie jemanden ausgeschlossen. Wenn ich kein Geld hatte, gab er mir was. Oder er gab mir was zu essen oder zu trinken aus. Er war sehr großzügig und ließ niemanden zurück. Du hättest ihn kennenlernen müssen. Er hatte Charisma oder so. Ich weiß nicht, wie ich's anders sagen soll: Er hatte so eine Art – vom ersten Augenblick an hat man sich in seiner Gegenwart geborgen gefühlt. Ich wünschte, ich hätte mich von ihm verabschieden können, ihm sagen können, wie viel er mir bedeutet. Die hier«, er zeigt auf die Skateboarddecks, die zwischen Rücken und Rucksack klemmen, eins von Skate All Cities, eins von Deathwish, »hab ich für ihn gewonnen.«

»Wie viel willst du dafür?«, fragt Ceez. »20?«

»Okay. Ich würd es dir ja so geben, aber ich krieg erst am Montag wieder Geld.«

»20 ist immer noch viel zu wenig, das ist mindestens 60 wert.«

Ceez reicht ihm die Scheine und zieht eins der Decks heraus.

»Ich weiß noch, einmal da war ich bei ihm«, sagt Pickle, »und ich bin eingeschlafen, und als ich aufgewacht bin, war ich überall mit Edding vollgeschmiert.«

»Die Regel ist, wenn du mit Schuhen einschläfst«, sagt Ceez, »dann haben wir das Recht, dich vollzumalen. Da kennen wir keine Gnade.«

»Das Gemeine sind die Stellen, die du nicht sehen kannst.«

»Ich weiß noch, ein Typ glaubte, sich alles abgeschrubbt zu haben, bis er am nächsten Morgen in den Bus einstieg und alle anfingen zu lachen. Er hat sich umgedreht und gefragt: ›Was gibt's denn da zu lachen?‹ ›Du hast einen Penis im Nacken.‹«

Pickle lässt sein Skateboard auf den Boden fallen und rollt nach Hause. Ein Wagen hält an der Straße, ein paar Jungs steigen aus, holen mehrere Packungen mit Bierdosen aus dem Kofferraum und verteilen sie an die Umstehenden. Ceez kommt mit einem Karton Pabst Blue Ribbon zurück, und zum ersten Mal an diesem Nachmittag lacht er und reckt die Hände über den Kopf, als hätte er einen großen Fang gemacht. Das Bier wirkt magnetisch: Ein bulliger Typ mit langen lockigen schwarzen Haaren, Jeanskutte, Jeanshose, T-Shirt von den Suicidal Tendencies, weiße Basketballturnschuhe von Adidas, gesellt sich zu uns, ein Metaller, kein Skater.

»Das«, sagt Ceez stolz, »ist Chunty.« Er stellt ihn vor wie eine Trophäe, als müsste ich ihn kennen, schon von ihm gehört haben, als wäre er eine Legende, weit über die Grenzen von Highland Park hinaus bekannt. Und ich habe ihn auch schon mal gesehen, aber nur auf Facebook, auf seinen eigenen Fotos, moshend und Luftgitarre spielend auf irgendwelchen Parkplätzen, Pommesgabel zeigend vor einem Stripclub, mit Edding vollgeschmiert vor einem Sofa liegend, von einer Veranda kotzend, in Lederkluft auf einer Hochzeit neben der Braut stehend. Er hört Metal-Bands wie Death, Megadeath und Maryland Deathfest, Deceive, Demolition Hammer und Destruction und arbeitet abwechselnd als Totengräber und für ein Abrissunternehmen: Den Vorher-Nacher-Bildern von zerstörten Häusern nach zu urteilen, macht es ihm einen Heidenspaß, Wände mit einem Bulldozer einzureißen.

»Kommt«, sagt Ceez, »lasst uns da rüber setzen.«

Wir gehen über die Wiese und setzen uns in den Schatten der Bäume und Hecken, wo schon zwei Mädchen sitzen: Danky*, Carlos' Freundin, in einem türkisfarbenen Sommerkleid – die, die ich in jener verhängnisvollen Nacht auf dem Sunset Boulevard

---

* Ich weiß ihren richtigen Namen.

gesehen habe –, und Sandy, ihre beste Freundin, mit schwarzer Hornbrille und violettem Schimmer im dunklen Haar. Die Farbe ist ganz schwach aufgetragen und doch stark genug, um ihr einen purpurnen Glanz zu verleihen.

»Wir nennen das hier die Lounge«, sagt Ceez.

»Kann ich dir irgendwie mit dem Bier helfen?«, fragt Chunty. »Ich meine, sonst wird das noch schlecht.«

»Wie heißt das Zauberwort?«

»Bitte«, sagt Chunty und greift gelangweilt nach einer der Dosen.

»Nein, nicht das. Das andere«, sagt Ceez und zieht die Dose wieder zurück. »Du kennst das Zauberwort.«

»Nein, ich kenn dein scheiß Zauberwort nicht. Niemand kennt dein scheiß Zauberwort.«

»Da hast du's. Das ist es: Niemand kennt mein scheiß Zauberwort.« Ceez reicht ihm eine Dose und bietet mir und den Mädchen auch welche an.

Fast gleichzeitig schütteln wir unsere Köpfe.

»Carlos war mein Cousin«, sagt Chunty, nachdem er den ersten Schluck genommen hat, »von ihm stammt das hier.« Er krempelt seinen Ärmel hoch und zeigt mir ein Tattoo, das Carlos ihm verpasst hat, die Initialen G und D.

»Was soll das bedeuten?«, frage ich.

»Gutter Drunk. Gossentrinker. Steht für eine Gruppe von Homies, die gerne hart feiern und sich auch schon mal ins Koma saufen. Aber Carlos sagte immer, das steht für Great Dick. Das passt auch.« Er lacht wie irre, aber anstatt einzustimmen, verdreht Ceez nur die Augen und schlägt Chunty mit der Faust mehrmals gegen die Schulter. »Und irgendjemand meinte mal«, sagt Chunty von den Schlägen völlig unbeeindruckt, »Carlos hätte bloß das O in der Mitte vergessen. Ich bin gläubig, aber ich bete nicht gern. Und darum kann ich auch nicht in die Kirche gehen, weil die anderen es respektlos finden würden, wenn ich nicht mitmache. Es heißt doch immer, Gott hätte auf alles ein Auge. Aber ich bezweifle das. Mein anderer Cousin ist mit 17 an Krebs gestorben, und jetzt Carlos. Seitdem hinterfrage ich alles. Ich würde gerne wissen, was da im Jenseits abgeht. Ob da tatsächlich Dauerparty ist, wie immer alle sagen. Ich glaube ja an den Paganismus: Wenn du als Kämpfer stirbst, kommst du nach Walhalla, und da kannst du den ganzen Tag so viel saufen, wie du willst, in einer großen großen großen Bar, an einem großen Tisch, alle saufen zusammen und kämpfen zusammen.«

»Ich bin keine Christin«, schaltet sich Sandy in das Gespräch ein, »Christen haben mich mal schlecht behandelt. Ich bin als Buddhistin erzogen worden, aber nie richtig mit ganzem Herzen dabei gewesen. In der siebten Klasse haben wir im Unterricht plötzlich Jesus durchgenommen. Und ich so: ›Wer ist das?‹ Ihr könnt euch vorstellen, wie doof die anderen geguckt haben. Ich hatte bis dahin echt keine Ahnung, wer Gott ist. Und die so: ›Du wirst in der Hölle schmoren!‹« Sandys Eltern stammen aus Vietnam und Kambodscha. Sie sind übers Meer vor dem Krieg und den Roten Khmer geflohen, vor dem Tod und der Zerstörung, und haben in den USA ein neues Zuhause gefunden. Ihr Vater ist Schweißer bei WET, einer großen Springbrunnenfirma, und ihre Mutter hat sich gleich nach ihrer Ankunft in Los Angeles selbstständig gemacht und ein Nagelstudio eröffnet. »Was ich nie verstanden habe«, sagt Sandy – sie ist immer noch bei den Konfessionen: »Die Christen nehmen aus der Bibel nur die Sachen, die ihre Argumentation stützen, die Widersprüche werden einfach negiert.«

»Woah, woah, woah«, sagt Ceez. »Worüber sprechen wir hier?«

Er will das Thema wechseln, und ich nutze die Gelegenheit, um Danky mein Beileid auszusprechen.

»Schon okay«, sagt sie. »Jeder verliert jemanden.«

Ich wundere mich über ihre Gefasstheit. »Aber nicht jemanden wie Carlos«, sage ich, um sie aus der Reserve zu locken. Wenn ich nicht wüsste, dass sie vor vier Wochen ihren Freund verloren hat, bei einem Mord, den sie selbst miterlebt hat, würde ich sie für einen ganz normalen Teenager halten, ein Mädchen, dem bisher nichts wirklich Schlimmes zugestoßen ist.

»Das stimmt. Er war einzigartig. Verdammt schön. Ein besonderer Mensch, der mich immer wieder überrascht hat. So ging mir das schon, als ich ihn kennenlernte. Das war vor ein paar Jahren, hier im Park mit Ceez.« Sie sieht ihn an, zeigt zur Skateranlage hinter den Büschen und sagt: »Ihr beide wart am Skaten.«

»Was sonst?«, sagt Ceez und trinkt einen Schluck.

»Aber damals war ich noch nicht in ihn verliebt«, sagt Danky und beginnt, Gras aus dem Boden zu rupfen und wie grünen Schnee vor ihre Füße rieseln zu lassen. »Wir sind einfach nur befreundet gewesen. Aber dann sind wir mal zusammen ausgegangen, nur wir beide, und eins kam zum anderen. Er war mein erster richtiger Freund. Wir waren auf den Tag genau fünf Monate zusammen, seit dem 15. März.«

Und dann holt sie weiter aus, beginnt, von sich zu erzählen. Danky ist 18, sie ist auf den Philippinen geboren, in Bayombong auf der Insel Luzon, und kam mit ihrer Mutter und zwei Brüdern nach Amerika, als sie acht Jahre alt war. Zu dem Zeitpunkt wohnten ihre Großmutter und ihr Vater bereits in Los Angeles. Den Sommer über arbeitete er am Fließband eines großen Fischereibetriebes in Alaska, den Winter verbrachte er mit seiner Familie im Süden Kaliforniens. Sie alle waren in die USA ausgewandert, weil sie mehr wollten: mehr Freiheit, mehr Möglichkeiten, mehr Geld – ein aussichtsreicheres Leben. Der amerikanische Traum hatte sie alle angezogen wie ein Magnet. Anfangs sprach Danky nur Ilokano und Tagalog. Sie tauchte in eine fremde Welt ein, die ihr durch die Geschichten, die sie als Kind gehört hatte, seltsam vertraut war. Aber inzwischen merkt man ihr nicht mehr an, dass sie – wie so viele hier – aus einem anderen Land stammt. Und jetzt geht sie aufs Antelope Valley Community College und lebt das Leben, das sich die Eltern für ihre Kinder gewünscht haben. Das Semester begann drei Tage, nachdem Carlos erstochen worden war. Es war ihr letzter Ferientag.

»Wenn ich jetzt an ihn denke«, sagt Danky, »fällt mir als Erstes sein Lächeln ein, seine positive Grundhaltung. Er war ein Motivator. Und er hat immer gesagt, was er dachte. Er war immer ehrlich zu den Leuten, und das schätzten sie an ihm.«

»Nicht alle«, sagt Ceez.

»Wer nicht?«, frage ich.

»Diejenigen, denen das nicht passte. Die die Wahrheit nicht ertragen konnten.«

»Wer kann das schon«, sage ich, aber Ceez geht nicht darauf ein, und ich wende mich wieder Danky zu. »Wie war das, als ihr zum Echo Park Rising gegangen seid?«

»Es war ein ganz normaler Abend. Ein paar sprachen Carlos auf sein neues Skateboard an, fragten, ob er selbst auf dem Deck abgebildet sei. Und ich muss zugeben, eine gewisse Ähnlichkeit ist da, zwischen ihm und Raven Tershy, die dunkle Basecap, die dunklen Haare, die auffälligen Augenbrauen. Carlos fand es lustig, für einen Profiskater gehalten zu werden. Wieder und wieder erzählte er davon. Und wir lachten darüber. Und er war wie immer: lebendig, zufrieden, enthusiastisch. Und ich war froh, an seiner Seite zu sein. Ich hätte nie damit gerechnet, dass so etwas passieren würde. Und dann ging alles ganz schnell.«

»Kannst du dich daran erinnern, wie es passierte?«

»Ja, klar. Das ist, als hätte man mir diese Erinnerung implantiert, so fest sitzt das drin. Wir gingen den Sunset rauf Richtung Lot 1. Aber so weit kamen wir nicht. Da kam dieser Kerl auf uns zu, so ein typischer hispanischer Gangster. Ich kann mich nicht an sein Gesicht erinnern oder daran, wie er uns angequatscht hat, aber ich weiß noch, was Carlos zu ihm gesagt hat: ›Hey, wie geht's, wie gefällt dir der Abend?‹, so in der Art. Ich glaube, Carlos wollte einfach nur nett sein. Aber darauf reagierte der Kerl überhaupt nicht. Stattdessen fragte er nach der Größe des Skateboards. Im Gegensatz zu den anderen, das war mir sofort klar, interessierte der sich nicht für das Motiv von Raven Tershy, sondern für das Brett an sich. Und ich hatte gleich das Gefühl, dass er das Skateboard haben will. Verständlich, dass Carlos es ihm nicht geben wollte. Der Kerl sagte: ›Das ist genau meine Größe.‹ Und schlug Carlos sofort mit der Faust ins Gesicht. Und das war's. Wir blieben stehen, und der Kerl ging die Straße runter. Und dann rief Carlos ihm hinterher: ›Du kannst froh sein, dass ich meine Freundin dabei habe.‹ So in dem Sinn: ›Du kannst froh sein, dass sie hier ist, sonst würde ich jetzt sonst was mit dir machen.‹ Und als der das hörte, kam er zurück und prügelte auf Carlos ein. Ich wollte ihn wegziehen, bin aber ausgerutscht und hingefallen. Und bevor ich wieder aufstehen konnte, hörte ich einen dumpfen Aufprall auf dem Boden. Carlos lag neben mir. In dem Moment kam ich mir völlig verloren vor. Ich hatte keine Ahnung, was geschehen war. Ich wusste nicht, dass der andere auf ihn eingestochen hatte. Ich dachte nur, Carlos sei am Kopf getroffen worden oder mit dem Kopf aufgeschlagen und deshalb bewusstlos. Und im Krankenwagen sagte der Arzt, er könne keinen Puls finden. Und später, im Krankenhaus, hatten sie ihn für 45 Minuten noch einmal zurückgeholt. Für 45 Minuten war er *fucking alive*. Und ich war zu dem Zeitpunkt nicht da: Ich saß vor den Waschbecken in der Toilette und heulte mir die Seele aus dem Leib.«

»Aber du musst doch gemerkt haben, dass er blutet.«

»Erst als ich da im Krankenhaus saß, hab ich gemerkt, dass mein ganzer Ellbogen voller Blut ist. Und meine Hände auch.«

Wir schweigen eine Weile, Ceez und Chunty trinken ihr Bier, Sandy putzt ihre Brille, und ich drücke auf mein Smartphone, um zu sehen, ob die Sprachmemo noch läuft. Läuft noch.

Danky sagt: »Du hast ihn gesehen, sagst du. Dann hast du vielleicht auch gesehen, wie bleich er im Gesicht war und dass seine Augen nach oben verdreht waren. Und ehrlich gesagt, wusste ich in dem Moment, dass er tot war, weil ich meinen Onkel Jahre zuvor so gesehen hatte. Er starb direkt vor meinen Augen, und er sah genauso aus wie Carlos, obwohl er nicht erstochen worden war, sondern im Garten einen elektrischen Schlag abbekommen hatte. Aber der Rest war genauso: die Haut war absolut weiß und keine Pupillen.«

Chunty unterdrückt ein Rülpsen, wirft die Dose hinter sich und schnappt sich gleich eine neue, nimmt einen kräftigen Schluck. Jetzt hätte ich doch gern ein Bier, aber ich will mein mir selbst auferlegtes Gelübde nicht brechen. Außerdem muss ich noch zurückfahren. Aber mit Bier würde ich mir weniger blöd vorkommen, hier zu sitzen und Danky all diese Fragen zu stellen, Kriminalistenfragen, Journalistenfragen, Schriftstellerfragen, Ninafragen, Janfragen.

Wir sitzen noch eine Weile da, hinter uns, hinter der Hecke, gehen die Wettkämpfe weiter. Immer wieder fordert der Sprecher die Jugendlichen auf, Wasser zu trinken. Und während wir da sitzen und über Carlos reden, muss ich an meine eigene Jugend denken, daran, wie es war, 15 oder 16 zu sein und wie wild zu skaten, an unsere Gespräche, die übergangslos von Alkoholexzessen und Anekdoten aus dem Partyleben zu Religion und Philosophie umschlagen konnten. Wir hatten keine Skateranlage und lebten auf dem Land, lungerten irgendwo an der Peripherie des Dorfes herum, meist im Industriegebiet oder im Hammrich – an Orten, an denen wir ungestört waren. Unsere Rampen bestanden aus MDF-Platten. Unsere Tricks hatten wir von VHS-Kassetten, die irgendjemand von Titus aus Münster mitgebracht hatte. Wir waren zu wenige, um ein Team zu bilden und gegen andere Teams anzutreten. Wir waren nicht einmal eine Szene, sondern gingen in anderen Gruppen auf.

Manchmal skateten wir aber auch mitten im Dorf, mitten auf der Straße, rollten den Kirchweg von der Warft hinab, die einzige Erhebung weit und breit, und hängten uns an anfahrende Autos, wie wir es in *Zurück in die Zukunft* [1985] gesehen hatten. Es gab auch Tote: Selbstmörder, Unfallopfer, Idioten, die auf Güterwagons geklettert und zu dicht an die Hochspannungsleitungen gekommen waren. Aber niemand von uns war ermordet worden. Und es gab niemanden wie Carlos, keine Integrationsfigur, niemanden, der uns alle über die Schulzeit hinaus zusammenhielt. Und ich frage mich, was aus all seinen Freunden werden wird, aus Jojo und Ceez, Chunty und Pickle, Sandy und Danky. Werden sie jetzt, da Carlos tot ist, getrennte Wege gehen? Wird der Freundeskreis auseinanderbrechen? Oder schweißt Carlos' Tod die Gruppe noch enger zusammen? Und während ich mich das frage, muss ich an Nina und Sergej denken, an all das, was wir zusammen erlebt haben, an unsere Abenteuer. Ich fliege bald nach Deutschland zurück, Nina reist weiter nach Kanada und Sergej nach Tirol. Wir bleiben in Kontakt, sind über Facebook miteinander befreundet, aber das ist nicht das Gleiche, wie sich jeden Tag zu sehen und Dinge miteinander zu erleben; das eine kann das andere nicht ersetzen.

Ich frage Ceez, ob Carlos' Eltern auch hier seien. Er nickt, setzt das Bier ab und weist auf den Stand vor dem Eingang, auf die Plastiktische und Plastikstühle unter dem Plastikpavillon. »Da drüben, wo's Pozole gibt. Der Mann mit T-Shirt und Bart ist sein Vater, die Frau mit Sonnenbrille seine Mutter.«

Ich verabschiede mich von ihm und den anderen auf dieselbe Weise, wie sie sich begrüßen, mit einer Daps Explosion: indem ich ihnen die Hand gebe, wir die Finger verhakeln und die Fäuste gegeneinander schlagen.

»Pass auf dich auf«, sagen sie.

Und ich sage: »Passt ihr auf euch auf.«

Dann gehe ich zu dem Plastikpavillon hinüber, unter dem ein großer dampfender Aluminiumbottich und Kühlboxen mit Wasserflaschen stehen. Carlos' Vater steht etwas abseits und betrachtet mit verschränkten Armen das Geschehen auf der Skateranlage.

Er heißt Adan, bedankt sich für meine Anteilnahme, dafür, dass ich gekommen bin, und sagt: »Carlos war immer sehr positiv. Das kann ich von mir nicht gerade behaupten. Ich werde lange brauchen, um darüber hinwegzukommen – womöglich wird mir das nie gelingen. Ich denke jeden Tag an ihn. Jeden Tag, wenn ich seine Sachen sehe, sein Zimmer, sein Fahrrad, dann muss ich an ihn denken, daran, wie ich ihn zum letzten Mal gesehen habe. Am Tag zuvor hatten wir noch seinen Geburtstag gefeiert, in einem Restaurant, zusammen mit seinen Geschwistern und Cousins und seiner Freundin. Dabei hatte er zweimal Geburtstag. Einmal am 13. August und einmal heute, am 13. September.«

»Wie kann das sein?«

»Die Geburtsurkunde stimmt nicht, der Doktor in Mexiko hat sich mit dem Datum vertan.«

»Wann sind Sie damals ausgewandert?«

»Zum ersten Mal bin ich 1988 hierhergekommen, ich suchte Arbeit, wollte ein besseres Leben für mich und meine Familie. Zwischendurch war ich aber wieder in Mexiko, weil ich es nicht aushielt, so lange von meiner Frau und meiner Tochter getrennt zu sein. Da hab ich in el De-Efe, in Mexiko City im Krankenhaus gearbeitet, und in der Zeit ist Carlos entstanden.« Er hält inne, sieht mich an und lässt die Arme sinken. »22. Das ist zu früh, zu kurz, zu wenig. Alles ging bei ihm so schnell. Als er im Restaurant anfing, stand er erst an der Spüle, aber einer der Köche merkte sofort, was er drauf hat, und sorgte dafür, dass er ihm half, und schon nach ein paar Monaten war er allein fürs Menü verantwortlich. Er war sehr intelligent, sehr clever, und er hatte Stil. Für ihn waren Gerichte Kunstwerke; er dekorierte das Essen, ordnete die Speisen an, gab ihnen eine Form.«

»Was machen Sie beruflich?«

»Ich bin Maler auf dem Bau. Carlos hätte es weit bringen können, viel weiter als ich.«

»Ceez sagt, dass sie zum Förderunterricht mussten.«

»Ja, er hatte auch manchmal Schwierigkeiten. Aber wenn er etwas erreichen wollte, dann erreichte er es. Und er konnte sich an alles erinnern. Er hatte ein phänomenales Gedächtnis. Das ist für immer verloren. Heute Morgen war ich auf dem Friedhof – wir haben ihn vor einer Woche begraben –, und ich habe ihm Blumen vorbeigebracht und ihm Happy Birthday gewünscht. Für mich wird er niemals tot sein. Ich werde ihn nie vergessen.«

Carlos' Mutter kommt zu uns, stellt sich als Lucy vor und bietet mir Pozole an. Ich lehne dankend ab und frage sie, ob Carlos in Mexiko oder in den USA geboren worden sei. »In Mexiko«, sagt sie, »er hatte nie einen amerikanischen Pass. Ich kam mit Joanna, seiner älteren Schwester, und ihm hierher, als er neun Monate alt war. Wir kamen, um ein glücklicheres, sichereres Leben zu führen.« Sie erzählt von den beiden jüngeren Geschwistern und dass sie in der Nähe einen Schönheitssalon betreibt. Dann frage ich sie wieder nach Carlos. Und sie zeigt mir ein Foto, das ein Freund der Familie gestaltet hat: Carlos mit langen zurückgebundenen Haaren, die Arme vor der Brust verschränkt, schwarze Fleischtunnel in den Ohrläppchen. Er trägt ein weißes Hemd, eine grauglänzende Weste mit Rautenmuster und eine Fliege im gleichen Farbton, im gleichen Muster. Das Foto entstand anlässlich einer Hochzeit. Jetzt ist sein Oberkörper freigestellt und in einen Wolkenhimmel gesetzt. Links über ihm schwebt eine weiße Taube, die Flügel ausgebreitet, lichtbestrahlt.

»Mein Sohn ist …«, sagt sie, verstummt und bricht in Tränen aus, womöglich, weil sie merkt, dass sie immer noch im Präsens über ihn spricht. Nachdem sie die Fassung wiedergewonnen hat, setzt sie von Neuem an: »Er hatte ein sehr großes Herz. Ich bin sehr traurig. Das letzte Mal, als ich ihn sah, war an dem Morgen, beim Frühstück. Er machte einen sehr glücklichen Eindruck, und er ging zu seiner Schwester, zur Arbeit, und er sagte zu ihr, er sei so glücklich wie noch nie. ›Dies‹, sagte er, ›ist der glücklichste Tag meines Lebens.‹«

Auf der Rückfahrt nehme ich den Sunset Boulevard. Ich fahre der tief stehenden Sonne entgegen und muss die Blende herunterklappen, um die Straße und die Autos erkennen zu können. Alles blitzt und gleißt, als wäre es mit Chrom überzogen, eine Welt aus Metall. Als ich in Echo Park am Tatort vorbeikomme, sehe ich, dass das Skateboard, das Mahnmal, verschwunden ist – und mit ihm die Blumen und Kerzen und Schilder. Im Stadtbild weist nichts mehr auf den Tod von Carlos Arellano hin.* Die Laterne ist wieder eine Laterne, ein Pfahl am Tag, ein Licht in der Nacht.

---

* Die Tat ist immer noch nicht aufgeklärt.

16.08.

Ring of Nylon and Steel

Twentynine Palms, eine Oase in der Wüste, / ein Quell
des Lebens, vom Tod umgeben, / ist Schauplatz dieser
Geschichte. // Auf dem Marine Corps Air Ground
Combat Center / wohnten zwei Paare, die Corwins und
die Lees, / einträchtig nebeneinander. // Die Männer
gingen zur Jagd, / die Frauen zum Reiten, bis sich /
aus der Freundschaft mehr ergab. // Erin Corwin und
Christopher Lee wurden / ein Paar, es heißt sogar, sie war
von ihm schwanger, / ohne dass die anderen es wussten. //
Eines Morgens sagte sie zu ihrem Mann, / er lag noch
im Bett, die Laken umgeschlagen, / den Kopf auf dem
Kissen, das Kinn / ihr zugewandt, ich fahre in den Joshua
Tree / Nationalpark, um Fotos zu machen, / von dem
Baum von U2, // dorthin, wo die Straßen keinen Namen
haben, / wo die Kugeln durch den Himmel krachen, / wo
die Qualen Wellen schlagen. // Christopher Lee will mich
überraschen, / schrieb sie einer Freundin in einer SMS /
und packte voller Freude ihre Sachen. // Er will dort,
schrieb sie weiter, Kojoten jagen, / für ein paar Minuten
holt er seine Waffe raus, / den Rest der Zeit will er auf
mich anlegen. // Wird er dir, fragte die Freundin, einen
Ring anstecken? / Eventuell, schrieb Erin. Warum sonst
sollte er / mich an diesen ausgefallenen Ort schleppen? //
Heute, sieben Wochen später, fand man Erin / in 50
Meter Tiefe, am Grund einer Mine, / ohne Silber und
Gold darin, / ohne Liebe, // um den Hals eine Garrotte, /
ein Ring aus Nylon und Stahl.

Sex über der City

Jedes Mal, wenn ich ihn in Berlin traf, erzählte er mir von den Dachterrassenpartys auf dem Standard Hotel in Downtown Los Angeles. Und jedes Mal legte sich dabei so ein seliger Glanz über seine Augen, als hätte ich ihn nach seiner großen Liebe gefragt, und er zeigte ein Temperament, das ich sonst nicht von ihm kenne. Leif Randt ist eher zurückhaltend, abwartend, kühl. Er sagt nicht viel, aber wenn, dann ist es immer interessant und pointiert. »Die Rooftop-Bar auf dem Standard Hotel«, sagte er, »das ist Panorama Bar meets Spring Break.« Was nichts anderes heißen sollte, als dass dort, an jenem idealen Ort, Disko und Dekadenz, Pop und Profanität zusammenkommen.

Alle paar Wochen schickte er mir per Mail Zusammenfassungen seiner Erlebnisse: »Nun also die Zwanziger am schwimmhallenartigen Tresen des Standard-Rooftops ausklingen lassen. Generell ist es gut hier. Downtown ist die Lösung. Am Tag auf dem Dach sind die L.A.-Dresscodes *(no shorts, no white shirts, no sports gear)* völlig außer Kraft gesetzt. Sporty Fashion, konservativ, aber grell. Kühle Drinks mit Limetten.« – »Beim ersten Besuch hier oben zögerte ich noch, mit dem Handy Bilder zu machen. Und als am frühen Abend der Schatten kam, setzte ich die Sonnenbrille ab. Dabei hat sich die Gay Community auf der Tanzfläche ständig selbst fotografiert. Exaltierte Posen, aber auch ernsthaft gute Laune. Skrillex im Herzen, und oben der leichte Chlordunst des Swimmingpools. Mir hat das freilich von Anfang an gefallen. Aber erst heute laufe ich am Abend mit Sonnenbrille übers Dach. Und ich filme, und ich lade Fremde auf Whiskydrinks ein. Die Transformation beginnt spät.« Kurze Geschichten über ein enthemmtes Fest mit entspannter Musik und einem großartigen Ausblick – eine Erfahrung fürs Leben.

Jetzt fahre ich selbst mit 100 Stundenkilometern, die Sonne im Rücken, auf das Glück zu, vom Pazifik her über den Freeway hinein in die Häuserschluchten der Innenstadt. Ich habe andere mit diesem Versprechen auf Rausch und Erfüllung angefixt, Nina und Sergej, die seit Tagen von nichts anderem mehr reden. Das Standard ist zu einem Traum geworden, unserem Amerikanischen Traum, und wir wollen ihn endlich verwirklichen.

Dass das Standard das Gegenteil von Standard sein will, ahnen wir schon, als wir in die sechste Straße einbiegen und das auf dem Kopf stehende Logo sehen. Wie ein kostbarer weißer Marmormonolith steht der Quader zwischen den anderen Wolkenkratzern, klein, aber strahlend. Entworfen wurde er von dem Architekten Claud Beelman, errichtet 1955 als Hauptquartier der Superior Oil Company. Nachdem die unabhängige Ölfirma Mitte der 1980er-Jahre von Mobil aufgekauft worden war, zog die Bank of California ein. Danach stand das Gebäude mehr als zehn Jahre leer, bis es der Hotelier André Balazs erwarb und von den Architekten Hank Koning und Julie Eizenberg im Stil der Spätmoderne restaurieren und umgestalten ließ. Balazs, der zuvor das Chateau Marmont in Hollywood und das Mercer Hotel in New York erworben hatte, folgte damit dem Trend, US-amerikanischen Metropolen ihr Herz zurückzugeben. Ein Investment, das sich allmählich auszahlt.

In der Nachkriegszeit, als überall in den Vereinigten Staaten die wohlhabende weiße Mittelschicht aufs Land zog, in Eigenheime mit Garten, verkamen die Zentren, so auch in Los Angeles. Es war ein systematischer, politisch gewollter, von Immobilienmaklern, Autoherstellern, Bankern, Bauunternehmen und Behörden vorangetriebener Zerfall der Innenstädte. Entweder standen die alten viktorianischen Villen, Hotels und Apartmentkomplexe, die das Stadtbild geprägt hatten, lange leer und wurden schließlich abgerissen, um Platz für Parkhäuser, Autobahnen und die

Hochhäuser des Financial District zu schaffen. Oder sie wurden zu billigen Absteigen, Sozialwohnungen, Crackhöhlen. Skid Row, nur ein paar Straßen weiter, das Ghetto der Armen, ist zwar noch von Obdachlosen und Junkies bevölkert, aber seit der Jahrtausendwende erlebt die einstige Mitte der Stadt eine umfassende Renaissance: 1997 wurde das Kongresszentrum erweitert, 1999 eröffnete die Sport- und Konzertarena Staples Center, 2003 die von Frank Gehry entworfene Walt Disney Concert Hall mit ihrer dekonstruktivistischen Stahlfassade. Und seitdem ziehen Investoren ein teures Apartmenthaus nach dem anderen hoch, oder sie sichern mit ihrem Geld die historische Substanz und setzen – als Krönung ihres nicht ganz uneigennützigen Engagements – Dachterrassen obendrauf: So wurden erst kürzlich das Restaurant auf dem Perch Building und die Bar auf dem Ace Hotel eingeweiht, beide unweit des Standard gelegen. Und bald soll auch das höchste Gebäude, die Filiale der U. S. Bancorp mit ihren 73 Stockwerken, eine eigene Rooftop-Bar bekommen. Keine Skyline eignet sich dafür so gut wie die von Los Angeles. Ein Gesetz aus dem Jahr 1974 schrieb bis vor Kurzem nämlich vor, dass die Dächer von Hochhäusern flach sein müssen, damit im Notfall Helikopter darauf landen können.*

Seit 1999 hat sich die Einwohnerzahl in Downtown nahezu verdreifacht, von 18 000 auf 53 000. Mit den steigenden Mieten und dem Austausch der Bevölkerung nimmt aber auch die Anzahl der Verbrechen zu. Zehn Jahre in Folge sind es weniger geworden, seit 2012 verzeichnen die Statistiker wieder einen Anstieg der Straftaten, was vor allem daran liegt, dass die neuen Bewohner mehr Geld haben und mehr Delikte zur Anzeige bringen,

---

* Das erste Gebäude, das von der im September 2014 verabschiedeten Neuregelung profitieren wird, ist der zur Zeit im Bau befindliche Wilshire Grand Tower. Das 335 Meter hohe Hochhaus soll eine Spitze erhalten und 2017 eröffnet werden.

dass die Gefängnisse überfüllt sind und Inhaftierte, die aufgrund einfacher Vergehen einsitzen, wegen einer Gesetzesänderung schneller entlassen werden. Downtown ist immer noch ein gefährlicher Ort, wenn auch nicht ganz so gefährlich wie Watts, Vernon oder Compton oder andere von Gangs beherrschte Gegenden.

Wir parken in der Tiefgarage, steigen die Treppen hinauf und zahlen, da wir nicht auf der Gästeliste von Modern Amusement stehen, der blonden Tattoolady am Eingang 20 Dollar. Sie kontrolliert unsere Ausweise, knüpft uns neonfarbene Bänder um die Handgelenke und weist uns den Weg in die Lobby. Der Raum, dominiert von einer pinken Sofalandschaft namens *The Omnibus* von Vladimir Kagan, wirkt wie ein Museum für zeitgenössische Kunst. Zwischen den Sitzen reicht eine Stahlstrebe vom schwarzen Marmorboden bis zur Decke, eine Installation von Jenny Holzer aus der Serie *Truisms*, auf der in blauer LED-Leuchtschrift Botschaften stehen wie: »*Teasing People Sexually Can Have Ugly Consequences*«, »*What Urge Will Save Us Now That Sex Won't*« oder »*Sin Is A Means Of Social Control*«. Der Chromtresen am Empfang ist inspiriert von Donald Judd, das Mobile darüber von Alexander Calder. Nur die Rolltreppen sind ein Überbleibsel der Banken-Ära. Im Erdgeschoss befindet sich ein Restaurant mit gelben Tischen, Sitzen, Wänden, im ersten Stock ein Ping-Pong-Club mit roten Platten, Schlägern, Eimern. Vor den Fahrstühlen: Telefonzellen, Zeitanzeigen aus den wichtigsten Metropolen der Welt, ein bunter Thomas-2001-Syntheziser und eine Informationstafel, auf der nicht nur Hinweise zum Fitnessraum und den zu Gästezimmern stehen, sondern auch Haikus:

Want to just go
naked. no clothes
not even a watch

Conversation hearts
I eat them without even
reading the words

Heavy drumbeat
heavy bass and guitar
cookie monster voice

Mit dem Fahrstuhl gelangen wir in den zwölften Stock und über eine Treppe auf die Dachterrasse. Der ganz in Schwarz gekleidete Türsteher überprüft unsere Taschen, erklärt uns, dass wir keine Fotos machen dürfen, und lässt uns passieren. Von rechts wabert House Music zu uns herüber, von links der Geruch von Fleisch und Gras. Und das Erste, was wir sehen, lässt uns das Verbot sofort vergessen.

Wir stehen vor drei jungen Frauen. Sie tragen enge, bunte Badeanzüge, die aussehen wie die weibliche Produktlinie aus dem Film *Borat* [2006]: jeweils zwei vom Schritt bis über die Schultern hochgezogene Stoffstreifen in pink und violett. Mit deutlich konturierten Schamlippen, die Brüste herausgestreckt, die Münder geöffnet, Glitzer im Gesicht, die Beine rosa angemalt, die Haare weiß, blond oder bunt gefärbt, blinkende Wasserpistolen in Händen, posieren sie auf einem Podest – eine retrofuturistische Porno-Skulptur: Barbarella, Emma Peel, Pussy Galore. Das passt hervorragend zum Stil des Standard, zum Pop-Chic der Sechziger. Nur dass die Mädchen hier und heute im Vergleich zu denen damals noch weniger anhaben. Das Standard, das wird uns in dem Moment klar, vereint Glamour und Trash auf ganz besondere Weise: Hier mischen sich höchste und niedrigste Ansprüche an Unterhaltung, Kunst, Musik, Essen und Trinken.

Wir gehen einmal ganz um den Aufzugsturm in der Mitte herum: durch den von Kurt Gutenbrunner, einem Österreicher, betriebenen Biergarten, am Pool und an drei runden roten Wasserbetten vorbei – die mit ihren spitz zulaufenden Plastikbaldachinen anmuten wie ausgeschlachtete Raketencockpits –, und finden uns schließlich in einer tanzenden Menge vorm Pult von DJ Lee Foss wieder. Frauen in Hotpants oder Bikinis und Pumps, Männer in Muskelshirts, Cargohosen und Flip-Flops. Die Stimmung: ausgelassen. Die Berührungen: explizit. Die Musik: Deep House Funk, harter Techno mit HipHop-Einflüssen, könnte ebenso gut auf Ibiza laufen und verstärkt womöglich gerade deshalb das Strandgefühl über den Dächern der Stadt.

Nach einer Stunde setzen wir uns in den Biergarten, Bierbänke auf Kunstrasen. Sergej bestellt ein Köstritzer, Nina eine Bratwurst. Ich nehme eine Cola. Sergej und ich stoßen auf den ukrainischen Unabhängigkeitstag an. Nina fragt uns, wie wir, in Anbetracht des Erdbebens in Napa heute Nacht, sterben wollen: zerquetscht werden, ersticken, verdursten, verbrennen, von Plünderern erschossen, die Möglichkeiten seien bei so einem komplexen Phänomen ja praktisch unendlich, da komme ja alles zusammen. Anstatt ihr zu antworten, fordern wir sie zur Ice Bucket Challenge heraus – und zwar genau jetzt, aber Charlton, der Koch, will uns weder einen Eimer noch Eis geben. Als wir ihm erzählen, dass wir aus Deutschland sind, sagt er: »Dann muss ich ja höllisch aufpassen, was ich mache, ihr seid ja Experten. Sonst ist das Publikum hier nicht so kritisch. Die Gäste finden's einfach nur abgefahren, Kohl und Kartoffelsalat und Weißwürste zu essen.«

»Ich schätze, du hast hier schon so einiges erlebt«, sagt Nina.

»Oh, ja. Hier passieren die verrücktesten Dinge.«

»Was für Dinge?«, frage ich.

»Sagen wir mal so: Es hat viel mit Nacktheit zu tun. Die Leute trinken Alkohol. Und nehmen Was-weiß-ich-für-Zeug. Und sie haben sowieso schon wenig an. Und je mehr sie trinken und rauchen und schniefen, desto zügelloser werden sie. Sie fangen

entweder an sich zu prügeln oder rumzuficken. Wenn ihr bis Mitternacht bleibt, werdet ihr vielleicht was davon mitkriegen.«

Doch so lange müssen wir gar nicht warten. Kaum sind wir zurück im Tanzbereich, sehen wir, wie sich direkt vor der Eingangstür ein junges, leicht bekleidetes Latinomädchen auf einem der Sofas auf den Schoß eines anderen jungen, leicht bekleideten Latinomädchens setzt. Es bewegt seinen Hintern auf und ab und vor und zurück und dreht sich dabei zu drei Männern um: »Na, gefällt euch das, Jungs? Wollt ihr mehr sehen?«

Die Männer fangen an zu grölen, wenden sich aber gleich wieder ihren Cocktails zu, als wüssten sie, dass in Anwesenheit des Türstehers nicht mehr zu sehen sein wird.

Nina setzt sich auf einen der weißen Barhocker, die hier überall auf dem Dach um weiße Tische gruppiert stehen. Sergej und ich treten ein paar Schritte vor und gehen näher zur Tanzfläche hin, um einen besseren Blick auf die Menge zu haben. Irgendwann tippt mich Sergej an, weist mit dem Kopf in Ninas Richtung und sagt: »Wir hätten sie nicht allein lassen sollen.«

Als ich mich umdrehe, sehe ich, dass sich ein Typ im Hawaiihemd zu Nina gesetzt hat und sie anstarrt, als versuche er, sie durch seinen Blick gefügig zu machen. So habe ich mir Dr. Hilarius, den fiesen Manipulator in Pynchons *Die Versteigerung von No. 49,* immer vorgestellt. Während Sergej Fotos von den Tanzenden macht, gehe ich ein Stück zurück, aber nicht, um Nina aus der Situation zu befreien, sondern um das Gespräch zu belauschen. Der Typ im Hawaiihemd stellt sich als Al vor und fragt, was sie hier mache.

»Spaß haben«, sagt Nina grinsend, ohne ihm ihren Namen genannt zu haben.

»Exzellent. Ich auch.«

»Was meinst du, von welchem Planeten kommen die Mädels?« Nina zeigt auf die Bikinimädchen, die immer noch vor dem Fahrstuhl posieren.

»Venus.«

»Ja«, sagt Nina, ein Lachen unterdrückend. »Sieht ganz so aus.«

»Obwohl«, sagt Al. »Dann müssten sie aber eigentlich nichts anhaben. Nicht einmal diese ausgeschnittenen Glitter-Badeanzüge von Elliott Beach.«

»Ja. Ganz schön spacig und stylish.«

Al dreht sich näher zu Nina hin, sodass sich ihre Knie berühren. »Ich muss es wissen: Ich bin nämlich Physiker und Modedesigner.«

»Was für eine coole Kombination!«, sagt Nina, ohne von ihm abzurücken. »Da gibt's bestimmt nicht viele.«

»Ich kenne keinen außer mir. Aber was ich am besten kann, ist: Probleme lösen. Deine zum Beispiel.«

»Ich hab keine Probleme, die du lösen könntest.«

»Woher willst du das wissen, wenn du sie mir nicht anvertraust?«

»Du arbeitest in der Modebranche? Mit dem Shirt?« Sie schaut an ihm herab. »Kommst du aus Hawaii?«

»Nein«, sagt er, »aber wir könnten zusammen hinfliegen. Wir könnten aber auch – das ist wesentlich näher – auf mein Hotelzimmer gehen. Ich habe hier im Haus nämlich eins gemietet.«

»Ich glaube«, sagt Nina, »wir belassen es eher bei diesem Rooftop-Talk«, steht auf und gesellt sich zu mir.

»Wer war das denn?«, fragt Sergej, der die Szene von der Tanzfläche aus beobachtet hat.

»Al«, sagt Nina und erzählt ihm die ganze Geschichte.

»Und warum bist du nicht mit ihm mitgegangen?«

»Er war mir nicht geheimnisvoll genug«, sagt sie und grinst, als wäre das alles nur ein Spiel für sie. Ich bin überrascht, wie elegant sie die Situation gemeistert hat, wie höflich, aber distanziert sie geblieben ist, und dass sie Al nicht vorgeführt, sondern einen für beide akzeptablen Abschluss gefunden hat.

Dann fragt sie uns, ob wir schon mal nach einem unserer Auftritte jemanden mit aufs Hotelzimmer genommen hätten, bei welchen Stars wir eine solche Einladung nicht ablehnen würden und ob wir auch der Ansicht seien, dass Hotels etwas Gespenstisches an sich haben: lauter Räume mit Einsamen, Fremden, bestenfalls flüchtigen Begegnungen. »Ist das Hotel nicht ideal, um Selbstmord zu begehen? Die Zimmer werden jeden Tag gereinigt. Es bleiben keine Spuren zurück. Weder von den Lebenden. Noch von den Toten.«

Sergej und ich sehen uns an. Anstatt ihr zu antworten, gehen wir zur Bar und ordern neue Drinks. Hinter dem DJ-Pult ist eine Leinwand aufgespannt: Weltall, explodierende Sonnen, mehrere Supernovae gleichzeitig. Die bunt bemalten Borat-Mädchen schlängeln sich durch die Menge nach vorne. Eins von ihnen, die

Haare in Regenbogenfarben, schnappt sich das Mikrofon, klettert auf den Tresen und fängt an zu singen – »*Flying, climbing, this is what I feel, when I'm reverse skydiving*« –, während die anderen beiden mit ihren Wasserpistolen in die Luft feuern.

»Wer ist denn das?«, frage ich einen der ganz in Rot gekleideten Kellner. »Kennst du die?«

»Anabel Englund. Ist bei Hot Creations.«

»Hot Creations?«

»Das Plattenlabel.«

»Ach so«, sage ich. »Klar.« Ich höre zum ersten Mal davon.

Als ich mich schon wegdrehen will und ihn noch einmal anschaue, fällt mir auf, dass er exakt so aussieht wie Leif Randt. Das kann doch nicht sein, denke ich, ausgerechnet hier, an diesem Ort, von dem er mir monatelang vorgeschwärmt hat, begegne ich seinem Doppelgänger. Ich spreche ihn noch einmal an, erzähle ihm von Leif, zeige ihm ein Foto von ihm auf dem Smartphone, und er gibt zu, dass es da eine gewisse Ähnlichkeit gibt. Er heißt Vug Arakas, ist 25, seine Eltern stammen aus Griechenland, aber er ist in South Carolina und Ohio aufgewachsen und lebt seit einigen Jahren in Los Angeles. Wenn er nicht gerade auf dem Standard kellnert, spielt er in Clubs und Bars und Vinylläden Gitarre, in Hollywood, Silver Lake oder Echo Park; vor ein paar Wochen ist seine erste Single mit dem Titel *Start Again* erschienen. Aber der Name habe nichts mit einem Neustart zu tun, damit, es noch einmal zu versuchen, weder musikalisch noch persönlich. Obwohl – wenn er jetzt darüber nachdenke: Sein Leben habe erst so richtig in Los Angeles begonnen. Und seitdem er auf dem Standard arbeite, gehe es voll ab. Vielleicht hänge das eine mit dem anderen zusammen. Vielleicht aber auch nicht. Und als er mir all das erzählt, ins Ohr brüllt, weil die Musik immer lauter wird, schlingt Anabel vor uns das Kabel des Mikrofons um ihren Hals, als wolle sie sich strangulieren. Sie stranguliert sich aber nicht, sondern ruft: »*This place is out of control.*« Und dabei geraten vor ihr alle völlig in Ekstase. Und als sie sich wieder einigermaßen beruhigt haben und ich mich wieder Vug zuwenden will, ist er verschwunden. Ich schaue mich überall nach ihm um, kann ihn aber nirgends finden, womöglich ist seine Schicht zu Ende.

Ich google Lee Foss, Anabel Englund und Hot Creations und erfahre, dass Lee und Anabel sich genau hier vor vier Jahren auf dem Dach kennengelernt haben – bei einer Oben-ohne-Jacuzzi-Session. Sie sei damals erst 17 gewesen, heißt es im *DJ Mag Ontario*, ein Freund von Lee habe sie an der Security vorbeigeschmuggelt. Und dann, als sie alle zusammen im Wasser gewesen seien, habe eine Freundin von Anabel zu Lee gesagt, dass Anabel singen könne, und dann habe Anabel angefangen zu singen. »Viele Leute behaupten, dass sie singen können«, sagt Lee Foss im *DJ Mag Ontario*. »Und dann schicken sie dir irgendeinen Link, weil sie's nicht vor dir machen wollen. Mit der Zeit entwickelst du einen Filter für Qualität, eine durchschnittliche Sängerin geht zum einen Ohr rein und zum anderen wieder raus. Du suchst nach einer außergewöhnlichen Stimme, einem echten Talent. Und als ich Anabel hörte, fingen die Räder in meinem Kopf an, sich zu drehen.«

Ich erzähle Nina und Sergej, was ich herausgefunden habe, und Sergej sagt: »Lasst uns schwimmen gehen.« Aber Nina und ich haben keine Lust.

»Dann kommt wenigstens mit«, sagt er. »Ich brauche jemanden, der mir dabei zuschaut.«

Wir gehen zum Pool. Sergej zieht sich bis auf die Badehose aus und springt hinein – eine perfekte Arschbombe, zu allen Seiten hin schießt eine Fontäne hoch. Als er auftaucht, steht der Bademeister über ihm und sagt: »Mach das noch mal, und du fliegst raus.«

Nina legt sich in eins der überdachten Wasserbetten. Und sofort legt sich ein junger Mann zu ihr. »Ich bin Sean«, höre ich ihn sagen. »Ist es nicht fantastisch hier? So leicht, so schwebend.« Das Bett gluckst unter seinen Bewegungen, und ich stelle mich ans Geländer, schaue auf die Straßen hinab, auf die Library Bar im Gebäude gegenüber, auf ungemachte Betten in den Zimmern darüber, verlassene Schreibtische, die leeren Laufbänder eines Fitnesscenters, eine gigantische US-Flagge im Abendwind. Über mir schwebt ein Zeppelin mit der Aufschrift »Goodyear«.

Als ich mich wieder umdrehe, liegt Anabel mit ihren Freundinnen in einem der anderen beiden Wasserbetten, zwischen ihnen ein Typ, der aussieht wie Johnny Depp als Jack Sparrow, nur dass dieser im Unterschied zu jenem nicht einen Dreispitz oder ein Bandana trägt, sondern eine Kapitänsmütze, und sie beugen sich über ihn, als würden sie ihn verführen, und eine Frau mit Hawaiirock steht breitbeinig daneben und macht Fotos von dem Gelage. Ich brauche niemanden, der mir bei irgendetwas zuschaut. Ich muss nur zuschauen, was die anderen machen. Ich bin der Beobachter.

Die Gespräche sind jetzt zerfahrener, die Berührungen zudringlicher. Eine Frau im Bademantel stößt einen Mann ins Wasser, nachdem er ihr an die Brüste gefasst hat; ein Mann mit kurz geschorenen Haaren und aufgeknöpftem Hemd läuft, von der Tanzfläche kommend und »*Out of my way!*« brüllend, in Richtung Toiletten; und die Borat-Mädchen werden von Typen mit bunten Brillen umringt, Selfie-Jäger, die erst von ihnen ablassen, als Anabel die Security ruft.

Um sieben Uhr abends hat die Party ihren Zenit überschritten: Lee Foss packt seine Sachen zusammen; der Eintritt ist jetzt frei. Viele sind so stoned, dass sie sich kaum noch auf den Beinen halten können. Aber niemand ist bereit, schon nach Hause zu fahren. Sperrstunde ist erst um zwei.

Ich gehe die Nachrichten in meinem Smartphone durch, will

noch einmal nachlesen, was Leif so toll gefunden hat, will mich noch einmal von seiner Begeisterung anstecken lassen, und finde welche, die weniger euphorisch klingen: »Ich hatte mir das zu Hause noch so irre unernst vorgestellt, diesen Biergarten auf dem Hoteldach. Aber jetzt, mit Beginn des kalifornischen Herbstes, sitzen wir dann doch recht ernst unter den Girlanden und warten auf die Party.« – »Das Leben auf kalifornischen Dachterrassen, das immer spätestens um zwei Uhr nachts im Auto endet, ist vielleicht auch nicht die Lösung.« – »Ich empfinde stumpfe Sachen. Das autobiografische Schreiben ist schwieriger geworden im letzten halben Jahr.«

Ich muss sie übersehen haben. Womöglich habe ich nur nicht wahrhaben wollen, dass der Rausch nach ein paar Stunden vorbei ist, dass mehr kommen muss, immer mehr.

Ich stecke mein Smartphone ein und schaue in den Himmel. Und während am Horizont über den Hollywood Hills die Sonne untergeht, flackern um uns herum die Fenster der Hochhäuser auf, und der Pool, von unten illuminiert, taucht die Wände und Körper in ein irres Hellblau. Ich breite die Arme aus, beuge mich weit über das Geländer und denke, Leif hat recht gehabt: Dies ist der schrillste und schönste Ort der Stadt. Und der traurigste zugleich.*

---

* Drei Wochen nach unserem Besuch, am 15. September, einem Montagnachmittag, einem der heißesten Tage des Jahres, als die Temperatur in Downtown auf 39 Grad klettert, stürzt sich ein Mann von ebenjenem Dach auf den Bürgersteig der Flower Street. In Orange County zerstört ein Feuer einen Gemüsegarten. In Pacific Palisades, Los Feliz, Sun Valley, Brentwood und Sherman Oaks fällt der Strom aus. Als wir an dem Abend von einer Lesung bei Skylight Books zurückkommen, steht ein Polizeiwagen vor der Tür. Sie seien von den Nachbarn gerufen worden, der Alarm sei losgegangen. Sie hätten das Grundstück nicht betreten, aber gesehen, dass die Tür zum Garten offen stehe und einige Fenster auch. Ob eingebrochen worden sei. »Nein«, sage ich. »Das ist eine Künstlerresidenz, eine Kommune. Das ist hier immer so.« Lange sitzen wir auf der Terrasse und blenden mit unseren Taschenlampen Waschbären, die sich im Schutz der Dunkelheit zu den Mülltonnen schleichen.

24.08.

TV Catastrophe

Als mitten in der Nacht unter ihr die Erde bebte, / schlief
Laurie Anne Thompson im Fernsehsessel. / Auf dem
Schrank / die alte schwere Röhre, die, // durch Stöße in
Bewegung gebracht, auf sie fiel / und ihr ein blaues Auge
bescherte. Sonst störe / sie nichts, sagte sie, die alle Welt
nur Rusty nannten. // Während in Napa Steine, Schindeln,
Scheiben lagen / und die Winzer über kaputte Flaschen
klagten, / stand Rusty aufrecht da, nur die Beine waren, //
wie sie bekannte, leichter als sonst, als schwebe sie / über
dem Boden, als würde sie emporgehoben / von einer
Kraft tief in ihrem Innern, / vom Blut, das ihr zu Kopfe
stieg / und ihr einen Schlag versetzte. // Die einzige
Tote dieses Bebens – / hat sie sich, als sie noch lebte, /
gefragt, was wäre wohl gewesen, / hätte ich unter einem
Flachbildschirm gelegen?

Ein tramtastischer Tag

Es ist Mittwoch, ein warmer Augusttag, klarer Himmel, die Sonne brennt auf uns herunter, als Nina und ich mit dem Wagen über den Sunset Boulevard fahren und unterhalb des Getty Centers nach einer Schleife auf den Highway 405 biegen. Nichts fürchte ich in dieser Stadt mehr, als mich einzufädeln. Ein Reißverschlussprinzip gibt es hier nicht, nur das Recht des Schnelleren, Mutigeren. Da es fast Mittag ist, sind die zehn Spuren weitgehend frei, kaum Verkehr, was in Los Angeles heißt, dass man ausnahmsweise mal nicht im Stau steht. Wir wollen zu den Universal Studios, nach Universal City. Eine Online-Tageskarte kostet 85 Dollar, viel Geld für eine Praktikantin – meine Praktikantin. Aber Nina ist besessen von Vergnügungsparks und Filmindustrie.

Wochenlang hat sie versucht, Tickets für eine der begehrtesten Late-Night-Shows zu bekommen, die in Hollywood aufgezeichnet werden, *Jimmy Kimmel Live* und *Conan;* beide waren weit im Voraus ausverkauft. Und als Vorbereitung ihres Aufenthaltes in Kalifornien hat sie alles über Disneyland und Six Flags Magic Mountain mit seinen gigantischen Achterbahnen gelesen, ist jedoch selbst noch nicht dort gewesen.

Wie auf unseren bisherigen Fahrten stellt sie mir auch diesmal Fragen, auf die ich keine Antworten weiß: »Was ist dein Lieblingsfreizeitparkunglück?« – »In welchem Waggon möchtest du sitzen, wenn die Bahn entgleist, im ersten oder im letzten?« – »Lieber vom Killerwal gefressen werden oder aus Mickey's Fun Wheel fallen?« – »Elektroschock oder Hitzeschlag?«

»Nichts von dem wird heute passieren«, sage ich.

»Nee«, sagt sie. »Du stirbst schon vorher. Du stirbst an Langeweile.«

Im Parkhaus angekommen steigt Ninas Vorfreude auf den Tod mit jedem Schritt. Schilder wie »*Jurassic Parking Level 1*« oder »*Systems Command Bio-Release-Facility*« über den Toiletten geben ihr das Gefühl, bereits in einer anderen, aufregenderen Welt zu sein. Durch den Universal Citywalk, eine Fußgängerzone, die meiner Vorstellung von der Vorhölle sehr nahe kommt, gehen wir auf den Eingang zu – vorbei an Geschäften wie Popcornopolis, Yogurtland und IT'SUGAR. Nina wähnt sich bereits im Paradies. Staunend bleibt sie vor meterhohen Bonbonröhren stehen, streicht über Kissen in Donut-Form und überlegt einen kurzen Moment lang, ob sie aus Süßigkeiten bestehende Unterwäsche kaufen soll.

»Niemand will dir das abknabbern«, sage ich.

Und sie sagt: »Dich hat keiner gefragt.«

Zu meiner Überraschung gehen wir weiter, ohne dass sie etwas von dem bunten Zeug mitnimmt, reihen uns in die Schlange ein, zeigen unsere Tickets vor, lassen uns abklopfen und unsere Taschen nach Waffen oder Bomben durchsuchen. Und dann sind wir drin, in einem der ältesten und beliebtesten Themenparks der Welt: am 15. März 1915, vor fast 100 Jahren, von dem deutschen Auswanderer und Filmproduzenten Carl Laemmle gegründet, zunächst als reine Studio-Tour durch die Kulissen und Film-Sets, zum Eintrittspreis von fünf Cent inklusive Verpflegung.

Laemmle, der aus dem schwäbischen Laupheim stammte und es in den USA in wenigen Jahren vom Laufburschen, Buchhalter und Geschäftsführer einer Textilfirma in Oshkosh, Wisconsin, zu einem der ersten Filmmagnaten gebracht hatte, war maßgeblich daran beteiligt, dass die Filmproduktion von der Ost- an die Westküste der USA verlegt wurde, von New York City nach Los Angeles. Im Jahr zuvor hatte er Land erworben, eine 93 Hektar umfassende Ranch im San Fernando Valley, auf der er Universal City zu errichten beabsichtigte, eine reine Filmstadt. Der *Washington Herald* schrieb anlässlich der Eröffnung: »Malerische Hügel erheben sich im Hintergrund. El Camino Real, die berühmte Missionsstraße Kaliforniens, führt zur Stadt und von ihr weg. Die grollende Brandung des Pazifiks ist zu hören. Das ist ohne Zweifel ein idealer Ort. Die kraftvollen Strahlen der Sonne scheinen vom blauen Wasser und den grünen Hügeln noch verstärkt zu werden. Wunder der Fotografie sind hier möglich.« Laemmles Ansatz aber war umfassender. Ihm ging es nicht so sehr darum, »Wunder der Fotografie« zu erzeugen – Kunst spielte in seinen Überlegungen eine untergeordnete Rolle. Vielmehr wollte er eine Produktionsstätte schaffen, die Arbeit und Vergnügen vereinte – zur Steigerung von Produktivität und Profit. Auf dem Gelände ließ Laemmle eine Stadt errichten, die innerhalb von drei Tagen ihre Gestalt vollkommen verändern konnte. Das Verwaltungsgebäude hatte zu jedem Viertel hin eine andere Fassade. Die Pferderennbahn war so angelegt, dass sie durch schnelle Umbauten die Form eines Kolosseums, eines antiken Olympiastadions oder eines Poloplatzes in New York annahm.

Etwa 500 Menschen wohnten in der Stadt, um sie am Laufen zu halten, der Rest der bald 3 000 Beschäftigten pendelte in mehreren Schichten in diese gigantische urbane Filmfabrik. Allein im ersten Jahr wurden 250 Filme produziert, in einem durchrationalisierten, arbeitsteiligen Verfahren. Nichts sollte jedoch den Eindruck erwecken, hier werde wie am Fließband geschuftet – wie in anderen zur gleichen Zeit entstandenen Fabriken, Henry Fords Highland Park etwa. Jeder Anschein von Ausbeutung, Mühsal und Entfremdung musste vermieden werden. Eine der ersten Reaktionen im *Washington Herald* liest sich denn auch wie ein wahr gewordenes Utopia: »In jeder Hinsicht ist es nicht nur eine Wunderstadt, sondern ebenso eine perfekte Modellstadt; sie ist schön, komfortabel und pragmatisch konzipiert, was man selten zusammen antrifft. Es ist die einzige derartige Stadt auf der Welt und eins der größten Wunder, das die Wirtschaft bislang hervorgebracht hat. Eingegliedert unter den Gesetzen von Kalifornien als Gemeinde, regiert von einer ordentlichen Verwaltung … Universal City verkörpert die modernen Ideen von Fortschritt, Anmut und Kontrolle.« Ähnlich wie Walt Disney ein halbes Jahrhundert später in Florida mit Disney World's Epcot – *The Experimental Prototype Community of Tomorrow* –, propagierte Laemmle sein Werk als Gemeinde; die Einwohner jedoch waren hier wie dort Mieter, temporäre Bürger ohne Stimmrecht, Angestellte einer kapitalistisch organisierten Gesellschaft.

Laemmle schwebte bei der Konzeption die Idee einer echten, aber exklusiven Stadt vor – offen nur für diejenigen, die bereit waren, ihm Tribut zu zollen, um vorübergehend an dem Spektakel, das er ihnen bot, teilzuhaben. Es gab ein eigenes Krankenhaus, eine Feuerwehr, eine Polizeiwache, ein Kraftwerk, ein Zeitungshaus, eine Schule, zwei Restaurants, in denen 1 200 Menschen Platz fanden, mehrere Schmieden, Mühlen und Geschäfte, Büchereien und Gewächshäuser, eine Pferdezucht, eine Hühnerfarm und einen Zoo – es war der größte im Raum Los Angeles, mit 40 Löwen und zehn Leoparden, mit Bären, Elefanten, Tigern und Affen. Und überall standen Tribünen für die Zuschauer.

»Werden Sie am 15. März nach Universal City kommen oder nicht?«, fragte Laemmle zur Eröffnung in der Firmenzeitschrift *Universal Weekly*. »Werden Sie Ihrer Frau, Ihren Kindern eine besondere Freude machen, indem Sie sie zur einzigen Wunderstadt der Welt bringen – oder nicht? Denken Sie nur daran, was es für sie und SIE SELBST bedeuten würde, die größte Filmfabrik in der weiten, weiten Welt von innen zu sehen, eine ganze Stadt, wo jeder damit beschäftigt ist, Filme zu machen, ein Zauberreich, wo die verrücktesten Dinge in der Welt geschehen, ein

Ort, über den Sie für den Rest Ihres Lebens nachdenken und von dem Sie erzählen werden! Sehen Sie, wie wir Brücken in die Luft jagen, Häuser abfackeln, Autos zu Schrott fahren, um den Leuten die Bilder zu geben, nach denen sie verlangen. Sehen Sie, wie Gebäude nur für ein Bild errichtet werden, um sogleich wieder abgerissen zu werden und Platz für etwas anderes zu machen. Sehen Sie, wie wir unseren Kopf, den uns Gott gegeben hat, auf jede nur erdenkliche Weise anstrengen müssen, UM DIE LEUTE AUF DER GANZEN WELT ZUM LACHEN ODER ZUM WEINEN ZU BRINGEN ODER DAZU, GE-BANNT AUF DER STUHLKANTE ZU SITZEN.« Die Lust an der Zerstörung, der Blick hinter die Kulissen, Stars zum An-fassen – das waren attraktive Versprechen. Und seine Rechnung ging auf, die Leute folgten seinem Aufruf in Scharen – bis zur Einführung des Tonfilms. Von da an war es nämlich vorbei mit Touristen am Set. Denn bei den Aufnahmen hatte Ruhe zu herr-schen. Eine Menschenmasse dazu zu bewegen, bei den entschei-denden Szenen still zu sein, hatte sich als unmöglich erwiesen. Erst seit 1964 sind Zuschauer wieder willkommen – in einem ihnen zugewiesenen Areal: dem Themenpark mit seinen Hotels, Gaststätten, Imbissen, Theatern und Einkaufsmeilen. Die Kon-sumenten in sicherer Entfernung von den Produzenten.

Von der Stummfilmvergangenheit ist nicht viel zu spüren. Neun Mal hat es gebrannt – Buschfeuer, Brandstiftung, Renovierungs-arbeiten. Und alle paar Jahre eröffnen neue Attraktionen, mit de-ren Hilfe man die aktuell angesagten zweidimensionalen Lein-wand-Abenteuer hautnah nacherleben soll.

Ich will Nina von Laemmle erzählen, davon, was ich über ihn gelesen habe, was er gesagt und geschrieben hat, dass er erst mit 39 Jahren ins Filmgeschäft eingestiegen ist, dass er damals, als er ohne Not den Beruf gewechselt hat, im gleichen Alter gewesen ist wie ich jetzt, dass er davon überzeugt war, dass sich, ihm zufolge »nach einem amerikanischen Credo«, um das 40. Lebensjahr herum entscheide, ob man erfolgreich ist oder scheitert im Leben, aber kaum habe ich angefangen, sagt sie: »Ich bin 25 und will Spaß haben und weder an die Vergangenheit noch an die Zukunft denken. Erfolg ist mir gerade so was von egal. Ich will was erleben, hier und jetzt.«

Was wir erleben, ist dies: Wir stehen, beschattet von Palmen und US-Flaggen, vor der Bronzestatue eines Filmteams – ein Kameramann, über uns auf einer Plattform schwebend; eine Ton-Frau, die uns von oben ein Mikro hinhält; ein Regisseur, die Finger zu einem Quadrat gespreizt; ein Produzent, der uns, die Hand ans Kinn gelegt, betrachtet, als frage er sich, ob wir die richtigen Hauptdarsteller unseres eigenen Films sind oder ob das Casting versagt hat. Mit einem Mal verändert er seine Position, macht einen Schritt nach vorn, reckt den Daumen in die Höhe, und da merken wir, dass nichts ist, wie es scheint, dass jeder um uns herum ein Schauspieler sein könnte, dass womöglich nicht einmal die Besucher echt sind, sondern nur Besucherdarsteller, sechs Millionen Besucherdarsteller pro Jahr.

Je weiter wir in diese durch und durch künstliche Welt hineingehen, desto mehr Film- und Fernsehwesen begegnen uns: Prinzessin Fiona aus *Shrek* [2001], SpongeBob SquarePants, Marilyn Monroe, Winnie und Woody Woodpecker und das wahre Trio des Grauens: Frankensteins Monster, Dracula, Beetlejuice. Nina will mit allen fotografiert werden. Und ich tue ihr den Gefallen, damit sie ihren Facebook-Freunden beweisen kann, dass sie hier gewesen ist.

Vor jeder Attraktion – dem *Simpsons Ride,* dem *Minion Mayhem,* dem *Shrek 4-D* – stehen Menschenmassen und warten auf Einlass. Sie stehen in Zickzack-Reihen, abgetrennt durch Stangen, Menschenvieh, das ins Melkhaus drängt. Manche hal-

ten ihre Köpfe in riesige Ventilatoren, aus denen ihnen feinste
Wassertropfen entgegengepustet werden, andere sammeln sich
erschöpft um Wasserspender. Jetzt verstehe ich, warum Sergej
den Tag lieber am Strand verbringen wollte als in den Hallen-
höllen der Unterhaltungsindustrie. Angesichts der leeren Blicke
um mich herum frage ich mich, was schlimmer ist: hineinzuge-
langen, innen voll klimatisiert, vollgedröhnt und übervisualisiert
der totalen Reizüberflutung ausgesetzt zu sein oder, derart aus-
gelutscht, wieder in die Hitze entlassen zu werden.

Nina stellt sich diese Frage nicht. Sie erklärt, sich alles anschauen und bis zur Schließung des Parks bleiben zu wollen, und
bedauert, dass *The Wizarding World of Harry Potter* noch nicht
fertiggestellt ist. Ich bedaure das nicht. Die dunklen Stahlge-
rüste hinterm Bauzaun sehen wie Überreste eines Großfeuers

aus. Beim Anblick all der Familien, allesamt »Thanatoiden«, Schontote – Männer und Frauen in verschwitzten T-Shirts, Sonnenbrillen, Basecaps, kurzen Hosen und Sandalen, Kameras mit riesigen Objektiven um den Hals gehängt, die Bäuche als Stativ nutzend; quengelnde Kinder mit Minion-Mützen, an den Händen ihrer Eltern zerrend etc. –, überkommt mich der dringende Wunsch, mich zu besaufen, aber es gibt nur Duff Beer und nur in Moes Taverne, und die ist so voll, dass sich davor eine 50 Meter lange Schlange gebildet hat. Ich überlege, ob bewusst herbeigeführte Dehydrierung den gleichen Effekt haben würde; wie lange ich mich in die Sonne stellen muss, um mich selbst zu sedieren; ob der Typ in dem synthetischen Homer-Simpson-Kostüm bereit ist, mit mir zu tauschen. Bevor ich diese Gedanken zu Ende denken kann, ist Nina schon weitergegangen, holt sich im International Café einen Gourmet Raspberry Donut (1,99 $), einen Lemon Poppy Seed Bundt (2,99 $) und einen Blueberry Muffin (4,99 $), posiert neben den Pappkameraden aus dem Film *Apollo 13* [1995], tanzt durch plötzlich aus dem Boden spritzende Wasserfontänen, setzt eine Marge-Simpson-Perücke auf, zwängt ihren Kopf in einen Stoffdonut, steht auf der Rolltreppe nach unten. Offenbar glaubt sie, den Eintrittspreis und zusätzliche Ausgaben durch maximale Ausnutzung des kostenlosen Angebotes wieder herausholen zu können.

Nach vier mit Plexiglas überdachten Rolltreppen, die mir das Gefühl geben, einen industriell-gastronomischen Garprozess durchlaufen zu haben, eine Art Vorkochen, sind wir auf der unteren Ebene angekommen. Hier befinden sich die sogenannten »Rides«, Fahrgeschäfte in Filmlandschaften: *Transformers* [2007], *Jurassic Park* [1993], *The Mummy* [1999]. Nina hält die Hand von Anubis – ein auf Stelzen stehender Mann mit öligen Muskeln und schwarzem Schakal-Helm – und bittet mich, sie abermals zu fotografieren.

»So«, sagt sie, »da gehen wir jetzt rein«, ungeachtet der LED-Anzeige, die darauf hinweist, dass die Wartezeit 15 Minuten beträgt. Aus Lautsprechern ertönt die Warnung, dass Leute, die mit Herz- und Kreislaufproblemen, Bluthochdruck, Übelkeit, Schwindel, Klaustrophobie, Nebel- und Lichthypersensibilität zu kämpfen haben, besser draußen bleiben sollten, was mich dazu veranlasst, sofort umkehren zu wollen, und Nina davon überzeugt, genau am richtigen Ort zu sein. »In den Universal Studios in Florida ist einer vorm Einstieg auf die Schienen gefallen«, sagt sie mit einem breiten Grinsen im Gesicht.

»Und überfahren worden«, sage ich.

»Nee. Nur mit dem Kopf aufgeschlagen. Der ist erst im Krankenhaus gestorben. Der war auch 39.«

Ihr letzter Satz wirkt wie ein Magnet.

Innen gehen wir durch ein Labyrinth aus falschen Sandsteinquadern, grünem Licht, Luft, die alle zehn Sekunden aus einem Loch geblasen wird, aufgeplatzten Sarkophagen, halb entmullten Mumien, animierten Geistern mit tiefen Stimmen. Wir nehmen in einem der Wagen Platz, Nina in der ersten Reihe, ich in der zweiten, weshalb sie mich als Feigling beschimpft. Das Licht geht aus, die Fahrt geht los, über uns taucht auf einem fluoreszierenden Bildschirm jemand auf, der »Imhotep lebt« ruft, bevor er von Käfern gefressen wird. Kurz darauf, ein paar Meter weiter, erscheint Imhotep auf einem zweiten Bildschirm und sagt: »*Akum ra, akum de*, jetzt gehören mir eure Seelen – für immer.« Vor uns öffnet sich eine Tür, dahinter völlige Dunkelheit. Um mich herum höre ich die Leute schreien. Mit einer irren Geschwindigkeit, soweit ich das ohne sichtbare Bewegung beurteilen kann, geht es hoch und runter, nach rechts und links, eine Indoor-Miniachterbahn ohne Looping. Nicht zu wissen, wie hoch und tief es ist, bis wohin die Reise geht, ist womöglich der wahre Horror. Hier kommen alle Albträume, die ich als Kind hatte, zusammen: Angst vor engen Räumen, Angst, aus großer Höhe herabzufallen, Angst vor Dunkelheit. Vor einer Wand kommen wir zum Stehen. Nebel. Blitze. Dann fahren wir, begleitet von erneutem Schreien, den gleichen Weg zurück zum Ausgangspunkt, bloß diesmal rückwärts. Das Ganze dauert keine Minute. Auf dem Foto – »*Check out your survival photo!*« –, das während der Fahrt von uns gemacht wurde, hat Nina die Hand vorm Gesicht.

Obwohl Nina auch bei den anderen Attraktionen diejenige ist, die am lautesten schreit, begibt sie sich immer wieder in diese Situationen, als brauche sie den Schauer, um sich selbst zu spüren. Bei der *Waterworld*-Show setzt sie sich in die »*soak zone*« und bettelt geradezu darum, von den Darstellern nass gespritzt zu werden. Bei den Mi*nions,* eine Achterbahnfahrt am Bildschirm, sitzt sie wieder ganz vorne und sagt hinterher, ihr sei schlecht, aber auf eine gute Art. Im *House of Horrors* weicht sie kreischend vor jedem Geist zurück, der, die Hände erhoben, den weißen Umhang schwenkend, aus einer der Nischen kommt. Dabei ist der Überraschungseffekt gleich null, weil wir, inzwischen ist es Nachmittag, dicht an dicht gehen und das, was uns erwartet, schon an denen vor uns beobachten können. Einer, der als Menschenschlachter verkleidet ist, verfolgt sie bis zum Ausgang.

Vielleicht ist es tatsächlich das, was alle, die hierherkommen, erwarten: einmal kräftig durchgeschüttelt werden, jene Nerven spüren, die man sonst im Alltag nie zu spüren bekommt, das Kribbeln in der Magengegend, eine kontrollierte Angst, der schmale Grad, wenn aus Spaß Ernst wird. Bungee-Jumping für Familien. Begehbare Ballerspiele. Der Moment, in dem das Seil reißt. Der Moment, in dem man begreift, dass die Waffe, die man in Händen hält, keine Platzpatronen, sondern echte Kugeln enthält – und dass man selbst verwundbar ist. *Westworld* [1973]. Daher Ninas Faszination für die wahren Horrorgeschichten, für all die Unfälle und Katastrophen, die sich an diesen Orten der inszenierten

Freude ereignet haben, die Erwartung, dass es jederzeit wieder passieren, dass es diesmal womöglich einen selbst treffen könnte, und zwar auf noch spektakulärere Weise. Und sollte es nicht geschehen: das Glück, noch einmal mit dem Leben davongekommen zu sein.

Die nächste Nahtoderfahrung: Dank der »*Insider Tips (to make the most of your day)*« des auf der Website zum Download bereitgestellten »*Know Before You Go*«-PDFs wissen wir, dass es klug ist, vor halb eins oder nach zwei Uhr zu Mittag zu essen. »*To beat the crowds*«, steht da – um den Menschenmengen aus dem Weg zu gehen. Nina hat, als ich es ihr vorgelesen habe, »*to beat the Krauts*« verstanden, weshalb wir uns jetzt mit einem mulmigen Gefühl zu einem der Imbisse begeben, auch wenn man uns mit unserer Tarnung die deutsche Herkunft nicht ansieht: mir mit meiner L. A.-Dodgers-Baseballmütze, Nina mit ihrem weißen, tief ausgeschnittenen Shirt ohne Aufdruck.

Um uns einen Überblick zu verschaffen und uns nicht von plötzlichen Gelüsten überwältigen zu lassen, haben wir die Speisekarte zuvor bereits studiert. Nina ist der Meinung, dass Süßigkeiten nur einen geringen Einfluss auf ihr Glucose-Niveau haben und jederzeit zugeführt werden können. Die Donuts, Muffins und Napfkuchen, die sie zwischendurch gegessen hat, dienen, wie sie mir versichert, lediglich dazu, »den Pegel zu halten«. Jetzt aber könne sie »etwas Richtiges« vertragen. Mit »etwas Richtiges« meint sie Carne Asada Tacos, Chicken Tacos, Carnitas Tacos oder Bumblebee's Mucho Macho Nachos, die mit Tortilla Chips serviert werden, Hähnchenwaffeln von Cletus' Chicken Shack, Krusty Burger (170 Gramm pures Fleisch mit einer Geheimsauce zwischen zwei Brothälften), Clogger Burger (ein doppelter Krusty mit geräuchertem Schinken), ein Side Show Bob Foot Long (ein 20 Zentimeter langer Hotdog mit Chili, Käse und Zwiebeln), Despicable Delights (Grus Hinterhof-BBQ mit geröstetem Hähnchen, Vectors gegrillter Käse mit Schweineschnitzel und Barbecue-Sauce, Minions Buletten-Sandwich mit Asiago) oder zitronenmarinierte geröstete halbe Hähnchen und Putenschenkel im Jurassic Café. Im Internet habe ich gesehen, dass hinter dem Tresen der Flintstones-BBQ-Bar ein Schild mit dem Hinweis hängt:»Chemikalien, von denen der Bundesstaat Kalifornien weiß, dass sie Krebs, Erbkrankheiten und Fortpflanzungsprobleme verursachen, könnten in den hier angebotenen Lebensmitteln und Getränken enthalten sein.« Jetzt kann ich nirgends ein solches Schild entdecken, aber die Flintstones-BBQ-Bar kann ich auch nirgends entdecken, womöglich gibt es sie nicht mehr, weil den Leuten angesichts dieser Warnung der Appetit vergangen ist. Nina entscheidet sich fürs Jurassic Café, weil es hier die größte Auswahl gibt, ein Best-of-all der anderen Speisen. Wir setzen uns, da drinnen alle Tische besetzt sind, nach draußen. Ich bestelle nichts zu essen, nur einen halben Liter Cola auf Eis. Das Eis muss irgendwie verändert worden sein, womöglich enthält es ebenfalls chemische Substanzen, die Gesundheitsschäden hervorrufen: Aggregatzustandskonservierungsstoffe. Wir sitzen bestimmt 30 Minuten unter einem Sonnenschirm, der wie ein Brennglas wirkt – ich schwitze, als wäre ich geröstet worden und nicht das Fleisch, das sich die Leute um uns herum mit großen Bissen einverleiben –, und trotzdem ist das Eis kein bisschen geschmolzen, als wir wieder aufbrechen. Zum Nachtisch probiert Nina bei Jurassic Outfitters getrocknete Heuschrecken und Mehlwürmer in den Geschmacksrichtungen Salt and Vinegar, Bacon and Cheese, Sour Cream and Onion. »Hm«, sagt sie kauend, »die schmecken wie Chips.«

»Klar schmecken die wie Chips«, sage ich und drehe die Packung um. »Ist ja auch alles drin, was in Chips drin ist: Magermilch, Maisstärke, getrockneter Sauerrahm, hydriertes Sojabohnen-Öl, Salz, Mononatriumglutamat, Schnittlauch, künstliche Aromen, Zitronensäure, Apfelsäure, Zwiebelpulver, Essigpulver, Tricalciumphosphat, künstliche Farbstoffe, Traubenzucker und Zuckerkulör E150a.«

»Bist du fertig?«

»Nein. Diese Insektensnacks haben Chips eine Sache voraus.«

»Ach ja? Und das wäre?«

»Natürliches Eiweiß.«

Als wir wieder auf die obere Ebene fahren, sagt Nina, dass sie jetzt zu den Simpsons wolle, der buntesten und bei Kindern beliebtesten Attraktion. In Florida, erklärt Nina, seien die Besucher vor ein paar Jahren aufgrund irgendeines Defektes mit Öl besprüht worden.

»Und daran gestorben«, sage ich. »Die Haut hat sich in Fetzen vom Körper geschält. Die Augen sind verdampft. Das Gehirn ist geschmolzen.«

»Was hast du denn für kranke Fantasien? Nee. Aber die konnten sich auf dem Gelände duschen und haben neue Klamotten gekriegt.«

»Ich kann dich auch mit Öl besprühen, wenn es das ist, was du willst.«

»Will ich nicht.«

»Na, dann ist ja gut.«

Die Wartezeit beträgt eine halbe Stunde. Nina hat sich gerade angestellt, da kommt aus einem Lautsprecher die Ansage, dass die nächste Studio-Tour in fünf Minuten beginne. Kurz entschlossen machen wir uns auf den Weg zur Tram. Und das ist das Letzte, was ich erzählen will von unserem Ausflug in die Universal Studios.

Eine beängstigend dünne junge Frau mit langen schwarzen Haaren, blauen Augen und strahlend weißen Zähnen, die sich als Stephanie vorstellt, verteilt 3-D-Brillen, setzt sich in den ersten Wagen und kreischt ins Mikrofon: »Leute, heute ist unser Fahrer David auch mit dabei. Sagt mal alle Hallo zu Daaaaaaviiiiiid. Er ist die Seele der Studio-Tour. Ohne ihn kann die Tram nicht fahren. Und glaubt mir, mich wünscht ihr euch bestimmt nicht am Steuer. Uh, uh, ganz schlechte Idee.« Nach dieser Ansage will ich gleich wieder aussteigen, aber Nina hält mich zurück, und die Tram setzt sich in Bewegung. Über uns gehen die Bildschirme an. Der Entertainer Jimmy Fallon verspricht uns, er werde persönlich dafür Sorge tragen, dass man uns heil zum Ausgangspunkt zurückbringt.

Wir fahren zum Front Lot, zu den 35 Sound Stages. »Das ist«, sagt Stephanie, »gewissermaßen das Nervensystem des gesamten Studios, hier werden die meisten Innenaufnahmen gemacht. Und warum haben wir diese Sound Stages? Nun ja, wir kontrollieren dadurch die Natur in diesen Gebäuden, ganz gleich, wie die Umwelt da draußen aussehen mag. Es ist einfach wunderbar sonnig heute. Sagen wir, wir drehen eine Partyszene in der Karibik. Wir müssen uns keine Gedanken um die Welt draußen machen, denn wir beherrschen die Welt. Die Nummern 22, 23, 25 beherbergen *CSI, Crime Scene Investigation* [seit 2000]. Für diejenigen von euch, die sich das ansehen: Die Show spielt in Las Vegas, aber ich verrate euch jetzt ein kleines Geheimnis. 90 Prozent der Serie werden hier in den Sound Stages in Los Angeles gedreht! Und so ist es mit fast allem, was ihr aus Film und Fernsehen kennt. Seit wir zu NBC Universal verschmolzen sind, sind wir eine der weltgrößten Vergnügungsfirmen, ein Multimediapowerhouse.«

Wir passieren einige Wohnwagen, mobile Umkleidekabinen für die Stars, bevor wir ein paar graue Bungalows erreichen, in denen einst Doris Day, James Stewart und Rock Hudson gewohnt haben. Stephanie macht uns auf ein Gebäude mit der Hausnummer 5195 aufmerksam, auf einen Kreis neben der Tür mit der Silhouette eines Mannes. »Ratet mal, wer das ist!« Und ohne eine Antwort abzuwarten: »Richtig, das war Alfred Hitchcocks Büro. Jetzt wohnen dort Drehbuchautoren, die arbeiten gerade an einem Projekt namens *Horrible* – die dritte Staffel.«

»Hat sie gerade ›*horrible*‹ gesagt?«, fragt die Frau vor uns.

»Es klang mehr wie ›*hairable*‹«, sagt Nina.

»Klingt beides *horrible*«, sagt die Frau und dreht sich wieder um.

Nach den Sound Stages und Production Bungalows erreichen wir den sogenannten »Metropolitan District«, die New York Street, London Square, den Courthouse Square aus *Zurück in die Zukunft* [1985–1990], Straßen, Schilder, Bäume, Häuser, alles Fassade, alles Requisite. »Vor ein paar Jahren«, sagt Stephanie gut gelaunt, »gab es ein großes Feuer hier – aus diversen Gründen war das ein echter Segen, weil wir dadurch ein paar großartige Ideen umsetzen konnten, wie zum Beispiel *King Kong 360 3-D*.«

Wir steuern auf eine alte Holzbrücke über einem Abgrund zu. »Oh«, sagt Stephanie. »Leute, seid ihr sicher, dass wir hier richtig sind? David, das kommt mir so seltsam vor. Sagt man nicht, dass diese Brücke verflucht sei? Ganz schön wackelig. Wir haben 170 Passagiere an Bord. Oh, Mann, ich hoffe, dass wir das überleben. Ist das hier ein Film-Set? Wird hier gerade *Die Kraft des Lebens* gedreht? Ich hoffe, wir fallen nicht runter. Wir sind zu schwer. Hätte ich bloß nicht so viele Donuts gegessen.«

Aus den Lautsprechern kommt die Durchsage, dass alle Handys und Radios ausgeschaltet sein sollten, dass die Pyrotechnik jetzt einsatzbereit sei und jeder sich von der Brücke fernhalten möge. Krachen. Kreischen. Balken, die sich biegen. Der Boden senkt sich. Wasser spritzt auf. Die Tram schwankt von einer Seite zur anderen. Die Balken gleiten zurück in Position. Wir werden wieder auf Straßenlevel angehoben und setzen unsere Fahrt fort. »Glauben Sie es oder nicht«, sagt Stephanie. »Ich habe es erst acht Mal erlebt in den zweieinhalb Jahren, in denen ich hier arbeite, fünf Tage die Woche, die Tour sechs Mal am Tag.«

Vor uns eine Höhle aus roh behauenen Steinen, das Portal mit Totenschädeln verziert, um uns herum ist es dunkel, nur die Bildschirme über uns flimmern blau und weiß, und von irgendwoher heben Trommeln an. Stephanie bittet uns, die 3-D-Brillen aufzusetzen, da wir gleich Skull Island erreichen, eine verschollene Insel mit Monstern und prähistorischen Kreaturen. »Hier kommt etwas sehr Lustiges«, sagt Stephanie. Wir fahren in eine Kurve und können, da der erste Wagen erleuchtet ist, hineinsehen. »Viele Leute denken, ich sei keine reale Person. Aber hier bin ich. Hallo, Wagen zwei, drei und vier. Ich bin kein Roboter. Passt auf eure Sachen und auf eure Liebsten auf, dies wird eine harte Tour.«

Als zu beiden Seiten der Urwald aufblitzt, spüre ich Ninas Hand auf meiner Schulter.

»Ich werde dich nicht retten, falls du das denkst«, sage ich, und sie lässt mich wieder los und sagt: »Ich denke gar nichts.«

»Na, dann ist ja gut.«

Dinosaurier werden auf uns aufmerksam, attackieren uns, einer springt in unsere Richtung. Kurz bevor er mich erreicht, schnappt ihn ein anderer, größerer Dinosaurier, verspeist ihn mit drei hastigen Bissen. Offenbar ist sein Hunger noch nicht gestillt, denn er kommt, das Maul weit aufgerissen, auf uns zu. Aus dem Unterholz erhebt sich zu unserer Rettung ein mächtiger Gorilla. King Kong. Kaum ist er mit der einen Urzeitechse fertig, tauchen neue auf. Einer packt den hinteren Wagen, so sieht es aus, und zieht ihn und uns mit sich in eine von Lianen bewachsene Schlucht. Doch King Kong holt uns wieder heraus und trommelt zum Zeichen des Sieges mit beiden Fäusten gegen die Brust. Das Licht geht an, ein Tor geht auf, Stephanie sagt: »Wir haben überlebt.«

Wir überleben weitere Angriffe: Echsen, die uns mit Gift be-
spritzen, eine Springflut in einem mexikanischen Dorf, ein Erdbeben in einer U-Bahnstation, und überall tut Stephanie so, als
hätte unsere letzte Stunde geschlagen. »Das ist das Schlimmste,
was uns passieren konnte.« – »Oh nein, seht nur!« – »Was ist das
für ein Geräusch? Die Hauptwasserleitung ist geplatzt!« Wir
durchqueren Italien, England, Deutschland, die Sets von *Dracula
Untold* [2014] und *Wolfman* [2010] und das der Lebensverbesse-
rungsshow *Home and Family* [1996–1998, seit 2012], und ich frage mich, was gruseliger ist: von einem Kinomonster heimgesucht
werden oder von unnatürlich gut gelaunten Prominenten Tipps
bekommen, wie ich meine Alltagsprobleme löse.

»Im Urlaub soll man sich doch entspannen«, sagt Stephanie.
Zum ersten Mal auf unserer kleinen Reise stimme ich ihr zu. »Ich
habe da eine Idee, lasst uns an den Strand fahren, nach Amity
Island.« Wir passieren eine Werbewand, eine rothaarige Frau im
gelben Bikini, die auf einer Luftmatratze im Meer schwimmt,
halb überklebt von dem Hinweis »*Beach closed*«.

»Wir erreichen jetzt die Welt des *Weißen Hais* [1975], aber
keine Sorge, wir haben alles unter Kontrolle.« Rechts von uns
öffnet sich ein Hafen mit einem Polizeiboot, ein Kunststoffhai
hängt am Haken. Ein Kunststofftaucher versinkt sprudelnd im
See. Nicht weit von ihm durchbricht eine Kunststoffflosse die
Oberfläche. »Oh, oh, das ist definitiv kein Delfin. Oh, Gott – Sir!
Sir? Können Sie mich hören? Kommen Sie da raus. Da ist ein
Hai.« Das Wasser färbt sich rot, und Stephanie sagt: »Ich bin
mir sicher, es geht ihm gut, er ist ein Experte.« Aber da sind wir
schon weiter.

Als wir auf den Psycho Pass einschwenken, ertönt aus den
Lautsprechern die für die Duschszene des Films *Psycho* [1960]
charakteristische Geige. Auf einem Schild steht »*Bates Motel*«
und darunter »*vacancy*«, ein gelber Bungalow, vor dem ein wei-

ßer Ford Custom 300 mit offener Heckklappe parkt, im Hintergrund, über allem thronend, die berühmte viktorianische Villa. »Oh«, sagt Stephanie, »ich wusste nicht, dass die geöffnet haben.« Ein dunkelhaariger Mann im Jackett kommt aus einem der Zimmer und trägt ein Bündel zum Auto, legt es in den Kofferraum, will die Klappe zuschlagen, bleibt, als er uns sieht, stehen und starrt uns an. »Hi Norman, wie geht's?«, sagt Stephanie. »Tut uns leid, dass wir vorzeitig ausgecheckt haben.« Daraufhin zieht er ein Messer aus der Tasche und läuft auf Stephanie zu, die in ihr Mikro schreit: »Denk nicht einmal dran. Ich werde wohl ein paar Takte mit deiner Mutter reden müssen.« Bevor er sie erreicht, fährt die Tram an.

Am Ende sind wir dort, wo wir gestartet sind. Jimmy Fallon meldet sich noch einmal vom Bildschirm aus zu Wort: »Ich kann nicht glauben, dass wir's geschafft haben. Wie war es mit —«, er macht eine Pause, und Stephanie sagt: »Stephanie«, und Jimmy sagt: »und«, und Stephanie sagt: »David«, und Jimmy fragt: »waren wir nicht die Besten?«, und Stephanie sagt: »Natürlich«, und Jimmy sagt – ich mag es kaum glauben: »Habt einen tramtastischen Tag.«

28.08.

Too Hairy

Die Tische hochgeklappt, die Sitze aufgerichtet, /
angeschnallt und zuversichtlich, unbeschadet
anzukommen, / saß Jack Jordan neben seiner Frau
Caroline / auf dem Flug von L.A. nach Albuquerque. //
Den Schmerz in seiner Brust, den Schweiß auf seiner
Stirn, / Atemnot und Druckgefühl schrieb er der Höhe
zu, / bis er 15 Minuten vor der Landung / besinnungslos
nach vorne kippte. // Früher war er ein Athlet gewesen,
und auch später, / als hätte ihn das retten können,
bestimmte Sport sein Leben. / Bei der Versicherung,
Bereich Finanzen, war er Jahr / für Jahr einer der Besten,
ein *top performer*. // Das Hemd aufgeknöpft, das Shirt
hochgeschoben, / lag er auf dem Gang, über ihn gebeugt
ein Physiotherapeut, / der versuchte, ihn Zug um Zug
zurückzuholen, / doch die Pumpe sprang nicht an. // Die
Hand auf dem Herzen, den Mund am Mund, / es war
vergebens, Jack Jordan schien verloren, / bis ein Passagier
auf den Defibrillator wies, / um dem zuckenden Muskel
Strom zu geben. // Das geht nicht, sagte die Stewardess,
so erzählt es Caroline, / die Brust ist zu behaart. Zu voll,
zu undurchdringlich. / Für jedes Signal und jeden Impuls.
Ihr Flehen / erreichte ihn schon nicht mehr.

Kleine Unterhose

Ich kann mich nicht genau an den Moment erinnern, an dem mir auffällt, dass etwas mit meinem Aufenthalt in Los Angeles nicht stimmt. Womöglich ist es schon bei einem meiner letzten Besuche auf dem Flohmarkt passiert oder im Skylight Bookstore, in der Full Circle Church in Venice, in Echo Park oder Downtown, am Strand, auf dem Sunset Boulevard oder in einer dieser Rooftop-Bars über den Dächern der Stadt. Womöglich habe ich immer mal wieder daran gedacht, und es dann gleich wieder vergessen, ein kurzes Aufleuchten im Nebel, ein Wow-Signal im Kosmos meines Kopfes. Aber zum Ende meiner Zeit wird mir klar, was es ist: Seit meinem Besuch in der FAME-Church fünf Tage nach meiner Ankunft habe ich kein echtes Gespräch mehr mit Schwarzen geführt.

Ich habe Kaffee und Burger von Schwarzen entgegengenommen, meine Lebensmittel von Schwarzen in Papiertüten einpacken lassen, Schwarzen meine Autoschlüssel gegeben, damit sie meinen Wagen parken, mir ihre Songs auf der Straße angehört, ihnen Shirts und Schallplatten abgekauft, Schuhe und Shorts – aber mehr als die üblichen Höflichkeitsfloskeln haben wir nie ausgetauscht. Zwei Monate bin ich im Großraum Los Angeles unterwegs gewesen, von Pacific Palisades bis Pasadena, fast immer im Norden, selten südlich des Santa Monica Freeway, nie in Lynwood, Compton, Watts.

Immer wenn ich diese Namen an den Ausfahrten lese, muss ich an Rapper wie Ice Cube, Dr. Dre, Tupac Shakur und Kendrick Lamar denken, an Songs wie *Straight Outta Compton*, *Fuck tha Police*, *Gangsta Gangsta*, *California Love* oder *m. A. A. d. city*, an die Riots von 1965 und die Krawalle von 1992, ausgelöst durch den Freispruch von vier Polizisten, die im Jahr zuvor den schwarzen

Verkehrssünder Rodney King nach einer Verfolgungsjagd verprügelt hatten, und das, obwohl es einen Videomitschnitt gab, der die Tat eindeutig belegte. Ich erinnere mich an die Fernsehbilder, an brennende Häuser, Rauchsäulen am Himmel, Straßenschlachten, ein realer urbaner Bürgerkrieg – und wie ich im Spätsommer darauf mit heruntergekurbelten Fenstern die Denkmalstraße meines Heimatdorfes entlangfuhr und den Soundtrack des Films *Judgment Night* hörte. Jeder Song auf dem Album ist eine Kollaboration zwischen Rock- und Rap-Musikern, Helmet und House of Pain, Sonic Youth und Cypress Hill, Living Colour und Run-DMC. Während meine Heavy-Metal-Freunde Crossover als Stilmix grundsätzlich ablehnten und die reine Lehre propagierten, konnte ich dem damals durchaus etwas abgewinnen, vor allem der Zusammenarbeit zwischen Slayer und Ice-T, *Disorder,* und zwischen Faith No More und Boo-Yaa T.R.I.B.E., *Another Body Murdered:* Die Härte des einen Genres harmoniert wunderbar mit der des anderen, in beiden artikuliert sich die Wut einer von den politischen und wirtschaftlichen Verhältnissen enttäuschten Jugend auf das herrschende System.

In *Disorder/War,* einem Medley aus zwei textlich abgewandelten Songs der britischen Punk-Band The Exploited, werden die Ausschreitungen direkt thematisiert: »*Police can make me under stress / While all L.A.'s a fuckin mess / Don't patronise my fuckin ass / Some heads will get crashed / L.A. '92*«; in *Another Body Murdered* geht es ganz allgemein um Gang-Kriminalität, die in dem Spruch »*Bang your head*« kulminiert. Und während ich also, die Musik voll aufgedreht, mit heruntergekurbelten Fenstern die Denkmalstraße entlangfuhr und *Another Body Murdered* hörte, kam mir von der Kirche her ein Trauerzug entgegen, eine Prozession zum neuen Friedhof, der Pastor voran, dahinter der Sarg und die Angehörigen des Toten. Bei uns in Ostfriesland ist es üblich, in solchen Momenten anzuhalten, den Motor auszustellen und dem oder der Verstorbenen Respekt zu zollen, bis alle an einem vorbeigezogen sind. Ich bremste, stellte den Motor aus, grüßte den Pastor und die Leute hinter ihm, wunderte mich über den Zorn in den Gesichtern und merkte erst, als ich wieder anfuhr, dass aus den Boxen immer noch *Another Body Murdered* dröhnte. Von der in den Texten beschriebenen Gewalt hatte ich keine Vorstellung, nichts dergleichen hatte ich oder irgendjemand sonst, den ich kannte, selbst erlebt. Trotzdem meinte ich, darin einen Ausdruck meiner eigenen jugendlichen Aggression wiederzuerkennen, mein in wenige Worte gefasster Hass auf die Welt, verbunden mit einer klaren Handlungsanweisung: *»Bang your head, bang your head, bang your head to this.«*

Der Süden von Los Angeles war kein Sehnsuchtsort von mir, nichts, wo ich unbedingt hinwollte, angesichts von Songzeilen über abgesägte Schrotflinten, automatische Gewehre, Handgranaten, getötete Kinder, Menschenschlachtungen und Blutbäder. Und doch ging von dieser dämonischen Dimension eine Anziehungskraft aus, die mich, je öfter ich *Judgment Night* oder *Straight Outta Compton* hörte, in ihren Bann zog. Ich wollte verstehen, woher der Hass kam, was der Musik diese einzigartige Kraft verlieh. Ich las einige Artikel und Interviews dazu, *»A Journey Into The Mind of Watts«*, »Die schwarzen Tage von L.A.«, »Gerechtigkeit wird es nicht geben« und »Bereit zu töten«, sah mir auf meinem Laptop nächtelang Filme wie *Colors* [1988], *Boyz n the Hood* [1991] und *L. A. Crash* [2004] an – und verstand nichts. Da wurde mir klar, dass mediale Umwege mich in diesem Fall nicht weiterbringen würden, dass ich selbst in die Hood hineinmusste, ins Herz der Finsternis. Und im gleichen Moment wurde auch klar, dass dieser Gedanke Teil des Problems ist: dass ich nicht aus meiner Haut komme, dass ich das, was auch immer ich im Süden von L. A. erleben sollte, also aus meiner Perspektive, aus der eines weißen, protestantischen Akademikers, schildern müsste und das Klassen- und Rassenbewusstsein auf dieser Fahrt mein ständiger Begleiter sein würde. Ich bin nicht neutral. Ich nehme Schwarze als Schwarze wahr und Weiße als Weiße. Ich sehe die Differenz, die Ungleichheit. Tag für Tag.

Während meines Aufenthaltes in der Villa im Sommer 2014 kam es in den USA zu Aufsehen erregenden Fällen von rassistisch motivierter Polizeigewalt. Marlene Mardella Pinnock, eine schwarze, obdachlose Frau aus Los Angeles, die zu Fuß auf dem Seitenstreifen des Freeway Nummer 10 unterwegs war, wurde von einem weißen Highway Patrolman zu Boden gerissen und verprügelt. Aus einem vorbeifahrenden Auto filmte jemand das Geschehen und stellte den Clip ins Internet, wo er sich rasend schnell verbreitete. Vor einem Schönheitssalon in New York starb der Schwarze Eric Garner im Würgegriff der Polizei, nachdem er elf Mal »Ich bekomme keine Luft mehr« gerufen hatte. Auch das kann man immer noch auf YouTube hören und sehen. Ein psychisch kranker Schwarzer namens Ezell Ford wurde in Florence, Kalifornien, von zwei Polizisten, einem Asiaten und einem Latino, getötet, weil er ihren Anweisungen nicht Folge leistete. Und in Ferguson, Missouri, schoss ein weißer Polizist zwölf Mal auf den schwarzen Jugendlichen Michael Brown, woraufhin es zu tagelangen Demonstrationen, Plünderungen, Brandanschlägen, Verhaftungen und dem Einsatz der Nationalgarde kam.

Keines der Opfer hatte eine Waffe bei sich.

Als ich mir all das noch einmal vergegenwärtige, wird mir klar, dass die Zeit in L.A., insbesondere in der Villa, meine Identität viel radikaler zur Disposition stellt als mein Alltag in Berlin. Die Frage, was mich geprägt hat und auf welche Weise, wer ich bin und warum, ist hier viel virulenter. Was heißt es, in einem Land wie den USA, einem Einwanderungsland, das sich die Freiheit auf die Fahne geschrieben hat, weiß zu sein – oder schwarz? Wie privilegiert bin ich eigentlich, in Deutschland, in Westdeutschland aufgewachsen zu sein? Und wie privilegiert bin ich hier: mit Ausblick auf den Pazifik? Welchen Bezug habe ich als Schriftsteller und Journalist zur Welt, wenn sich mein Alltag in einem Elfenbeinturm abspielt?

Im Stadtgebiet von Los Angeles wohnen fast vier Millionen Menschen. Während in den nordwestlichen Stadtteilen fast ausschließlich weiße Einwohner leben, ist es in den östlichen und südlichen umgekehrt, dort wohnen überwiegend Schwarze und Hispanics. Wer sich also nur auf der einen Seite der unsichtbaren Grenze aufhält, bekommt ein völlig einseitiges Bild von der Stadt und den Leuten. Ich erzähle einigen Bekannten von meinem Vorhaben, nach South Central zu reisen, in der Hoffnung, dass sie mir Ansprechpartner vor Ort vermitteln und mich mit Tipps versorgen. Alle halten mich für verrückt. American Angst. Angesichts dessen, was in Ferguson geschehen sei, komme eine Fahrt dorthin einem Selbstmord gleich, die Stimmung sei aufgeheizt und könne jederzeit explodieren, die ganze Gegend sei ein Pulverfass. Einer bietet an, mich mit dem Wagen durchzufahren, rät mir aber eindringlich davon ab, auszusteigen und herumzulaufen und mit irgendjemandem zu sprechen. Ein anderer macht mich darauf aufmerksam, dass wir hier nicht in Europa seien, hier gebe es No-go-Areas, jeder Amerikaner wisse das und halte sich daran. Auf meine Frage, was er damit sagen wolle, ob Afroamerikaner keine Amerikaner seien, sagt er, dass einem in diesem Land nichts Negatives widerfahre, solange man die geschriebenen und ungeschriebenen Gesetze beachte, das garantiere ein friedliches Miteinander. So, sage ich, könne nur jemand reden, der immer auf der Seite der Macht gestanden habe und nie unterdrückt worden sei – als ob ich eine Ahnung davon hätte, was Unterdrückung bedeutet.

Ich lasse nicht locker, und nach drei Wochen habe ich endlich einen Namen, Lil Drawz – »Kleine Unterhose« –, und eine Nummer. *Drawz* ist Großstadtslang, leitet sich von *drawers* ab –

»Schubläden« –, Schubläden, in denen man seine Unterwäsche aufbewahrt. Er ist Musiker, Rapper, Gangsta-Rapper, um genau zu sein. Noch hat er kein Album veröffentlicht, aber auf YouTube gibt es einige Videos von ihm, die ihn mit Snoop-Dogg-Zöpfen oder blauen Haaren zeigen, im Studio oder in seiner Hood, mit blauem Halstuch, blauer Basecap oder blauem Shirt – der Erkennungsfarbe der Crips, neben den Bloods und Mara Salvatrucha eine der drei großen Gangs der Stadt, bekannt für Drogenhandel, Raubüberfälle, Einbrüche, Erpressungen, Identitätsdiebstähle, Körperverletzungen, Morde.

Nina sagt, sie will unbedingt dabei sein, wenn ich ihn treffe. Sie hat so viele Fragen an ihn, dass ich mir unmöglich alle merken kann. Jeden Tag kommen neue hinzu, und wenn ich sie auf einige alte anspreche, behauptet sie, die nie gestellt zu haben: ob er schon mal jemanden erschossen habe, und falls das nicht der Fall sei, warum nicht; ob er unter Selbstzweifeln leide; wovor er Angst habe; wann er zum letzten Mal geweint habe und warum; ob er sich manchmal wünsche, jemand anderes zu sein, eine Frau zum Beispiel; von was er träume; was er bereue, getan zu haben, und was nicht; auf welches Geheimnis er stolz sei etc.

Ein paarmal rufe ich Lil Drawz an, um ein Treffen mit ihm zu vereinbaren, und jedes Mal sagt er zu und kurz vorher wieder ab, er habe gerade wahnsinnig viel zu tun, das Geschäft, seine Karriere verlange volle Konzentration, ob ich verstehe, was er meine, bis ich verstehe, was er meint, und ihm 100 Dollar Honorar in Aussicht stelle, wenn er sich einen halben Tag für mich freinimmt, mir von seinem Leben erzählt und mich in seinem Viertel herumführt – als wäre es eine Touristenattraktion.

»Yeah, Mann«, sagt Lil Drawz, »komm vorbei. Imperial Courts. Watts. Weißt du, wo das ist?«

»Klar.« Ich habe keine Ahnung.

»Da gibt's ein Freizeitcenter. Da treffen wir uns.«

»Wann?«

»Jetzt.« Es ist zehn Uhr morgens. Bis nach Watts brauche ich – während wir miteinander telefonieren, sehe ich es auf Google Maps – mindestens eine Stunde. »Noch ist nicht viel los in den Projects«, sagt er. »Aber sobald die Homies aus der Schule kommen, kann ich mich hier mit dir nicht mehr blicken lassen.«

Ich ziehe blaue Jeans an, ein blaues Hemd, blaue Schuhe, meine blaue L. A.-Dodgers-Basecap, ich denke nicht darüber nach und steige in meinen roten Ford Focus. Nina muss arbeiten. Durchs offene Fenster teilt sie mir noch einmal ihre wichtigsten Fragen mit.

Auf der Fahrt muss ich an den Artikel »*A Journey Into The Mind of Watts*« denken, der 1966 in der *New York Times* erschienen ist. Der Text stammt von Thomas Pynchon, und darin erzählt er, wie er sich auf die gleiche Reise begibt wie ich jetzt, auf eine Reise in ein ihm und den meisten weißen Amerikanern damals unbekanntes Land, das »psychologisch gesehen unzählige Meilen weiter von dem Ort entfernt liegt, den Weiße gerade besuchen wollen würden«, ein Land, das er »*Raceriotland*« nennt – was wie der Name eines lebensgefährlichen Vergnügungsparks klingt, wie Delos in *Westworld* [1973], nur dass hier das Außer-Kontrolle-Geraten von Anfang an zum Programm dazugehört.

Während der Fahrt über die Freeways ruft mich Lil Drawz vier, fünf Mal an, um zu fragen, wo ich jetzt sei. Ich gebe ihm meinen jeweiligen Standort durch und versichere ihm, dass ich die Projects finden werde, mein Navi werde mich schon zu ihm führen.

»Dein Navi wird dir hier nicht helfen«, sagt er beim letzten Mal. Ich glaube, er will mir nur Angst machen, aber je näher ich Watts komme, umso größer wird mein Gefühl, in eine Falle zu tappen.

Imperial Courts – die »Kaiserhöfe« – sind einstöckige, türkis gestrichene Wohnblocks zwischen Imperial Highway und East 113th Street, Grape Street und Mona Boulevard. Ein Gebäude sieht dem anderen zum Verwechseln ähnlich: vergitterte Fenster und Türen auf allen Seiten, oben und unten, auf den Dächern Satellitenschüsseln, über den Wäscheleinen Tücher und Teppiche, die Rasenflächen gelb und ausgedörrt, die Bäume wie zerrupft, an jeder Wand ein Schild mit der Aufschrift: »*No Trespassing*« – »Durchgang verboten«.

Ich bin früher da, als ich dachte, und parke vor dem Freizeitcenter, einem grauen Kasten ohne Fenster. Aus Angst, draußen überfallen zu werden, bleibe ich im Wagen sitzen, hole mein Smartphone heraus und lese, was es mit der Gegend auf sich hat. Manches ist mir neu, manches wusste ich schon vorher: Mit 498 Wohneinheiten sind die Imperial Courts eins der größten sozialen Wohnungsbauprojekte – die sogenannten »*Projects*« – westlich des Mississippi, wie die anderen beiden Siedlungen in Watts, Jordan Downs und Nickerson Gardens, gebaut während des Zweiten Weltkrieges, fertiggestellt 1944, errichtet für die aus dem Süden der USA herziehenden afroamerikanischen Mitarbeiter der nahe gelegenen Flugzeugfabriken. Im Zuge der von Werbern, Ölkonzernen, Autoherstellern, Bauunternehmen und Immobilienfirmen vorangetriebenen Suburbanisation in den 1950er-Jahren zogen die weißen Einwohner in weiter entfernte Vororte, gleichzeitig verlagerte die Luftfahrtindustrie ihre Produktionsstätten in andere Regionen, weshalb rund um die drei Projects bald ausschließlich arme schwarze Familien lebten, die sich von einer zunehmend autonom agierenden und militärisch hochgerüsteten Polizei drangsaliert und von der Stadt und dem Staat vernachlässigt fühlten. Watts war ein Ghetto ohne Perspektive: kaum Schulen, Ärzte, Krankenhäuser, den Einwohnern wurden besser bezahlte Jobs verwehrt und der Kauf und die Miete von Häusern außerhalb durch einen Zusatzartikel des *Rumford Fair Housing Act* unmöglich gemacht, von politischer Mitbestimmung waren sie bis zur Verabschiedung des *Voting Rights Act* praktisch ausgeschlossen. Als Polizisten am 11. August 1965 einen Schwarzen wegen Trunkenheit am Steuer verhafteten und dessen Mutter dagegen vorging, kam es zu mehrtägigen Ausschreitungen, in deren Folge Hunderte Häuser geplündert und zerstört wurden, es gab mehr als 1 000 Verletzte und 34 Tote, das Sachschaden wurde auf 40 Millionen Dollar beziffert. Anstatt nach den Ursachen zu forschen und Fehler einzugestehen, sagte Gouverneur Pat Brown hinterher: »Hier in Kalifornien hatten wir eine harmonische Beziehung. Wir sind alle miteinander klargekommen, bis diese Sache passiert ist.« Von der Politik abermals im Stich gelassen, schlossen sich viele der Black Panther Party an oder lokalen Gruppen wie den Crips und den mit ihnen verfeindeten Bloods.

Lange Zeit galt Watts als einer der gefährlichsten Orte in den USA. Mit der Crack-Epidemie Mitte der 1980er-Jahre stieg die Zahl der Toten und die der Gangs, es bildeten sich so viele Untergruppen in jedem Block und jeder Straße, dass Ermittler bald den Überblick verloren. Zwischen 1989 und 2005 soll es in dem fünf Quadratkilometer großen Viertel insgesamt etwa 500 gangbasierte Morde gegeben haben. Schießereien waren so alltäglich, dass Eltern ihre Kinder in Badewannen schlafen ließen, um zu verhindern, dass sie im Bett von Querschlägern getroffen wurden. Wer nicht von Bloods oder Crips oder Mara Salvatrucha getötet wurde, der starb womöglich durch Polizeigewalt: Im L. A. County Sheriff's Department bildeten sich Neonazi-Gruppen heraus, die Little Devils, die Regulators, die Vikings, die auf Verdächtige schossen, sobald diese auch nur eine Hand Richtung Hosenbund bewegten.

Dank einer umfassenderen gemeinschaftlichen Sozialarbeit von Bürgerinitiativen und einer versöhnlichen Polizeistrategie ist die Kriminalitätsrate in den vergangenen Jahren deutlich gesunken. Ermittler sind jetzt einer Gang persönlich zugeteilt, sie sind ständig vor Ort präsent, reden mit den Tätern und deren Angehörigen, signalisieren Gesprächsbereitschaft, falls jemand aussteigen will. Anstatt Jugendliche aufgrund kleinerer Vergehen zu verhaften, lassen die Polizisten sie jetzt häufig gewähren, solange es in einem gewissen Rahmen bleibt. Sie verteilen Rucksäcke an Kinder, leiten Sportclubs und veranstalten nachbarschaftliche Müllsammlungen und Gesundheitsmessen. Einige Beamte haben sogar Waisen aus den Projects adoptiert, damit die nicht ins Heim müssen und das gleiche Schicksal erleiden wie ihre Eltern. Seit Kurzem treffen sich Gangmitglieder und Polizisten regelmäßig, um miteinander zu sprechen, manchmal spielen sie sogar Basketball gegeneinander – was nicht heißt, dass es keine Verbrechen mehr gibt: Im letzten Jahr wurden allein in diesem Viertel sechs Menschen ermordet, einer davon direkt vor mir, hier, vor dem Freizeitcenter, an dem ich auf Lil Drawz warte.

Ich schaue durch alle Autofenster, kann ihn aber nirgends erkennen. Auf dem Bürgersteig Müll, neben mir ein Wagen ohne Fenster und Reifen, auf einem Stromkasten haben sich Jugendliche in knielangen Shirts, weiten Shorts, weißen Socken und bunten Sneakers versammelt, Beats-Kopfhörer an die Stirn geklemmt. Eine Putzbrigade fährt mit einem Golfmobil voller Besen und Schaufeln vorbei, zwei Landvermesser stellen ihre Tachymeter auf, eine junge Frau mit Kind im Arm kommt aus dem Gebäude mit der Nummer 43. Meine Nerven pulsieren. Ich spüre jeden Gedanken. Ich schaue in alle Richtungen gleichzeitig.

I Be On Mona schießt mir durch den Kopf, so heißt ein Song von Lil Drawz. Aber ich bin nicht auf dem Mona Boulevard, sondern auf der 114. Straße. Plötzlich höre ich ein Geräusch hinter mir, ein Knacken wie von einem Schloss, das geöffnet wird, und als ich mich umdrehe, sehe ich einen Schwarzen, der einen Rucksack auf die Rückbank meines Wagens wirft und die Tür zuknallt. Das Erste, was ich denke, ist: Ich hab die Zentralverriege-

lung vergessen! Dann öffnet er die Beifahrertür, lässt sich auf den Sitz neben mich fallen und sagt: »Was geht ab, Bruder?«, ohne mich anzugucken.

Lil Drawz trägt Jeans-Cap, weißes T-Shirt, blaue Shorts, blau gefärbte Haare, das Gesicht voller Tattoos, Ohrringe, einen aus Gold, einen aus Glas, goldene Ketten, Jesus und Buddha, und eine Sonnenbrille mit goldenen Applikationen. Um den Hals hat er eine US-Fahne geschlungen, an der noch das Preisschild hängt. »Was ist dein Plan?«, fragt er. »Sollen wir rumfahren? Oder hierbleiben?«

»Wie hast du mich erkannt?«, frage ich ihn, immer noch angespannt, immer noch auf alles gefasst.

Und er sieht mich an und sagt: »Willst du mich verarschen?«

»Zeig mir, wo du aufgewachsen bist«, sage ich schnell, aus Angst, dass wir uns sonst in eine Diskussion verstricken, aus der es keinen Ausweg gibt. Aber für ihn ist das Thema erledigt. Er weist mich an, ein Stück weiter zu fahren, einmal um den Block, bis zum nächsten Parkplatz. 11527 Mona Boulevard. Hier steigen wir aus und stellen uns, an die Kühlerhaube gelehnt, in die Sonne. Ich aktiviere die Sprachmemo-App und stecke das Smartphone in die Brusttasche meines Hemdes.

»Inzwischen wohne ich nicht mehr hier, sondern ein paar Straßen weiter, aber ich hab hier viel Zeit verbracht.« Lil Drawz sieht sich um, als wäre er ewig nicht in der Gegend gewesen. »Ich hab viel von dem Zeug gesehen, das hier passiert ist, weißt du, und ich hab versucht, meinen kleinen Homies zu zeigen, dass man es schaffen kann. Gerade war ich im Radio, Radio One, vor zwei Wochen erst. Und danach war ich zehn Tage im Knast, weggesperrt.«

»Warum?«

»Es gab einen Haftbefehl, aber ich weiß nicht, wieso. Ich hab hier bloß rumgehangen. Aber die Polizei denkt, Lil Drawz hat nichts Gutes im Sinn.«

»Woher kommt der eigentlich, dein Straßenname – Lil Drawz?«

»Von meinen Homies. Die waren neidisch auf mich, weil ich mit all den Mädchen abhing, weißt du? Weil ich in ihre Höschen reinkam – und sie nicht. Kapiert? Und die so: ›Du bist Lil Drawz.‹ Die haben sich da voll reingesteigert: ›Kleine Unterhose.‹ – ›Hey, Lil Drawz, Lil Drawz.‹ Da war ich so neun oder zehn.«

»Und wie heißt du wirklich?«

»Eric, Eric Romero.«

»Klingt Spanisch.«

»Meine Mutter ist Afroamerikanerin, mein Vater Latino, der stammt aus Belize.«

Ich frage ihn, ob ich ihn fotografieren darf, und noch bevor ich die Kamera herausgeholt habe, beginnt er zu posen, verschränkt die Arme über der Brust, macht Crips-Handzeichen, nimmt die Sonnenbrille ab, schaut nach links und nach rechts, als würde er den ganzen Tag nichts anderes machen. Je länger wir uns so gegenüberstehen, desto entspannter werde ich. Womöglich, weil ich eine Aufgabe habe, weil jetzt für alle, die uns durch die dunklen vergitterten Fenster beobachten, klar ist, warum ich hier bin. »Wann hast du angefangen, Musik zu machen?« Ich lasse die Kamera sinken.

»Das war hier, weißt du? Hab gesehen, wie andere gerappt haben, weißt du, da hab ich gedacht: Das kann ich auch. Weißt du, was ich mein? Wir waren also hier«, er zeigt auf einen der Wohnblocks, »haben Beats gemacht, Studios besorgt, Mikros besorgt, alles, was nötig ist, weißt du? Und es fing an, echt gut zu klingen. Und die Leute haben gesagt: ›Du kannst das.‹ Also anstatt übel abzugehen und zu kämpfen und so 'n Scheiß, weißt du, was ich mein, haben wir Musik gemacht. Und das gefiel den Leuten. Und da haben wir weitergemacht.«

»Aber du hast kein Album, kein Label.«

»Nee, ich mach mein eigenes Ding. Hab jetzt eine Firma, wir produzieren Socken mit meinem Logo.«

»Socken?« Ich starre auf seine, auf denen Bart Simpson seine Shorts runterzieht.

»Nicht die. Hier.« Er kramt in seiner Hosentasche und zeigt mir Fotos auf seinem Smartphone, aber die Bilder sind so klein, dass das Muster kaum zu erkennen ist.

»Cool«, sage ich.

Und er sagt: »Yeah«, und steckt das Smartphone weg.

Ich sehe mich um und frage: »Wie war das, hier aufzuwachsen?«

»Einerseits war das gut«, sagt er, »weil, weißt du, du lernst, was geht und was nicht. Die meisten Leute hier haben von nichts 'ne Ahnung. Weißt du, was ich mein? Über die Projects? Du fragst mich das, weil du auch keine Ahnung hast. Ich weiß, wie ich mich hier zu verhalten habe, weil ich von hier bin. Ruhig bleiben, cool bleiben. Auch mit anderen Leuten, kapiert? Mit Leuten wie dir. Einige meiner Homies, die wissen sich nicht zu benehmen, weißt du, was ich mein? Denen muss ich das erst zeigen. Ich mein, du kannst dich nicht die ganze Zeit aufführen, als wärst du verrückt, weißt du, was ich mein? Yeah, du weißt, was ich mein.«

»Und was war schlecht hier?«

»Die Schießereien, die Morde. Das ist genau hier passiert, genau hier.« Er zeigt auf den Boden, ein Ölfleck auf dem Asphalt. »Leute sind hier gestorben. Wo wir jetzt stehen. Hab sie sterben sehen. Aber es ist besser geworden, weil die Leute älter geworden sind, so sehe ich das.« Er ballt die Hände zu Fäusten und schlägt sie übereinander. »*Different ages, different stages.*«

»Aber die Jüngeren wachsen doch nach«, sage ich und nicke zum Freizeitcenter rüber.

»Klar, Mann. Aber jetzt ist es ruhig, die meisten Leute gehen wieder zur Schule, im Sommer, als keiner was anderes zu tun hatte, als hier rumzuhängen, war's schlimmer, weißt du, was ich mein? Ich sag nur: ›Vergeltung.‹ Du weißt, wie das ist. Wie ein Film, aber das wahre Leben.«

»Hattest du jemals mit so was zu tun?« Ich taste mich an die erste Nina-Frage heran.

»Klar, Mann, die ganze Zeit. Weil, weißt du, ich komm schließlich aus den Projects! Am Anfang, als ich noch klein war, war alles klein: ›Oh, fick den Nigga!‹ So in der Art von: ›Wenn wir dich hier noch einmal sehen, machen wir dich kalt.‹ Dann wurde das größer. Dann wurde man da reingezogen. Die haben dann Sachen gesagt wie: ›Wir können dem Nigga das nicht durchgehen lassen.‹ Ich denk die ganze Zeit an so 'n Scheiß, wie sie Waffen und Drogen kaufen. Weißt du, was ich mein?«

»Die haben dich unter Druck gesetzt?«

»Klar, Mann. Ich bin doch die Hauptfigur hier.« Er sieht sich um, als erwarte er Applaus. Aber da ist niemand, hier sind nur wir zwei. »Ich kenne Leute, die setzen keinen Fuß in ein anderes Viertel. Aber ich geh überallhin.«

»Hat man dir geraten, mit der Musik aufzuhören?«

»Yeah, aber ich lass mich nicht aufhalten. Das ist alles, was ich kann. Weißt du, was ich mein?«

Je öfter er das sagt, desto weniger glaube ich zu verstehen, was er meint. Ich habe im Gegenteil das Gefühl, dass sich hinter dieser Floskel ein Abgrund auftut und ich jedes Mal »Nein« sagen müsste: »Nein, ich weiß nicht, was du meinst, ich habe keine Ahnung, wovon du redest.« Aber das Sich-Einlassen auf diese Floskel erzeugt ein Zusammengehörigkeitsgefühl, selbst wenn wir beide wissen, dass es eine Illusion ist. Also sage ich nicht »Nein«, sondern frage einfach weiter. »Aber man hat dich nie zusammengeschlagen?«

»Nee, nee. Wie gesagt, ich komm grad aus'm Knast. Da drin kennt mich jeder. ›Oh, Mann, da ist ja der Typ mit den blauen Haaren.‹ Weißt du, was ich mein?«

Ich nicke und bitte ihn, auf dieses Stichwort hin seine Mütze abzunehmen. Und dann mache ich weitere Fotos, Close-ups. Als ich fertig bin, frage ich: »Welcher Musiker hat dich am stärksten beeinflusst?«

»Hab immer viel Snoop gehört. 'ne Menge Leute haben gesagt, ich sei Lil Snoop, inzwischen drehen wir Videos zusammen, und nächsten Monat geh ich mit ihm auf Tour. Als Vorband. Fresno. San Francisco. Mountain View. Irvine. 20 Termine in Kalifornien und Nevada. Musste mir extra 'nen neuen Personalausweis besorgen. Mein erster seit sieben Jahren. Weißt du, was ich mein?«

Er zieht eine Plastikkarte aus der Hosentasche und hält sie mir hin. Die pockennarbige Haut und die Tattoos lassen ihn älter erscheinen, als er ist: 31.

»Was ist der am weitesten entfernte Ort, an dem du je warst?«, frage ich und komme mir plötzlich vor wie Nina.

»San Francisco.«

»Du bist noch nie aus Kalifornien raus gewesen? Das mit Snoop ist also das erste Mal, dass du den Bundesstaat verlässt?«

»Yeah.«

»Cool. Wie bist du mit ihm in Kontakt gekommen?«

Lil Drawz grinst, als wäre das die Geschichte, die er mir schon die ganze Zeit erzählen will. »Einer meiner Homies managt mich, Bullside Management, der kennt den. Und ein anderer repariert seine Autos, der heißt Big Slice. Kennst du Lowriders und so Zeug?«

»Du meinst hüpfende Cabrios, Cadillacs?«

»Yeah. Die macht er wieder fit. Irgendwann fragt er: ›Ich geh zu Snoop, Lust, ihn zu treffen?‹ Also sind wir dahin, zu seinem Haus in Chino, und haben ihm Sachen von mir vorgespielt. Ich könnte das auch. Ich könnte auch so leben. Ich, Lil Drawz, der Rapper. Weißt du, was ich mein? Neue Talente. Neue Musik. So läuft das. Du fängst an zu rappen, triffst die richtigen Leute, vernetzt dich. Und von da an geht's weiter und weiter und weiter.«

Ich bin etwas enttäuscht, dass er sich bei dieser für ihn offenbar so wichtigen Geschichte in Allgemeinplätze flüchtet, und hake noch einmal nach. »Wie lief das bei Snoop genau ab?«

»Wir saßen da rum. Er hat sich meine Sachen angehört. Und das war's.«

»Und was hat er dazu gesagt?«

»Er fand's gut.«

»Cool.«

»Yeah.«

Ich muss an seine Videos auf YouTube denken, die allesamt hier vor den türkis gestrichenen Häusern gedreht wurden. Ich frage mich, wie es wäre, wenn Lil Drawz mich besuchen würde in Ostfriesland oder Kreuzberg. Eine Gemeinsamkeit gäbe es zumindest: Wir beide schreiben über die Orte, die uns geprägt haben. Mit dem entscheidenden Unterschied, dass Lil Drawz' Chancen, jemals woanders ein ganz anderes Leben zu führen, deutlich schlechter stehen als meine. »Du schreibst über das, was du erlebt hast«, sage ich. »Deine Songs *Comin' From The Projects* und *I Be On Mona* spielen genau hier, handeln vom Leben in den Wohnsilos, vom Abhängen, vom Kiffen, den Bloods, den Crips, der Gewalt auf den Straßen, dem frühen Tod.«

»Yeah«, sagt er und sieht sich um, »gibt 'ne Menge Leute hier, die keine Mom, keinen Dad mehr haben, weißt du, was ich mein? Die leben auf der Straße oder in Dope-Häusern. Ich seh mich als jemand, der ihnen zeigt, was geht. Damit sie nicht hängenbleiben. Damit sie was erreichen. In der Schule lernst du nichts, deine Homies sind deine Lehrer.«

»Bist du bei deinen Eltern aufgewachsen?«

»Nur bei meiner Mom, kein Dad. Der hatte noch andere Kinder, weißt du, was ich mein? Ich hab 'ne Menge Geschwister. Zwei Schwestern, sieben oder acht Brüder. Aber ich hab nur mit zwei Brüdern und einer Schwester zusammengelebt, in dem Haus hier.«

Wir folgen einem Betonpfad, der zwischen den Hausblöcken verläuft. Rechts und links gehen kleinere Wege ab, zu den Türen hin. Wir bleiben vor einer Gittertür in der Mitte stehen, kein Name, nur Nummern: 11527 und 343.

»Hier. Genau hier«, sagt Lil Drawz.

Ich mache weitere Fotos von ihm, aber jetzt post er nicht mehr, jetzt schaut er einfach nur in die Kamera, ganz ernst, mit hängenden Schultern, als lasteten die Erinnerungen gerade hier besonders stark auf ihm.

»Vier Zimmer auf zwei Stockwerken«, sagt Lil Drawz, zu den Fenstern hochschauend. »Meine Mom war dabei, als ich mit den Gangs angefangen hab. Da gab's niemanden, der ›Nein‹ gesagt hat.

Und ich so: ›Scheiß drauf!‹ Ich hab mir Tattoos stechen lassen, niemand hat's mir verboten. Das Einzige, was sie gesagt hat, war: ›Solange du nicht im Knast landest.‹ Und dann bin ich im Knast gelandet. Mit 25. Und sie so: ›So früh schon?‹«

»Weswegen bist du denn verurteilt worden?«

»Hab Gras verkauft.«

»Und die Verhaftung? Wie lief das ab?«

»Die stürmten das Haus meiner Schwester, hielten mir 'ne Knarre ins Gesicht, drückten uns auf den Boden, durchsuchten alles, behaupteten, ich hätte Waffen versteckt. Hatte ich aber nicht, nur Gras. Hab mit 'nem Freund Musik gemacht, und die haben uns behandelt, als hätten wir jemanden umgebracht, weißt du, was ich mein? Muss ihnen jemand gesteckt haben. Bin dann einen Monat im Knast geblieben, im Bezirksgefängnis. Weil's zu voll war, haben die mich vorzeitig entlassen.«

Wir stellen uns in den Schatten seines alten Hauses, stehen jetzt nebeneinander, als wären wir gerade gemeinsam zur Tür herausgekommen. Ich bin noch nie in einem Gefängnis gewesen, noch nicht einmal als Besucher. Ich kenne niemanden, der eine Strafe abzusitzen hatte. Keiner meiner Freunde wurde jemals wegen eines Vergehens verurteilt. Ich versuche mir vorzustellen, wie es im Knast aussieht, aber alles, was in mir aufblitzt, sind Film- und Fernsehbilder, *Brubaker* [1980], *Against the Wall* [1994], *Attica* [1980], *The Wire* [2002–2008], *Prison Break* [2005–2009].

»Wie geht's da zu?«, frage ich.

»Das ist verrückt da, Mann. Ich bin komplett tätowiert. Ich kann nicht sagen: ›Ich bin in keiner Gang.‹ Kapiert? Jeder, der mich sieht, weiß sofort, wer ich bin. Die stecken mich mit den Gangstern zusammen. Du wärst bei den normalen Leuten. Die würden dich fragen: ›Wo kommst du her?‹ Und du sagst: ›Von nirgendwo.‹ Ich aber sage: ›PJ.‹ Projects. Das ist die Hood hier: *PJW. PJ Watts Crips.* Ich hab's auch im Gesicht stehen.« Er zeigt mir die Initialen auf seinem Arm und auch die anderen Sachen, die in seinem Gesicht: »*One Shot, One Kill*« und »*Yellow Tape Crew*« auf der rechten Wange, »*YOU NEED SOMEONE LIKE ME*« auf der Stirn, »*POWER 'N' RESPECT*« auf dem Hals, den Totenkopf hinter dem einen Ohr, den Ghettoblaster hinter dem anderen, die vier Sterne unterm Auge. »Keiner muss Fragen stellen. Jeder weiß sofort Bescheid. *No bullshit, Burrito*. Ich hab die Watts Towers hier.« Lil Drawz streckt mir die Innenseite seines rechten Unterarms mit dem Wahrzeichen der Gegend hin: mehr als ein Dutzend Skulpturen aus Stahl, Beton und Draht, die wie Antennen aussehen, verziert mit Porzellan, Kacheln und Glas, errichtet von einem Maurer namens Sabato Rodia. »Und das Gebäude, das du da siehst«, sagt Lil Drawz und weist auf einen der türkisen Kästen und dann auf seinen Arm. »Das ist das hier. Yeah, Mann, das ist alles echt hier. Weißt du, was ich mein? Ich hab all dem den Weg bereitet. Viele Leute wussten nicht mal, dass es die Projects gibt, bis sie mein Zeug gehört haben. Wenn du ›PJ‹ bei Google eingibst, landest du bei Lil Drawz. ›Imperial Courts‹: Lil Drawz. Ich war ein Gangster und jetzt mach ich Musik. Weißt du, was ich mein? Ich verändere die Aufmerksamkeit. Weißt du, was ich mein? Ich stehe für das Bessere.«

Vom Wagen aus, vorm Freizeitcenter, hatte es so ausgesehen, als würde überall Müll herumliegen, aber das war nur dort so, an dieser einen Stelle. Jetzt, da wir ein bisschen herumgegangen sind, fällt mir auf, wie sauber alles ist – und wie gespenstisch zugleich: Es sind kaum Menschen unterwegs, als ob sie sich vor irgendetwas – oder irgendjemandem – in ihren Häusern versteckten.

»Welchen Effekt hat deine Musik auf die Gegend hier?«

»Das ist cool. Die Leute denken jetzt nicht mehr: Die sind schlecht, die sind dreckig. Darum geht's nicht mehr. Dafür steht Lil Drawz: der Welt zu zeigen, wir können dies und das und das auch. Weißt du, was ich mein?«

Ich nicke und muss an mein Selbstverständnis als Schriftsteller denken. Den eigenen Herkunftsort ästhetisch aufzuwerten – und sei es im Negativen – ist mir sehr vertraut. Trotzdem ist meine Literatur kein Sozialprojekt. Sie ist kein Beleg dafür, dass es eine bessere Seite gibt, das andere Ostfriesland. Identitätsstiftend ist sie höchstens als Gegenbewegung, als Antiheimatliteratur. Bei Lil Drawz ist das anders. Die Musik hat für ihn und alle, die hier wohnen, eine größere Bedeutung: Sie hält ihn und sie am Leben. Und dabei spielt es keine Rolle, dass er damit kaum Geld verdient. Die Frage, die ich von Leuten, die nichts mit Kunst zu tun haben, gestellt bekomme – »Und davon kannst du leben?« –, beantworte ich immer mit: »Ich lebe davon.« Er könnte den gleichen Satz sagen. Nur ist er bei ihm absolut existenziell gemeint. Watts ist überall, in seinem Kopf und auf seiner Haut. Egal, wohin er geht, egal, wo er ist, draußen oder drinnen, in Freiheit oder im Knast.

»Was«, frage ich, »hat sich nach deinem ersten Gefängnisaufenthalt für dich geändert?«

»Mein ganzes Leben. Im Knast kenne ich jeden. Alte Mitschüler. Mein Onkel. Mein Cousin. Manche davon haben lebenslänglich. Weißt du, was ich mein? Hab ich ewig nicht gesehen. Mord, Totschlag, Einbrüche, Raubüberfälle. Jeder kennt da jeden. Hab ich meiner Mom auch gesagt: ›Da bin ich zuallererst ein Gangster.‹ Weißt du, was ich mein? ›Ich bin klein und schmächtig, aber da drin bin ich groß, kapiert? Und da sage ich den Leuten, was sie zu tun haben. Die wissen, dass ich keine Spielchen spiele.‹ Und meine Mom so: ›Du spinnst.‹ Und ich so: ›Nein, Mom, das hat nichts damit zu tun, dass ich verrückt bin, sondern weil ich so aufgewachsen bin.‹ Weißt du, was ich mein? Ich hatte nie vor, ein Gangster zu werden. Weißt du, was ich mein? Crip sein, Haare blau färben. Weißt du, was ich mein? Sachen passieren über die Jahre, und so bin ich zu dem geworden, der ich jetzt bin.«

»Ich verstehe aber immer noch nicht ganz genau, wie dieser Knastaufenthalt dein Leben verändert hat.«

»Wenn du dir all diese Filme anschaust, dann machen die dir Angst. ›Ahh, die kriegen dich, die machen dies und das mit dir!‹ Zur Hölle, nein. Sobald du da einfährst, merkst du, das ist Toys "R" Us. Chuck E. Cheese's. Weißt du, was ich mein? Weißt du, ich gehöre zum Bullshit. Zu den Verrückten. Wenn du da drin bist, bei den Verrückten, dann bleibt dir nur: ›Lass uns Spaß haben.‹ Weißt du, was ich mein? Also machen wir die ganze Zeit verrückte Sachen. Und wenn dann jemand wie du da reinkommt, der mir sagt: ›Mann, ich muss nach Hause zu meiner Familie, zu meiner Arbeit, Miete zahlen‹, sag ich so: ›Verdammt noch mal, so 'n Scheiß hab ich nicht. Is mir egal.‹ Weißt du, was ich mein'? Inzwischen habe ich Familie, Kinder. Wenn ich jetzt einfahre, fragen die: ›Wo gehst du hin, Papa?‹ Das ist anders. Manche fühlen sich ganz wohl da. Essen Pizza, trinken Cola. Normal. Die wollen lieber drin sein als draußen. Auf der Straße kriegen die nichts zu essen. Auf der Straße haben die keinen. Da drin redet wenigstens jemand mit dir, stellt dir Fragen, erzählt dir Geschichten. Das ist auch der Grund, warum da so viele Moslems werden oder Christen. Weißt du, was ich mein? Was auch immer vorgefallen ist, die ändern ihr Leben, weg von der Gewalt. Weißt du, was ich mein? Die gehen zur Kirche, zur Schule.«

»Wie hast du es geschafft, der Gewalt im Knast aus dem Weg zu gehen?«

»Kann ich nicht, bin ja überall tätowiert. Sobald ich da einfahre, steck ich wieder mittendrin. Weißt du, was ich mein? Deshalb sage ich ja: ›Da willst du nicht mehr rein.‹ Weil, das bringt dich wieder drauf. Weißt du, was ich mein? Dabei warst du gerade dabei, runterzukommen. Da geht die ganze Zeit dieses Engel-Teufel-Ding ab.« Lil Drawz hebt seine rechte Hand ans Ohr und lässt Daumen und Finger im Takt der Worte vor- und zurückschnappen. »Engel: ›Sei ein Mann, bleib cool.‹ Und der Teufel so –«. Jetzt nimmt er die andere Hand ans andere Ohr, »›Das lässt du dir gefallen, Mann?‹« Er lässt die Hand sinken. »So uhuhuhu, so 'n Scheiß kann dich echt runterzieh'n, kapiert? Das macht dich weich. Leute werden verrückt dabei, die sind gestört, wenn sie rauskommen. Weißt du, was ich mein? Und die landen dann im Augustus Hawkins, und in diesen Psychiatrien geht's denen noch schlechter, die nehmen Medikamente, und das nur, weil sie nicht mehr klarkommen, weißt du, was ich mein? Du musst cool bleiben. Das ist das, was ich sage. Drinnen oder draußen. ›Leg dich nicht mit mir an, dann leg ich mich nicht mit dir an.‹«

Wir gehen weiter über die Betonwege und stellen uns zwischen die Häuser in den Schatten. Über uns baumeln zwei Paar Turnschuhe von einer Stromleitung wie auf dem Sunset Boulevard in Echo Park. Ein Junge auf einem BMX-Rad fährt an uns vorbei, nickt mit dem Kopf und ruft: »Lil Drawz!«

Und Lil Drawz ruft ihm hinterher: »Yo, was geht, Mann?« Dann wendet er sich mir wieder zu: »Siehst du, jeder kennt mich. Jeder weiß, dass ich was verändern will. Ich hab so viele Leute sterben sehen. Jeder in meinem Alter ist erledigt. Entweder im Knast oder tot. Weißt du, was ich mein? Nicht nur hier. Auch in den anderen Projects, in Nickerson, Jordan Downs, jeder da ist weg vom Fenster. Weißt du, was ich mein? Wenn ich mir die alten Jahrbücher angucke, dann ist das so« – er hebt die Hand und tippt mit dem ausgestreckten Zeigefinger in die Luft – »›Der is tot, der is tot, der is tot, Knast, lebenslänglich, tot, tot, tot.‹ Weißt du, was ich mein? Ich so: ›Fuck! Keiner in meinem Alter ist noch da, keiner ist älter.‹«

»Aber es wächst doch eine neue Generation nach.«

»Yeah, so ist das. Und darum bin ich hier, um ihnen zu zeigen, dass sie es anders machen sollen. Weil – das lohnt sich nicht. Das

Rumdissen. Jetzt mach ich anständiges Zeug. Jetzt kämpf ich mit Musik. Manche begreifen's nicht. Wollen immer noch Ärger.«

»Wer?«

»Aw, Jordan Downs, die tragen violett. Die kommen her, werden erschossen, abgestochen. Mit denen kommen wir nicht klar. Und Mona Park, Culver Park. Wir sehen diese Niggas überall, besser, die legen sich nicht mit uns an, kapiert? Ich kenn die seit der Schule. Bin auf die Jordan High gegangen, da war's so, dass man da an bestimmten Tagen besser nicht hinging. Und jetzt ist es so, wir liegen im Krankenhaus nebeneinander, unsere Kinder gehen auf die gleiche Schule. Wenn man das zu Ende denkt, ist das total verrückter Scheiß.«

»Du sagtest, du hast Familie?«

»Ja, vier Kinder.«

»Mit vier Frauen?«

»Na, nee, nur mit zwei.« Er kratzt sich am Hinterkopf. »Poppy, Loppy und Adriana von meiner ersten Freundin, aber die ist immer ausgeflippt bei den kleinsten Kleinigkeiten, kapiert? Weil – ich hatte 'ne Menge Mädchen, weil ich ja rappe und so. Also hab ich sie verlassen. Und dann gab's da so eine Latina hier, und ich fing an, mit der abzuhängen. Wir sind ein paarmal ausgegangen. Und dann war sie schwanger. Und sie musste es jedem erzählen. Da musste ich weiterziehen. Weißt du, was ich mein?«

»Gibst du ihnen Geld?«

»Nein, Mann. Ich zahl doch keinen Unterhalt! Ich kauf ihnen Schuhe und Zeug, wenn ich sie sehe. Sachen, die sie wirklich brauchen. Das Gute ist, dass die Mütter auch nicht nach Unterhalt gefragt haben. Komm«, sagt er, »lass uns weiterfahren. Die Leute gucken schon.«

Ich drehe mich um, kann niemanden entdecken, die Straßen sind leer, die Jungs vom Freizeitcenter verschwunden, nicht einmal die Landvermesser sind noch da. »Ich will dir noch was zeigen.« Wir steigen ein, fahren ein paar 100 Meter die 113. Straße runter, dann sagt er: »Stopp. Genau hier.« Ein Spielplatz zwischen den Häuserblöcken. »Hier haben sie einen meiner Homies abgeknallt. Trent. Trent Mosley Jr. Aber alle haben ihn immer ›Lil Trent‹ genannt. Der war damals höchstens 13. Die sind hierhergekommen und haben aus dem Auto rausgeschossen, *drive-by-shootin'*, die wollten jemand anderen ausknipsen, die haben einfach den Falschen erwischt.«

»Warst du dabei?«

»Nee, aber ich hab ihn gesehen, wie er dalag.«

»Was ging dir da durch den Kopf?«

»Die töten jeden, dachte ich. Der war ja nicht mal in 'ner Gang. Weißt du, was ich mein? Die erschießen dich und mich, jeden, ist denen egal.«

»Wie habt ihr darauf reagiert?«

»Wir haben uns Waffen besorgt. Und zurückgeschlagen. Kapiert? Wir sind da rüber, zur Grape, zwei Blocks weiter, und haben zurückgeschossen.«

»Du auch?«

»Nee.« Er schüttelt den Kopf. »Die haben ihn ohne jeden Grund abgeknallt.«

»Grape Street, das ist gleich da vorne«, sage ich und schaue die Straße hinunter.

»Yeah. Jeder Block hier hat seine eigene Gang. Du musst wissen, wo du hingehen darfst und wo nicht, weißt du, was ich mein? Du musst die richtigen Farben haben, keinen roten Wagen hier, keine blauen Sachen da. Aber keine Sorge, ich bin bei dir, Mann, weißt du, was ich mein?«

»Hast du Waffen?«

»Klar, Mann, AK 45, 'ne 38er, 'ne 22er.«

»Da drin?« Ich zeige auf den Rucksack auf der Rückbank.

Er lächelt mich an und schüttelt wieder den Kopf.

»Hast du schon mal jemanden erschossen?«, frage ich und muss dabei wieder an Nina denken.

»Nee.«

»Warum nicht?«

»Muss ich nicht. Komm«, sagt er, »lass uns zu den Watts Towers fahren.«

Während ich wieder anfahre, frage ich mich, ob Nina mehr aus ihm herausgekriegt hätte, ob er bei ihr auch zugemacht und das Thema gewechselt hätte oder offener gewesen wäre. Aber wer würde schon einem Journalisten, einem Fremden gegenüber einen Mord gestehen, für den er nicht zur Rechenschaft gezogen wurde?

Wir schwenken auf den Santa Ana Boulevard ein, und drei Minuten später sind wir da: ein eingezäunter Platz mitten in einem Wohnviertel, von dem aus sich ein halbes Dutzend spitze Türme in den Himmel erhebt, darunter, gewissermaßen als Fundament der ganzen Anlage, Bogengänge, Mauern, Brunnen, Schiffe, verziert mit Muscheln und Scherben – wie Überreste einer untergegangenen Kultur. In *Colors* [1988] endet eine Verfolgungsjagd genau an der Stelle, an der wir jetzt parken. Im Film fliegt einer der Wagen mitten in das Kunstwerk hinein und geht in Flammen auf. Aber das war wohl das, was der Universal-Gründer Carl Laemmle meinte: Gebäude, die nur für ein Bild errichtet werden, ein Nachbau, eine nützliche Kulisse. Alles wirkt unversehrt. Wir steigen aus, laufen am weißen Metallzaun entlang, an Schildern vorbei mit Aufsschriften wie: »Eine lokale Kuriosität stiftet lokale Identität« – »Traditionelle Methoden, angewandte Originalität« – »Ein schwer zu fassender Traum«. Rodia, der Künstler, der die Anlage im Stil Antoni Gaudís erschaffen hat, hat 34 Jahre lang daran gearbeitet, ohne Gerüst und Helfer. Die beiden größten Türme sind 30 Meter hoch und gelten als die höchsten nieten- und schraubenlosen Betonsäulen der Welt, eine in Zement gegossene, von Maschendraht, Rohren und Stangen

umgebene spitze Vision eines einzelnen Mannes. Ich spreche Lil Drawz darauf an, frage ihn, ob die Türme für ihn ein Symbol dafür seien, was man im Leben erreichen könne, wenn man es nur wolle, aber alles, was er dazu sagt, ist: »Die stehen hier für jeden von uns. Die Watts Towers, das sind wir.«

Wir machen Fotos, er zieht sein Shirt hoch, präsentiert weitere Tattoos, den Spruch »*The Good Die Young*«, die Namen seiner Kinder, seine beiden Kampfhunde, eine Uhr, einen Clown, einen Blauhäher, den Teufel und ein Maschinengewehr – um, wie Lil Drawz sagt, »Niggas niederzumähen«. Dann legt er sich die Flagge über den Kopf, den Sommerschal mit dem Preisschild dran, und blickt in die Ferne.

»Warum«, frage ich ihn, »lässt du eigentlich die Preisschilder an deinen Klamotten?«

»Damit die Leute sehen, wie viel das wert ist.« Er hält mir das Schild hin:»Ralph Lauren, 76 Dollar.«

»Und was machst du, wenn du die waschen musst?«

»Ich wasch die doch nicht, Mann. Ich kauf neues Zeug, weißt du, was ich mein?«

»Wegen der Street Credibility?«

»Nee. Die hast du oder nicht. Das hängt nicht von den Klamotten ab.«

»Und was ist mit mir?«

»Was meinst du?«

»Wie ist meine Street Credibility?«

Er sieht mich von oben bis unten an.»Na, Mann, du hast keine. Da, wo du herkommst.« Und dann in etwas höherer Stimmlage:»Und außerdem, ich mein, guck dich doch an, das ist doch alles Secondhand.«

Diesmal bin ich es, der zum Aufbruch mahnt, der weiterwill, zurück zu den Projects, die Türme werfen lange Schatten, es ist schon später Nachmittag. Auf dem Weg unterhalten wir uns über die Riots im April und Mai 1992, damals war er acht Jahre alt. Es sei ihm wie ein Straßenfest vorgekommen, wie ein Spiel für Erwachsene.»Da sind wir alle zusammengekommen, kapiert? Jeder ist glücklich gewesen, hat sich Zeug genommen.«

»Du meinst, ihr habt geplündert?«

»Yeah.«

»Läden in der Gegend?«

»Yeah, yeah.«

Vor dem Freizeitcenter stehen jetzt mehr Jugendliche mit weißen Shirts als vorhin. Ich halte neben dem Bürgersteig, gemächlich schlendern sie, die Köpfe nach unten gebeugt, auf uns zu. Als sie Lil Drawz sehen, heben sie ihre Hände und gehen wieder zum Stromkasten zurück. Wie vereinbart überreiche ich ihm die 100 Dollar und verabschiede mich von ihm, indem ich ihm sage, wie interessant es gewesen sei, mit ihm zu sprechen, ich bedanke mich, dass er sich für mich Zeit genommen hat, auch wenn wir einen Deal hatten. Ich halte ihm die Hand hin, wie ich es von den Skatern in Highland Park gelernt habe: mit erhobenem Daumen und offener Handfläche. Und er schlägt auch ein, macht aber keine Anstalten auszusteigen. Stattdessen sagt er: »Ich muss dir doch noch eine CD von mir geben, ein Demo, neue Sachen. Können wir bei mir vorbeifahren?«

»Klar«, sage ich, »kein Problem«, und er weist mir den Weg über den Freeway nach Lynwood. Er sagt mir, wo ich abbiegen soll, und führt mich, ohne dass er das angekündigt hätte, zu einer McDonald's-Filiale Imperial Highway, Ecke Long Beach Boulevard. Im Drive Thru bestellt er Menü Nummer zwei – zwei Cheeseburger ohne Zwiebeln und eingelegte Gurken, Pommes und Erdbeer-Fanta – und dazu fünf Tüten Kekse, mit und ohne Schoko. Ich bezahle wie selbstverständlich und fahre weiter zu seiner Wohnung; ein Haus wie ein Motel, oben Wohnungen, unten Garagen, palmenumstanden, eine ruhige Gegend, umzäunte Vorgärten, in den Auffahrten Pick-ups und SUVs, Dodge Grand Caravan, Ford Expedition XLT Triton. Über uns Flugzeuge auf dem Weg zum LAX. Lil Drawz springt aus dem Wagen, rennt die Treppe hoch, drei Minuten später sitzt er wieder neben mir, eine gebrannte CD in der Hand, beschriftet mit »*Deep Blue C*«: »Hey, Mann, kannst du mich noch zu Bullside bringen? Mein Management?«

»Klar«, sage ich und fahre auf seine Anweisung hin zum Freeway zurück. Vor dem McDonald's zeigt er auf zwei Typen mit abrasierten Haaren in weiten grauen Shirts und Khakishorts. »Siehst du die da? Das sind Cholos.«

Ich schaue rüber und sehe bloß zwei ganz normale Teenager, Mexikaner, Latinos. Ich bin nicht lang genug hier, um die feinen Unterschiede wahrzunehmen. Ich weiß nicht, was man tragen sollte und was nicht, wer mit wem verfeindet ist und warum. Als Weißer bin ich womöglich der Feind von allen. Vielleicht würde ich den Hass auf mich ziehen, wenn ich hier ganz allein herumliefe. Vielleicht aber auch nicht. Vielleicht würde gar nichts passieren. »Meinst du, ich könnte mich hier frei bewegen?«

»Kannst es ja mal ausprobieren.«

»Das sind doch bloß Geschichten.«

»Nein, Mann. Niemand kann sich hier frei bewegen. Weißt du, was ich mein?«

Dann lotst er mich Richtung Osten, noch tiefer hinein in die endlose Stadt.

Während der Fahrt sprechen wir über Autos.

»Was fährst du denn für einen Wagen?«, frage ich.

Und er sagt: »Ich hab keinen.«

»Was?«, sage ich. »Du wohnst in L.A. und hast kein Auto! Willst du mich verarschen?«

»Hab ja nicht mal einen Führerschein.«

»Kein Auto. Kein Führerschein. Und das in L.A.«

»Brauch ich nicht.«

»Und du redest von Street Credibility!«

»Yeah, Mann.«

»Wie machst du das hier – ohne Auto?«

»Ich brauch kein Auto, Mann. Mein Gesicht reicht vollkommen aus. Weißt du, wenn ich in Clubs gehe, egal, wohin, ich krieg alles umsonst, und ich finde immer jemanden, der mich mitnimmt, so wie: ›Oh, da ist ja Lil Drawz.‹ Weißt du, was ich mein?«

»Ja«, sage ich. »Dein Gesicht ist eine Freikarte.«

»Jetzt hast du's, Mann. Jetzt hast du's. Nächste Ausfahrt raus.«

Bullside Management liegt in einem Wohnviertel jenseits des Bellflower Boulevard, einer Sackgasse voller Einfamilienhäuser. Wieder springt er aus dem Wagen. Mit der McDonald's-Tüte und dem Rucksack von der Rückbank geht er die Einfahrt hoch. Ich steige ebenfalls aus, folge ihm ein paar Meter, überlege, ob es das war oder ob er noch einmal zu mir zurückkommt, um sich zu verabschieden. Ein Eichhörnchen kreuzt meinen Weg, und ich sehe ihm nach, wie es einen Baum hochklettert, und als ich runterschaue, steht Lil Drawz vor mir, ein T-Shirt in Händen, ein weißer Stier auf schwarzem Grund, »BSM – Bullside Management«, ein Geschenk, mein Abschiedsgeschenk. Wir tauschen E-Mail-Adressen aus, versprechen, in Kontakt zu bleiben, unsere Hände klatschen gegeneinander, mit einem Ruck zieht er mich zu sich heran und drückt mir seine Schulter in die Brust: »Ich werd über dich schreiben, Mann. Über das, was wir getan haben, heute. Die ersten Zeilen hab ich schon im Kopf. *All along the Watts Towers. Tellin' him 'bout my niggas. Bout the pain and the power. How it's gettin' bigger and bigger and bigger.* Wie ich mit dir hier rumgefahren bin. Wie du hierhergekommen bist, verstehst du? Als Tourist. Wie du mich bezahlt hast. Für mein Leben. Weißt du, was ich mein?«

»Ja«, sage ich. »Ich weiß, was du meinst.« Und dann dreht er sich um, und ich steige in den Wagen und lege seine CD ein, *Deep Blue C*, werde eins mit den Bässen, den Beats, den Botschaften *»git the gun«, »suck my dick«, »livin' my life«,* dem Soundtrack von Lil Drawz' Leben, und fahre über die Freeways in den Norden zurück.*

---

* Lil Drawz hat zwar immer noch kein Album aufgenommen, aber weitere Videos online gestellt, *Get the Gun and Get the Doe, Gettin' Money, Fuccin wit us.* Er war auf Tour in Las Vegas, Sacramento und Vancouver, Washington, und ist zum fünften Mal Vater geworden. »Das vergangene Jahr war sehr anstrengend«, schreibt er in einer E-Mail, »und ich danke Gott für das alles. Es hilft mir, mich auf das zu konzentrieren, was mir wirklich wichtig ist: meine Familie und mein Traum, von der Straße wegzubleiben.«

Race Car Kiss

Danièle Watts, eine Schauspielerin, bekannt aus *Django Unchained,* / und ihr Freund, Brian James Lucas, ein Rohkostkoch, / der sich selbst Rawkstar nennt, // küssen sich in seinem Wagen, ein silber- / grauer Mercedes, am Straßenrand in Studio City. / Es wird wild und wilder, // sagen die Beobachter aus dem Bürogebäude gegenüber. / Sie schiebt ihr Shirt hoch, zeigt ihm ihre Brüste. / Als wäre es nicht klüger, // das zu tun, wenn Tür und Dach geschlossen sind, / wenn nicht jeder, der es nicht sehen will, / zusieht in diesem Land, // in dem Freiheit und Moral gegeneinanderschlagen / wie zwei Glocken im Gebälk einer / Kirche voller Fugen. // Jemand ruft die Polizei, um das Küssen zu beenden. / Und die kommt mit zwei Beamten, die / nichts weiter verlangen, // als einen Blick auf ihren Ausweis zu werfen. / Watts sieht keinen Grund, sie beide für ihre / Liebe zu bestrafen. // Liegt es daran, fragt sie, dass ich schwarz bin und er weiß? / Warum, fragt der Polizist, fangen Sie jetzt damit an? / Darum geht es meist. // Hier nicht. Man hat uns gerufen. Ich muss das überprüfen. / Wir haben nichts getan, mein Freund und ich, / außer uns zu küssen. // Weil sie sich weiter weigert und weitergeht / werden ihr Handschellen angelegt – / *Danièle Chained.* // Von dem Gespräch gibt es eine Aufnahme, / 25 Minuten lang, und am Ende steht / Aussage gegen Aussage.

DDR unter Palmen

Am Strand: darf man sich nicht entblößen. Alkohol in der Öffentlichkeit trinken: ist verboten. An nicht markierten Stellen die Straße überqueren: verstößt gegen das Gesetz. Vor oder an Mietshäusern Wäsche aufhängen: ein Kündigungsgrund. Bis vor Kurzem durfte man in Kalifornien nicht mal mit seinem Hund zusammen in Gaststätten draußen auf der Terrasse sitzen. Nur wenige Weiße wagen sich in Los Angeles nach South Central, obwohl die letzten Unruhen mehr als 20 Jahre zurückliegen. Umgekehrt müssen Schwarze in Beverly Hills fürchten, von der Polizei gefragt zu werden, was sie da wollen. L.A. ist voller unsichtbarer Mauern, voller Regeln und Verbote, voller Grenzen. Die Freiheit, die in den USA in der Verfassung verankert und immer gern beschworen wird, wenn es um das Selbstverständnis und die Identität der Amerikaner geht, erweist sich allzu oft als pure Propaganda.

Umso überraschter bin ich, in dieser Stadt ein Stück Berliner Mauer zu entdecken. Um genau zu sein, sind es zehn Mauerstücke. Sie stehen vor dem Variety Building am Wilshire Boulevard, einer der wichtigsten Verkehrsverbindungen zwischen dem Westen und dem Osten von Los Angeles. Ich frage mich, was es damit auf sich hat, recherchiere im Internet und erfahre, dass sie am 9. November 2009, zum 20. Jahrestag des Mauerfalls, errichtet wurden, dass damals sogar für einen Abend lang die ganze Straße von einer Mauer zerschnitten war – um nachvollziehbar zu machen, was es heißt, in einer wahrhaft geteilten Welt zu leben. Das DDR-Gefühl an einem Ort wie diesem zu rekonstruieren, an dem das ganze Jahr über die Sonne scheint und riesige Palmen lange, dünne Schatten werfen, erscheint mir ein unmögliches Unterfangen. Ein Wahnsinn. Doch genau das hat sich jemand zur Aufgabe gemacht: Justinian Jampol, der in Culver City sogar ein eigenes Museum, das Wende Museum, eröffnet hat.

Nachdem ich Lil Drawz vor dem Bullside Management Studio am Bellflower Boulevard abgesetzt habe, fahre ich genau dorthin, um es mir anzusehen und mit dem Mann zu reden. Während *Gettin' Money* aus den Boxen dröhnt, muss ich an die Mockumentary *This Ain't California* denken, in der es um die Skaterszene – die damals noch allenthalben sogenannten Rollbrettfahrer – in Ostberlin geht. Anfangs schrauben die Jungs im Film tatsächlich Rollschuhrollen unter einfache Holzbretter, bis sie durch Westkontakte mit richtigen Boards versorgt werden und nach der Wende in der gesamtdeutschen Szene aufgehen. Obwohl die Geschichte im topografischen und ideologischen Gegenteil von Kalifornien spielt, gibt es doch eine Verbindung in Bezug auf die gesellschaftliche Isolation von Subkulturen: Skater und Rapper verleihen ihrem Widerstand gegen die herrschenden Normen Ausdruck, indem sie über Straßen, Bürgersteige, Rampen rollen, Wände vollsprühen und Musik machen – ganz gleich, an welchem Ort oder in welchem politischen und wirtschaftlichen System auch immer.

Das erklärt auch den großen Erfolg von *Beat Street* [1984] in der DDR. Der Film erzählt die Geschichte von DJs, Breakdancern, Rappern und Sprayern in der Bronx, einem der heruntergekommensten Stadtteile von New York Anfang der 1980er-Jahre. Mit den grauen, kaputten Fassaden, der Sehnsucht nach freien Bewegungen, Partys in leerstehenden Häusern und der Verfolgung und Unterdrückung durch Polizei und Justiz konnten sich viele Jugendliche im Osten identifizieren, woraufhin sie selbstgenähte Trainingsanzüge anzogen, Feuerlöscher zu Spraydosen umfunktionierten, Kassettenrecorder zum Scratchen benutzten und eigene Songs mit ›Schummelenglisch‹ unterlegten.

Das Wende Museum liegt in einem Gewerbegebiet neben einem unabhängigen Filmstudio und Firmen wie Bonfit America, Borin Manufacturing und Nuclear Blast Records. Von außen macht es nicht viel her: ein graues, baumumstandenes Lagerhaus. Nur an dem einzelnen bunt bemalten Mauerstück und an dem weißen Wort »WENDE« auf dem Parkplatz erkenne ich, dass ich richtig bin. Ich stelle den Wagen ab, steige die Treppe in den ersten Stock hinauf und stehe vor einer Wand mit Tellern vom Plattenwerk Karl-Marx-Stadt, vom Festspielkreis Döbeln, vom Ministerium für Staatssicherheit. Über mir, unterhalb der niedrigen Bürodecke, hängt ein Straßenschild: Bertolt-Brecht-Platz. Ich drehe mich um, und ein hölzerner Lenin zeigt auf mich, den Eindringling, den Staatsfeind Nummer eins, den Reporter aus Westdeutschland.

Eine etwa 70-jährige rothaarige Frau im weißen Kleid kommt auf mich zu, aber anstatt mich zu verhaften, stellt sie sich als Donna Stein vor, die stellvertretende Direktorin, und bietet mir an, mich durch die Ausstellung zu führen: drei Räume und die Bibliothek mit den gebundenen Jahrgängen der Zeitung *Neues Deutschland* und Miniaturbüchern mit Titeln wie *Die NVA der DDR, Was des Schulmeisters Amt sei, Das Küßchen für den Roboter* und *Der Liebe Lust, der Liebe Leid* im Format 100 mal 100 Millimeter.

Am Kopfende des Konferenztisches sitzt ein weißhaariger Mann mit Kinnbart, er trägt eine Nickelbrille und ein hellblaues Hemd und blättert, weit nach vorn gebeugt, in Karl Marx' *Bürgerkrieg*. Er sieht aus wie Trotzki, ein weicher, milder Trotzki, ein Revolutionär, der die auf ihn verübten Attentate überlebt und sich aus dem politischen Geschäft, den Intrigen, den Machtspielchen zurückgezogen hat und sich nur noch mit eigenen Geschichte beschäftigt, mit seinem Vermächtnis, der Idee, für die er steht.

»Das«, sagt Donna Stein, »ist John Ahouse«, als wäre er das bedeutendste Exponat. Ahouse ist Kurator für Sonderausstellungen, seine Vorfahren stammen aus Deutschland, aus der Grenzstadt Ahaus, daher der Name. 1958 kam er zum ersten Mal nach Berlin, dank eines Wissenschaftsstipendiums. Lange Zeit, fast die ganzen 1960er-Jahre hindurch, hat er in Berlin gelebt und Texte übersetzt, bevor er in die USA zurückkehrte, um an der University of California als Bibliothekar zu arbeiten und eine Bibliografie des berühmtesten Sozialisten der Region, Upton Sinclair, zu schreiben. »Dies hier ist eine gute Auslastung für meine Schlussjahre«, sagt John Ahouse in einem stark englisch gefärbten Deutsch und lässt seinen Arm durch den Raum wandern, als hätte er sich vorgenommen, vor seinem Tod noch all die Bücher und Zeitungen in den Regalen durchzuarbeiten und das Standardwerk zur Alltagsgeschichte der DDR zu verfassen.

Er erklärt, dass das Museum viele Bände aus Erich Honeckers letzter Privatbibliothek erhalten habe, seinen Nachlass aus Chile, zusammen mit Krankenakten, juristischer Korrespondenz, Artikeln mit handschriftlichen Anmerkungen, seinem Strohhut, seiner Brieftasche und seiner Jagdkleidung. »Er wollte nicht, dass das nach Europa zurückgeht, er hatte Angst, dass es dort vernichtet werden oder verloren gehen würde.« Wir unterhalten uns darüber, dass die DDR aus dem öffentlichen Leben der Bundesrepublik fast vollständig verschwunden ist. Selbst in Berlin gibt es architektonisch immer weniger, was an die Nachkriegsmoderne und den einstigen DDR-Hauptstadtstatus erinnert: die Großgaststätte Ahornblatt auf der Fischerinsel, das Palasthotel gegenüber vom Dom, das Ministerium für Auswärtige Angelegenheiten in Friedrichswerder – alles abgerissen. Stattdessen erlebt das preußische Erbe in der Sanierung der Staatsoper Unter den Linden, der Restauration des Pergamonmuseums und im Neubau des Stadtschlosses eine Wiederauferstehung, wie sie US-amerikanischer nicht sein könnte: als eine Art neoaristokratischer Themenpark mitten in der Stadt.

Im längsten zusammenhängenden Stück Berliner Mauer, der East Side Gallery an der Spree, klaffen immer größere Löcher, weil dahinter Hochhäuser errichtet werden – wie zum Beispiel das 14-stöckige Living Levels, 60 Luxusapartments für bis zu 9000 Euro pro Quadratmeter, errichtet von einem Investor, der vor der Wende Stasispitzel war. Vor Kurzem, sage ich, sei sogar David Hasselhoff extra angereist, um auf die historische Bedeutung des Bauwerks aufmerksam zu machen, um die Mauer, das Symbol seines musikalischen Erfolges in Deutschland, vor dem endgültigen Abriss zu retten. Die DDR droht 25 Jahre nach ihrer Auflösung vollständig zu verschwinden, eine ganze Generation ist ohne Erinnerung daran aufgewachsen, umso dringlicher erscheint es, die Überreste zu sichern.

»Es geht hier nicht nur um Sicherung«, sagt John Ahouse. »Dieses Extraterritoriale, das Aufbewahren von Gegenständen außerhalb ihres Herkunftsortes, ergibt auch insofern Sinn, als sie isoliert von ihrem ursprünglichen Kontext als ein rein kulturelles Phänomen wahrgenommen werden können.«

»Und das funktioniert?«, frage ich.

»Zum Teil schon. Viele Amerikaner können aber mit den Objekten wenig anfangen. Sie haben keinen Bezug dazu und sind ganz erleichtert, wenn sie auf Fotos Katarina Witt erkennen.«

»Die aus dem *Playboy*?«

»Nein. Die vom Eis. Von den Olympischen Spielen. Die kennen sie. Ansonsten ist die DDR für viele ein Rätsel, ein unbekanntes Land, wie aus einer fernen Galaxie. Es hat etwas Märchenhaftes, als hätte es das alles nicht wirklich gegeben. Umso wichtiger ist diese Sammlung – als materieller Beleg ihrer Existenz.«

»Wie ist Justinian Jampol eigentlich darauf gekommen?«

»Das ist eine biografische Frage, die ich womöglich nicht korrekt beantworten kann. Die Idee reicht bis in die Neunziger zurück. Das war noch vor der Ostalgie-Welle. Justin hat in Berlin studiert. Er hat beobachtet, wie alles auf der Kippe landete. Ihm war sofort klar, das hat einen musealen Wert. Er hat einen Blick für das Verschwinden. Er ist ein Visionär.«

»Kommen Sie«, sagt Donna Stein, die während unseres Gesprächs in der Tür gestanden hat. In der Annahme, dass sie mir jetzt Justinian Jampol vorstellt, verabschiede ich mich von John Ahouse und folge ihr in den »*Entertainment Room*«, wie sie das fünf Quadratmeter große Zimmer augenzwinkernd nennt, wo eine Flagge vom Volkstheater Halberstadt, Kinoplakate und Schallplattencover von Amiga an den Wänden hängen und Transistorradios von Stern und Trabant auf Tischen stehen. In einer Vitrine liegt eine Schalmei aus Honeckers Privatbesitz, in einer anderen ein aufgeschlagenes Brigadetagebuch, in das jemand – der Schrift nach zu urteilen eine Frau – hineingeschrieben hat: »Am 2. Dezember 1976 hatten zwölf Brigademitglieder die Gelegenheit, im Opernhaus in Karl-Marx-Stadt das Musical ›Küß mich, Kätchen‹ zu erleben. Diese musikalische Komödie von Samuel und Bella Spewack mit der Musik von Cole Porter hat uns allen viel Spaß gemacht.« Es ist vollkommen still im Raum, nirgendwo läuft Musik, nirgendwo ein Film, außer mir sind keine anderen Besucher da, der Gegensatz zur Dauerbeschallung der Universal Studios könnte nicht größer sein, und doch befällt mich hier eine ähnliche Traurigkeit wie dort, womöglich weil der in Schönschrift verfasste Text wirkt, als hätte während des Schreibens ein Stasioffizier neben dem Buch gestanden und darauf geachtet, dass keine Kritik geäußert wird, sondern nur das, was zur Stärkung der Arbeitsgruppe beiträgt.

Neben mir steht kein Stasioffizier, sondern Donna Stein, die jede meiner Entdeckungen mit einem Nicken kommentiert. Sie ist Kunsthistorikerin, das habe ich inzwischen über mein Smartphone herausgefunden. Seit fast 50 Jahren arbeitet sie als Kuratorin, sie hat mehr als 40 Bücher über Kunst veröffentlicht und Ausstellungen fürs Museum of Modern Art in New York konzipiert, für die Nationalgalerie in Washington, D. C., fürs Detroit Institute of Art. Und jetzt ist sie hier, überreicht mir Broschüren von vergangenen und zukünftigen Ausstellungen, vom *Wall Project* am Wilshire Boulevard, von *Competing Utopias, Politics of Happiness* und dem *ADN-Pförtnerhaus* und fordert mich auf, sie in die anderen Räume zu begleiten, es gebe noch so viel zu sehen. Mit wachsender Begeisterung zeigt sie mir Ölgemälde von ungarischen Traktorfrauen und russischen Feldarbeiterinnen, Büsten von Ernst Thälmann und Walter Ulbricht und einen Spind mit Sportjacken, Wimpeln und Schwarz-Weiß-Fotos von Turnerinnen. Dann, wir sind keine zehn Meter gegangen, dreht sie sich zu mir um, faltet die Hände vor dem Bauch zusammen und sagt: »Das war's.«

Und ich sage: »Das kann doch nicht alles gewesen sein.«

Sie lächelt mich an, als hätte sie diese Reaktion erwartet, öffnet eine Tür und führt mich ins Herz des Museums: das Depot. Gemeinsam steigen wir eine Treppe hinab in eine hohe Halle, ein Labyrinth aus Regalen, in denen Möbel, Skulpturen, Mauerstücke, Uniformen, Straßenschilder und vieles mehr lagern. Rund 100 000 Objekte des untergegangenen Ostens liegen hier ganz tief im Westen der kapitalistischen Welt, 99 Prozent davon eingepackt und gelagert wie Fundstücke aus einem gigantischen Schiffswrack. An der einen Wand, alles überragend, hängt ein Schild vom Grenzübergang Checkpoint Charlie, an der anderen das Staatswappen der Deutschen Demokratischen Republik – Hammer und Zirkel im Ährenkranz – und der Treppe gegenüber, über einer Reihe weißer Kleidersäcke, zwei Banner mit der Aufschrift: »60 Jahre Sowjetmacht – 60 Jahre Kampf für Frieden, Freiheit und Sozialismus« und »Wir grüßen das Sowjetvolk, das erfolgreich zum Kommunismus voranschreitet.« Als ich das sehe, muss ich an Sergejs Facebook-Fotos denken: sowjetische Friedensplakate, Bilder, die ihn als Schüler in Uniform zeigen, das Gemälde vom sozialistischen Bruderkuss zwischen Breschnew und Honecker an der East Side Gallery, und ich ärgere mich, ihn nicht mitgenommen zu haben. Womöglich hätte er mir zu allem hier eine eigene Geschichte erzählen können.

Donna Stein und ich gehen an Grenzsteinen vorbei, an Dutzenden Holzkisten mit Sichtschlitzen, Hunderten weißen Kartons – auf denen einzelne Buchstaben und Nummern stehen und der Hinweis: »*ACID FREE*« –, an einer Minol-Tanksäule, Filmprojektoren der Marke Muck, halb korrodierten Filmdosen, Schachteln mit Gesellschaftsspielen, ganzen Jahrgängen von *Neues Leben, Das Magazin, Sibylle* und *Sexclusiv* (»Transsexuelle« – »Wenn der Opa mit der Oma« – »Huren, Nonnen, Lesben«), Bilderrahmen mit Fotos von Politikern und Generälen, Wehrsprüchen und den »Zehn Geboten der Jungpioniere«, Büsten von prominenten DDR-Politikern hinter Drahtnetzen – Gefangene jenes Regimes, das sie groß gemacht hat. Auf meine Bitte hin öffnet Donna einen Karton nach dem anderen, und zum Vorschein kommt eine Welt in Waren, Produkte aus volkseigenen Betrieben wie dem VEB Mikroelektronik Wilhelm Pieck Mühlhausen, dem Triumphatorwerk Mölkau, dem Funkwerk Zittau, den Antennenwerken Bad Blankenburg, der Likörfabrik Zahna, den Nahrungsmittelwerken Suppina Auerbach, dem Brücol-Werk Markkleeberg-Großstädteln, Dinge aus der Hochzeit der ostdeutschen Provinz: Fotografien, Sammelalben, Geldscheine, Werbebroschüren, Einkaufstaschen, Papiertüten, Vollkornbrotdosen, Konservenbüchsen, Speisekarten, Kochbücher, Bedienungsanleitungen für Schnellkochtöpfe, Gasherde und Kontaktgrills, Bierdeckel, Getränkeetiketten für Asco Cola, Stern Cola und Club Cola, Flaschen mit dem Aufdruck »Altenburger Kalifornia Zitronenlikör«, »Eismint« und »Berliner Luft«, Zigarettenschachteln von Cabinet, Real und Juno, Tapeten, Teppiche, Ratgeber, Parfümflakons, Lippenstifte, Deospray, Deoroller, Seifen, Kamillencreme, Haarwasser, Föhne und Massagegeräte, die wie Folterinstrumente aussehen, Toaster, Mixer, Kaffeemaschinen, Kaffeemühlen, Kaffeeservice, Thermoskannen, Schnapsgläser, Waschpulver von Fewa, Pulax, Sil und Scheuermittel von Leuna Blank, Eierbecher, Gießkannen, Butterdosen und Salzstreuer aus »Plaste«, wie Donna stolz verkündet, Baukästen, Brettspiele, Puppen in Form von Pittiplatsch und Schnatterinchen, Herr Fuchs und Frau Elster und dem Sandmännchen, Kaufmannsläden, Modelleisenbahnen, Schachcomputer, Taschenrechner, Spielkonsolen, Tischtennis-Sets, Vasen, Schreibmaschinen, Rechenmaschinen, Programmhefte aus Kinos und Theatern, Audiokassetten, Fotoapparate, Diaprojektoren, Vergrößerungsgeräte, Kalender, Urkunden, Medaillen, Übungshefte, Aufsatzhefte, Lehrbücher, Handbücher zur Jugendweihe, Landkarten, Briefmarken, Schulranzen, Federmäppchen, Poster und Plaketten vom Wiederaufbauprogramm, architektonische Modelle, Messekataloge, Anstecknadeln, Streichholzschachteln, Kohlebriketts mit Aufdrucken wie »Alles zum Wohle des Volkes – unser Wort gilt«, Gasmasken, Luftschutzsirenen und Warnlichter der Zivilverteidigung, Kampfgruppenmemorabilia, Übungsgranaten, ein Minen-Set, Pistolen und Gewehre der NVA, ein Walkie-Talkie der Volkspolizei, Schulungsmaterialien der Stasi, Überwachungsgeräte und mobile Diagnoseeinheiten, ein Aktenkoffer mit Passfälschungsausrüstung, Stasiberichte, Zwangsjacken, Verhörlampen, Häftlingskleidung, Geschenke vom Verein der Hundefreunde Charkiw, von den Wachtruppen des Ural und von Saddam Hussein, Wahlplakate aus der Wendezeit, Künstlerbücher von Dissidenten und das weltberühmte Cover der westdeutschen *Titanic* mit Zonen-Gaby, die neben dem Zitat »Meine erste Banane« eine halb geschälte Gurke in Händen hält.

Als Donna mir eine Auswahl handgestickter Flaggen präsentiert – der Gesamtbestand beläuft sich auf 6 000 Stück –, fällt mir auf, dass einige davon aus Russland stammen, andere aus Ungarn. »Uns interessiert alles, was aus Ländern kommt, die zum Einflussbereich der Sowjetunion gehörten, nicht nur aus der DDR, obwohl das etwa die Hälfte der Sammlung ausmacht«, sagt sie und faltet die Stoffe wieder zusammen. »Wenn man sich die gleichen Dinge aus den unterschiedlichen Ostblockstaaten anschaut, entdeckt man kleine Unterschiede, dann erkennt man, dass es geografisch und ethnologisch bedingte kulturelle Eigenheiten gibt.« Sie führt mich zu einer Leninbüste aus Porzellan. »Dieses Stirnrunzeln zum Beispiel ist sehr ungarisch.«

»Warum ist das so?«, frage ich. »Ist das ein Ausdruck des Zweifels?«

»Das wäre auch meine Interpretation, um das Selbstbewusstsein und das Selbstverständnis vor oder nach dem Aufstand 1956 zu demonstrieren«, sagt sie und weist auf andere Büsten hin, gleich daneben. »Diese hier sind aus Litauen. Charakteristisch ist, dass der Spitzbart weniger stark ausgearbeitet ist, eher ein Teil des Kinns zu sein scheint. Lenin wirkt hier härter und entschlossener.«

»Eine Unterwerfungsgeste den Sowjets gegenüber?«

»Oder ein Ausdruck des Widerstandsgeistes, der Kritik an der Besatzungsmacht. Wir versuchen zu zeigen, wie die Dinge zu ihrer jeweiligen Zeit dargestellt wurden. Es findet ja eine permanente Neuinterpretation von Geschichte statt. Das geschieht oft sehr subtil, sodass man die ideologische Intention dahinter kaum wahrnimmt. Erst durch den Vergleich wird das sichtbar.« Wir gehen zu zwei Bronzestatuen, die auf einer Kommode stehen, Dauerleihgaben aus Ungarn. Stalin und Lenin im Gespräch. Stalin stehend, Lenin sitzend, fast flehend zu seinem Nachfolger aufblickend, als wollte er sagen: »Bitte, nimm meinen Platz ein.«

»So sind sie sich nie begegnet«, erklärt Donna. »Stalin hat eine Legende erschaffen. Er hat es so aussehen lassen, als hätte Lenin ihn darum gebeten, seine Nachfolge anzutreten, dabei verfügte Lenin in seinem Testament, Stalin seines Postens zu entheben. Stalin hat das Image eines engen Freundes geprägt, um seine Macht zu legitimieren, und das auf die bildende Kunst übertragen.«

Donna greift neben sich und zieht mehrere Gemälde aus einem Schrank. Auf einem ist die zentrale Figur weggekratzt, nur im Umriss, als Negativ gewissermaßen, ist Chruschtschow zu erkennen, der den Applaus der Menge genießt, fast alle Blicke, alle Köpfe (bis auf einen) sind ihm zugewandt, er ist der Fluchtpunkt, und doch ist er halb verschwunden, nur noch in der Kontur erkennbar. Niemand ist an seine Stelle getreten. Das Volk bejubelt das Nichts. Aus welchen Gründen auch immer die Ausradierung, womöglich nach Breschnews Amtsantritt, erfolgt sein mag – so wirkt das Bild wie die maximale Kritik am Sowjetsozialismus.

Angesichts dieser Artefakte wird mir die ganze Absurdität der Institution bewusst: Der Ort, an dem alles lagert, ist ideal und völlig ungeeignet zugleich. Früher, bevor das Wende Museum eingezogen ist, gehörten die klimatisierten Räume nämlich dem Auktionshaus Christie's. Das habe ich irgendwo im Internet gelesen. An die Stelle des Kommerzes ist eine dem Konsum enthobene Kunst des Kommunismus getreten.

»In letzter Zeit bekommen wir bemerkenswert viele Exponate aus Ungarn«, sagt Donna, die Gemälde zurückschiebend. »Seit dem Rechtsruck des Landes wollen die Leute ihre kommunistische Vergangenheit loswerden.«

Um mir eine Ahnung vom Ausmaß dessen zu vermitteln, was bei solchen Landesauflösungen zutage tritt, breitet sie immer mehr Dinge vor mir aus: Badeanzüge und Pyjamas, Universalwindungsschlussprüfgeräte, Passkontrollstellenutensilien, Schulungsmaterialien, Visa, die am Tag des Mauerfalls ausgestellt

und nie verwendet wurden, und Straßenschilder von der Fried-
rich- und der Zimmerstraße, die mich wehmütig stimmen – ob
es daran liegt, dass ich so weit von Berlin entfernt bin, oder daran, dass ich bald zurückkehren werde, kann ich nicht sagen.
»Wir haben alles«, sagt Donna stolz und verschränkt ihre Arme.
Und ich sage:»Wo ist der Trabi?«
»Kein Trabi.«
»Wartburg?«
»Kein Wartburg. Kein Ikarus. Keine Autos. Keine Busse.«
Auf diese Stichworte hin schaut Donna auf ihre Uhr.»Ich
muss jetzt leider los. Wir haben heute Abend noch eine Veranstaltung in Silver Lake, eine Reihe namens *East Bloc-Busters*, Filme aus den Warschauer-Pakt-Staaten, und die Rushhour beginnt.« Unter günstigen Bedingungen, nachts, wenn die Straßen
leer sind, braucht man für die Strecke – etwa 15 Meilen – 30
Minuten, jetzt sind es zwei Stunden. Donna beklagt das Fehlen
eines funktionierenden flächendeckenden öffentlichen Nahver-
kehrssystems und macht mich auf die Nachteile aufmerksam:
»Jeder von uns fährt alleine mit dem eigenen Wagen, weil jeder
hinterher einen ganz anderen Nachhauseweg hat. Und so fährt
man früher hin und bricht früher von dort auf und kann die Zeit
des Unterwegsseins nicht einmal für Gespräche nutzen.«
   Ich muss an einen Essay denken, den ich zur Vorbereitung auf
meinen L.A.-Aufenthalt gelesen habe: ein kurzer Text von Jean-
Luc Nancy mit dem Titel *Jenseits der Stadt* aus dem Jahr 1987, in
dem er Los Angeles mit dem geteilten Berlin vergleicht und auf
die Auswirkungen des Straßenbaus für die Gesellschaft zu sprechen kommt. Nancy betrachtet die Mauer weniger als horizon-
tale Begrenzung, sondern vielmehr als »Schnitt«. Fasziniert von
der Radikalität, mit der die innerstädtische Grenze sämtliche
öffentlichen Verkehrsadern gekappt hatte, spricht er davon, dass
Berlin in zwei füreinander weitgehend unzugängliche Städte

»tranchiert« worden sei. Bei L. A. ist es hingegen der Raum über der Stadt, der ihn interessiert, oder genauer gesagt: die Art und Weise, wie die Freeways in den Luftraum ausgreifen und ihn zerschneiden.

Als ich Donna davon erzähle, nickt sie und sagt: »Ja. Straßen sind Verbindungen und Grenzen. Und in L. A. reichen die bis in den Himmel.«

Als sie mich hinausbegleitet, lässt mich das Tageslicht für einen Moment erblinden, mir wird schwindelig, ich verliere die Orientierung und muss mich an dem Mauerstück vor der Tür abstützen, um nicht umzukippen. Vor mir der Parkplatz, die Büsche, die grauen Lagerhäuser, gleißend hell im Sonnenschein. Es ist, als wäre der Zauber der Zeitreise durch die DDR in einem gewaltigen Blitz verglüht. Vor unseren Wagen stehend, die Hände schon nach unseren jeweiligen Türen ausgestreckt, sagt Donna wie zur Entschuldigung: »Jeder macht eine andere Führung. Justin würde das alles anders erzählen.«

Justin. Justinian. Jampol. Ein Name wie aus einem Roman von Thomas Pynchon, denke ich auf der Rückfahrt zur Villa. Benannt nach jenem oströmischen Kaiser, der eine Wiederauferstehung des weströmischen Reiches anstrebte. Das Bewusstsein für Ost und West, West und Ost ist ihm eingeschrieben.

In der Villa angekommen, gehe ich gleich in mein Zimmer und klappe meinen Laptop auf. Als Kind wünschte sich Justinian Jampol nichts sehnlicher als eine Ostberliner Polizeiuniform, lese ich in einem Porträt über ihn. Seine Familie hielt ihn für verrückt. Seine Mitschüler betrachteten ihn als Freak. Er selbst spürte, dass er anders war als die anderen. Heute bezeichnen ihn manche als »charismatischen Museumsgründer« oder »perfekten Botschafter in eigener Sache«, als »Rockstar-Historiker« oder »Genie«. Andere halten ihn für einen Angeber. Der Direktor des Zeitgeschichtlichen Forums in Leipzig, der sich mit den gleichen Themen befasst wie er, sagt auf *Spiegel Online*: »Ich verstehe nicht, was er da macht. Fast alles ist in Deutschland sehr gut dokumentiert. Es gibt große Sammlungen, sowohl private als auch öffentliche. Ich sehe nicht, dass das da die Debatte voranbringt. In vielerlei Hinsicht ist die DDR besser dokumentiert als jede andere Epoche der deutschen Geschichte. Es gibt diesen Mythos, dass dem nicht so ist, aber das stimmt nicht. Und es ärgert mich, dass jemand in Kalifornien so etwas behauptet.«

Ein paar Tage später, an meinem vorletzten Tag in Los Angeles, treffe ich Justinian Jampol zum Kaffee in Santa Monica, weil ich herausfinden will, was ihn als 24-jährigen US-Amerikaner im Jahr 2002 dazu trieb, ein Museum wie dieses zu gründen. Wir haben uns vor einer Coffee-Bean-Filiale in der Fußgängerzone verabredet. Ich muss meinen Leihwagen zurückgeben und habe Justinian Jampol gebeten, mich nach unserem Gespräch zur Villa zurückzufahren. Die Autovermietung ist gleich um die Ecke, und ohne Wagen bin ich aufgeschmissen. Wieder muss ich an Jean-Luc Nancy denken. »Man braucht das Auto nicht nur, um herumzukommen, sondern überhaupt, um durchzukommen«, schreibt er. Nirgendwo hat der Satz mehr Gültigkeit als hier.

Justin – »Sag einfach Justin zu mir« – ist groß und blond und sehr redselig. Wir sitzen vor dem Café auf der Terrasse, und nach kurzem Small Talk kommt er gleich auf Substanzielles zu sprechen: »L. A. ist ein riesiger offener urbaner Raum«, sagt er und breitet die Arme aus. »Das Wesen der Stadt erschließt sich einem nicht durch Reiseführer, sondern erst, wenn man eine Weile hier lebt. Man nimmt das einfach in sich auf, man absorbiert das. Und gleichzeitig gibt man dabei etwas von sich ab. Das ist wie eine Form von Osmose. Früher dachte ich, es sei anders. Früher dachte ich, die Stadt sauge einen einfach nur aus. Ich meine, ich blicke von einem schwierigen Standpunkt aus auf diese Stadt, denn ich bin in Kalifornien geboren und groß geworden, dann weggegangen und wieder zurückgekommen. Für mich strahlt L. A. eine unheimliche Produktivität aus, im Gegensatz zu Berlin, das hat für mich mehr mit Freizeit zu tun.«

Ich sage, dass der Druck, etwas leisten zu müssen, in Berlin noch nicht so hoch sei wie in anderen Metropolen. Deshalb seien nach der Wende ja auch so viele Künstler dorthin gezogen. Aber das ändere sich gerade, die Mieten steigen, und das enge die Spielräume ein, und irgendwann werde Berlin wie jede andere Hauptstadt sein: unbezahlbar.

»Die Stadt wird nie wie andere sein«, sagt Justin. »Auch wenn die Mauer verschwunden ist und ihre Bruchstücke über die ganze Welt verstreut sind.« Er sieht sich in der 3rd Street um, als würden hier Mauerreste stehen, aber es ist nur eine Einkaufsmeile voller Menschen mit Tüten in der Hand, voller Straßenkünstler und Straßenmusiker – und zwei Bauarbeitern, die gerade damit begonnen haben, nicht weit von uns entfernt den Boden aufzureißen. »Mir geht es gar nicht so sehr darum, etwas zu konservieren«, sagt Justin gegen den Lärm an. »Ich möchte vielmehr mit dem Vorhandenen etwas Neues schaffen. Das war auch bei diesem Mauerevent auf dem Wilshire Boulevard so. Ich kann es nicht ausstehen, wenn etwas Historisches nachgestellt oder nachgebaut wird, selbst wenn es sich dabei um Originalteile handelt. Einerseits wollten wir natürlich an das epochale Ereignis erinnern, andererseits aber auf gegenwärtige Mauern aufmerksam machen, auf sichtbare und unsichtbare, auf die in und die vor unseren Köpfen, auf das grundlegende Prinzip von Mauern. Also haben wir Street Artists aus L. A. eingeladen und sie gebeten, die Mauer zu bemalen, und zwar so, als ob sie tatsächlich hier gestanden und eine Straße geteilt hätte. Eine Straße in L. A.! Und plötzlich spazierten die Leute über die Fahrbahnen, die ja selbst wie Mauern sind, für Fußgänger oft genug unüberwindlich. Symbol der Trennung und der Verbindung von Menschen. Aus dieser Aktion wurde sehr schnell eine Debatte über unseren Grenzzaun zu Mexiko, über unseren Umgang mit Einwanderern. Die Leute flippten völlig aus. Die einen fanden, der gehöre abgerissen, die anderen meinten, der sei nicht hoch genug. Und die alten Kalten Krieger kamen mit der Gegenwart nicht klar. Und ich dachte nur: Gott sei Dank! Endlich bewegt sich mal was. Endlich gibt es ein Gespräch darüber. Ich glaube nicht daran, dass Geschichte etwas ist, das vorbei ist. Wir können sie nutzen, um diese Art von Diskussionen anzustoßen, gerade in einer Stadt wie dieser, von der es heißt, sie habe keine Vergangenheit.«

Die Bauarbeiter machen eine Pause, sitzen auf ihren Helmen, essen Sandwiches. Auch die Straßenmusiker haben aufgehört, sind weitergezogen. Wir trinken unseren Kaffee, dankbar für die Stille.

Und dann erzählt er von seiner eigenen Vergangenheit, von seinem Großvater, einem Architekten aus Los Angeles, Nachkomme von im 19. Jahrhundert ausgewanderten ukrainischen Juden aus Jampol, einer Kleinstadt am Dnister, der aber, als Justin ihn kennenlernte, bereits jeden Bezug zu seinem Ursprungsort verloren hatte, von seinem Vater, einem Anwalt, der sich in Alaska für die Rechte der Ureinwohner eingesetzt habe, von seiner Mutter, einer Künstlerin, »echte Berkeley-Hippies aus den Sechzigern«, von seinem eigenen Leben, der Zeit im israelischen Kibbuz als Teenager, von seinen Reisen in den Libanon, nach Jordanien, Ägypten, vom Studium der russischen Geschichte und Sprache in Los Angeles, Berlin, Oxford und Moskau, von seiner Recherche und Sammeltätigkeit um die Jahrtausendwende in Berlin, den Flohmärkten überall in der Stadt, den fliegenden Händlern, den Privatsammlern, von seiner Begeisterung für das Fremde, das Unbekannte, die Alltagskultur verschwundener Länder.

Justin Jampol ist ein Kind des Kalten Krieges, aufgewachsen mit Geschichten und Bildern über die guten Amerikaner und die bösen Russen, über die Berlin-Blockade und die Koreakrise, den Mauerbau und den Vietnamkrieg, über Gulags und Schauprozesse, McCarthy und das Wettrüsten, Spionage und Propaganda, die Olympischen Sommerspiele in Moskau und Los Angeles, mit *1984* [1984] und *Spy vs. Spy*, *Dr. Strangelove* [1964] und *The Day After* [1983], *James Bond* [seit 1962] und *Rocky IV* [1985], Perestroika, Glasnost, Tschernobyl und Harrisburg, Anti-Atomprotesten und Friedensdemonstrationen, Gorbatschow und Reagan und schließlich dem großen Finale: der friedlichen Revolution, dem Fall des Eisernen Vorhangs.

»Wir Amerikaner haben ein ausgeprägtes Schwarz-Weiß-Denken. Die Worte, die wir wählen, die Denkkonzepte, denen wir folgen, dieses ganze Wir-gegen-den-Rest-der-Welt, dieses Freund-Feind-Schema, das hat, glaube ich, seinen Ursprung im Kalten Krieg. Und ich hab mich immer gefragt: Was sind die Russen für Leute? Stimmt es, was man uns über die erzählt? Worum geht es hier eigentlich? Deshalb hab ich Russisch gelernt, deshalb bin ich dorthin gereist. Ich wollte diese Kluft überwinden.«

Gegen Mittag sitzen wir in seinem Ford Mustang und sind unterwegs zur Villa. Auf dem Pacific Coast Highway, vom Sand und Meer geblendet, sprechen wir darüber, wie wir damals jeweils den Mauerfall erlebt haben. Ich erzähle ihm, dass ich das alles nur im Fernsehen mitbekommen habe, dass wir in der Schule für den Sozialkundeunterricht alle Zeitungsartikel zum Thema aus der *Ostfriesen-Zeitung* ausschneiden sollten, dass womöglich jeder meiner ehemaligen Mitschüler noch immer eine Mappe davon zu Hause habe mit Kommentaren wie: »Jan, du hast fleißig Material gesammelt, es aber nicht bearbeitet. Es fehlen Zusammenfassungen oder Kommentare oder Beurteilungen!«, dass ich in Hausarbeiten geschrieben habe, schlechte Urlaubsbedingungen seien für die Massenflucht verantwortlich (»Urlaub mit Kollegen, die man so und so schon das ganze Jahr über sieht«), dass meine Schwester eine Brieffreundin aus dem Osten gehabt hatte, Yvonne Müller aus Marke bei Dessau, eine Beziehung, die so lange wunderbar harmoniert habe, bis sie real geworden sei, bis diese Yvonne an einem Sonntag im Sommer 1990 plötzlich mit ihrem Freund bei uns zu Hause vor der Tür gestanden habe, und dass ich während meines Geschichtsstudiums Mitte der Neunziger eine Vorlesung über die Geschichte der DDR an der Universität Köln besucht habe, dass in den ersten Reihen nur Seniorenstudenten gesessen haben, weißhaarige Zeitzeugen, die jedes Wort, jede Aussage des Professors infrage gestellt und ständig behauptet haben, alles sei vollkommen anders gewesen.

»Das ist ein Problem für Historiker«, sagt Justin, ohne den Blick von der Straße zu lösen. »Zeitzeugen fehlt die Fähigkeit zur kritischen Distanz. Aber sie sind interessant in Bezug auf die Art, wie Geschichte erzählt wird, wie das Gedächtnis funktioniert und wie das Andenken an die Vergangenheit sich ändert mit der Zeit. Mich sprechen ständig selbsternannte Experten an, wir nennen diese Leute *history buffs*. Solche Typen – meist sind es ja Männer – beginnen ihre Ausführungen oft mit den Worten: ›Wussten Sie schon …?‹ Und dann stellen sie vollkommen steile Thesen auf: ›… dass Stalin Halbjude war und die Hälfte seines Lebens in einer Psychiatrie verbracht hat?‹«

»Was für Leute kommen denn ins Museum?«

»Anfangs waren es größtenteils Doktoranden und Professoren. Nach dem *Wall Project* hat sich das geändert. Jetzt haben wir auffallend viele Besucherinnen, junge Frauen zwischen 25 und 35 mit einem vorwiegend ästhetischen Interesse, Kunsthistorikerinnen, Architektinnen, Designerinnen. Es gibt ja hier vergleichsweise wenige, die einen persönlichen Bezug zur DDR oder zur osteuropäischen Geschichte haben, kaum jemanden, der noch einmal sein verschollenes Kinderspielzeug in Händen halten will.«

Justin biegt auf den Sunset und von dort auf den Paseo Miramar, fährt routiniert die Serpentinen hinauf und parkt den Wagen hinter der Villa, die Vorderräder vorschriftsmäßig eingeschlagen. Ich gebe den Code ein, und das Hoftor schwingt zurück. Wir gehen durch den Garten, die Gärtner von *Dirty Girls* mähen gerade den Rasen, Nina und Sergej sind nicht zu Hause. Ich biete Justin eine Führung an, will ihm den Salon und die Orgel zeigen, Feuchtwangers Arbeitszimmer, Eislers Sofa und Werfels Schreibtisch, die Relikte des Exils, die Fotos mit Brecht und Heiner Müller, aber er kennt das alles schon, war mehrmals hier zu Gast, bei Empfängen, Filmvorführungen, Partys. Mit Wasser und Weißwein setzen wir uns auf die Veranda, schauen aufs Meer und unterhalten uns, nichts könnte unwirklicher sein, im Schatten von Eukalyptusbäumen und Palmen weiter über die DDR.

»Nach der Wende fehlte ein Narrativ, um das, was geschehen war, einordnen zu können«, sagt Justin. »Eine staatliche Kommission entschied darüber, wie mit dem kulturellen Erbe umzugehen sei, was erhalten werden solle und was nicht. Und jede einzelne dieser Entscheidungen war ja eine Interpretation, eine Bewertung mit weitreichenden Folgen. Ich bin nicht der Meinung, dass man alles erhalten sollte, Veränderungen sind wichtig und unaufhaltsam. Mir geht es um Ausgewogenheit.«

»Warum habt ihr eigentlich keine Autos? Der Trabi ist doch das Symbol der Wiedervereinigung.«

»99 Prozent aller Artefakte, die uns angeboten werden, lehne ich ab. Und beim Trabi habe ich bisher allen Versuchungen getrotzt. Ich würde ja gerne einen ausstellen, wenn es dahinter eine persönliche Geschichte gäbe, und nicht nur das Objekt an sich. Trabis sind nicht nur zu einem Klischee geworden, sondern müssen auch immer wieder zur Illustration derselben Argumente herhalten: Planwirtschaft, Stillstand und so weiter.«

An das erste Objekt seiner Sammlung kann er sich nicht erinnern. Aber das, was ihn anfangs am stärksten beeindruckt habe, seien die Tagebücher gewesen, diese Brigadebücher und Familienbücher, die auf Flohmärkten verkauft wurden, diese intimen Einblicke in das Leben von Menschen, eigene Beobachtungen neben Zeitungsausschnitten, Speisekarten, Postkarten, Fotos, eine wilde Collage aus Gefundenem und Geschaffenem. »So sehe ich auch mein eigenes Leben: als eine chaotische Montage. Und zu diesen aufgegebenen, waisenhaften Dingen fühlte ich mich hingezogen. Ich bin kein Mensch, der die Welt verbessern will. Ich dachte dabei nur an mich selbst. Und an meine Kommilitonen, die in all den verstaubten Archiven saßen, während ich in der Stadt unterwegs war, um selbst ein Archiv aufzubauen, weil ich die unmittelbare Gegenwart viel spannender und wichtiger fand.«

In dem Moment muss ich an mich denken, an meine Zeit in

L. A., daran, dass ich auch vor die Wahl gestellt gewesen bin, entweder in *Marta's Room* alte Geschichten aufzuschreiben oder durch die Stadt zu fahren, um neue Geschichten einzusammeln. Auch ich habe mich entschieden. Justin nimmt einen letzten Schluck Weißwein, und mein Blick fällt auf die Flagge der Vereinigten Staaten am Haus eines Nachbarn, das Sternenbanner, das man, nicht nur am Unabhängigkeitstag, überall sieht: über dem Flohmarkt an der Fairfax Avenue, auf den CBS-Studios gegenüber von Kai Löbachs Currywurstbude, in den Universal Studios, am Strand von Venice, in den Schaufenstern am Sunset Boulevard in Echo Park, überm Standard Hotel in Downtown, über den Watts Towers, am Hals von Lil Drawz.

Wenn es eine Übereinstimmung zwischen den USA und der DDR gibt, dann ist es vielleicht die Bedeutung der nationalen Symbole als Instrument der Selbstvergewisserung und Identitätsbildung einer jungen, künstlich geschaffenen Gesellschaft. Justins wissenschaftliche Arbeit setzte jedenfalls genau an diesem Punkt an: Für seine Dissertation mit dem Titel *Swords, doves, and flags – political symbols and their appropriation in the GDR 1949–89* sprach er mit Zeitzeugen, sowohl mit Opfern als auch mit Tätern, und fand heraus, dass jeder von ihnen zu Hause ein Archiv angelegt hatte, als eine Art Beweis für die eigene Lebensgeschichte. Und er träumte davon, diese verstreuten Sammlungen an einem Ort zusammenzuführen und der Öffentlichkeit zugänglich zu machen – allein schon als Voraussetzung für die Anerkennung seiner Forschungsarbeit, denn das Material, auf dem Jampols Thesen basierten, musste auch für andere Wissenschaftler offen zur Verfügung stehen, um die Fakten überprüfen und einem kritischen Urteil unterziehen zu können.

Die ersten Objekte kaufte er vom Erbe seines Großvaters und nahm sie mit in die Zimmer, die er in Berlin und Oxford gemietet hatte. Bald waren beide voll. Dann mietete er Lagerräume in

Los Angeles, packte alles, was er hatte, in Container und schickte es per Schiff über den Atlantik. Weil es hier einfacher gewesen sei, Förderer zu finden, Begeisterte.

»In Berlin hieß es immer: ›Was ist dein Konzept?‹, ›Wie ist dein Plan?‹ Und hier: ›Ich kenn da jemanden, der dir weiterhelfen könnte.‹ Oder: ›Wir übernehmen das.‹ Bei Starbucks bot mir ein Fremder, der vor mir in der Schlange stand, an, die Objekte kostenlos zu verschiffen.«

Sammeln wurde für ihn zu einem Fulltime-Job, zu einer Obsession und – unabhängig vom wissenschaftlichen Eigeninteresse – zu einer Mission: den Ostblock ganzheitlich erfahrbar zu machen. Als das Museum eröffnet und das erste Geld aufgebraucht war, bemühte er sich um finanzielle Förderung und erhielt 2,6 Millionen Dollar von der britischen Arcadia-Stiftung, die sich dem Erhalt gefährdeter Kulturgüter widmet – das sei, sagt er, wie ein Ritterschlag gewesen und habe zu einer grundlegenden Professionalisierung seiner Aktivitäten beigetragen. Institutionen wie das Getty Center, die Oscar-Akademie, die University of California, der US-Museums- und Bibliotheksdienst und das deutsche Auswärtige Amt sagten ihre Unterstützung zu. Seitdem sammelt er systematisch und ist in der Lage, mehr als ein halbes Dutzend Mitarbeiter in seinem Museum zu beschäftigen, das er immer noch vor allem als Forschungsinstitut betrachtet.

Anders als die Stasiunterlagenbehörde ist das Wende Museum keine Institution, die Nutzern ein bestehendes Archiv zur Verfügung stellt. Und im Gegensatz zum Mauermuseum am ehemaligen Grenzübergang Checkpoint Charlie in Berlin werden hier nicht nur Fluchtgeschichten erzählt. Der Ansatz ist umfassender: Das Wende Museum ist eine Sammlung ohne Anfang und Ende, stetig wachsend, in permanenter Ausweitung begriffen. Und darum hat es auch keine einfache narrative Struktur, vielmehr will es die Kultur einer Epoche – des Kalten Krieges – und einer Region – des Ostblocks – vollständig bewahren und die Relikte der Täter und Opfer gleichermaßen sichern, sortieren und ausstellen. Das Ergebnis hat mehr mit Archäologie zu tun als mit einer politischen oder persönlichen Aufarbeitung, denn es ist frei von moralischen Erwägungen. Offenbar schärfen ein unbefangener biografischer Hintergrund und die Distanz von 9 300 Kilometern den Blick für die Dinge des täglichen Lebens. Die durch ihren Roman *Der geteilte Himmel* berühmt gewordene Schriftstellerin Christa Wolf führt in ihren L. A.-Memoiren *Stadt der Engel oder The Overcoat of Dr. Freud* noch einen anderen Grund für die Sammelleidenschaft der Amerikaner an: den Wunsch nach einer Art Back-up des Bestehenden, ganz unabhängig von politischen und gesellschaftlichen Umstürzen und Zuständen. Gleich zu Beginn beschreibt sie ein Abendessen mit einem englischen Wissenschaftler, der es bedauert, wenige Tage nach der Ankunft der Autorin in seine Heimat zurückzumüssen: »Das Verflixte ist, hatte er gesagt, du kannst über die Geschichte von good old Europe nirgendwo besser arbeiten als hier in der Neuen Welt. Besessen sammeln sie alles, was den alten Kontinent betrifft, so als wollten sie, wenn Europa durch Atombomben oder durch andere Katastrophen unterginge, jedenfalls eine Kopie davon hier bereithalten.«

Während die Überreste der DDR in der einen Stadt also allmählich verschwinden und David Hasselhoff einfliegt, um sie zu retten, werden sie in der anderen Stadt installiert und konserviert – da passt es, dass Berlin und Los Angeles Partnerstädte sind und tauschen, was sie haben oder vermissen lassen: Historie auf der einen Seite und Glamour auf der anderen. Geschichte und Gegenwart sind immerzu in Bewegung – so auch das Wende Museum. Schon bald werden Justin und seine Kollegen John Ahouse und Donna Stein in neue, größere, adäquatere Räume umziehen: ins ehemalige Arsenal der Nationalgarde, auch in Culver City gelegen, nur ein paar Blocks vom derzeitigen Standort entfernt, erbaut im Jahr 1949, dem Jahr, in dem die beiden deutschen Staaten gegründet wurden und sich die Teilung Europas manifestierte. In zwei Monaten, zum 25. Jahrestag des Mauerfalls, erscheint ein Buch über das Wende Museum und seine Artefakte im Taschen Verlag, *Jenseits der Mauer,* dem eines der Familienbücher als Faksimile-Booklet beiliegt. Und in Zusammenarbeit mit dem Berliner Künstler Christof Zwiener wird in Los Angeles das Pförtnerhaus des Allgemeinen Deutschen Nachrichtendienstes, der offiziellen Nachrichtenagentur der DDR, als »Vitrine« mit Werken deutscher Gegenwartskünstler dauerhaft ausgestellt werden. Während Justin und ich zusammensitzen, befindet sich das Pförtnerhaus, dieses Minimuseum, noch irgendwo auf dem Meer, womöglich passiert es gerade den Panamakanal. Es schwebt zwischen den Welten, überwindet leichthin die Grenzen mehrerer Länder. Die DDR ist mobil geworden.*

---

* Inzwischen ist das ADN-Pförtnerhaus in Los Angeles angekommen und steht am Wilshire Boulevard. Darin ist als Dauerausstellung eine Arbeit von Sonya Schönberger mit dem Titel *Schlüsselübergabe* zu sehen – 2000 aneinandergehängte Schlüssel aus einer Kaserne der DDR-Volkspolizei und des Ministeriums für Staatssicherheit. Das Wende Museum ist noch nicht ins ehemalige Arsenal der Nationalgarde gezogen. »Der neue Ort ist immer noch eine Baustelle«, schreibt Justin in einer E-Mail. »Ein weiteres Klischee – es hat sehr viel mehr Zeit und Geld gekostet als ursprünglich geplant. Aber im nächsten Frühjahr soll die Eröffnung sein.« Zur Sammlung des Museums gehört seit Kurzem auch ein Wartburg, Baujahr 1977, weil dessen künstlerischer Schöpfer, der Formgestalter Karl Clauss Dietel, mit dem Designpreis der Bundesrepublik Deutschland ausgezeichnet wurde.

13.09.

An Angel in the Trunk

I

Der sandfarbene Sedan gleicht an diesem Morgen / einem Backofen. Wer zulange drin sitzt, / vergeht: dem tropft das Fett bald aus den Ohren. // Draußen in Pomona zeigt das Thermometer / 40 Grad. Über allem liegt ein Glanz, / ein Glimmern wie von frisch frisiertem Haar. // Wer kann, der fährt in aller Früh zur Arbeit / und kehrt, so früh es geht, zurück, / mit den Früchten, Fischen, mit dem Fleisch.

II

Als sie am Nachmittag auf den Parkplatz geht / und vor ihrem Auto steht, bemerkt sie / den Gestank und hofft, dass der verweht, // sobald sie Richtung Walmart rollt. / Und tatsächlich, in der kühlen Halle, / fühlt sie sich befreit, beglückt, gechillt. // Bis ihr 40 Minuten später, / den Einkaufswagen voller Ware, / einen Meter vor dem Kofferraum, // wieder diese Pest entgegenschlägt. / Der blinde Passagier, schon halb verwest: / ihr Nachbar, Miguel Ángel Perez. // Wie er da hineinkam? Man weiß es nicht.

16.09.

The 82nd Anniversary of Peg Entwistle's Death

Das große H, / die stadtgewordene Hoffnung / auf
Ruhm, Erfolg und Glück, / hat ihr keinen Halt gegeben. //
Hunderte sehen heute ihren Film, / ihren einzigen,
Thirteen Women, / in dem sie / kaum eine Rolle spielt.

Point Dume

An einem unserer letzten Tage, auf dem Weg ins Village, gratuliert mir Sergej noch einmal zu meiner Entscheidung, den Mini gegen einen Ford Focus eingetauscht zu haben, obwohl der Wagenwechsel bereits sechs Wochen zurückliegt und er zuvor schon mehrmals die Beinfreiheit, die Straßenlage und die Übersicht gepriesen hat. Er macht mir derart viele Komplimente, dass ich misstrauisch werde und ihn unterbreche:»Was ist los, Sergej? Was willst du von mir?«

»Kannst du mit mir nach Santa Monica fahren? Ich muss ein paar Besorgungen machen.«

»Was für Besorgungen?«

»Ich brauche neue Flip-Flops und eine neue Badehose.«

Erst da fällt mir auf, dass er trotz der Hitze Jeans und Turnschuhe trägt.

»Was ist passiert?«

»Ich war heute unten am Sunset Beach. Und als ich aus dem Wasser kam und gerade zur Villa hochgehen wollte, ist ein Flip-Flop in eine Felsspalte gerutscht. Weißt du, da bei dem Restaurant, am Gladstones. Und beim Rausziehen muss das Flip-Flop-Band irgendwo hängen geblieben sein, und, na ja, gleichzeitig ist meine Hose gerissen.«

Ich stelle mir vor, wie Sergej hinten die Naht aufreißt, wie er mit nacktem Arsch am Strand steht, und fange an zu lachen.

Aber Sergej findet das nicht witzig. Er sagt:»Hör auf«, in einem Ton, den ich nicht von ihm kenne.»Ich hatte keine andere Hose dabei. Und auch keine anderen Schuhe.«

»Und wie bist du den Berg hochgekommen?«

»Im Handtuch. Und weil mich niemand mitnehmen wollte und der Asphalt zu heiß war, um barfuß zu gehen, musste ich den einen Fuß vorsetzen und den anderen auf den kaputten Flip-Flop gedrückt nachziehen. Das hat ewig gedauert.«

Wir fahren also nach Santa Monica, zur 3rd Street Promenade. In einem der Souvenirläden kauft Sergej neue Flip-Flops, neue Badeshorts und einen schwarzen Kapuzenpullover mit einem türkisfarbenen Spruch drauf: »*I live with FEAR everyday – but sometimes she lets me go fishing.*«
Wir rätseln lange, was damit gemeint sein könnte. Nina, die wir von der Villa abholen, um nach Malibu zu fahren, meint, FEAR stehe für »*false evidence appearing real*« oder »*fuck everything and run*«, aber keine der beiden Theorien leuchtet uns ein. Womöglich ist es nur ein dummer, sexistischer Spruch, den Männer mit Minderwertigkeitskomplexen mit sich herumtragen, um ihrem traurigen Eheleben noch eine Handvoll Trost abzugewinnen: Solidarität mit Leidensgenossen. Aber es macht uns Spaß, an dem Spiel festzuhalten und uns immer neue Lösungen auszudenken, die immer weniger Sinn ergeben: *for everything a reason, fear elks and racoons, freaks eat ant rolls.* Und ich muss an Ian Browns Song *F.E.A.R.* denken, in dem er genau das Gleiche macht. Das ganze Lied besteht nur aus solchen Sätzen: »*forget everything and remember, for everyman a religion, for each a road …*«
Es ist später Nachmittag. Die Sonne steht tief am Himmel. Auf der Gegenfahrbahn stauen sich mit Menschen und Sachen vollgepackte Wagen: auf die Dächer gezurrte Surfbretter, Sportboote auf Anhängern, aufblasbare Tiere, die aus Cabrios ragen – Familien, Paare, Freunde, die den ganzen Tag am Strand verbracht haben und vor Einbruch der Dunkelheit zu Hause sein wollen.
Unser Ziel heißt Point Dume, eine sagenumwobene vulkanische Felsspitze, die weit ins Meer hineinragt. Für die Chumash-Indianer ein Wallfahrtsort. Für Seefahrer ein Punkt, um die der Küste vorgelagerten Riffe bestimmen zu können. Für die Filmin-

dustrie eine perfekte Location, um ikonische Bilder zu schaffen: In *Zwischen Himmel und Hölle* [1956] gehen dort am D-Day US-Truppen an Land und befreien Europa von den Nazis. In *Planet der Affen* [1968] ragt an der Südspitze der Piratenbucht die Freiheitsstatue aus dem Sand. In *The Big Lebowski* [1998] schüttet auf dem Plateau Walter Sobchak dem Dude die Asche ihres gemeinsamen Freundes Donny ins Gesicht.

An einer Tankstelle kaufen wir Saft in den Geschmacksrichtungen Genius, Happy Belly und Hot Shot. Der Angestellte überreicht uns die Plastikflaschen in einer braunen Papiertüte, als handelte es sich um Alkohol, den wir in der Öffentlichkeit nicht ohne Tarnung trinken dürften. Womöglich hofft er, dass wir dadurch für cooler gehalten werden, als wir sind. Nina deutet auf Sergejs Kapuzenpullover und fragt ihn, was FEAR zu bedeuten habe.

Er lacht und sagt: »*Future events already ruined.*«

Wir sehen uns an, nehmen die Tüte vom Tresen und setzen unsere Fahrt fort. Aus den Lautsprechern kommt Sonic Youth' *Malibu Gas Station.*

Als wir vom Pacific Coast Highway auf die Westward Beach Road biegen, stehen an der Straße aufgereiht schon die Wohnwagen derjenigen, die in Hörweite des Meeres die Nacht verbringen wollen. Die Brandung tost, die letzten Ausläufer von Hurrikan Odile, der vor drei Tagen über die Baja California hinweggefegt ist. Der Strand ist leer, das Sunset Restaurant gegenüber dagegen so voll, dass die Schlange bis zum Parkplatz reicht. Wir halten vor einem Kontrollpunkt und einem Schild mit der Aufschrift: »*Pay and display public parking*«, aber der Pförtner hat schon seine Sachen zusammengepackt und verweist uns an die nächste Bude ein paar hundert Meter weiter. Links von uns ragen Steilhänge auf, rechts spritzen Wellen auf den orange leuchtenden Sand. Wir passieren eine Bremsschwelle, stehen vor einem weiteren Schild, können keine Bude und keinen Pförtner ausmachen und parken neben einem Klohäuschen.

Die Rettungsschwimmer sitzen in einem gelben Ford Escape anstatt in ihrem Aussichtsturm. Vor der Felsspitze macht ein Filmteam Aufnahmen von einer jungen Frau, die sich im Bikini ins Wasser legt, bis sie von den Fluten ganz umspült ist. In der Ferne die Umrisse eines Segelbootes und ein glühender Sonnenball, der unaufhaltsam dem Horizont entgegensinkt. Wir ziehen uns um, breiten unsere Handtücher aus und gehen, die Arme um die Oberkörper geschlungen, zur Brandung hin. Möwen umlauern unser Lager und picken, als wir außer Reichweite sind, die braune Papiertüte auf, in Fetzen fliegt sie landeinwärts. Von der Gischt benetzt, stürzen wir uns in die Wellen. Kaum drin, werden wir gleich wieder an den Strand geworfen und zurückgesaugt, mit einer solchen Gewalt, dass wir uns gegenseitig herausziehen müssen.

Auf dem Aussichtsturm der Rettungsschwimmer fotografieren wir uns, stellen Posen von *Baywatch* [1989–1999] nach, bis wir sehen, wie schnell der Tag seinem Ende entgegengeht. Durch steinharten Sand hasten wir den schmalen Weg zum Gipfel des Point Dume hinauf. Oben geht die Sonne unter, und über Westward Beach legt sich ein kalter, blauer Schimmer. Der Wind weht mir die L.A.-Basecap vom Kopf, sie bleibt in einer Felsspalte hängen, zu weit entfernt, um sie wieder herausziehen zu können. Wir trinken unsere Säfte und blicken leicht versetzt hintereinander sitzend auf die versteckte, zerklüftete Piratenbucht hinab, wo gerade ein Seehund genau an der Stelle an Land robbt, an der im Sommer 1967 eine Nachbildung der Freiheitsstatue stand.

Als ich zur anderen Seite schaue, muss ich an den Film *Stadt der Engel* [1998] denken, in dem die Engel in ihren langen schwarzen Trenchcoats abends am Strand stehen, um dem Sonnenuntergang beizuwohnen und nur für sie hörbaren himmlischen Chören zu lauschen. Die Szene wurde ein paar Meilen die Straße hoch gedreht, am Nicholas Canyon Beach, aber in der Geschichte heißt es, dass sie sich zu dieser Zeit überall an der Westküste versammeln. Für Menschen sind die Engel unsichtbar, es sei denn, sie wollen gesehen werden. Offenbar wollen sie das nicht, denn es ist niemand da, der auch nur im Entferntesten wie ein Engel aussieht. Womöglich haben sie aber auch nach dem Amoklauf an der Columbine High School ihr Outfit geändert, als zwei Teenager in solchen Trenchcoats zwölf Mitschüler und einen Lehrer erschossen.

In dem Moment wird mir bewusst, dass ich während der ganzen drei Monate hier nur zwei Engel in der Stadt der Engel gesehen habe: ein bronzenes Engelpaar mit dem Titel *The Spirit of Los Angeles,* das bezeichnenderweise nicht vor einer Kirche, sondern auf einem Sockel in der Outdoor-Shopping-Mall The Grove im Fairfax District steht.

In Berlin dagegen sind sie überall. Mir fallen spontan mindestens ein halbes Dutzend ein, die für alle sichtbar und prominent platziert über den Straßen schweben, über dem Großen Stern, dem Brandenburger Tor, dem Mehringplatz, auf der Schlossbrücke, über dem Viktoriapark, dem Lustgarten. Und doch, und das ist das Merkwürdige, gilt Berlin als gottlos, während es in Los Angeles Tausende Kirchen gibt und Tausende Religionen mit Tausenden von Göttern und Engeln und Heiligen und Propheten und Jüngern.

Schon bin ich bei den Neohippies der Full Circle Church, bei Maia, Edan und Lauren, in Kais Currywurst-Imbiss und auf der Standard-Rooftopbar, auf dem Sunset Boulevard, im Skaterpark und den Universal Studios, vor den Watts Towers und im Wende Museum. Die Erinnerungen drehen sich in meinem Kopf, und ich frage mich, was von alldem bleiben wird. In den vergangenen

Tagen habe ich mir vorgenommen, das Leben positiver anzuge-
hen, Misserfolg nicht mehr als Niederlage zu begreifen, sondern
als Möglichkeit, noch einmal ganz von vorn zu beginnen, und
Schreiben als Business zu verstehen, ein Job wie jeder andere –
und endlich mit meinem Auswandererroman weiter zu machen.
Aber jetzt, kurz vorm Abflug, bin ich mir schon nicht mehr so
sicher, ob es wirklich so sein wird oder ob ich in alte Muster zu-
rückfalle, sobald ich wieder in der gewohnten Umgebung bin –
wie ein Junkie, der, aus dem Exodus Recovery Center als geheilt
entlassen, gleich zu seinem Dealer rennt, um sich den goldenen
Schuss zu setzen.

Vielleicht, denke ich, sollte ich hierbleiben. Keine meiner bösen Vorahnungen ist eingetreten: Die große Katastrophe ist aus-
geblieben. Ein starkes Erdbeben hat es nicht gegeben, zumindest
nicht in Los Angeles. Geister sind mir nicht erschienen. Ich habe
aufgehört, mir meine Träume zu merken. Was immer ein gutes
Zeichen ist: nach dem Aufwachen gleich loszuleben. Vielleicht
stimmt es, was Ben Decker in der Fall Circle Church gesagt hat,
von wegen »deine Schutzhülle wird weggefegt ... macht den Weg
frei für eine neue Existenz«. Vielleicht sollte ich also ausprobieren,
wie es ist, ein echter Amerikaner zu sein.

Noch bevor ich diesen Gedanken zu Ende denken kann, höre
ich Nina sagen: »Was war euer schlimmstes Urlaubserlebnis?« –
»Welche Art Massenmörder möchtet ihr sein – Schreibtischtäter
oder Psychokiller?« »Wenn ihr den Rest eures Lebens in einem
Disney-Zeichentrickfilm verbringen müsstet, für welchen würdet
ihr euch entscheiden?«

»*Itchy and Scratchy*«, sagt Sergej, bevor sie eine weitere Frage
stellen kann.

Und ich sage: »*Ren and Stimpy.*«

Und Nina sagt: »Die sind nicht von Disney.«

Und ich sage: »Du bist von Disney.«

Und Nina sagt: »Deine Mutter ist nicht von Disney.«

Und Sergey sagt: »Deine Mutter arbeitet auf dem Fischmarkt – als Geruch.«

Und dann erzählen wir uns von der Zukunft, von den uns bevorstehenden Ereignissen, die, wenn man dem Tankstellentypen glauben darf, allesamt zum Scheitern verurteilt sind. Sergej fliegt nach München und reist von dort weiter nach Tirol, nach Schwaz, zum Klangspurenfestival, wo in der Viehversteigerungshalle Rotholz sein Stück *Rules of Love* aufgeführt wird: die Vertonung melancholischer Liebesgeschichten junger Mädchen in der Endzeit der Sowjetunion. Wahre Geschichten, handgeschrieben, Poesiealbumliteratur voller Trauer und Skepsis. Alle enden mit dem Tod: Entweder stirbt der Junge oder das Mädchen oder beide. Und selbst die, in denen die Liebenden zusammenfinden und Kinder bekommen, klingen mit dem Satz aus, dass die Jugend schnell vorbei ist und das gemeinsame Glück von kurzer Dauer.

Nina fliegt nach Kanada, um mit einem Freund durch British Columbia, Washington und Oregon zu fahren, zuerst nach Tofino, auf Vancouver Island, wo das Remake von *The Fog – Nebel des Grauens* [2005] gedreht wurde, dann nach Clackamas County, in die Timberline Lodge, das Hotel aus Stanley Kubricks *The Shining* [1980], dann nach 100 Mile House, ein kleines Dorf im Nirgendwo – in der Nähe wurde Anfang der Achtziger eine Familie ermordet, die sogenannten *Wells Gray Provincial Park Family Murders*. Überall wollen sie arbeiten und Geld verdienen und weiterziehen, zum nächsten Ort des Schreckens.

»Hast du keine Angst?«, fragt Sergej.

»Nö«, sagt Nina.

»Und was war in den Universal Studios?«, frage ich. »Im *Mummy Ride*? Im *Horror House*?«

»Ach, das«, sagt sie und schlingt ihr Handtuch enger um die Schultern. »Das war doch alles fake.« Und dann sagt sie nichts mehr, und nach einer Minute springt sie auf, dreht sich zu uns um und ruft: »Jetzt weiß ich endlich, was FEAR bedeutet: *face everything and relax*.«

Als sie sich wieder beruhigt hat, sagt Sergej zu mir: »Und du? Was machst du?«

»Ich schreibe ein Buch«, sage ich, »über uns«, und ich sage es so, dass es wie eine Drohung klingt.

In der Villa umarmen wir uns, sagen uns, wie schön es war, uns kennengelernt zu haben, und versprechen uns, in Kontakt zu bleiben. Die üblichen Floskeln. Keine lange Szene, keine Tränen. Jeder weiß, dass wir uns in Deutschland schon bald wiedersehen werden – in der Stadt der Engel.

Dank an

Melanie Amann, Nina Behrendt, David Bertok, Stefan Bieder-
mann, Amelie Brandstetter, Daniela Bystron, Adrienne Dalsemer,
Katy Derbyshire, Frank Dimster, Margarethe Drexel, Elif Erkan,
Patrick Findeis, Daniele Raffaele Gambone, Claudia Suhr Gor-
don, Karin Graf, Mariette und Veronique Heinrich, Maritta Iseler,
Rozano Johnson, Maria Kempken, Joel und Margit Kleinman,
Kathy Komar, Nick Kulish, Clara Langenbach, Frankoliver Leh-
mann, Mirko Lux, Tim Marshall, Bodo Mrozek, Sergej Newski,
Antonio Paucar, Renee Petropoulos, Leif Randt, Joe Reinkemeyer,
Andrea Reffke, Annette Rupp, Boris Schaarschmidt, Adalbert
Schmidt, Frank Schöne, Friedel Schmoranzer, Matthias Stelzner,
Katharina Strehl, Kerstin Thorwarth, Michaela Ullmann, Jan Valk,
Stefanie de Velasco, David Wagner, Jan Wagner, Staatsbibliothek
zu Berlin, *LA Times*, Facebook, Google, Soundcloud, YouTube,
Twitter, Instagram und Wikipedia. Der größte Dank aber gebührt
der Villa Aurora.

Zitatnachweise

Literatur

Udo Bayer: *Carl Laemmle und die Universal – eine transatlantische Biographie*, Würzburg 2013.

Charles Bukowski: *Das Liebesleben der Hyäne*. Aus dem Amerikanischen von Carl Weissner, Frankfurt am Main: 1980, S. 5–6.

Ivana Chubbuck: *The Power of the Actor*, New York 2005, S. VII.

Dave Eggers: *Der Circle*. Aus dem Amerikanischen von Ulrike Wasel und Klaus Timmermann, Köln 2014, S. 9, 30, 328, 125.

Walter Isaacson: *Steve Jobs – Die autorisierte Biografie des Apple-Gründers*. Aus dem Amerikanischen von Antoinette Gittinger, Oliver Grasmück, Dagmar Mallett, Elfi Martin, Andrea Stumpf und Gabriele Werbeck, München 2011, S. 98.

Edan Lepucki: *California*. Aus dem Amerikanischen von Gesine Schröder, Berlin 2015, S. 22.

Donald Margulies: *Sight Unseen and Other Plays*, New York 1995, S. 296–299.

Jean-Luc Nancy: *Jenseits der Stadt*. Aus dem Französischen von Rike Felka, Berlin 2011, S. 10-11.

Wilhelm von Sternburg: *Lion Feuchtwanger*, Berlin 2014, S. 221, 470.

Oscar Wilde: *Das Bildnis des Dorian Gray*. Aus dem Englischen von Ingrid Rein, Stuttgart 1992, S. 79.

Christa Wolf: *Stadt der Engel oder The Overcoat of Mr. Freud*, Frankfurt am Main 2010, S. 16.

Musik

Ian Brown: *F.E.A.R.*, Polydor, London 2001.

Faith No More/Boo-Yaa T.R.I.B.E.: *Another Body Murdered*, auf: *Judgment Night*, Epic Records, New York 1993.

Ice Cube: *Gangsta Rap Made Me Do It*, Lench Mob Records, Los Angeles 2008.

Hot Natured (feat. Anabel Englund): *Reverse Skydiving*, Warner Bros., Burbank 2013.

McKail Seely: *Grace*, Soundcloud 2014.

Slayer/Ice-T: *Disorder/War*, auf: *Judgment Night*, Epic Records, New York 1993.

Tocotronic: *Ich hab 23 Jahre mit mir verbracht*, L'age d'or, Hamburg 1995.

yOya: *Nothing to Die*, Stereoppression Records, Los Angeles 2010.

yOya: *Go North*, Stereoppression Records, Los Angeles 2013.

Filme/Serien

Before Sunrise, Regie: Richard Linklater, Drehbuch: Richard Linklater,
   Kim Krizan, USA 1995.

1984 (Werbespot), Regie: Ridley Scott, Drehbuch: Steve Hayden, Lee Clow,
   Brent Thomas, USA 1984. (Der Clip wurde nur ein einziges Mal national
   ausgestrahlt während des Super Bowls am 22. Januar 1984.)

Mad Men, Staffel 6, Episode 4, *Lust und Frust,* Regie: Michael Uppendahl,
   Drehbuch: Erin Levy, USA 2013.

Textnachweise

Von fünf der hier versammelten Reportagen existieren frühere
Fassungen bzw. Kurzversionen, die bereits in journalistischen Medien
veröffentlicht wurden.

Der erste Teil von »Die Auftragsdichterin« erschien unter dem Titel
»On the Road – Jan Brandt eröffnet einen ‚prose stop' in L.A.« in
der *Literarischen Welt* vom 19. Juli 2014.

»Fuck Amazon« erschien unter dem Titel »Widerstand in Amerika –
Der Kampf gegen Amazon beginnt« in der *Frankfurter Allgemeinen
Sonntagszeitung* vom 16. Juli 2014.

»Die Lücke im Kreis« erschien unter dem Titel »Googles Freizeitzentrum –
Venice Beach, wo der Circle Wirklichkeit wird« in der *Frankfurter
Allgemeinen Sonntagszeitung* vom 9. August 2014.

»Mord für ein Skateboard« erschien in fünf Folgen vom 10. November 2014
bis zum 14. November 2014 unter demselben Titel auf *Krautreporter.de.*

»DDR unter Palmen« erschien auf Deutsch und auf Englisch unter dem
Titel »Die DDR unter Palmen / Lenin on the Beach« im Kulturmagazin
frieze d/e in der Ausgabe Dezember 2014/Januar 2015.

Sämtliche Fotos stammen von Jan Brandt –
bis auf die Bilder der Villa Aurora auf den
Seiten 6 (© Todd Gray) und 380 (© Julia Lutz).

Erste Auflage 2016
© 2016 DuMont Buchverlag, Köln
Alle Rechte vorbehalten
Umschlaggestaltung: Nurten Zeren, zerendesign.com
Gesetzt aus der Adobe Caslon
Druck und Verarbeitung: CPI books GmbH, Leck
Gedruckt auf säurefreiem und chlorfrei gebleichtem Papier
Printed in Germany
ISBN 978-3-8321-9831-2

www.dumont-buchverlag.de